Praxishandbuch Strategisches Management im Krankenhaus

Herausgeber: PD Dr. med. Sören Eichhorst

1. Auflage 2015

Druck: Generál Nyomda Kft., H-6727 Szeged

www.ku-gesundheitsmanagement.de

Titelbild: © Olivier Le Moal – Fotolia.com

ISBN: 978-3-945695-45-6

Inhaltsverzeichnis

Geleitwort

vor Ihnen liegt das von Herrn Kollegen Sören Eichhorst und weiteren Autoren erstellte Buch „Strategisches Management im Krankenhaus", das eine Lücke in den Publikationen der Felder Gesundheitswirtschaft und allgemeines Klinikmanagement schließt. Durch mehrfache Zusammenarbeit mit McKinsey weiß ich, wie sehr sich Politik, die Spitzen der Sozialen Sicherungssysteme, Klinikmanagement und Beratung gegenseitig befruchten.

Kein Bereich der deutschen Medizin hat in vergleichbarer Weise von der Ökonomisierung und Professionalisierung des Systems profitiert wie die Krankenhäuser. Krankenhausstrukturen haben sich in den vergangenen zwanzig Jahren vollständig verändert. Lange Zeit waren die noch immer hierarchisch und nach Säulen agierenden Berufsgruppen mit sich selbst beschäftigt. Es ist höchste Zeit, dass strategisches Agieren kleinkarierte Rangeleien unter den ärztlichen und nicht-ärztlichen Berufsgruppen ablöst. Betriebe mit großen Beschäftigtenzahlen müssen auch professionell geführt werden – im Interesse der Patienten und aller Krankenhausakteure.

Vor diesem Hintergrund liefern die Autoren wichtige Beiträge zu Fragen, mit denen heute jeder Krankenhausmanager konfrontiert wird. Sie beleuchten speziell drei Bereiche, nämlich das Strategische Management im medizinischen Bereich sowie die Konsequenzen unterschiedlicher Trägerformen der Kliniken für jeweilige Strategiemöglichkeiten. Zudem zeichnen sie Wege auf, wie spezielle Strategien praktisch und erfolgreich umgesetzt werden können. Krankenhäuser wirtschaftlich und qualitativ fit zu machen für die kommenden Jahre – dazu finden sich auf den folgenden Seiten viele gute und realisierbare Vorschläge. Den Autoren sei herzlich gedankt.

Ihnen wünsche ich eine spannende Lektüre.

Axel Ekkernkamp
Berlin/Greifswald, im September 2015

Abkürzungsverzeichnis

Allgemeine Abkürzungen

BIP	Bruttoinlandsprodukt
CRO	Chief Restructuring Officer
CTO	Chief Transformation Officer
EPA	Elektronische Patientenakte
EPITDA	Earnings Before Interests, Faxes, Depreciation and Amortisation
FTE	Full Time Equivalent
HKL	Herzkatheter-Labor
ICT	Informations- und Kommunikations-Technologie
KIS	Krankenhausinformationssystem
KPI	Key Performance Indicators
MVZ	Medizinisches Versorgungszentrum
OPS	Operationen- und Prozedurenschlüssel
P4P	Pay for Performance
PE	Personalentwicklung
PM	Personalmanagement
PMO	Program Management Office
PPP	Pay per Performance
STE	Sterilguteinheit
TAVI	Transkatheter-Aortenklappen-Implantation
TCO	Total Cost of Ownership
WWG	Wirtschaftswunder-Generation
ZEA	Zentrale Elektivaufnahme
ZNA	Zentrale Interdisziplinäre Notaufnahme

Gesetze und Verordnungen

GWB	Gesetz gegen Wettbewerbsbeschränkung
InsO	Insolvenzordnung
KHEntgG	Krankenhausentgeltgesetz
KHG	Krankenhausfinanzierungsgesetz

SGB V	Sozialgesetzbuch Fünftes Buch
StGB	Strafgesetzbuch

Organisationen, Institute, Gesellschaften und Verbände

BaFin	Bundesanstalt für Finanzdienstleistungsaufsicht
BBSR	Bundesinstitut für Bau-, Stadt- und Raumforschung
BGH	Bundesgerichtshof
DKI	Deutsches Krankenhaus Institut
IPW	Institut der Wirtschaftsprüfer
IQTiQ	Institut für Qualitätssicherung und Transparenz im Gesundheitswesen
MHH	Medizinische Hochschule Hannover
OVG	Oberverwaltungsgericht
RWI	Rheinisch-Westfälisches Institut für Wirtschaftsforschung
UMR	Universitätsmedizin Rostock
VG	Verwaltungsgericht
VUD	Verband der Universitätsklinika Deutschlands

Abbildungs- und Tabellenverzeichnis

Einleitung

Regionale Bedarfe planen

Kooperationen und Netzwerke strategisch planen

Medizinstrategie I: Stationäre Patienten

Strategisches Personalmanagement

Strategie freigemeinnütziger Unternehmen

Strategie für private Träger

Krankenhausbau und -organisation strategisch planen

Medizintechnik strategisch einsetzen

IT-Strategie für Krankenhäuser

Strategien praktisch umsetzen

Einleitung

Strategisches Management im Krankenhaus

Sören Eichhorst

In einem immer komplexer werdenden wirtschaftlichen, politischen und sozialen Umfeld nehmen auch die Herausforderungen für das Krankenhausmanagement ständig zu. Beispiele sind die häufige Anpassung politischer Rahmenbedingungen, die steigenden Erwartungen der Patienten sowie der wachsende Kostendruck – bei gleichzeitig zunehmendem Personal- und insbesondere Fachkräftemangel (Abbildung 1).

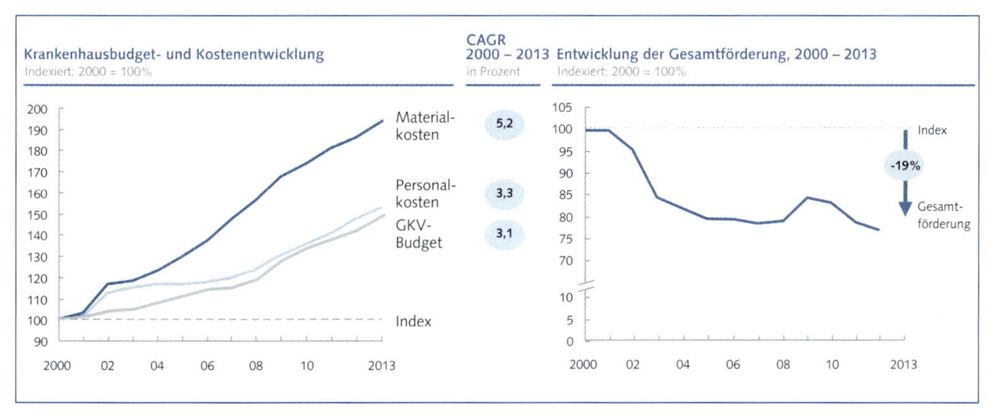

Abbildung 1: Die wirtschaftlichen Rahmenbedingungen für Krankenhäuser verschlechtern sich stetig. (Quellen: Statistisches Bundesamt, DKG, DKI, RWI)

Damit steigen zugleich die Anforderungen an die Managementfähigkeiten der Führungskräfte im Krankenhaus. Diese Anforderungen werden bislang offenbar häufig noch nicht erfüllt. Darauf deuten zumindest etwa die relativ geringe Umsatzrendite und die hohe Ausfallwahrscheinlichkeit, vor allem der öffentlichen Häuser hin (Abbildung 2).

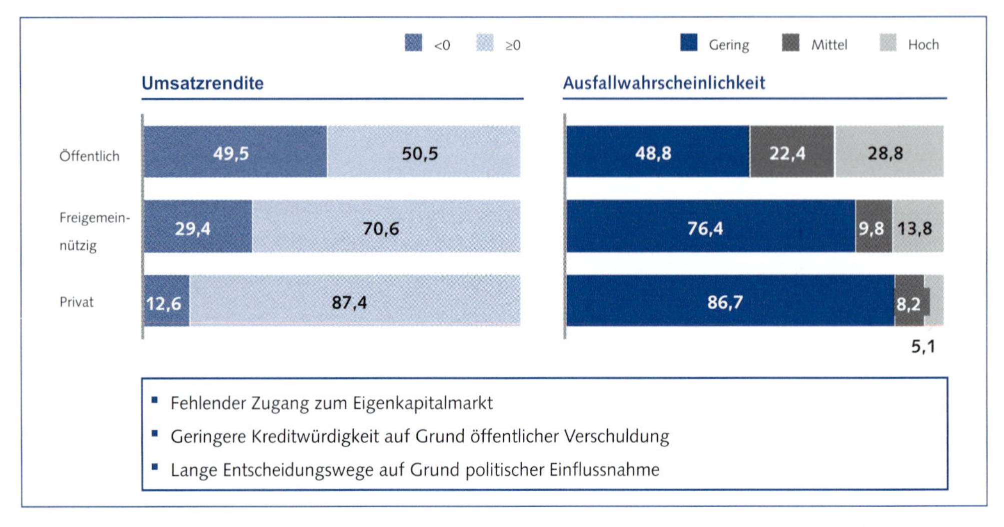

Abbildung 2: Für öffentliche Häuser ist die Situation besonders schwierig. (Quellen: RWI Krankenhaus Rating Report, McKinsey)

Allerdings ist das deutsche System sehr anpassungsfähig. Wie Abbildung 3 veranschaulicht, hat die stationäre Fallzahl seit dem Jahr 2000 stark zugenommen, während gleichzeitig die Verweildauer so sehr verkürzt wurde, dass sich die Zahl der Gesamtbelegungstage kaum verändert hat bzw. tendenziell sogar rückläufig ist. Dies belegt die grundsätzliche Fähigkeit, Kosten- und Erlöspotenziale auszuschöpfen.

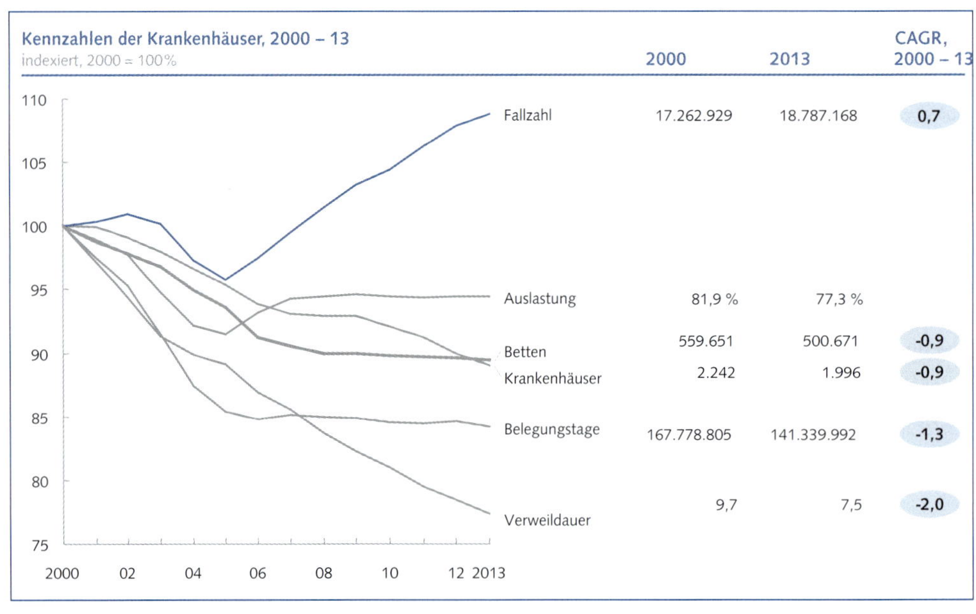

Abbildung 3: Trotz stark steigender Fallzahlen sinkt die Bettenzahl aufgrund deutlich verkürzter Verweildauer. (Quellen: Statistisches Bundesamt, McKinsey)

Auch im internationalen Vergleich sind deutsche Krankenhäuser gut aufgestellt. Sie genießen im Ausland ein hohes Ansehen und ihre Expertise wird stark nachgefragt. Vor diesem Hintergrund erwägen einige deutsche Träger – private, öffentliche und freigemeinützige – eine internationale Expansion oder sind sogar schon im Ausland entweder im Kerngeschäft oder beratend tätig.

Als Folge der neuen Herausforderungen erleben wir zudem eine spürbare Professionalisierung im Krankenhausmanagement, deren positive Auswirkungen allenthalben sichtbar sind. Darüber hinaus bedarf es jedoch einer stärkeren strategischen Orientierung des Managements, um die Herausforderungen zu bewältigen. Im Kern geht es dabei um zwei Fragen:

- Wie werden sich Fallzahlen, Verweildauer und andere quantitative Kernparameter auf Grund medizinisch-technischer, demografischer und politisch-sozialer Veränderungen entwickeln – und was kann daraus für das heutige Handeln abgeleitet werden?
- Wie werden sich qualitative Faktoren künftig entwickeln – und welche Auswirkungen haben diese auf die operative Managementtätigkeit. Anders gefragt: Wie sieht das Krankenhaus der Zukunft aus, und was folgt daraus schon heute?

Beim strategischen Management geht es also nicht um abstrakte Zukunftsthemen, sondern um konkrete Handlungsempfehlungen für das tägliche operative Management auf der Grundlage aller verfügbaren Daten und Fakten. Exemplarisch sei hier die regionale Bedarfsplanung und deren Umsetzung in konkretes Handeln genannt (siehe Beitrag „Regionale Bedarfe planen").

Abbildung 4 illustriert diese Aufgabe an einem Beispiel: Eine Medizinstrategie reflektiert unter anderem die strategische Fallzahlplanung und berücksichtigt hierbei die demografische Prognose sowie die relevanten medizinisch-technischen Trends (die z. B. die Ambulantisierung beeinflussen). In der Gesamtsicht von Medizinstrategie, aktueller Leistungsfähigkeit und weiterer Inputfaktoren lassen sich dann operative Empfehlungen ableiten.

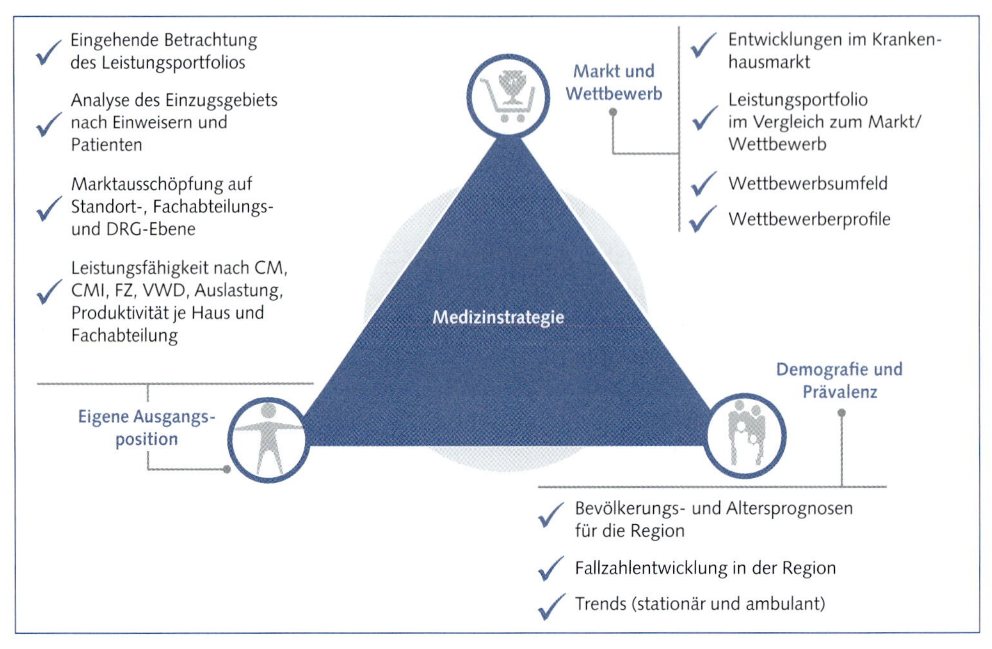

Abbildung 4: Eine Medizinstrategie muss den Markt und die Demografie, aber auch eigene Stärken und Schwächen berücksichtigen. (Quelle: McKinsey)

Ein zentraler Erfolgsfaktor der strategischen Krankenhausführung besteht darin, frühzeitig neue Entwicklungen zu erkennen und zu berücksichtigen. Heute sind es vor allem sechs Entwicklungen oder Trends, die für die Zukunft der Krankenhäuser bestimmend sein dürften:

1. Krankenhäuser erschließen Kosten-, Erlös- und Qualitätspotenziale konsequenter als bisher – vor allem im primär-medizinischen Bereich.
2. Das „Patientenerlebnis" wird zu einem zentralen Faktor.
3. Die Ergebnisqualität beeinflusst entscheidend die Krankenhausauswahl und wird auch die Vergütung verändern.
4. Die Gesundheitswirtschaft konvergiert – Krankenhäuser und andere Leistungserbringer, Kostenträger, Medizintechnik- und Pharmaindustrie rücken enger zusammen.
5. Neue Technologien wie digitale Lösungen und Big Data steigern den Mehrwert im Krankenhaus stärker als bisher.
6. Strukturell neue Lösungen werden die Krankenhäuser verändern und formen.

Diese sechs Trends gilt es, unter einem internationalen Blickwinkel zu betrachten, denn sie sind im deutschen Krankenhaussystem teils (noch) nicht voll ausgeprägt.

Trend 1: Krankenhäuser erschließen Kosten-, Erlös- und Qualitätspotenziale konsequenter als bisher – vor allem im primärmedizinischen Bereich

Der Krankenhausmarkt ist mit rund 90 Milliarden Euro Umsatz ein bedeutender Sektor der Gesundheitswirtschaft in Deutschland. Er ist unter anderem geprägt von einer sich stetig weiter öffnenden Kosten-Erlös-Schere, von unzureichender Investitionsfinanzierung, Personalmangel hinsichtlich der Zahl der Beschäftigten und deren relevante Qualifikation, Fehlallokationen beim Einsatz des Personals, Defizite in der Kommunikation zwischen den verschiedenen Berufsgruppen im Krankenhaus und – daraus folgend – der unzureichenden Gestaltung wichtiger Schnittstellen sowohl innerhalb des primären medizinischen Bereichs als auch zwischen stationärem und ambulantem Sektor.

Viele dieser Probleme haben mit mangelnder Umsetzung zu tun und betreffen den bisher nicht ausreichend untersuchten primär-medizinischen Bereich in den Krankenhäusern sowie die Schnittstelle zwischen ambulantem und stationärem Sektor. Hier können erfolgsorientierte Krankenhäuser erhebliche Potenziale erschließen, und zwar mit Blick sowohl auf die Qualität als auch auf die Kosten (geschätztes Einsparpotenzial von 10 bis 20 Prozent).

Um diese Verbindung von Medizin und Wirtschaftlichkeit zu optimieren, gilt es zunächst medizinische Prozesse in wirtschaftliche Kennzahlen zu übersetzen. Beispiele dafür sind:

1. Die Überführung einer neuen Medizinstrategie in konkrete wirtschaftliche Parameter, wie beispielsweise benötigte Betten- und Personalkapazität, Kosten oder Erlöse
2. Die wirtschaftliche Bewertung (z. B. anhand von Return on Investment, Deckungsbeitrag oder Kostenpotenzialen) von Qualitäts- und Prozessoptimierungsmaßnahmen, also etwa die Erhöhung der Prozesssicherheit durch Einführung von Verfahrensanweisungen (Standard Operating Procedures) und klinischen Behandlungspfaden, Verbesserung der medizinischen Ergebnisqualität, Erhöhung der Medikamentensicherheit, Sicherstellung der Aktualität des Wissens von Ärzten und des Pflegepersonal durch Trainings
3. Die Entwicklung eines belastbaren Konzepts einschließlich eines Businessplans für die Optimierung der Schnittstelle zwischen Krankenhaus und ambulantem Sektor

Die Kostenseite wird entscheidend durch demografische Entwicklungen sowie Veränderungen im Krankheitsspektrum beeinflusst. So werden auf Grund des weltweiten Anstiegs der Lebenserwartung und der entsprechenden Alterung der Populationen mehr

Krankenhausleistungen in Anspruch genommen. Schätzungen gehen davon aus, dass z. B. in den USA schon 2030 ein etwa um die Hälfte höherer Bedarf an Krankenhausbetten bestehen wird als heute. Allerdings sind derartige Prognosen nicht unumstritten: Durch effektivere Behandlungen kommt es zu einer Verkürzung der Behandlungsdauer, was den Bedarf an Krankenhausbetten wiederum reduzieren könnte. Sicher ist allerdings, dass sich in alternden Populationen die Krankheitsspektren verändern. Insbesondere ist mit einer steigenden Zahl von Tumoren, Hüftfrakturen, Schlaganfällen und Demenz zu rechnen. Auch die Multimorbidität und chronische Erkrankungen werden zunehmen, was wiederum die Fallzahlen erhöht.

Trend 2: Das Patientenerlebnis wird zu einem zentralen Faktor

„Der Patient steht im Mittelpunkt" – diese Aussage findet sich so oder in abgewandelter Form wohl in den meisten Krankenhausleitbildern. Für Qualität und Kosten der Leistungserbringung sind, wie jeder erfahrene Krankenhausmanager weiß, drei Faktoren ausschlaggebend: die Motivation aller Mitarbeiter, die Organisation des klinischen Kernprozesses und die im Klinikalltag umgesetzten Innovationen. Tatsächlich aber kreisen Veränderungen im Krankenhaus in aller Regel um Vergütungsmodalitäten bei stationären Leistungen, um Organisationsstrukturen, um den Einkauf oder auch die Optimierung des Informationsflusses an Mitarbeiter und Patienten.

Im Kontext eines wachsenden Gesundheitsbewusstseins der Menschen gewinnen auch die Themen Prävention und Prophylaxe sowie Selbstmedikation zunehmend an Bedeutung. Eine immer bessere Verfügbarkeit von Informationen, nicht zuletzt durch das Internet, erweitert das allgemeine medizinische Wissen und stärkt den mündigen Patienten. Mitunter wissen Patienten und insbesondere chronisch Kranke heute mehr über ihre Krankheiten und Behandlungsmöglichkeiten als die zuständigen Ärzte. Die Folge sind gestiegene Ansprüche, die es im Behandlungsprozess zu berücksichtigen gilt.

Das Patientenerlebnis – abgeleitet vom Englischen „patient experience" – umfasst die gesamte Wahrnehmung des Krankenhausaufenthalts, die Meinungen und Wünsche sowie die Rechte der Patienten. Das Patientenerlebnis rückt immer stärker in den Mittelpunkt der Gesundheitswirtschaft, weil es, neben der Ergebnisqualität, das zentrale Element ist, das einen Krankenhausaufenthalt prägt (Abbildung 5).

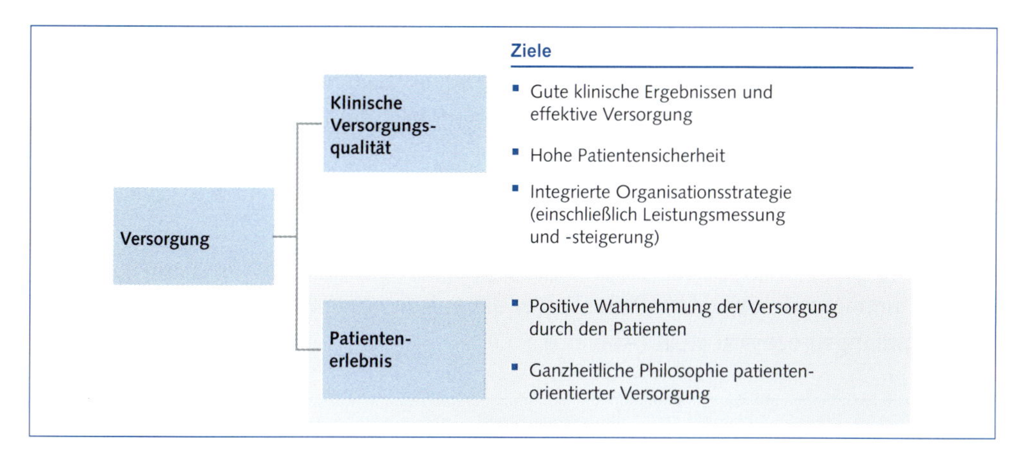

Abbildung 5: Hauptelemente der Versorgung sind klinische Qualität und Patientenerlebnis. (Quelle: McKinsey)

Das Konzept des Patientenerlebnisses signalisiert eine verstärkte Orientierung an den Wünschen und Bedürfnissen der Patienten, einen zunehmenden gesetzlichen oder anderweitigen Schutz der Patientenrechte, aber auch eine immer bessere Patienteninformation und -anleitung. Nun gilt es, das klinische Angebot an diese neue Situation anzupassen – auch vor dem Hintergrund des schärfer werdenden Wettbewerbs um Patienten. Denn das Patientenerlebnis trägt wesentlich zur Auswahl des Krankenhauses bei, wie eine McKinsey-Befragung ergab (Abbildung 6).

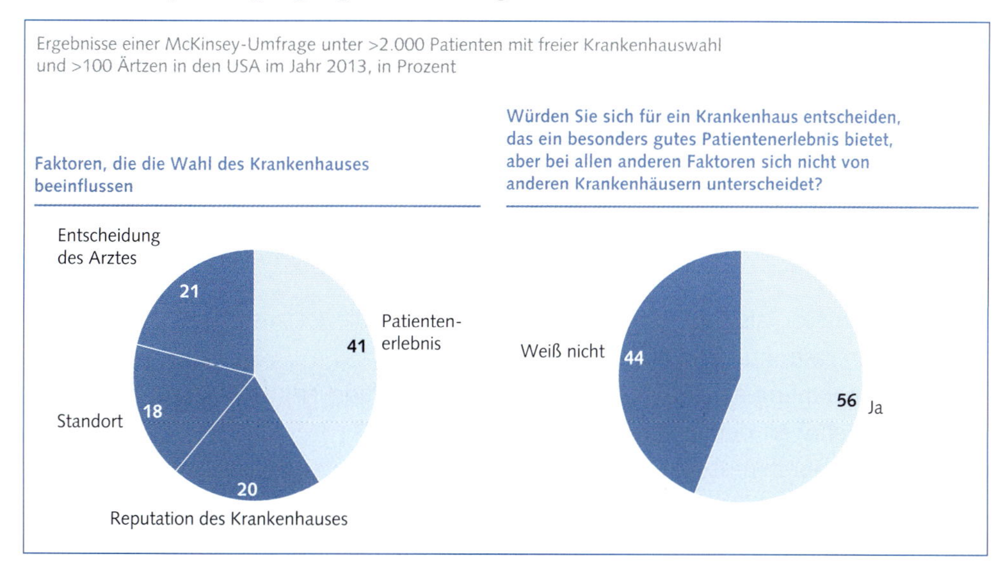

Abbildung 6: Das Patientenerlebnis hat starken Einfluss auf die Wahl des Krankenhauses. (Quelle: McKinsey)

Ziel eines strategischen Krankenhausmanagements muss es sein, neue Patientengruppen zu erschließen und auch langfristig an die Klinik zu binden, also die Loyalität der Patienten zu stärken. Dabei geht das Patientenerlebnis deutlich über die Patientenzufriedenheit hinaus. Während Letztere vor allem darauf abzielt, den Patienten innerhalb des bestehenden Systems so weit wie möglich zufriedenzustellen und z. B. Qualitätsmanagementinstrumente auf das gegenwärtige operative Geschehen anzuwenden, geht das Konzept des Patientenerlebnisses deutlich darüber hinaus: Hierbei handelt es sich um eine umfassende operative Philosophie, die auf das gesamte Erleben des Patienten im Behandlungsprozess abstellt (Abbildung 7).

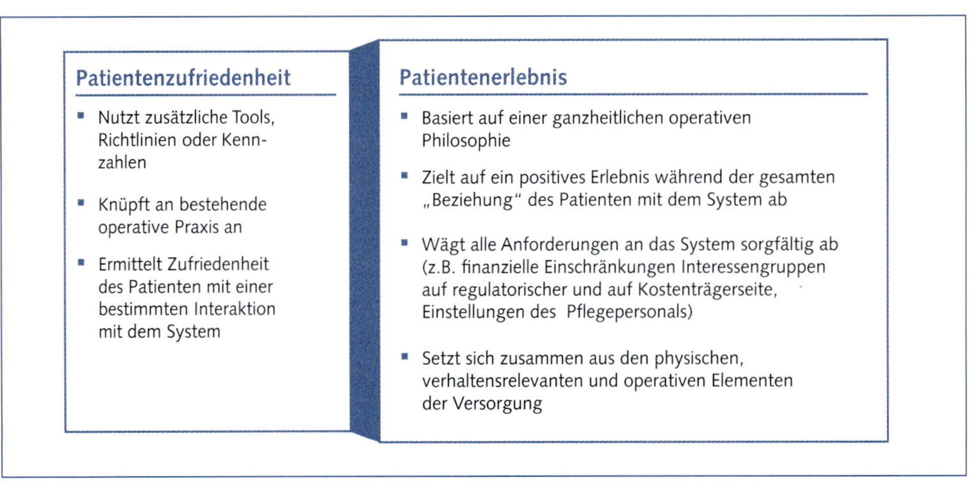

Abbildung 7: Das Patientenerlebnis umfasst weit mehr als die Patientenzufriedenheit. (Quelle: McKinsey)

Das Patientenerleben wird durch drei Faktoren beeinflusst:

- Den „Rahmen", also die klinische Ergebnisqualität, die Prozesse und Abläufe, die Gebäudeinfrastruktur etc.
- Die Wahrnehmung der Situation, also die Kommunikation im Krankenhaus, Wartezeiten, der Mehrwert der Serviceprozesse etc.
- Die Patientenpräferenzen, also persönliche Anforderungen, private Umgebung, Entscheidungsprozesse etc.

Die zunehmende Patientenorientierung der Krankenhäuser kann bereits heute operative Konsequenzen haben. So bevorzugen die meisten Patienten inzwischen Ein- und Zwei-Bett-Zimmer. Die Vorteile liegen auf der Hand: Man ist individueller untergebracht, die

Infektionsraten sinken potenziell, es ist mehr Platz für Familienangehörige und auch das Pflegepersonal hat mehr Raum zur Verrichtung seiner Arbeit. Doch dieser Wunsch kann in den bestehenden Kapazitäten nicht immer erfüllt werden. In den USA, den nordischen Ländern oder auch in Spanien hingegen sind Ein-Bett-Zimmer bei neuen Akutkrankenhäusern bereits Standard.

Neben medizinischer und pflegerischer Qualität kommt es ebenso auf Faktoren wie hohe Mitarbeitermotivation, ökologische Reputation und auch ästhetische Aspekte an. Weitere Kriterien für die Krankenhauswahl sind Barrierefreiheit und Zugangsmöglichkeiten zum Krankenhaus, Ausschilderung und Patientenführung im Haus, Außenflächen zur Erholung sowie Freizeitmöglichkeiten, Medien- und Internetnutzung. Zum „Wohlfühlerlebnis" im Krankenhaus tragen ferner niedrige Schallpegel, ein warmes, zweckmäßiges Lichtdesign und auch angenehme Gerüche bei.

Generell reicht aber ein Fokus auf wenige Felder aus, um das Patientenerlebnis spürbar zu verbessern. So konnten etwa amerikanische Kliniken eine nahezu optimale Empfehlungsquote erzielen, indem sie ganz vorrangig bei der pflegerischen Kommunikation, der Nachsorge und im Schmerzmanagement ansetzten (Abbildung 8).

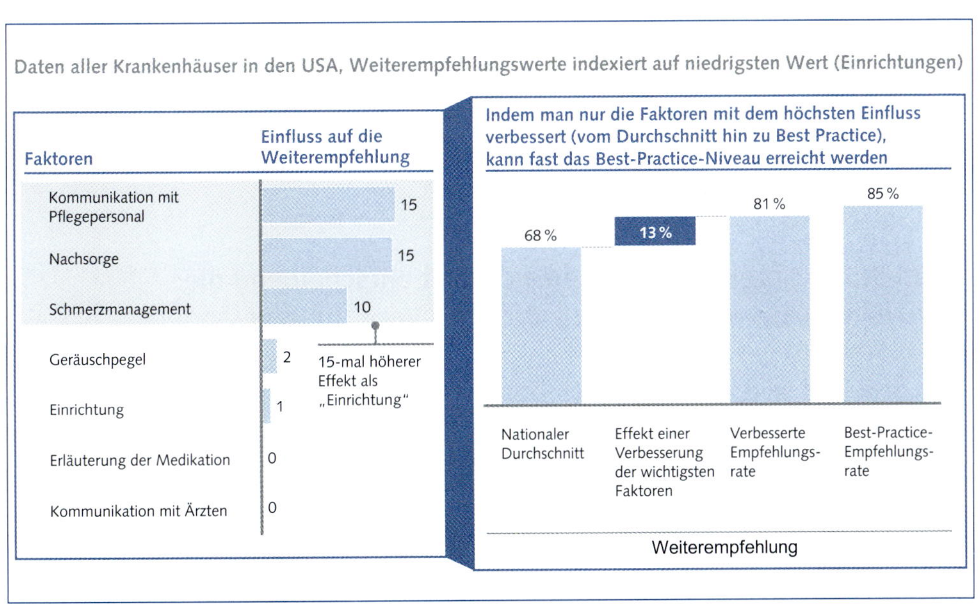

Abbildung 8: Einige Faktoren beeinflussen die Weiterempfehlungsrate besonders stark. (Quelle: McKinsey)

Grundsätzlich sollte die Optimierung des Patientenerlebnisses in das strategische Gesamtkonzept und die bereits formulierten strategischen Ziele eingebettet werden. Wie dies aussehen könnte, zeigt beispielhaft Abbildung 9.

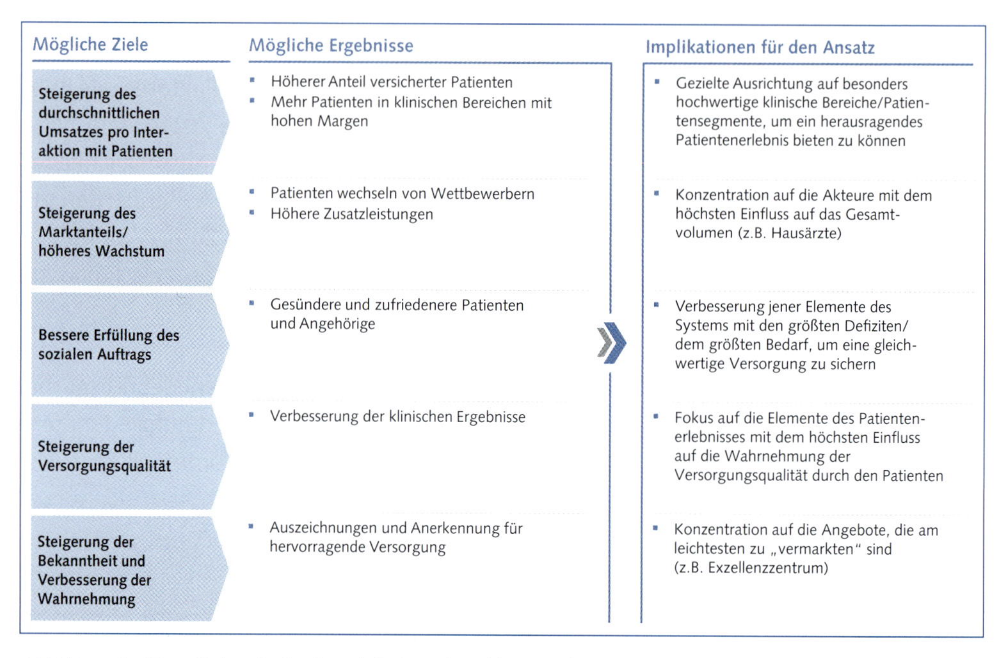

Abbildung 9: Die mit dem Patientenerlebnis verbundenen Ziele orientieren sich an der Gesamtstrategie des Krankenhauses (Quelle: McKinsey)

Trend 3: Die Ergebnisqualität beeinflusst entscheidend die Krankenhausauswahl und wird auch die Vergütung verändern

In Deutschland wird zwar seit Jahren über die medizinische Ergebnisqualität diskutiert, doch bewegt hat sich wenig. Das dürfte sich in den kommenden Jahren ändern. Dann werden sicher auch hierzulande Modelle wie „Pay for Performance (P4P)" umgesetzt.

Bisher jedoch klaffen Qualitätsansprüche und klinische Realität in Deutschland noch deutlich auseinander:

Es besteht allgemein Einigkeit, dass ein Patienten-orientierter Ansatz wünschenswert wäre – in der Realität ist jedoch das Krankenhaus mit den Prozessen für Ärzte und Pflegekräfte optimiert.

In einem so personalintensiven Bereich wie im Krankenhaus sollte ein intensiver Austausch aller Mitarbeiter stattfinden – tatsächlich zeigen quantitative Netzwerkanalysen in mehreren Krankenhäusern aber eine deutlich schlechtere Kommunikation als in Industrieunternehmen. Das gilt besonders für die Kommunikation zwischen den verschiedenen Berufsgruppen.

Eine flächendeckende integrierte Versorgung könnte die Ergebnisqualität deutlich verbessern – doch das deutsche System ist immer noch nicht auf eine Optimierung der Schnittstellen zwischen ambulantem und stationärem Sektor ausgerichtet.

Eigentlich sollten in einem hochentwickelten Industrieland wie Deutschland überall ähnliche Qualitätsstandards z. B. hinsichtlich der postoperativen Wundinfektion nach Totalendoprothesen gelten – tatsächlich zeigen sich noch große Unterschiede, die nicht durch unterschiedliche Fallschwere zu erklären sind. Eine Ursache dafür ist möglicherweise das Fehlen flächendeckend etablierter und ergebnisorientierter Qualitätsinitiativen.

Hierbei spielen neben der Ergebnisqualität im engeren Sinn auch die Struktur- und Prozessqualität eine wichtige Rolle. Denn ohne bessere Strukturen und Prozesse gibt es auch keine besseren medizinischen Ergebnisse. Doch während die Messung der Struktur- und Prozessqualität schon ganz gut gelingt, ist dies für die medizinischen Ergebnisse oft noch nicht der Fall, da die Qualitätserfassung nicht umfassend genug und die Datentransparenz oft ungenügend ist. Außerdem sind allgemein verfügbare Qualitätsberichte bei Patienten zu wenig bekannt. Immerhin gibt es beispielhafte Vorhaben wie die Initiative Qualitätsmedizin, die auf Transparenz durch Routinedaten und Qualitätsverbesserung auf Basis von Best-Practice-Ansätzen und Peer Reviews basiert – die in Deutschland obligatorisch zu veröffentlichenden Qualitätsberichte geben darüber allenfalls in Teilbereichen Aufschluss. Das neu gegründete Qualitätsinstitut IQTiG wird sich diesem Thema annehmen, hat aber seine Arbeit gerade erst aufgenommen.

Nähert man sich dem Thema Ergebnisqualität dagegen mit internationaler Perspektive, sieht man verschiedene Versuche, qualitätsorientierte Versorgung durch monetäre Anreizsysteme zu stärken und spezifisch zu inzentivieren. So werden unter dem Stichwort „Pay for Performance (P4P)" Methoden zusammengefasst, die finanzielle Anreize für Qualität setzen und sich hierbei am Qualitätsergebnis des Krankenhauses orientieren. Mehrere europäische Länder testen diese Lösungen intensiv, allein im britischen NHS laufen mehrere Projekte.

Voraussetzungen für die Einführung von P4P sind:

- Die verbindliche und allgemein akzeptierte Definition von Qualitätsindikatoren
- Die einheitliche Erfassung von benötigten Daten
- Die Schaffung der benötigten IT-Infrastruktur
- Die Abbildung von Qualitätsdaten in einer Vergütungslogik, um medizinische Leistung in Abhängigkeit von der dokumentierten medizinischen Qualität zu vergüten
- Die Transparenz der Daten, um den Patienten eine qualitätsorientierte Auswahl der Leistungen zu ermöglichen

Darüber hinaus ist qualitätsabhängige Vergütung insbesondere in den USA bereits ein Mittel, um finanzielle Risiken zu teilen. Es gibt hier unterschiedlich Beispiele, von P4P mit einem Bonus (z.B. Blue Cross Blue Shield of Minnesota), P4P mit Bonus und Malus (z.B. Blue Cross Blue Shield of Illinois) oder P4P über globale Budgets abgebildet (z.B. Blue Cross Blue Shield of Massachusetts). Parallel werden P4P-Ansätze auch im Medizintechnik- und Pharmabereich verwendet – als „Pay for Cure". Hierbei wird die Vergütung direkt an die Wirksamkeit geknüpft. Beispielsweise hat Roche in Großbritannien eine hundertprozentige Kostenerstattung bei Nichterreichung definierter Zielwerte etabliert.

In Deutschland dürfte die Entwicklung ebenfalls in diese Richtung gehen, auch wenn sicher weiterhin Kritik geübt wird – im Hinblick auf die eingeschränkte Messbarkeit der Qualität, die begrenzte Zurechenbarkeit und auch verschiedene Koordinationsprobleme. Die konkrete Ausgestaltung ist noch nicht im Detail absehbar und es sind noch verschiedene Themen zu klären: u.a. die Vertragsform (kollektiv vs. selektiv), die Datenerhebung (Routinedaten vs. Zusatzerhebungen) und die konkrete operative Ausgestaltung (Fokus auf Bonussystem, konkret wirksamer Vergütungsanteil etc.). In jedem Fall aber sollten strategische Krankenhausmanager alle diesbezüglichen Entwicklungen genau im Auge behalten, denn steigende Qualität kann durch ein höheres Reputationsniveau und bestmögliche Prozesse auch die Kosten-Erlös-Spirale im deutschen System durchbrechen.

Trend 4: Die Gesundheitswirtschaft konvergiert – Krankenhäuser und andere Leistungserbringer, Kostenträger, Medizintechnik- und Pharmaindustrie rücken enger zusammen

In den vergangenen Jahren lässt sich ein Trend zur Vereinigung verschiedener Aspekte der medizinischen Wertschöpfungskette unter einem Dach beobachten – zumindest aber ein Trend zu Kooperationen. So treten Krankenhausunternehmen auch als Kostenträger auf, Medizintechnik- und Pharmaunternehmen betätigen sich stärker im Bereich der Leistungserbringer. Konkrete Beispiele hierfür sind: Siemens engagiert sich bei der Implementierung klinischer Pathways, Novartis unterstützt Zuweisernetzwerke oder auch die Einführung von Pay-per-Use-Modellen verschiedener Anbieter (z. B. für Katheterlabore, Intensivleistungen oder auch Endoskopieeinheiten), die auf diese Weise helfen, die Krankenhausbilanz zu optimieren. In Deutschland bieten die verschiedenen Fresenius-Geschäftseinheiten Medical Care, Kabi, Helios, Vamed und Netcare integrierte Krankenhausleistungen aus einer Hand: von Medizintechnik über Ernährungslösungen und Dialysesysteme bis zu Beratungsleistungen.

Ziel dieser neuen Businesslösungen ist die Erzeugung von Win-Win-Situationen. So erhält ein Pharmaunternehmen bei einer Kooperation wertvolle Einsichten in Prozesse und Organisationsstruktur des Krankenhauses. Im Gegenzug erhält das Krankenhaus finanziellen oder inhaltlichen Mehrwert. Generell können durch derartige Lösungen Schnittstellen überbrückt, Produktivitätsvorteile erzielt und weitere Synergien (inhaltlich oder finanziell) realisiert werden. Für strategische Krankenhausmanager kommt es also darauf an, diese Möglichkeiten genau zu kennen, um Kosten-, Erlös- und Qualitätsvorteile zu nutzen und in Wettbewerbsvorteilen zu verwandeln.

Trend 5: Neue Technologien wie digitale Lösungen und Big Data steigern den Mehrwert im Krankenhaus stärker als bisher

Die Gesundheitswirtschaft gehört zwar potenziell zu den Hightechbranchen, doch tatsächlich ist die Prozesslandschaft im Krankenhaus oft noch ineffizient und wenig technologiebasiert. Das liegt auch daran, dass die Einführung von digitalen Lösungen in Krankenhäusern oft nicht gelingt – aus verschiedenen Gründen:

- Unzureichende Unterstützung durch den Gesetzgeber und zu hohe regulatorische Anforderungen
- Unzureichende Einbindung aller beteiligten Interessensgruppen
- Geringe finanzielle Unterstützung durch unzureichende Finanzierungssysteme
- Geringe Standardisierung und mangelnde Kompatibilität mit bestehenden IT-Strukturen
- Fehlende oder unzureichende Berücksichtigung der Prinzipien von Evidenz-basierter Medizin
- Bedenken hinsichtlich der Datensicherheit, des Datenschutzes und weiterer relevanter Risiken

Es bestehen unter Führungskräften allerdings kaum Zweifel, dass digitale Technologien erheblich dazu beitragen werden, die aktuellen Probleme in der deutschen Gesundheitswirtschaft zu lösen. Die wichtigsten Ansätze hierbei sind: IT-gestützte Vernetzung, Nutzung zentraler Speichermedien („Cloud") und Einsatz mobiler telemedizinischer Geräte. Auch diverse Kombinationen aus diesen Ansätzen sind denkbar. Der potenzielle Nutzen liegt beispielsweise darin, dass die Dokumentation reduziert oder Sektorengrenzen überbrückt werden. Damit einher geht auch eine engere Abstimmung zwischen den Beteiligten am Heilungsprozess und eine Optimierung von Zeitplanungen für Operationen oder Diagnostik sowie eine Harmonisierung des Finanzberichtswesens. Damit digitale Lösungen erfolgreich sind, gilt es aber, folgende Voraussetzungen zu schaffen:

- **Ausreichende Größe erreichen**. Je mehr Teilnehmer an einer digitalen Lösung teilnehmen, desto wahrscheinlicher ist der Erfolg. Zudem lassen sich auf diese Weise Mengeneffekte realisieren, die wiederum helfen, Kosten zu reduzieren und Innovationen zu fördern. Zunächst gilt es aber, bei allen Teilnehmern volle Transparenz und gegenseitiges Verständnis hinsichtlich der Prozesse und Ziele der Lösung herzustellen.
- **Wertetreiber für das einzelne Krankenhaus klar herausarbeiten**. Der Anwender – insbesondere die Geschäftsführung eines Hauses – wird eine digitale Lösung nur akzeptieren, wenn die Vorteile quantifizierbar und klar herausgearbeitet sind. Deshalb sollte der digitale End-to-end-Prozess für konkrete Anwendungsfälle im Detail definiert, die

konkreten Werttreiber (Kosten, Erlöse bzw. Qualitäts- und Zugangsoptimierungen) quantitativ herausgearbeitet und auf dieser Basis einen Businessplan für die Investition abgeleitet werden.
- **Koordiniert zusammenarbeiten**. Jeder einzelne Teilnehmer trägt hohe Verantwortung für die aktive Gestaltung und Weiterentwicklung des Systems. Es kommt auch darauf an, sich in die Interessenslagen aller Beteiligten hineinzuversetzen – denn diese können deutlich voneinander abweichen (z. B. Patienten vs. Krankenversicherungen).
- **Offen für Veränderung sein und sie aktiv gestalten**. Neue Technologien sorgen dafür, dass Arbeitsprozesse grundlegend restrukturiert sowie veraltete Konzepte und Methoden ersetzt werden. Sie sind also keine Hilfsmittel, die bestehende Systeme und Prozesse lediglich ergänzen und verbessern, sondern selbst die Treiber umfassender Veränderungsprozesse. Deshalb brauchen Führungskräfte die Fähigkeit, einen solchen Prozess zu steuern; sie sollten zudem bereit sein, veraltete Strukturen und Prozesse durch neue zu ersetzen. Allein die Einführung einer neuen IT-Lösung bewirkt also keine Veränderung, vielmehr kommt es darauf an, das Change Management für diesen Prozess professionell zu planen und konsequent umzusetzen.

Ein sehr erfolgreiches Beispiel für die Umsetzung solcher Konzepte ist das dänische Webportal Sundhed.dk, eines der besten IT-unterstützten Gesundheitssysteme der Welt. Sundhed.dk wurde 2003 gegründet als Web-basiertes Portal, das Gesundheitsinformationen sammelt und verteilt. Es sorgt dafür, dass Patienten das dänische Gesundheitssystem besser und effektiver nutzen können. So standardisiert das System eine Reihe alltäglicher Vorgänge wie Laboruntersuchungen, Verschreibungen oder Entlassbriefe und kombiniert dies mit einer ausgesprochen benutzerfreundlichen Weboberfläche. Jeder Einwohner von Dänemark hat seine persönliche Webpage und kann sich dort Krankenhausdaten anschauen, Untersuchungstermine bei niedergelassenen Ärzten buchen, sichere Emails an Gesundheitsbehörden senden, Medikamente bei Apotheken bestellen oder auch an regionalen Disease Management Programmen teilnehmen. Damit hat Sundhed.dk zu deutlichen finanziellen Einsparungen und strukturellen sowie qualitativen Verbesserungen geführt. Wesentliche Erfolgsvoraussetzung war eine klare und strategische Vision, die von den dänischen Gesundheitsbehörden entwickelt und kommuniziert wurde.

Trend 6: Strukturell neue Lösungen werden die Krankenhäuser verändern und formen

Wer sich ein Bild vom „Krankenhaus der Zukunft" machen will, sollte zwei Fragen beantworten: Wie werden sich die heute bestehenden Krankenhäuser und Krankenhausketten in den kommenden Jahren entwickeln? Welche innovativen Lösungen werden das Krankenhaus, wie wir es heute kennen, grundlegend verändern?

Zur ersten Frage gibt es einige klar absehbare Entwicklungen:

- Krankenhäuser werden sich stärker differenzieren – von Häusern mit Notfall- und Grundversorgungscharakter bis zu großen Spezialzentren. Zwischen diesen Grundtypen bilden sich gestaffelte Versorgungsformen aus.
- Da sich die Verweildauer weiter verkürzt, wird es – ungeachtet der demographischen Entwicklung – weniger Betten als heute geben.
- In den Regionen entwickeln sich integrierte Lösungen, mit denen sich der gesamte Patientenprozess für einzelne Indikationen steuern lässt.

Der Markt dürfte sich weiter konsolidieren, wobei sich größere private, freigemeinützige und auch öffentliche Ketten herausbilden und damit einen bestehenden Trend fortsetzen (Abbildung 10).

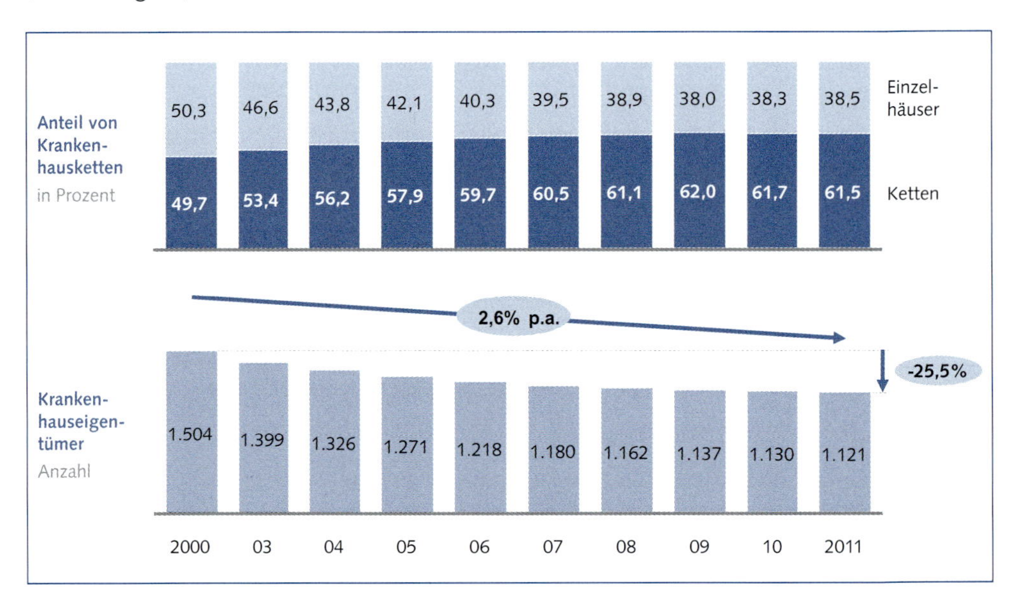

Abbildung 10: In den vergangenen Jahren sind mehr Krankenhausketten und Verbundstrukturen entstanden (Quelle: RWI Krankenhaus Rating Report 2013)

Die zweite Frage, also die Vorhersage wirklicher Innovationen für das Krankenhaus, ist naturgemäß schwieriger zu beantworten. Absehbar sind aber bereits folgende Trends:

- Patienten nehmen durchgehend aktiv an ihrem Diagnose- und Therapieprozess teil.
- Krankenhäuser setzen mehr mobile Lösungen zur Steigerung des Patientenerlebnisses und zur Verbesserung der Prozess-, Struktur- und Ergebnisqualität ein.
- RFID Tags und moderne IT-Lösungen werden intensiv genutzt.
- Die anfallende Arbeit wird optimiert aufgeteilt, z. B. zwischen jungen und erfahrenen Ärzten oder auch zwischen medizinischem und nicht-medizinischem Personal.

Diese Entwicklungen sind für deutsche Krankenhäuser bereits heute durchaus relevant und sollten im Management berücksichtigt werden. Dementsprechend steigen die Anforderungen an die fachliche Qualifikation der Krankenhausmanager – sowohl im Hinblick auf die medizinische wie auf die funktionale Ausbildung. Für größere Kettenstrukturen wird es aufgrund der Synergien einfacher sein, die Qualitäts- und Kostenanforderungen gleichzeitig zu realisieren. Zudem kommt es darauf an, sich stärker auf das Change Management zu konzentrieren und die Steuerung von Veränderungsprozessen als wesentlichen Erfolgsfaktor anzuerkennen. Schließlich sollten Krankenhäuser auch eine Führungsrolle bei der sich entwickelnden Integration von Gesundheitsleistungen spielen, um am Markt bestehen zu können.

Die hier diskutierten Punkte fließen idealerweise in die Strategiedefinition eines Krankenhauses ein. Dazu finden sich fachliche Beiträge zum Thema regionale Bedarfe sowie Kooperationen und Netzwerke planen zusammen mit der Medizinstrategie und dem wichtigen Thema Personalmanagement im ersten Teil des Buches. Im zweiten Teil gehen erfahrene Praktiker aus den verschiedenen Trägerstrukturen auf die unterschiedlichen Herangehensweisen ein.

Aus dem Abgleich der identifizierten Vision und dem Ist-Zustand ergeben sich die notwendigen Handlungsfelder, die es dann konsequent und nachhaltig umzusetzen gilt. Das klingt banal, stellt viele Häuser jedoch vor große Herausforderungen. Denn deutsche Krankenhäuser haben häufig kein Erkenntnis-, sondern ein Umsetzungsproblem. Dies ist durch die nicht ausreichend vorhandenen Projektkapazitäten, aber teilweise auch durch nicht ausreichend vorhandenes Know-how zu erklären. Dieses Know-how sollten die Krankenhäuser aufbauen – durch Change Management oder konkrete fachliche Expertise (siehe dazu den Beitrag „Strategien praktisch umsetzen"). Wichtige Elemente bei der Umsetzung sind die Themen Restrukturierung, Bau und Betriebsorganisation, IT und rechtliche Aspekte, Medizintechnik und in immer stärkeren Umfang auch Finanzierung. Zu allen Themen finden sich in diesem Band ebenfalls Fachbeiträge von ausgewiesenen Experten.

Regionale Bedarfe planen

Grundlage für die strategische Planung

Stefan Moder, Elke Uhrmann-Klingen und Sören Eichhorst

Der anhaltende Kostendruck erschwert das wirtschaftliche Arbeiten deutscher Kliniken von Jahr zu Jahr. Verdeutlicht wird diese Problematik durch die andauernde Konsolidierung des Marktes. Seit 2005 ist die Anzahl der Kliniken um sieben Prozent zurückgegangen und liegt aktuell bei 1996 (vgl. Statistisches Bundesamt, 2013a). Die Anzahl der stationären Abteilungen für Augenheilkunde, HNO sowie für Frauenheilkunde und Geburtshilfe ging im gleichen Zeitraum sogar um 15 Prozent zurück (vgl. Statistisches Bundesamt, 2013b). Darüber hinaus zeigt das Krankenhausbarometer des Deutschen Krankenhaus Instituts (DKI), dass 42 Prozent aller Kliniken im Jahr 2013 rote Zahlen geschrieben haben (vgl. Blum et al., 2014). Auch wenn der Wert im Vergleich zu den 51 Prozent im Jahr 2012 einen leichten Rückgang aufweist, so ist der Anteil trotzdem unvermindert hoch – 2010 lag er noch bei 16 Prozent.

Um in diesem wettbewerbsintensiven Umfeld dauerhaft bestehen zu können, müssen sich Krankenhäuser aktiv mit ihrer Zukunftsstrategie auseinandersetzen. Ziel muss es sein, das Leistungsportfolio bestmöglich am tatsächlichen Bedarf auszurichten und mit hohen Qualitätsstandards zu versehen. Kliniken, die diese Anforderungen erfüllen, werden nicht nur im direkten Wettbewerb bestehen, sondern sind auch darüber hinaus gut aufgestellt, um eine starke Position in der regionalen Versorgung einzunehmen. Damit diese vorausschauende Planung verwirklicht werden kann, sind klare Zielsetzungen über einen Planungshorizont von mindestens drei, besser sogar fünf bis zehn Jahren anzustreben, um den veränderten Herausforderungen gerecht werden zu können.

Eine kurzfristige Planung auf Jahresbasis birgt die Gefahr, strategische Vorbereitungen auf große Trends zu verpassen. Während dies in manchen ländlichen Regionen eher als „verpasste Chance" zu einer optimierten strategischen Ausrichtung zu sehen ist, sind die Auswirkungen in Regionen mit hohem Wettbewerb deutlich drastischer. Innerhalb kurzer Zeit können dadurch wertvolle Marktanteile verlorengehen. Diese von gut gerüsteten Wettbewerbern wieder zurückzugewinnen, erweist sich meist als ungleich schwerer – und kann für einzelne Fachbereiche zur unüberwindbaren Hürde werden. Drastische Reduktion von Kapazitäten und Personalstand bis hin zur Schließung einzelner Abteilungen oder sogar ganzer Standorte können die Folge sein.

Schafft es also ein Krankenhaus, seine Strategie mittel- bis langfristig entlang des Leistungsbedarfs zu planen, stellt dies einen klaren Wettbewerbsvorteil im Markt dar. Zudem ist die strategische Planung ein wertvoller Impuls, der gegenüber den Vertretern der Trägerverbände, der Kostenträger, der Planungsbehörden sowie den eigenen Mitarbeitern Verbindlichkeit schafft und Planungssicherheit vermittelt.

Regionale Bedarfsplanung als Grundlage für strategische Planung

Zentrales Element einer soliden strategischen Planung ist die Prognose des Bedarfs in der medizinischen Versorgung. Die Entscheidung hinsichtlich der Ausrichtung des zukünftigen Leistungsspektrums sollte Hand in Hand gehen mit der Abschätzung des zu erwartenden Leistungsbedarfs in den jeweiligen medizinischen Fachbereichen. So helfen konkrete Zahlen zur Bedarfsentwicklung bei einer faktenbasierten Argumentation zum Beispiel hinsichtlich:

- der Kapazitätsplanung über unterschiedliche Standorte hinweg,
- der Bettenverteilung innerhalb der Fachabteilungen eines Standortes,
- der Entscheidung bezüglich der Weiterentwicklung des medizinischen Leistungsangebots bis hin zur Schwerpunktsetzung, z. B. im Sinne einer Zentrenbildung.

Als Grundlage für strategische Entscheidungen sollte die jährliche Fortschreibung der klinikinternen Leistungszahlen keinesfalls eine ausführliche Prognose ersetzen, da sich erstere rein an den erbrachten Leistungen orientiert. Regionale Potenziale und Trends, die von der eigenen Klinik bisher nicht adressiert wurden, werden hierbei nicht berücksichtigt.

Es ist also ein Perspektivwechsel notwendig, um sich darauf zu fokussieren, welcher Bedarf an medizinischen Leistungen in der eigenen Region in der Zukunft tatsächlich erwartet wird und nicht „nur“ zu beobachten, was die eigene Klinik leistet beziehungsweise geleistet hat.

Relevanz der regionalen Spezifität

Die Erhebung des medizinischen Leistungsbedarfs erfordert ein hohes Niveau an Granularität, um Trends zu identifizieren, die für die einzelne Klinik relevant sind. Die Granularität beschreibt hierbei den Detailgrad der für die Prognose verwendeten Daten – insbesondere hinsichtlich ihrer regionalen Auflösung. Zieht man zum Beispiel nur die generelle Entwicklung von Strukturdaten der stationären Versorgung zur Beobachtung von Trends heran, kann dies zu einer gravierenden Fehlinterpretation führen. Ein konkretes Beispiel hierfür stellt die Entwicklung der Belegungstage dar. Seit 2005 zeigt sich auf Bundesebene ein relativ konstantes Bild hinsichtlich einer zunehmenden Zahl an stationären Fällen von 17 Millionen im Jahr 2005 zu 19,2 Millionen im Jahr 2013, einer Abnahme der durchschnittlichen Verweildauer von 8,6 Tagen im Jahr 2005 auf 7,6 Tage im Jahr 2013 und daraus resultierend eine nahezu konstant bleibende Anzahl an Belegungstagen und somit notwendiger Bettenkapazität in Höhe von 145 Millionen Tagen (vgl. Statistisches Bundesamt 2015). Fälschlicherweise könnten diese Daten dahingehend interpretiert werden, dass die grundsätzlich vorgehaltenen Kapazitäten angemessen seien und höchstens die Verteilung auf die Fachdisziplinen angepasst werden müsste. Die öffentliche Debatte zu diesen Zahlen weist bereits treffend darauf hin, dass eine deutlich genauere Betrachtung notwendig ist, um tatsächliche Auswirkungen auf einzelne Krankenhäuser ableiten zu können. Während auf bundespolitischer Ebene weiterhin von Überkapazitäten im System gesprochen wird wehren sich Lokal- und Kommunalpolitiker häufig mit dem Hinweis auf die notwendige Sicherstellung der flächendeckenden medizinischen Versorgung.

Die ambulante und stationäre medizinische Versorgung sind regional organisiert und auch die Bevölkerungsstruktur entwickelt sich je nach Region unterschiedlich. Phänomene wie die Über- oder Unterversorgung unterscheiden sich je nach medizinischer Fachrichtung auch zwischen den Bundesländern, den Landkreisen und sogar einzelnen Postleitzahl-Gebieten. Aus diesen Gründen müssen Trends mit hoher Relevanz für die Zukunftsplanung eines einzelnen Krankenhauses auf regionaler Ebene identifiziert und deren Auswirkung mittels kleinräumiger Bedarfsprognosen berechnet werden. Abbildung 1 zeigt den anzustrebenden Detaillierungsgrad der Prognose anhand von exemplarisch ausgewählten Kreisen in Baden-Württemberg. Diese Darstellung entspricht dem Detailgrad des Prognosemodells. Grundsätzlich ist noch eine weitere Aufgliederung in Postleitzahlgebiete oder Gemeinden möglich.

Abbildung 1: Die typische kleinste Einheit der regionalen Bedarfsprognose stellen die Kreise dar. (Quelle: McKinsey)

Eckpfeiler der regionalen Bedarfsplanung

Bei der Erstellung einer Prognose zur Beschreibung des zukünftigen stationären Leistungsbedarfs in der Gesundheitsversorgung gilt es zwei zentrale Determinanten zu beachten: Erstens die Bevölkerung, die stationäre Gesundheitsleistungen nachfragt und je nach Region eine spezifische demografische Struktur charakterisiert durch Alter und Geschlecht aufweist. Zweitens das Nachfrage- beziehungsweise Inanspruchnahmeverhalten dieser Bevölkerung bezüglich der Gesundheitsleistungen, welches sich ebenfalls je nach regionalem Einzugsgebiet unterscheidet.

Demografische Struktur

Die demografische Alterung ist in Deutschland kein einheitlich verlaufender Prozess. In einigen Regionen schrumpft und altert die Bevölkerung dramatisch schnell, andere Regionen hingegen wachsen und werden nur langsam älter. So gibt es neben den „Alterungspionieren" unter den Kreisen wie den Kreisen Elbe-Elster und Spree-Neiße in Brandenburg, die besonders früh und intensiv mit den Folgen der demografischen Alterung konfrontiert sein werden, auch die „stabilen Wachstumskreise" wie München und Starnberg in Bayern oder den Main-Taunus-Kreis in Hessen, in denen sich die Alterung gar nicht oder deutlich langsamer manifestiert (vgl. Schlömer et al., 2015). Diese Unterschiede zeigen, dass eine korrekte Abbildung der vorliegenden Bevölkerungsstruktur und ihrer Entwicklung Grundvoraussetzung für eine adäquate Berücksichtigung des demografischen Wandels im Rahmen der Prognose ist.

Stationäre Krankenhausleistungen

Die Inanspruchnahme von stationären Krankenhausleistungen wird grundsätzlich durch zwei Kenngrößen beschrieben: Die Häufigkeit, mit der die Leistungen in Anspruch genommen werden (Inanspruchnahme-Fallquote) und die zur jeweiligen Leistung gehörende stationäre Verweildauer. Basierend auf diesen beiden Kenngrößen lässt sich die Inanspruchnahme in der Einheit der Belegungstage berechnen. Diese ist hilfreich, da sich von ihr direkte Ressourcenimplikationen ableiten lassen, insbesondere die vorzuhaltenden Bettenkapazitäten. Regionale Unterschiede in der Inanspruchnahme an sich sowie deren Veränderung über die Zeit werden durch eine Vielzahl von Faktoren beeinflusst.

Die drei wichtigsten Treiber für das Prognosemodell seien hier gesondert hervorgehoben:

- **Medizinisch-technischer Fortschritt**: Neue diagnostische und therapeutische Möglichkeiten beeinflussen die stationäre Fallzahl z. B. durch Früherkennung von Erkrankungen und somit weniger „schwere Fälle" und die Verweildauer z. B. durch neue, schonendere Behandlungsmethoden, die einen verkürzten Aufenthalt ermöglichen.
- **Erkrankungshäufigkeit:** Regional unterschiedliche Inzidenz- und Prävalenzraten, z. B. durch Veränderung oder grundsätzliche Unterschiede im Expositionsprofil hinsichtlich gewisser Risikofaktoren.
- **Ambulantisierung**: Unterschiedliches Ausmaß hinsichtlich der Verlagerung von vormals stationären Fällen in den ambulanten Bereich, z. B. aufgrund des zunehmenden Angebots an ambulanten Kapazitäten sowie neuartiger Behandlungsmethoden, die eine rein ambulante Behandlung ermöglichen. Die Verlagerung leichter Fälle in den ambulanten Bereich kann neben Fallzahlreduktion im stationären Bereich auch zu einem Anstieg der durchschnittlichen Verweildauer der verbleibenden Fälle führen.

Da sich sowohl demografisches Wachstum als auch Inanspruchnahme stark abhängig vom Alter unterscheiden, sollte eine Aufteilung nach sinnvollen Altersgruppen (z. B. 5-Jahres-Intervalle) erfolgen. Hieraus ergeben sich schließlich altersgruppenspezifische Wachstums- und Inanspruchnahmeraten.

Erstellung einer regionalen Bedarfsprognose

Im Folgenden wird nun die Erstellung einer regionalen Bedarfsprognose exemplarisch erklärt. Sequentiell werden die benötigte Datengrundlage, die Vorgehensweise zur Erstellung des Prognosemodells sowie die zu treffenden Annahmen behandelt und anhand eines Beispiels mit Daten auf Bundesebene veranschaulicht. Darüber hinaus werden Möglichkeiten zur Modifikation der Prognoseszenarien aufgezeigt.

Datengrundlage

Zur Erstellung des Prognosemodells sind zwei Datenquellen von essentieller Bedeutung: Daten zur langfristigen Bevölkerungsentwicklung und zur Krankenhausinanspruchnahme. Die Anforderungen an diese Datenquellen sind hoch: Um eine regionale Bedarfsprognose zu ermöglichen, müssen sie einen hohen Detailgrad hinsichtlich Regionalität und Altersgruppen aufweisen. Trotz des hohen Detailgrades dürfen aber Validität und Genauigkeit der Datengrundlage nicht verloren gehen.

Hinsichtlich einer regional differenzierten Bevölkerungsentwicklung – mit über Landesgrenzen hinweg konsistenter Datenbasis – ist allein die Raumordnungsprognose des Bundesinstituts für Bau-, Stadt- und Raumforschung (BBSR) als zentrale Datenquelle verfügbar. Diese Prognose verfolgt länderübergreifend einen einheitlichen methodischen Ansatz. Eine eigenständige und besondere Komponente des BBSR-Modells betrifft die Binnenwanderung, bei der simultan die Fortzüge aller Teilräume auf die Zielräume verteilt werden. Empirische Basis dafür ist die tatsächliche Wanderungsverflechtung zwischen den Teilräumen der jüngeren Vergangenheit. Die Annahmen im Wanderungsverhalten stützen sich dabei auf die konsolidierte Phase der Jahre ab der Jahrtausendwende und schreiben deren Muster in die Zukunft fort. Dazu zählt ein geringer werdender Wanderungsverlust der neuen gegenüber den alten Bundesländern sowie eine Konsolidierung der Stadt-Land-Umwanderungen in den neuen Ländern mit Angleichung an das Niveau der alten Länder. Die Außenwanderungen hatten gegen Ende des ersten Jahrzehnts des 21. Jahrhunderts ein sehr niedriges Niveau. Aufgrund internationaler Push-Faktoren ist es inzwischen zu einem deutlichen Wiederanstieg der Netto-Wanderungen gekommen. Langfristig werden hier circa 800 000 Außenzuzüge und 600 000 Außenfortzüge angenommen (vgl. BBSR, 2015). Die Prognose berücksichtigt so Zuzüge in und Abwanderung aus Ballungszentren als mittelfristige Wanderungstrends. Die eigentliche Raumordnungsprognose erfolgt auf 700 Raumeinheiten, für Datenauszüge sind als kleinste räumliche Bezugsgröße allerdings nur die ca. 400 Kreise erhältlich.

Als zentral verfügbare Datenquelle der Krankenhausinanspruchnahme mit regionalem Bezug steht die Fallpauschalen-bezogene Krankenhausstatistik (DRG-Statistik) beim Statistischen Bundesamt zur Verfügung. Die DRG-Datenstelle bzw. das Institut für das Entgeltsystem im Krankenhaus (InEK) übermittelt jeweils bis zum 1. Juli die Daten aus der Datensammlung nach § 21 KHEntgG dort hin. Neben soziodemografischen Merkmalen der Patienten (z. B. Alter, Geschlecht, Postleitzahl) werden insbesondere die Haupt- und

Nebendiagnosen, Fallpauschalen (DRGs), Operationen und Prozeduren sowie die Verweildauer und Fachabteilung erhoben. Die Erhebung erstreckt sich mit wenigen Ausnahmen auf alle Krankenhäuser, die nach dem DRG-Vergütungssystem abrechnen und dem Anwendungsbereich des § 1 KHEntgG unterliegen (vgl. Statistisches Bundesamt, 2013c).

In fachlicher Hinsicht werden Behandlungen fast aller Fachgebiete mit der DRG-Statistik zu 98 bis 99 Prozent abgedeckt. Einzige Einschränkung stellt hierbei die Psychiatrie dar, da Behandlungen im Gebiet Psychische- und Verhaltensstörungen nur zu 25 Prozent enthalten sind. Daher sind Aussagen in Bezug auf psychiatrischen Bedarf und Versorgung auf dieser Basis nur eingeschränkt möglich (vgl. Statistisches Bundesamt, 2013c; Statistisches Bundesamt, 2013d).

Der Detailgrad der regionalen Spezifität wird durch die allgemeine Annahme bestimmt, dass nicht in jeder Gemeinde Angebote der Gesundheitsversorgung in angemessener Differenzierung existieren müssen. Übereinstimmend mit dieser Auffassung bietet das statistische Bundesamt als kleinste räumliche Bezugsgröße für Datenauszüge aus der DRG-Statistik den Wohnortkreis an.

Aufbereitung der Datengrundlage

Die hier durchgeführte kleinräumige Bedarfsprognose basiert für die prognostizierte Bevölkerungsentwicklung auf der Raumordnungsprognose 2035 in hoher Auflösung, d. h. der Granularität Kreis, Geschlecht und 5-Jahres-Altersklasse (vgl. BBSR, 2015a). Die genutzte Raumordnungsprognose berücksichtigt die Ergebnisse des Zensus 2011.

Bezüglich der Krankenhausinanspruchnahme basiert die Prognose auf der Granularität Wohnortkreis kombiniert mit Geschlecht, 5-Jahres-Altersklasse des Patienten, dreistelliger Hauptdiagnose (ICD-10-GM) und Kennzeichen Behandlungsart operativ bzw. konservativ abgeleitet aus dem Vorliegen einer Operation gemäß OPS-Katalog. Die Hauptdiagnose ist gegenüber der DRG priorisiert worden aufgrund des langfristig stabileren und hierarchisch strukturierten Katalogs in Verbindung mit der Möglichkeit zu internationalen Vergleichen.

Zur Stabilisierung der Prognose werden zunächst seltene Diagnosen sukzessive zu Diagnoseklassen zusammengefasst. Dreistellige Diagnosen, die in mindestens einer Geschlecht und Altersgruppe bundesweit 2000 stationäre Fälle oder mehr pro Jahr aufweisen, werden einzeln als Diagnoseklasse betrachtet. Diagnosen mit durchgängigen Fallzahlen unterhalb von 2000 je Geschlecht und Altersgruppe werden im ersten Schritt innerhalb ihrer Diagnosegruppe gebündelt. Sollte diese neue Diagnoseklasse immer noch weniger als 2000 Fälle aufweisen, so erfolgt eine Bündelung auf Ebene des Diagnosekapitels. Auf diese Weise entstehen aus ca. 1500 dreistelligen Diagnosen die ca. 300 Diagnoseklassen.

Im zweiten Schritt erfolgt bei kleinen Fallzahlen, individuell innerhalb der jeweiligen Diagnoseklasse, eine regionale Zusammenfassung zu Regional-Diagnoseklasse-Zellen. Kreise, die je Diagnoseklasse, Geschlecht und Altersgruppe 100 stationäre Fälle oder mehr pro Jahr aufweisen, werden einzeln als Regional-Diagnoseklasse-Zelle betrachtet. Kreise mit Fallzahlen unterhalb von 100 Fällen je Diagnoseklasse, Geschlecht und Altersgruppe werden innerhalb ihres Bundeslandes und Regionaltyps (vier Regionstypen: kreisfrei bis dünn besiedelt) je Diagnoseklasse, Geschlecht und Altersgruppe gebündelt. Sollte diese neue Regional-Diagnoseklasse-Zelle immer noch weniger als 100 Fälle aufweisen, so erfolgt eine Bündelung auf Ebene des Bundeslandes. Auf diese Weise entstehen aus ca. 4,4 Millionen ursprünglichen Prognosezellen ca. 0,4 Millionen Regional-Diagnoseklassen-Zellen. Im Anschluss wird die Bevölkerung der entsprechenden Regionalklassen ermittelt.

Der stationären Krankenhausinanspruchnahme wird je Diagnoseklasse, OP-Kennzeichen, Regionalklasse, Geschlecht und Altersgruppe, gemäß Regionalklasse, Geschlecht und Altersgruppe die zugehörige Bevölkerungsanzahl gegenüber gestellt. Aus der Kombination von stationärer Krankenhausinanspruchnahme und Bevölkerungsanzahl lässt sich die regionale Inanspruchnahme-Fallquote im Status-quo ermitteln.

Festlegung von Annahmen

Um von der historischen Datengrundlage zu einer Prognose zu kommen, müssen nun Annahmen getroffen werden, wie sich die Haupteinflussfaktoren, demografischer Wandel und Inanspruchnahme zukünftig verhalten werden. Während sich der demografische Wandel sinnvoll über die Bevölkerungsentwicklung auf Basis der Raumordnungsprognose 2035 abbilden lässt, müssen die Annahmen zu Inanspruchnahmeverhalten und Verweildauer der in Anspruch genommenen Leistungen selbst hergeleitet werden.

Die Betrachtung der historischen Entwicklung von stationären Fallzahlen und Behandlungstagen hilft dabei, Trends auf Basis einzelner Wachstumscluster und Diagnosekapitel zu verstehen. Abbildung 2 stellt exemplarisch anhand von Daten auf Bundesebene die Entwicklung von sechs unterschiedlichen Indikationsclustern im Zeitraum 2005 bis 2013 dar. Im Rahmen der Analyse wurde für jedes Diagnosekapitel des ICD-Kataloges jeweils die durchschnittliche jährliche Wachstumsrate der Fallzahl und der Behandlungstage berechnet. Betrachtet man die beiden Wachstumsparameter zusammen, wie in Abbildung 2 dargestellt, fällt zunächst auf, dass die Fallzahlen in den meisten Diagnosekapiteln im historischen Verlauf gestiegen sind. Hinsichtlich der Anzahl der Behandlungstage ist das Bild deutlich uneinheitlicher, was durch die kapitelspezifische Veränderung der Verweildauer zu erklären ist. Es wird deutlich, dass unterschiedliche Diagnosekapitel ähnlich wachsen und somit zu insgesamt sechs Wachstumsclustern zusammengefügt werden können. Exemplarisch seien die Kapitel der infektiösen und parasitären Krankheiten (A00-B99) sowie der Symptome und abnormen Befunde (R00-R99) genannt, die im Betrachtungszeitraum durch eine überdurchschnittliche Zunahme von Fallzahl und Behandlungstagen auffallen und somit zu einem Cluster zusammengefasst werden können. Ein anderes Wachstumsverhalten zeigen zum Beispiel die Erkrankungen des Bewegungsapparates (M00-M99) sowie der Haut und Unterhaut (L00-L99). Trotz steigender Fallzahl sind die Behandlungstage im Betrachtungszeitraum nahezu konstant geblieben, was auf eine Reduktion der Verweildauer schließen lässt. Diese Charakterisierung der Indikationscluster hat bereits erste strategische Implikationen, da sich zum Beispiel „wachsende" Indikationscluster nun deutlich differenzierter charakterisieren lassen. Vor allen Dingen ist zu beachten, dass ein reines Fallzahlwachstum nicht immer auch eine Zunahme an Belegungstagen und somit Bettenkapazitäten bedeuten muss.

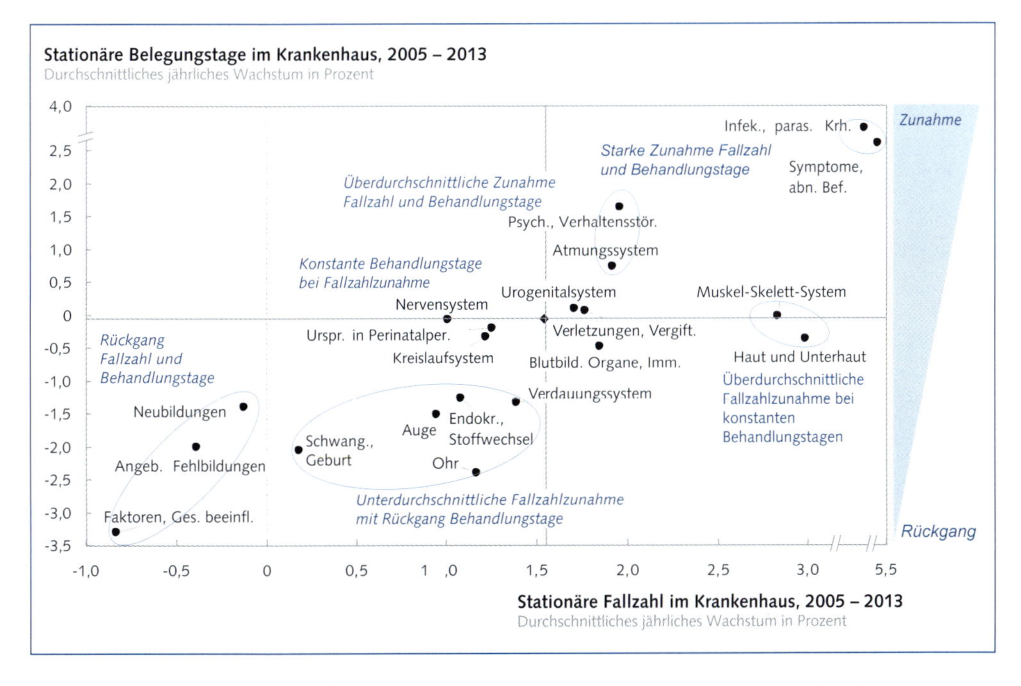

Abbildung 2: Entwicklung von Indikationsclustern nach Fallzahlen und Belegungstagen (Quelle: McKinsey, Krankenhausstatistik – Diagnosedaten der Krankenhäuser ab 2000, www.gbe-bund.de)

Konkret für die Erstellung des Prognosemodells bedeutet dies, dass sich aus der Datenbasis „DRG-Statistik" bereits die spezifische Verweildauerentwicklung je Diagnoseklasse ableiten lässt. Neben der absoluten Veränderung im Betrachtungszeitraum lässt sich außerdem beobachten, wie sich die Entwicklung von Jahr zu Jahr darstellt. Für die zu treffenden Annahmen im Rahmen der Prognose kann es zum Beispiel einen Unterschied machen, ob sich die relative Abnahme der Verweildauerreduktion in den letzten Jahren abschwächt, gleichbleibt oder sogar zunimmt. Im Rahmen einer dynamischen Prognose können solche Feinheiten durchaus berücksichtigt werden. Abbildung 3 zeigt die historische Entwicklung der Diagnoseklassen sowie deren dynamische Fortschreibung bis in das Jahr 2040.

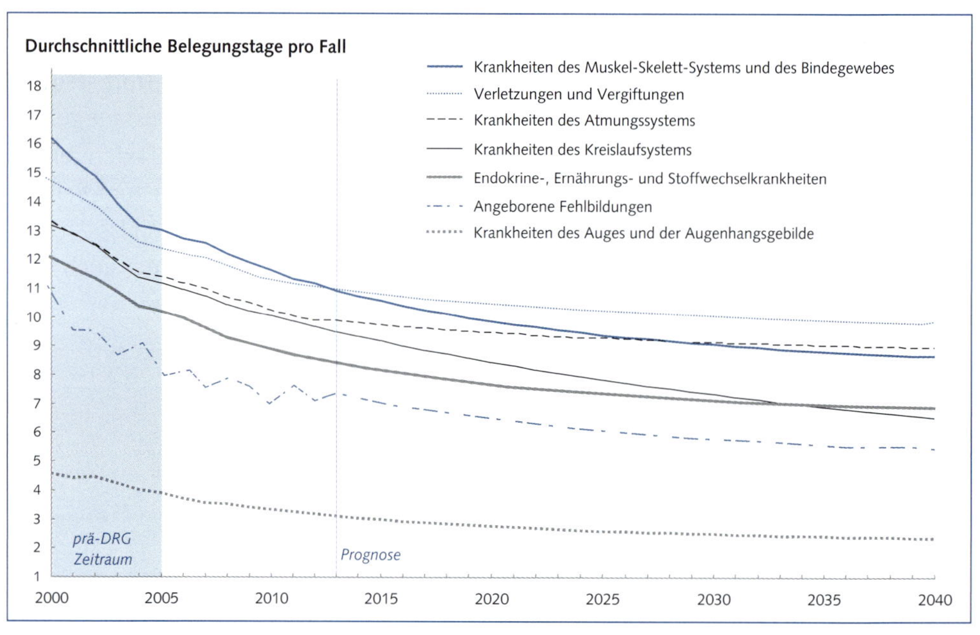

Abbildung 3: Historische Verweildauerentwicklung (bis 2013) und dynamische Prognose für die Altersgruppe über 80 Jahre (Quelle: McKinsey)

Nach demografischem Wandel und Verweildauer fehlt nun also noch die Bestimmung der Veränderung des Inanspruchnahmeverhaltens. Diese mit der Veränderung der Fallzahl gleichzusetzen wäre falsch, da letztere ja auch durch die Veränderung der Bevölkerungsstruktur beeinflusst wird. Zur Korrektur dieser überlappenden Effekte wird die veränderte Inanspruchnahme im Rahmen einer „historischen Prognose" abgeleitet (Abbildung 4). Bei Betrachtung eines möglichst aktuellen Zeitraumes in der Vergangenheit (typischerweise fünf-Jahreszeitraum, zum Beispiel 2009 bis inklusive 2013) lässt sich eine Differenz zwischen Beginn und Ende des Zeitraumes berechnen – im konkreten Beispiel ein Rückgang an Belegungstagen um 0,3 Prozent. Dieser tatsächlichen Entwicklung wird nun eine rechnerische Prognose, basierend auf den Ausgangsdaten des Jahres 2009, gegenüber gestellt. Zunächst wird der Einfluss des demografischen Wandels berücksichtigt. Passt man nur Bevölkerungszahl und Altersstruktur an (bei unveränderter Verweildauer und Inanspruchnahme), müsste die Anzahl der Belegungstage im Jahr 2013 laut Prognose angestiegen sein. Berücksichtigt man nun aber in einem nächsten Schritt den tatsächlichen Rückgang der Verweildauer in diesem Zeitraum, ergibt sich eine Summe an Belegungstagen, die deutlich unter dem Wert des Jahres 2013 liegt. Da demografischer Wandel und Verweildauerentwicklung bereits „herausgerechnet" wurden, wird nun davon ausgegangen, dass die verbliebene Differenz durch eine Veränderung der Inanspruchnahme bedingt ist. Abbildung 4 veranschaulicht die Vorgehensweise in einem Wasserfalldiagramm mit Daten auf Bundesebene.

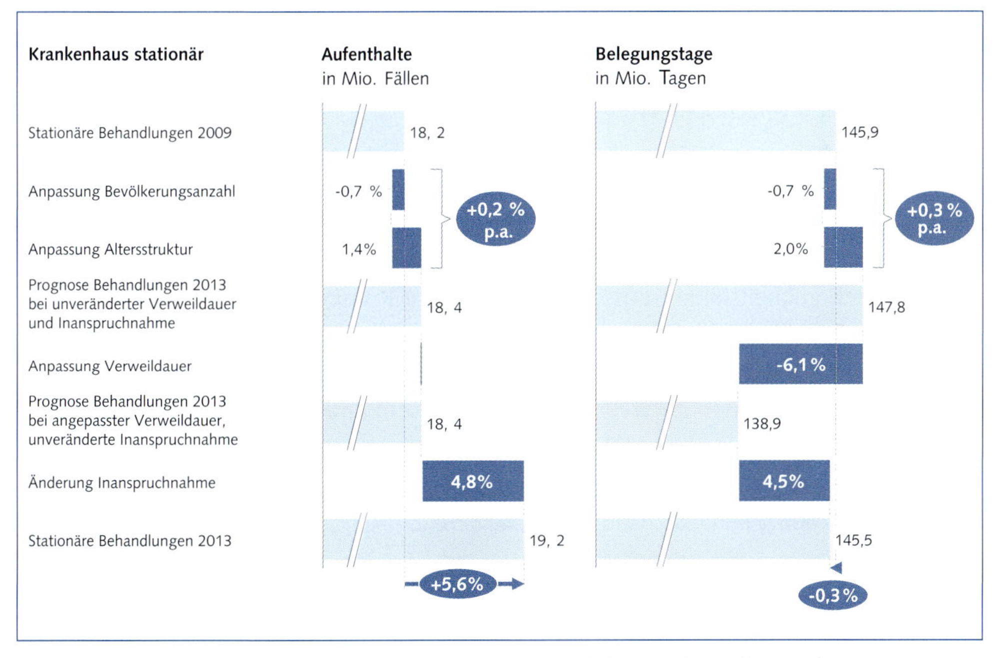

Abbildung 4: Berechnung des veränderten Inanspruchnahmeverhaltens auf Basis historischer Daten (Quelle: McKinsey, Krankenhausstatistik – Diagnosedaten der Krankenhäuser ab 2000, www.gbe-bund.de)

Erstellung der annahmenbasierten Prognose

Zur Erstellung der regionalen Bedarfsprognose müssen nun die Annahmen und Prognoseparameter in einem Modell verknüpft werden. Eine Kernfrage hierbei ist die Zusammenführung der beiden Entwicklungen „demografischer Wandel" und „Inanspruchnahme von Krankenhausleistungen". Schließlich werden die altersgruppenspezifischen Inanspruchnahmequoten, basierend auf der aktuellen Bevölkerungsstruktur und Lebenserwartung, berechnet. In diesem Zusammenhang seien zwei Thesen erwähnt, die sich mit der Veränderung des Krankheitsrisikos bei steigender Lebenserwartung beschäftigen: die Expansions- beziehungsweise Medikalisierungsthese um Ernest Gruenberg (vgl. Gruenberg ,1977) sowie die Kompressionsthese von James Fries (vgl. Fries, 1980). Die Expansionsthese geht davon aus, dass sich neben einer gesteigerten Lebenserwartung auch die Lebensphasen mit gesundheitlicher Beeinträchtigung ausweiten werden. Die Menschen leben also länger – sind in dieser Zeit aber auch länger krank. Die Kompressionsthese hingegen nimmt an, dass sich schwere Erkrankungen in einem festgesetzten Zeitfenster vor dem Tod ereignen und somit die Menschen mit höherer Lebenserwartung auch länger gesund leben. Dies hat selbstverständlich Implikationen für die Prognose. Zur Abbildung der Expansionsthese sollte von einer konstanten alters- und geschlechtsspezifischen Inanspruchnahmequote ausgegangen werden. Um die Kompressionsthese zu berücksichtigen, sollte in einem alternativen Szenario die Inanspruchnahme ab dem 60. Lebensjahr für bestimmte Indikationen entsprechend der gesteigerten Lebenserwartung nach hinten verschoben werden.

Die in diesem Beitrag beschriebene Vorgehensweise orientiert sich an der Expansionsthese, da das Ziel der hier vorgestellten Prognose ein Ausblick über alle Diagnoseklassen ist. Aufgrund der stark unterschiedlichen Auswirkung der veränderten Lebenserwartung auf einzelne Krankheitsbilder müssen Annahmen zur Kompressionsthese auch auf Ebene einzelner Krankheitsbilder getroffen werden. Dies kann für eine fokussierte Analyse durchaus Sinn machen, würde aber im Rahmen einer Betrachtung des gesamten Spektrums an Diagnoseklassen zu weit führen. Aus diesem Grund werden hier Annahmen zur Kompressionsthese nicht erstellt. Grundsätzlich lässt sich aber an dieser Stelle keine abschließende Empfehlung aussprechen, welche der Thesen mehr zutreffen wird (vgl. Kroll & Ziese, 2009; Niehaus, 2006; Fetzer, 2005).

Unter Berücksichtigung der Expansionsthese und den weiter oben beschriebenen Annahmen sollen nun zwei exemplarische Szenarien besprochen werden (Tabelle 1):

Szenarium A: Status-Quo-Prognose

Szenarium A basiert auf der Annahme konstanter Inanspruchnahme und Verweildauer im gleichen Alter trotz Erhöhung der Lebenserwartung. Diese Kombination von Annahmen entspricht der Expansionsthese, da sie von einer Ausweitung der Phasen gesundheitlicher Beeinträchtigungen ausgeht. Die prognostizierten Veränderungen der Krankenhausfallzahlen und -belegungstage werden in der Status-quo-Prognose allein durch die demografische Entwicklung und regionale Wanderungen erklärt.

Szenarium B: Dynamische Prognose

Szenarium B enthält eine dynamische Komponente, indem sie zusätzlich Annahmen zur relativen Veränderung der Inanspruchnahme und der Verweildauer sowie der Abflachung dieser Veränderungen über Zeit berücksichtigt. Die prognostizierten Krankenhausfallzahlen und -belegungstage werden im Szenarium B neben der demografischen Entwicklung und der regionalen Wanderungen auch durch Veränderungen im Nutzungsverhalten und der Art der Leistungserbringung beeinflusst.

	Szenarium A	Szenarium B
Bevölkerungsentwicklung und -wanderung	• Raumordnungsprognose 2035	• Raumordnungsprognose 2035
Inanspruchnahme-Fallquote	• Gleichbleibende Inanspruchnahme-Fallquote je Regional-Diagnoseklasse, Geschlecht und Altersgruppe entsprechend dem zuletzt verfügbaren Zeitraum (2012)	• Inanspruchnahme-Fallquoten aus dem Jahr 2012 ergänzt um Annahmen zu zukünftigen Änderungen, die abhängig vom Kontinuitätsgrad der historischen Entwicklung auf den Jahren 2011 bis 2013 oder dem langfristigen Trend je Diagnosekapitel und Altersklasse basieren • Jährliche relative Inanspruchnahme-Änderungen im Bereich -3% bis +5% • Abflachung der jährlichen Inanspruchnahme-Änderungen um -3% bis -1% pro Jahr relativ
Verweildauer	• Gleichbleibende Verweildauer je Regional-Diagnoseklasse, Geschlecht und Altersgruppe entsprechend dem zuletzt verfügbaren Zeitraum (2012)	• Verweildauer aus dem Jahr 2012 ergänzt um Annahmen zu zukünftigen Änderungen, die abhängig vom Kontinuitätsgrad der historischen Entwicklung auf den Jahren 2011 bis 2013 oder dem langfristige Trend je Diagnosekapitel und Altersklasse basieren • Jährliche Verweildauer-Änderungen im Bereich -4% bis -0,5% • Abflachung der jährlichen Verweildauer-Änderung um -6% bis -2% pro Jahr relativ

Tabelle 1: Detaillierte Annahmen der dargestellten Szenarien (Quelle: McKinsey)

Ein wichtiger Unterschied zwischen beiden Szenarien ist somit, dass Szenarium B die historischen Trends zur Veränderung der Inanspruchnahme, also zum Beispiel die Auswirkungen einer Veränderung der Erkrankungshäufigkeit, des ambulanten OP-Potenzials und des medizinisch-technischen Fortschritts, fortschreibt. Im Vergleich zu den gleichbleibenden Parametern des Szenarium A bedeutet eine Fortschreibung der historischen Entwicklung also nicht, dass die zukünftige Entwicklung dieser Trends ausgeklammert wird, sondern lediglich, dass der angenommene Einfluss auch in Zukunft gleich bleiben wird. Eine Fortschreibung der historischen Entwicklung ist somit eine pragmatische Herangehensweise und gerade bei Betrachtung breitgefächerter Diagnosegruppen oder des gesamten Leitungsportfolios einer Klinik eine sinnvoll zu vertretende Annahme. Möchte man spezifische Prognosen zum Beispiel für einzelne Diagnosen oder DRGs ableiten, so ist eine Detailbetrachtung der medizinischen und technischen Entwicklung in diesem Bereich unumgänglich. Die Vorgehensweise hierzu wird später unter „Berücksichtigung besonderer Trends" besprochen.

Die Abbildungen 5 und 6 zeigen die unterschiedlichen Prognoseergebnisse für die zukünftige Entwicklung von Fallzahlen und Behandlungstagen. Vergleicht man die beiden Szenarien miteinander zeigt sich sehr deutlich der Einfluss der Dynamisierung bei den Annahmen. Szenarium A zeigt ein Fallzahlwachstum von 10 Prozent bis in das Jahr 2040. Die Belegungstage nehmen sogar um 18 Prozent zu. Obwohl Szenarium B mit plus 31 Prozent ein deutlich stärkeres Fallzahlwachstum zeigt, macht sich der Effekt der weiter abnehmenden Verweildauer stark bemerkbar und resultiert in einer insgesamt geringeren Zunahme an Belegungstagen von plus 11 Prozent. Bei der Entwicklung der einzelnen Altersklassen sticht vor allem die Gruppe der Patienten mit einem Alter von 80 Jahren und darüber heraus. Im Szenarium B verdoppelt sich der Anteil der Belegungstage, der auf Patienten dieser Altersgruppe entfällt nahezu und macht schließlich im Jahr 2040 40 Prozent aller Belegungstage aus.

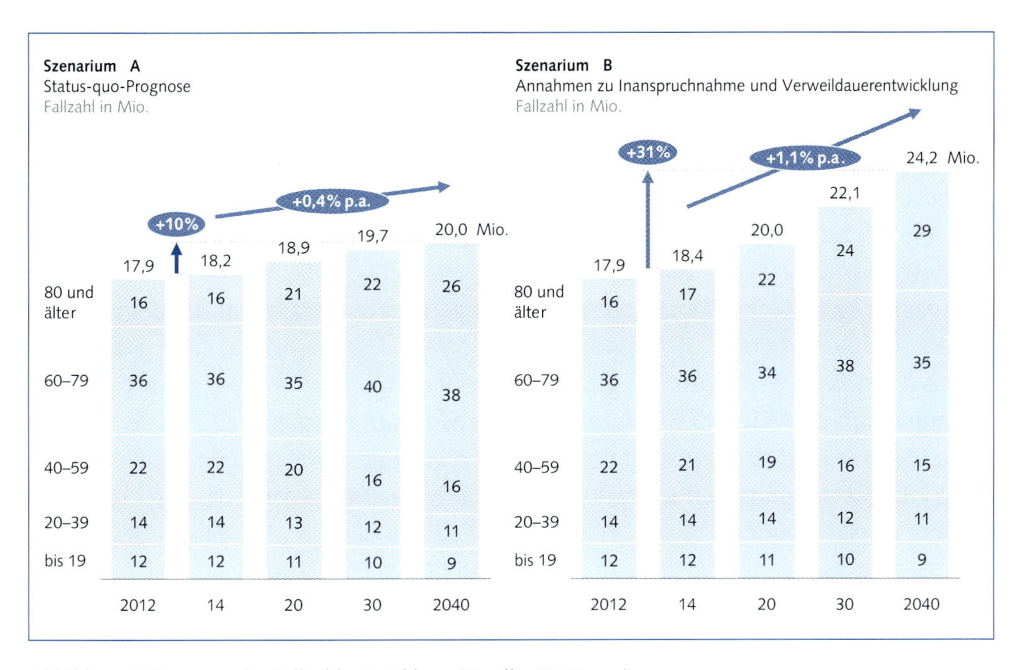

Abbildung 5: Prognose der Fallzahlentwicklung (Quelle: McKinsey)

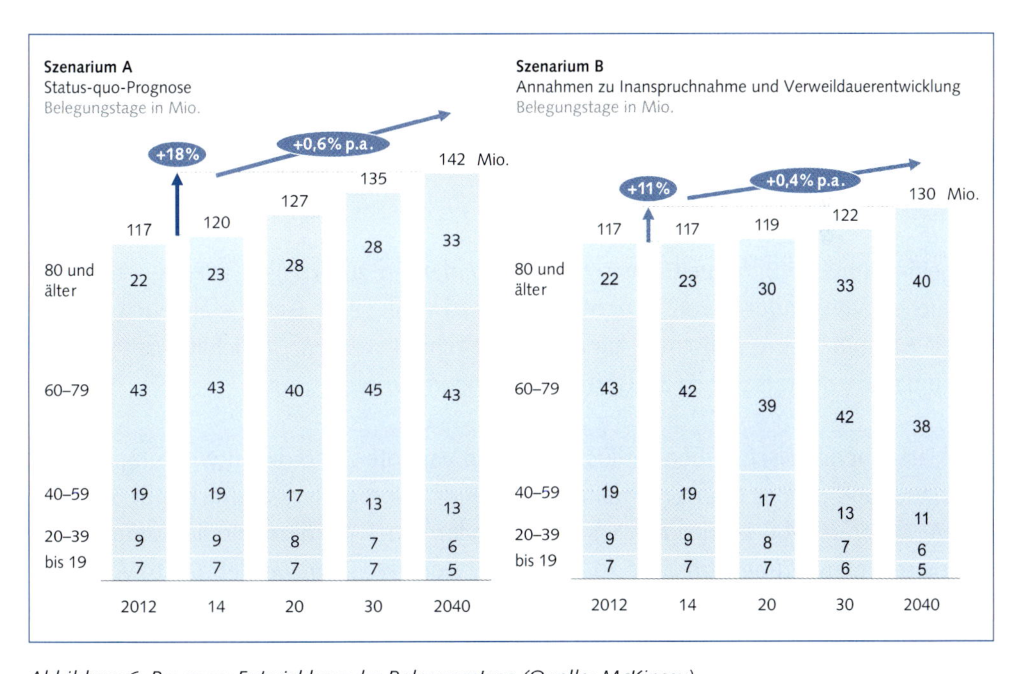

Abbildung 6: Prognose Entwicklung der Belegungstage (Quelle: McKinsey)

Modifikation von Szenarien

Im Rahmen der Prognoseerstellung müssen zahlreiche Annahmen getroffen werden, die einen wesentlichen Einfluss auf das Ergebnis der Prognose haben. Die aus unterschiedlichen Annahmen entstehenden Prognosen unterscheiden sich jedoch nicht nur in ihrem absoluten Ergebnis, sondern auch in der Wahrscheinlichkeit, das tatsächliche Zukunftsbild darzustellen. Gerade um diese Unsicherheit, die das Treffen von Annahmen nun einmal beinhaltet, adäquat zu berücksichtigen, ist es zielführend, unterschiedliche Varianten durchzuspielen. Während durch die Wahl des Szenariums (z.B. Status quo versus dynamische Prognose) die grundsätzliche Prognoselogik festgelegt ist, bieten die Varianten nun die Möglichkeit, einzelne Annahmen, zum Beispiel bezüglich der zukünftigen Verweildaueränderung, zu testen. Dadurch bewegt man sich weg von dem einen, ganz konkret prognostizierten Ergebnis (dessen Wahrscheinlichkeit des punktgenauen Eintretens relativ gering ist), hin zu einem Bereich markiert von Extremwerten, in dem sich die prognostizierte Entwicklung mit deutlich höherer Wahrscheinlichkeit wiederfinden wird. Typischerweise versucht man drei Varianten abzubilden:

- die „Best Case"-Variante, in der sich alle Parameter in die gewünschte Richtung entwickeln,
- die „Base Case"-Variante, die mit den nach momentanem Erkenntnisstand realistischsten Annahmen gerechnet wird,
- und die „Worst Case"-Variante, in dem die Parameter die maximal ungewünschte Entwicklung einschlagen.

Um eine sinnvolle Bandbreite zwischen den Varianten zu erhalten sollten – trotz der möglichen Verwendung von Extremwerten – sowohl „Best Case"– als auch „Worst Case"-Variante mit realistischen Annahmen berechnet werden. Schließlich geht es weiterhin darum, die tatsächlich zukünftige Entwicklung vorauszusagen.

Die klassischen Stellschrauben zur Erstellung von Varianten sind die Entwicklung der Verweildauer und die des Inanspruchnahmeverhaltens. Hierbei lässt sich nicht nur der Wert zur Veränderung von Jahr zu Jahr variieren, sondern auch die dynamische Komponente, die diese Veränderung von Jahr zu Jahr mehr oder weniger werden lässt. Von einer Modifizierung der Bevölkerungsprognose wird im Rahmen des hier beschriebenen Prognosemodells abgesehen und die Raumordnungsprognose als bestmögliche Grundlage angenommen. Zur Ableitung von Annahmen für Varianten sind zahlreiche Herangehensweisen möglich. So lassen sich zum Beispiel alleine aus der historischen Betrachtung zahlreiche modifizierte Annahmen ableiten, indem der Betrachtungszeitraum und/oder die dynamische Komponente angepasst werden. Darüber hinaus können auch internationale Vergleiche herangezogen werden. Bei der Betrachtung der Verweildauer kann sich zum Beispiel der Blick in andere Gesundheitssysteme lohnen. Zahlen aus vergleichbaren Systemen, die sich durch (nahezu) optimales Management – zumindest ausgewählter Diagnosen – auszeichnen, können als „Benchmark" für die Verweildauer angenommen werden. Nun bleibt noch abzuschätzen, in welchem Zeitrahmen diese Zielverweildauer erreicht werden kann und schon kann die Verweildauer in der Prognose neu modelliert werden.

Prinzipiell sind also der Fantasie im Rahmen der Entwicklung von Varianten keine Grenzen gesetzt. Letztlich sollte aber der Hauptfokus darauf liegen, einen möglichst realistischen „Base Case" zu berechnen, der sich neben Argumenten auch durch harte Zahlen, Daten und Fakten belegen lässt. Der „Base Case" soll die als am wahrscheinlichsten geltende Entwicklung widerspiegeln und dient somit typischerweise auch als Grundlage für die strategische Planung. Die Extremwerte des Lösungsraumes dienen vielmehr dazu, etwaige Chancen und Risiken – versehen mit den dazugehörigen Wahrscheinlichkeiten – aufzuzeigen.

Aussagekraft der Prognose

Die hier vorgestellte Methodik ist ein probates Mittel, um basierend auf validen Datenquellen, eine kleinräumige Bedarfsprognose zu erstellen. Die Verwendung der DRG-Statistik sowie der Raumprognose 2035 geht mit einer hohen regionalen Auflösung auf Ebene der Datenquelle einher und erspart somit an dieser Stelle das Treffen zusätzlicher Annahmen. Es ist von großem Vorteil, dass sich Trends ganz spezifisch nach Region aber auch Diagnosekapitel beschreiben lassen und somit die Beantwortung äußerst spezifischer Fragestellungen ermöglicht. Durch ihre in die Zukunft gerichtete Perspektive sind Prognosen aber selbstverständlich auch mit Limitationen versehen. Neben der grundsätzlichen Unsicherheit, die sich durch das Treffen von Annahmen ergibt, wirken zahlreiche weitere Effekte, die sich im Vorfeld nicht adäquat abbilden lassen. Hierzu zählen vor allem demografische, medizinisch-technische und regulatorische Veränderungen, die komplett unerwartet auftreten können und sich daher basierend auf dem Status quo nicht konkret quantifizieren lassen. Ein Beispiel dazu ist die zukünftige Entwicklung der Migrationspolitik, die – zumindest in gewissen Regionen – eine deutliche Auswirkung auf die demografische Struktur aber auch Inzidenz und Prävalenz von Erkrankungen haben kann. Auch wegweisende Veränderungen in der Diagnostik und Therapie bestimmter Erkrankungen können höchstens auf Basis der Erkenntnisse der aktuellen Forschung berücksichtigt werden – massive Auswirkungen auf stationäre Fallzahlen und Verweildauer können nicht ausgeschlossen werden. Zudem ist auch der regulatorische Bereich, bei entsprechend lange gewähltem Prognosezeitraum, keineswegs als konstant anzusehen. Änderungen im Vergütungssystem oder etwaige massive Eingriffe, wie die Einführung einer Genehmigungspflicht von elektiven Eingriffen durch die Krankenkassen, könnten den zukünftigen Bedarf stark beeinflussen.

Berücksichtigung besonderer Trends

Bisher wurden zwei Möglichkeiten beschrieben, wie sich die zukünftige Entwicklung der Krankenhausinanspruchnahme modellieren lässt: eine gleichbleibende Inanspruchnahme wie im Status quo oder eine dynamische Veränderung abgeleitet von der historischen Entwicklung. Eine detaillierte Betrachtung der Kerntreiber, die die Inanspruchnahme beeinflussen – Erkrankungshäufigkeit, Ambulantisierung und Medizinisch-technischer Fortschritt – ist dabei nicht möglich. Liegt kein Anhaltspunkt vor, dass es innerhalb des Prognosezeitraumes zu gravierenden Veränderungen kommen wird, ist dieser Detailgrad prinzipiell auch ausreichend – insbesondere, wenn man den erhöhten Aufwand einer detaillierteren Analyse berücksichtigt. Gerade bei sehr spezifischen Fragestellungen, wie zum Beispiel der Entwicklung einzelner Fachbereiche, kann es aber sinnvoll sein, der Prognose eine detailliertere Betrachtung einzelner Trends zugrunde zu legen.

Einfluss des medizinisch-technischen Fortschritts

Die Weiterentwicklung von Diagnose- und Therapieverfahren hat einen relevanten Einfluss auf die Veränderung des medizinischen Leistungsbedarfs. Aktuelle Beispiele sind die Einführung neuartiger Screeningmethoden wie zum Beispiel das Screening auf Humane Papilloma Viren (HPV-Screening) für Gebärmutterhalskrebs oder die Entwicklung von schonenderen Therapieverfahren wie die Immuntherapie von Tumoren. Verbessertes Screening kann in einem ersten Schritt die Anzahl der Erkrankten in die Höhe treiben, da mehr Fälle detektiert werden. Durch die frühere Diagnose und Therapiebeginn führt dies aber schlussendlich zu einer relativen Abnahme von schweren, spät erkannten Fällen und dadurch auch zu einer Abnahme an stationären Behandlungsfällen und deren Verweildauer. Für den Bereich der schonenderen Therapieverfahren seien exemplarisch moderne Behandlungsverfahren in der Onkologie genannt. Durch den Einsatz dieser mit weniger Nebenwirkungen behafteten Verfahren lassen sich heutzutage deutlich mehr Therapiezyklen im ambulanten Sektor durchführen.

Um eine detaillierte Analyse des medizinischen und technischen Fortschritts durchführen zu können, sollte allerdings ein klarer Fokus definiert werden. Durch den hohen Aufwand der Analyse gilt es eine vernünftige Abwägung zwischen Breite der zu untersuchenden Diagnosegruppen oder DRGs und Detailgrad der Analyse zu finden. Je nach Fragestellung können zum Beispiel die häufigsten Hauptdiagnosen eines Fachbereichs oder die leistungsstärksten DRGs nach Fallzahl oder Vergütungsvolumen analysiert werden. Stehen die Schwerpunktthemen fest, so kann mit der Recherche begonnen werden. Folgend ist eine Übersicht zu wichtigen Kernfragen dargestellt, die bei der Identifizierung und Quantifizierung von Trends hilfreich sind.

Fachliteratur:

- Welche Veränderungen sind in diesem Bereich kürzlich aufgetreten/ zu erwarten?
- Werden diese Entwicklungen z. B. einen Einfluss auf Diagnoserate, Diagnosezeitpunkt, Zeitpunkt des Therapiebeginns, Krankheitsprogression, Wahrscheinlichkeit einer Wiederaufnahme nach stationärem Aufenthalt, durchschnittliche Fallschwere und Sterblichkeit haben?
- Tragen diese Veränderungen zu einer Verschiebung von Fällen zwischen dem stationären und ambulanten Sektor bei?

Fallbeispiele:

- Gibt es Praxisbeispiele, in denen die identifizierten Veränderungen bereits erfolgreich umgesetzt wurden?
- Lässt sich daraus ein konkreter Einfluss, z. B. auf die Inanspruchnahme stationärer Behandlungsleistungen, ableiten?

Interviews mit Fach- und Systemexperten:

- Für welchen Anteil der Patientenpopulation im jeweiligen Bereich sind die Veränderungen tatsächlich relevant?
- Ist eine Etablierung der neuen Methode als Diagnose-/Therapiestandard realistisch?
- Ab wann kann mit einer Etablierung der Methode gerechnet werden?
- Sind die aus Literatur und Fallbeispielen abgeleiteten Einflussfaktoren (im Sinne von konkreten Zahlen für das Prognosemodell) realistisch?

Nach erfolgter Identifizierung und Quantifizierung der Trends müssen diese als zusätzliche Wachstumsfaktoren – neben bereits erwähnten Haupteinflussfaktoren wie zum Beispiel dem demografischen Wachstum – in das Prognosemodell eingearbeitet werden. Von besonderer Bedeutung ist an dieser Stelle eine klare Abgrenzung zwischen dem ambulanten OP-Potenzial und dem medizinisch-technischen Fortschritt. Da insbesondere schonendere Therapieverfahren auf eine Verlagerung von Behandlungen in den ambulanten Bereich abzielen, ist darauf zu achten, dass diese Trends nicht doppelt in das Modell einfließen und somit zu einem übertriebenen Rückgang der stationären Fallzahlen führen.

Praxisbeispiel

Prognose medizinischer Leistungsbedarf

Ein regionaler Klinikverbund mit mehr als fünf Standorten hat sich im Rahmen seiner strategischen und operativen Planung intensiv mit der zukünftigen Entwicklung des medizinischen Leistungsbedarfs im eigenen Einzugsbereich auseinandergesetzt. Zum besseren Verständnis des zukünftigen Patientenaufkommens sowie möglicher Optionen zur Schwerpunktsetzung sollte gezielt der Einfluss sozio-demografischer und regulatorischer Veränderungen sowie des medizinisch-technischen Fortschritts auf die zukünftige Entwicklung der Haupt-DRGs evaluiert werden. Basierend auf dem aktuellen Fallaufkommen wurden die nach Fallzahlen „größten" 50 DRGs ausgewählt. Für die damit verbundenen Erkrankungen und Behandlungsverfahren wurde dann eine intensive Detailanalyse durchgeführt. Grundlage für die Modellierung von Trends auf Einzel-DRG-Ebene stellten primär vier Hauptquellen dar:

- Fachliteratur
- Experteninterviews
- Fallbeispiele
- Publikationen von Bundesministerien/statistischem Bundesamt

Die Analyse geht an dieser Stelle sehr stark ins Detail bis hin zur Entwicklung einzelner Prozeduren. So zeigte sich zum Beispiel für die gynäkologische Prozedur der Konisation eine historische Zunahme des Anteils ambulanter Behandlungen um 12 Prozent im Betrachtungszeitraum (2007 bis 2010). Experteninterviews ergaben allerdings eine Abnahme der Gesamtfallzahl um bis zu 50 Prozent über die nächsten 15 Jahre durch frühere Diagnosestellung und bessere Therapien.

Jede der betrachteten DRGs wurde auf diesem Detailniveau analysiert, um zu identifizieren, welche Trends die Inanspruchnahme bereits heute und in Zukunft beeinflussen werden. Dieser Effekt wurde bestmöglich anhand verfügbarer Datenpunkte quantifiziert, in Experteninterviews verifiziert und validiert. Schließlich wurde der abgestimmte Wert für die Prognose des Patientenaufkommens verwendet. Um die Unsicherheit hinsichtlich der tatsächlichen Trendentwicklung adäquat widerzuspiegeln, wurden mehrere Szenarien berechnet:

- Prognose rein basierend auf Fortschreibung der historischen Entwicklung
- Teilweise Auswirkung der identifizierten Trends
- Volle Auswirkung der identifizierten Trends

Neben der offensichtlichen Auswirkung auf die Planung von Bettenkapazitäten hatten die erhaltenen Ergebnisse im vorliegenden Beispiel vor allem durch die Verlagerung von Leistungen in den ambulanten Bereich auch massive strategische Implikationen. Exemplarisch sei der Bereich der malignen Neoplasien der Lunge genannt. Grundsätzlich wird in diesem Bereich die Fallschwere durch frühere Detektion und personalisierte Medizin abnehmen und die Krebserkrankung häufig zu einer Art chronischen Erkrankung werden lassen. Die Fallzahlen werden weiter steigen, unter anderem auch angetrieben durch eine geringere Mortalität. Trotzdem wird die Zahl stationärer Fälle abnehmen, da die Therapien zunehmend spezifischer und auch besser verträglich werden. Die Erkenntnisse aus der Detailbetrachtung des medizinisch-technischen Fortschrittes gehen somit weit über die rein quantitative Bedarfsplanung hinaus, sondern liefern auch wertvolle Anhaltspunkte, wie die Klinik ihr Angebot auf die veränderten Zukunftsbedingungen anpassen muss. Im konkreten Beispiel ging es vor allem darum, die ambulanten Kapazitäten deutlich aufzustocken um der Verlagerung onkologischer Patienten in diesen Bereich gerecht werden zu können.

Ambulantes OP-Potenzial

Das ambulante OP-Potenzial beschreibt die Verlagerung von aktuell noch stationär behandelten Fällen in den ambulanten Sektor aufgrund der im SGB V definierten Richtlinien für ambulantes Operieren und berücksichtigt somit nicht die unter „medizinisch-technischem Fortschritt" gelisteten Trends, die über neue Diagnose- und Therapiemöglichkeiten zu einer Verlagerung in den ambulanten Bereich beitragen (vgl. SGB V, 2015). Anhand des in Zusammenhang mit § 115b SGB erwähnten Kataloges für „ambulant durchführbare Operationen und sonstige stationsersetzender Eingriffe" lässt sich abschätzen, welche aktuell noch stationär erbrachten Leistungen zeitnah in den ambulanten Sektor verlagert werden könnten. Daraus ergibt sich eine Abnahme an stationären Fällen, jedoch zugleich eine erhöhte Beanspruchung von Ressourcen im ambulanten Sektor.

Die Erhebung des ambulanten Potenzials für ein spezifisches Krankenhaus lässt sich durchführen, indem die aktuell abgerechneten Leistungen aus dem Datensatz nach § 21 KHEntgG den in der Anlage 1 zum Vertrag nach § 115b Abs. 1 SGB V gelisteten Operationen- und Prozedurenschlüssel (OPS-Codes) gegenübergestellt werden. Hierdurch lässt sich anhand der OPS-Codes ablesen, welcher Anteil der momentan stationär behandelten Fälle künftig ambulant abgeleistet werden kann bzw. sollte. Will man dieses spezifisch berechnete Potenzial in die Prognose mit einfließen lassen, kann abgeschätzt werden, welcher Anteil des Potenzials überhaupt realisiert und über welchen Zeitraum dies stattfinden kann. Von besonderer Bedeutung ist es hierbei, die vorhandenen ambulanten Kapazitäten zu berücksichtigen. Schließlich müssen diese auch ausreichen, um das steigende ambulante Fallaufkommen aufnehmen zu können. An dieser Stelle wird klar, dass die regionale Bedarfsprognose auch Implikationen für das ambulante Angebot eines Krankenhauses hat – auch wenn primär rein stationäre Fälle betrachtet werden.

Praxisbeispiel

Ambulantes OP-Potenzial

Im Rahmen der strategischen Planung stellte sich für einen regionalen Versorger mit ca. 1000 Betten, verteilt auf drei Standorte, die Frage nach Verteilung von Kapazitäten über die Standorte hinweg sowie innerhalb der Standorte über die jeweils vorgehaltenen Fachabteilungen. Von besonderer Bedeutung war die Fragestellung, ob in manchen Fachbereichen ein Abbau von Betten- und OP-Kapazitäten durch den Ausbau der ambulanten Versorgung sowie den Aufbau eines ambulanten OP-Zentrums ausgeglichen werden kann. Neben einer ausführlichen Bedarfsprognose und Marktausschöpfungsanalyse wurde spezifisch das ambulante OP-Potenzial je Fachabteilung evaluiert. Hierzu wurde für jeden Standort der vollständige Datensatz nach § 21 KH EntgG des Vorjahres herangezogen. Die im Subdatenset „OPS" enthaltenen OPS-Codes wurden nach Entlassabteilung gefiltert und schließlich dem Katalog der „ambulant durchführbaren Operationen und sonstigen stationsersetzenden Eingriffe" nach § 115b SGB gegenübergestellt. Hieraus konnte schließlich je Fachabteilung das Potenzial in freiwerdender Betten- und OP-Saalkapazität abgeleitet werden. Klammert man überwiegend stationär agierende Abteilungen wie die Neurochirurgie aus, so ergab die Analyse ein Potenzial – je nach Fachabteilung – von 5 bis 14 Prozent aller im Vorjahr abgeleisteten Fälle, die grundsätzlich die Voraussetzungen für ambulante Behandlung erfüllen würden.

Fazit

Aufgrund ihrer Bedeutung für die Ressourcen- und Kapazitätsplanung sowie für die strategische Schwerpunktsetzung, sollte die Vorhersage des medizinischen Leistungsbedarfs anhand einer für die jeweilige Klinik spezifischen regionalen Bedarfsprognose ein fester Bestandteil der mittel- bis langfristigen Planung sein. Durch den hohen Detailgrad der Prognose lassen sich die regionalen Verhältnisse mit besonderem Fokus auf relevante

Trends sehr präzise abbilden. Die Untermauerung getroffener Annahmen durch verfügbare Daten und Fakten sowie die Verfeinerung durch Experten stützen die Validität der Vorhersage und lassen sie zu einem wertvollen Werkzeug der strategischen Planung werden.

Literaturverzeichnis:

***Blum K**, Löffert S, Offermanns M, Steffen P **(2014)**. Krankenhaus Barometer Umfrage 2014. Deutsches Krankenhausinstitut (Hrsg.)*

***Bundesinstitut für Bau-, Stadt- und Raumforschung (BBSR) (2015a)**. Referat I – Raumentwicklung (2015). Persönliche Kommunikation*

***Bundesinstitut für Bau-, Stadt- und Raumforschung (BBSR) (2015b)**. Raumordnungsprognose – Methodik. Quelle: http://www.bbsr.bund.de/BBSR/DE/Raumbeobachtung/UeberRaumbeobachtung/Komponenten/Raumordnungsprognose/Modell/ModellBev.html (letzte Einsicht 4.7.2015)*

***Fetzer S (2005)**. Determinanten der zukünftigen Finanzierbarkeit der GKV – doppelter Alterungsprozess, Medikalisierungs- versus Kompressionstheorie und medizinisch-technischer Fortschritt*

***Fries JF (1980)**. Aging, natural death, and the compression of morbidity. The New England Journal of Medicine 303, S. 130–135.*

***Gruenberg EM (1977)**. The failure of success. In: The Milbank Memorial Fund Quarterly. Health and Society, S. 3–24.*

***Kroll LE**, Ziese T **(2009)**. Kompression oder Expansion der Morbidität? In: Böhm K, Tesch-Römer C und Ziese T (Hrsg.), Gesundheit und Krankheit im Alter, S. 105–112.*

***Niehaus F (2006)**. Auswirkungen des Alters auf die Gesundheitsausgaben In: Wissenschaftliches Diskussionspapier der PKV, 5/2006.*

***Schlömer C**, Bucher H, Hoymann J **(2015)**. Die Raumordnungsprognose 2035 nach dem Zensus. Bundesinstitut für Bau-, Stadt- und Raumforschung (Hrsg.)*

***Sozialgesetzbuch (SGB)**. Fünftes Buch (V) **(2015)**. Gesetzliche Krankenversicherung – (Artikel 1 des Gesetzes v. 20. Dezember 1988, BGBl. I S. 2477) § 115b Ambulantes Operieren im Krankenhaus (letzte Einsicht 4.7.2014)*

***Statistisches Bundesamt (2015)**. Krankenhausstatistik – Diagnosedaten der Patienten und Patientinnen in Krankenhäusern. Fachserie 12 Reihe 6.2.1*

***Statistisches Bundesamt (2013a)**. Grunddaten der Krankenhäuser. Fachserie 12, Reihe 6.1.1*

***Statistisches Bundesamt (2013b)**. Verzeichnis der Krankenhäuser und Vorsorge- oder Rehabilitationseinrichtungen (Krankenhausverzeichnis)*

***Statistisches Bundesamt (2013c)**. Qualitätsbericht – Fallpauschalenbezogene Krankenhausstatistik (DRG-Statistik)*

***Statistisches Bundesamt (2013d)**. Krankenhausstatistik – Diagnosedaten der Patienten und Patientinnen in Krankenhäusern. Fachserie 12 Reihe 6.2.1*

***Statistisches Bundesamt (2005)**. Verzeichnis der Krankenhäuser und Vorsorge- oder Rehabilitationseinrichtungen (Krankenhausverzeichnis)*

Kooperationen und Netzwerke strategisch planen

Netzwerke und Kooperationen als Zukunft der Medizin?

Christian Schmidt

Die medizinische Versorgung in Deutschland ist seit vielen Jahren im Wandel (vgl. Augurzky, 2014; Schmidt et al., 2004). Treiber des Wandels sind die demographische Entwicklung der Bevölkerungsstruktur, welche vor allem in ländlichen Regionen zu einer Überalterung der Menschen bei knapper werdenden medizinischem Angebot führt (vgl. Statistisches Bundesamt, 2008). Dies wiederum zieht die Notwendigkeit des Ausbaus von ambulanten Strukturen nach sich, die andere Rollen der Maximal- und Schwerpunktversorgenden Krankenhäuser sowie der Praxen in diesen Regionen notwendig machen. Hinzu kommt, dass die Medizin zunehmend ambulanter wird. Grund dafür ist der medizinisch technische Fortschritt, der bei vielen Erkrankungen einen stationären Aufenthalt vermeiden kann. Dies gilt für die Onkologie, Kardiologie, Gastroenterologie, große Teile der Pädiatrie und vor allem für die psychiatrischen Fächer. Betroffen sind auch Fächer, wie die HNO, Augenheilkunde, Dermatologie, MKG und Gynäkologie, bei denen fast 40 bis 50 Prozent der Leistungen in den USA heute bereits ambulant erbracht werden. Das ist insofern problematisch, als dass die Refinanzierung der Mitarbeiter im Krankenhaus über DRG Erlöse erfolgt. Steigt der Anteil an ambulantem Leistungsgeschehen, bei dem nur die Sachkosten gedeckt sind, wird die auskömmliche Finanzierung des Personals schwierig (vgl. Statistisches Bundesamt, 2011). Genau aus diesem Grund schreiben zahlreiche Krankenhäuser heute rote Zahlen, da bei vielen Kliniken das Verhältnis von ambulanten zu stationären Patienten bei etwa eins zu vier liegt.

Als Treiber des Wandels kommt in vielen Kliniken noch das Thema des Fachkräftemangels hinzu, der im Kapitel strategisches Personalmanagement umfassend beleuchtet wird. Hier ist vor allem der Wunsch junger Ärzte, in Teilzeit und mit einem Teil in einer Praxis, sowie einem Teil im Krankenhaus zu arbeiten für die stationäre Leistungserbringung von Bedeutung (vgl. Schmidt et al., 2011). Was sich zunächst schwierig in der Umsetzung anhört, kann jedoch eine Chance bei der Gestaltung von ambulant-stationären Modellen der Zusammenarbeit sein. Abbildung 1 gibt dazu einen Überblick.

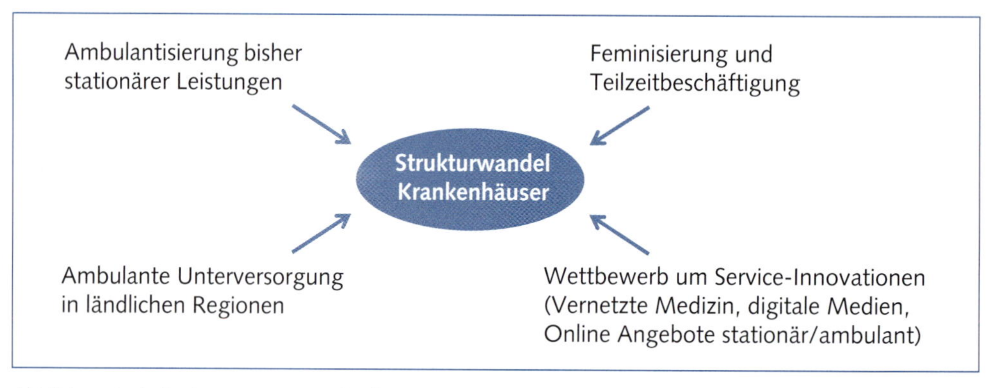

Abbildung 1: Anforderungen an Krankenhäuser zur vernetzten Medizin (Quelle: Eigene Darstellung)

Schließlich sind heute die Möglichkeiten der Informations- und Kommunikations-Technologie (ICT) von Bedeutung, die große Chancen für die digitalisierte Zukunft der Medizinischen Versorgung bieten können (vgl. Yeung et al., 2015; Korb et al., 2005; Graschew et al., 2006, Panait et al, 2006). Hier sind nicht nur die Angebote der Telemedizin, sondern alle Möglichkeiten der Vernetzung von Ärzten, Patienten und anderen Leistungserbringern (z. B. Apotheken) bis in die Häuslichkeit des Patienten von Interesse (vgl. Leis, 2008). Auch das Internet mit seinen zahlreichen Chancen zeigt uns gerade am Beispiel der USA, was an Innovationen auf uns zukommt und welche ungeahnten Potentiale hier noch schlummern (vgl. Yeung et al, 2015). Problematisch bleibt jedoch die bisher starke Fragmentierung der Angebote in Deutschland. Für bestimmte Gruppen (z. B. Diabetes) sind Strukturen der vernetzen Medizin beispielsweise in Ballungszentren vorhanden, für andere Patientengruppen und Regionen gibt es dagegen kein einziges Angebot (vgl. Telemedizinführer Deutschland, 2007). Die Herausforderung für Krankenhäuser liegt also darin, sich aus der Fülle der Möglichkeiten ein für das Haus und die Region bzw. die Wettbewerbssituation angepasstes Programm zusammenzustellen und kontinuierlich die Weiterentwicklung dieses Services für Patienten voranzutreiben (vgl. Schmidt und Lips, 2015). Die Chancen der Refinanzierung solcher Angebote, die sich aus den neuen Gesetzesinitiativen des Bundes ergeben, sind aktuell sehr groß (vgl. Augurzky und Beivers, 2014).

Netzwerke und Kooperationen im ländlichen und urbanen Bereich

Zu unterscheiden ist bei allen Fragestellungen der Kooperationen, ob sie im ländlichen, oder im urbanen Raum stattfinden. Während sich Krankenhäuser im städtischen Raum mit MVZ-Strategien eher den Unmut der niedergelassenen Kollegen zuziehen, kann dieselbe Strategie im ländlichen Raum bei pfiffiger Ausgestaltung eher zur besseren Kooperation bzw. Optimierung der Versorgungstrukturen beitragen (vgl. Augurzky, 2014). Die Versorgung in Regionen mit überwiegend ländlichen Strukturen in Deutschland ist daher wegen der Notwendigkeit solcher Modelle seit vielen Jahren im Gespräch. Zahlreiche Projekte wurden bisher regional angestoßen, um in Flächenländern und strukturschwachen Regionen eine medizinische Versorgung in Sektoren übergreifenden, vernetzten Strukturen sicher zu stellen. In der Vergangenheit scheiterten derartige Projekte vor allem an komplizierten, gesetzlich normierten Einstiegsvoraussetzungen und formalen Zwängen, fehlenden verbindlichen Vereinbarungen der Partner untereinander, ökonomisch relevanten Strukturen und fehlendem oder zu kostenintensiven professionellem Management (vgl. Augurzky, 2014). Eine weitere Hürde lag im Versuch klinische Informationssysteme der Krankenhäuser direkt an die Praxen anzubinden. Darüber hinausgehende Ansätze mit gemeinsamen technischen Kommunikationsplattformen waren ebenfalls schwierig umzusetzen und wegen diverser rechtlicher und technischer Fragestellungen schon kurzfristig zum Scheitern verurteilt. Auch die Rolle der KV war nicht immer hilfreich bei der Realisierung der Projekte. Schließlich war vielerorts außerdem die Zielverfolgung der beteiligten Partner zu gegenläufig (vgl. Schmidt und Lips, 2015).

Die Fülle der Hindernisse zeigt, wie aufwändig solche Projekte zu realisieren sind. Dennoch bleibt allen Projekten gemein, dass die Aufgaben der Krankenhäuser auf dem Lande darin bestehen, das ambulante Versorgungsgeschäft zukünftig stärker mit abzubilden, als Häuser in städtischen Regionen. Aktuelle Studien von Augurzky und Beivers (2014) haben die Entwicklung der Aufgaben bzw. des Spektrums zusammengefasst, die Tabelle 1 darstellt.

Betrachtet man heute die demographische Entwicklung in den ländlichen Regionen Deutschlands wird die Überalterung der Menschen und die immer dünner werdende Versorgung im stationären und ambulanten Bereich weiter zunehmen, wie eine aktuelle Studie der Beratungsfirma Deloitte (2014) zeigt. Am Ende kann die Frage daher nur lauten, wie überhaupt eine Versorgung in diesen Regionen herzustellen ist. Große Hoffnung setzen viele Krankenhäuser auf das neue GKV Versorgungsstärkungsgesetz (GKV-VSG), welches den Verantwortlichen vor Ort mehr Möglichkeiten gibt, stärkere Anreize für eine Niederlassung in unterversorgten oder strukturschwachen Gebieten zu setzen. Dazu soll es eine Erleichterung bei der Einrichtung eines Strukturfonds zur Förderung der

Niederlassung und eine Erweiterung der Fördermöglichkeiten geben. Neben zahlreichen kleineren Maßnahmen werden die Gründungsmöglichkeiten für medizinische Versorgungszentren weiterentwickelt, das Krankenhaus-Entlass-Management verbessert und strukturierte Behandlungsprogramme ausgebaut (vgl. Bundesministerium für Gesundheit, 2015). Alle diese Maßnahmen unterstützen die Versorgung im ländlichen Raum, lösen aber das Problem nicht. Daher sind vor allem Krankenhäuser in ländlichen Regionen aufgerufen, für ihre Situation geeignete Lösungsmöglichkeiten zu erarbeiten, mit denen eine flächendeckende Versorgung aus einem Haus heraus gewährleistet werden kann.

	Allgemeinversorger	Maximalversorger
Stadt	Spezialisierung im Verbund und Integration ambulanter Strukturen	Maximalversorgung in Kooperation mit Praxen und anderen Zuweisern
Land	Integration von ambulanten Strukturen Teile der Versorgung im Rahmen eines Netzwerks mit Maximalversorger Telemedizin	Maximalversorgung, Telemedizinische Einbindung von Häusern niedriger Versorgungsstufe und niedergelassenen Ärzten in Netzwerkstrukturen

Tabelle 1: Aufgaben der ländlichen und städtischen Krankenhäuser nach Versorgungsstufen im Überblick (Quelle: in Anlehnung an Augurzky und Beivers, 2014)

Aufgaben der Maximalversorger in ländlichen und städtischen Gebieten heute und in Zukunft

Zahlreiche Gutachten der letzten Jahre zeigen, dass vor allem Maximalversorger in ländlichen Regionen in Zukunft andere Aufgaben in der flächendeckenden Versorgung wahrnehmen müssen (vgl. Klauber et al., 2012, 2013 und 2015). Dies sowohl in der stationären aber überwiegend in der ambulanten Versorgung von ganzen Regionen. Dabei stehen vor allem Universitätskliniken in solchen ländlichen Regionen unter Druck, die Versorgung wegen der zunehmenden Anzahl an ambulanten Patienten kostendeckend abzubilden (vgl. Schmidt und Lips, 2015). Mit Vorhaltekosten der Maximalversorgung kann kein Praxisbetrieb finanziert werden und umgekehrt, wenn gleichzeitig noch Spezialsprechstunden und Endversorgungspflichten wahrgenommen werden müssen. Krankenhauseigene MVZ, Möglichkeiten der ambulanten Versorgung im Krankenhaus und das Arbeiten in telemedizinischen Strukturen werden daher an Bedeutung in diesen Regionen zunehmen (vgl. Klauber et al., 2015). Dabei geht es immer darum, eine Versorgung aus einer Hand mit den vorhandenen niedergelassenen Kollegen und kleineren Häusern zusammen abzubilden. Doch bisher scheiterten die Projekte immer daran, dass in den Kliniken oder bei den niedergelassenen Kollegen die Bereitschaft bzw. die Motivation, diese Strukturen zu leben, nicht immer vorhanden war. Darüber hinaus kann kaum eine Klinik selbst derartige Strukturen aufbauen und managen (vgl. Schmidt und Lips, 2015). Auch im Bereich der Verwaltung gibt es an den meisten Kliniken keine

Abteilungen, die im Sinne einer Vertriebsorganisation die Vernetzung einzelner Kliniken vorantreibt (vgl. Schmidt und Lips, 2015; Schmidt et al., 2005 und 2014). Abbildung 2 skizziert die Herausforderungen für Universitätskliniken vor allem im ländlichen Raum übersichtlich.

Ambulantisierung	Feminisierung Generation Y	Qualität	Führungsstrukturen Unikliniken
Integration Sektoren	Demographie	Prozesse	Endversorgungs-pflichten
Med.-technischer Fortschritt	Fachkräftemangel	Dokumentation und Kodierung	Verbindung von F&L mit Kranken-versorgung
▪ Vernetzung von Zentren nach Indikationsgruppen ▪ Schaffung ambulanter Strukturen in den Kliniken	▪ Personalentwicklung ▪ Talente mit Schlüsselqualifikationen halten ▪ Ausbildung und Mentoring	▪ Prozesse standardisieren ▪ Dokumentation vereinfachen (EDV) ▪ Kontinuierliche Beratung und Schulung	▪ Gute Führungsmannschaft und Kommunikation ▪ Maximalversorgungsanspruch ▪ Pfiffige Projekte der Integration

Abbildung 2: Herausforderungen für Universitätskliniken und Maximalversorger heute (Quelle: Schmidt und Lips, 2015).

Vielfalt der Aufgaben und Themen bei der Vernetzung und Digitalisierung der Medizin – oder: „Daten und Menschen unter einen Hut bringen"

Eine wesentliche Herausforderung ist darüber hinaus, die wachsende Menge an Daten und Informationen aus der Patientenversorgung stationär und ambulant zu managen (vgl. Ambacher et al., 2015). Dies vor allem, weil heute neue Orte der Gesundheit mit dem Netzwerk verbunden werden: Smart Homes, Autos, Arbeitsplätze und mobile Endgeräte (z. B. AAL). Patienten suchen daher zunehmend Anbieter, die diese Daten aus verschiedensten Quellen für die Gesundheitsberatung und Therapie berücksichtigen (vgl. Leis, 2008; Schmidt und Lips, 2015; Schmidt et al., 2014). Ein solches Angebot könnte im Rahmen der vernetzten Strukturen eine sinnvolle Ergänzung der Krankenhausbehandlung darstellen. Problematisch dabei ist jedoch, dass die Informationsmenge so komplex wird, dass sie ohne Unterstützung von extern oder durch eigene Datenverwertungsstrukturen nicht mehr zu bewältigen ist. Ziel sollte aber bei vernetzten Strukturen sein, dass Patienten und Angehörigen durch die o.g. intelligenten Systeme die Möglichkeit bekommen nach dem Krankenhausbesuch selbst persönliche Gesundheitsnetze für sich in vom Krankenhaus oder dem Netzwerk zur Verfügung gestellten Strukturen aufzubauen. Dies kann beispielsweise über Gesundheits-Apps oder Online-Angebote geschehen. Derartige Netze könnten dann größer werden als das eigentliche Versorgungsnetzwerk. Bei guter Ausgestaltung und Pflege des digitalen Angebots kann dieses dann zur Kundenbindung beitragen. Vorausgesetzt ist dabei jedoch, dass der zusätzliche Nutzen für die Patienten erkennbar ist.

Wer diesen Zugang zu den Daten der Patienten hat und diese als Leistung zur umfassenden Beratung im Alltag aufbereitet, kann sich einen erheblichen Wettbewerbsvorteil verschaffen (vgl. Ambacher et al., 2015). Die Konkurrenz um diese koordinierende Rolle ist heute jedoch groß, doch nur wenige Anbieter haben diesen direkten Zugang zu Patienten. Schafft es eine Klinik, sich in der digitalen Welt mit dem richtigen Know-how für die jeweilige indikationsbezogene Zielgruppe aufzustellen, kann der Patient als Gesundheitskunden über den stationären oder ambulanten Besuch hinaus betreut und gebunden werden. Auch für die Pharmaindustrie sind die aus den Netzstrukturen gewonnen Daten interessant, weil der enorme Kostendruck bei der Medikamentenentwicklung eine aktive Suche nach innovativen Wegen in der Zulassung auslöst (vgl. Ambacher et al., 2015). Hierzu wären diese Daten hilfreich.

Zusammenfassend macht es also Sinn, Vernetzung, Digitalisierung und Daten so für eine Klinik einzusetzen, dass über neue Versorgungs- und Dienstleistungsangebote eine Vergrößerung der Wertschöpfungstiefe und Verlängerung der indikationsbezogenen Wertschöpfungsketten entsteht. Auf diese Weise würde jede Klinik das Angebot verbreitern, müsste aber das dafür notwendige Managementwissen aufbauen. Die strategischen Überlegungen werden im Folgenden am Beispiel der Universitätsmedizin Rostock vorgestellt.

Ansätze zur Vernetzung am Beispiel der Universitätsmedizin Rostock

Alle oben genannten Faktoren betreffen die Universitätsmedizin Rostock in vollem Umfang (UMR). Daher wurde eine strategische Neuausrichtung der UMR vorbereitet und beschlossen. Wesentlicher Aspekt der Umsetzung ist die Bildung von organbezogenen Zentren, die wiederum mit allen anderen relevanten Akteuren des Gesundheitswesens im Land über die Sektoren hinaus vernetzt werden, wie Abbildung 3 zeigt.

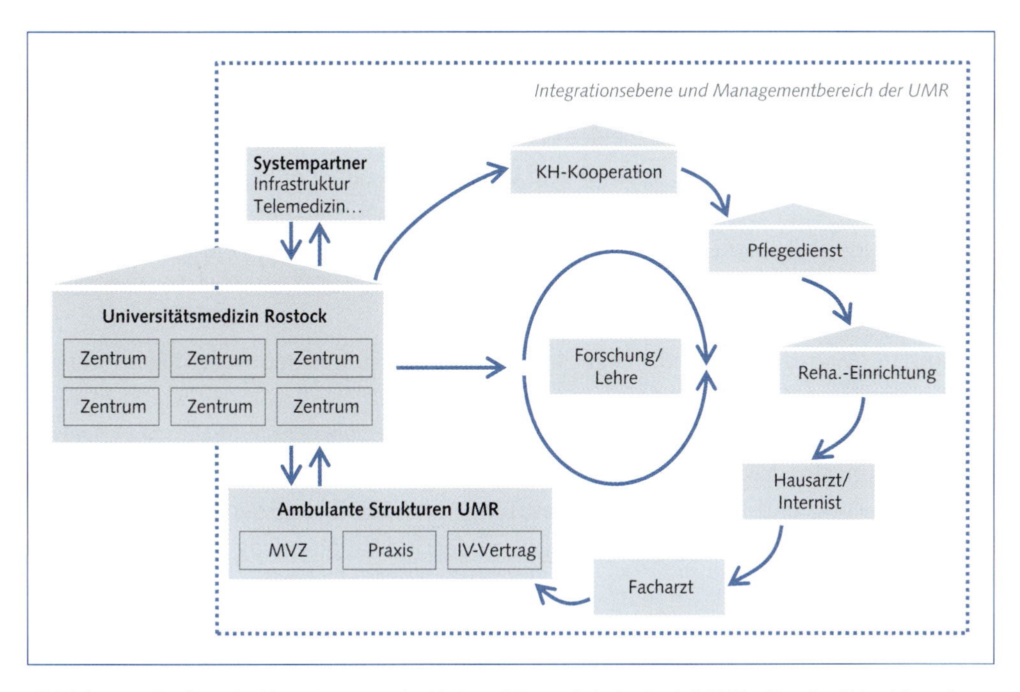

Abbildung 3: Struktur der Vernetzung an der Universitätsmedizin Rostock (UMR). (Quelle: Schmidt und Lips, 2015)

Entscheidend für die Auswahl der zu vernetzenden Strukturen war in Rostock eine umfangreiche Markt- und Wettbewerbsanalyse, bei der die medizinischen Bereiche nach ihrem ambulanten Potential und den zu realisierenden Fallzahlen pro Indikationsgebiet betrachtet wurden. Im Ergebnis konnte so eine Prioritätenliste der zu vernetzenden Kliniken bzw. Indikationsgebiete erstellt werden. Besonders wichtig erschien es, nicht einzelne Kliniken in eine Versorgungskette zu bringen, sondern nach Indikationsgebieten (Herzmedizin, Geriatrie, etc.) vorzugehen. Voraussetzung dafür war die Schaffung von zunächst virtuellen Zentren innerhalb der UMR, was sich in manchen Fällen als Herausforderung gestaltete, jedoch wegen der damit verbundenen Chancen, die eigene Klinik besser zu positionieren, von den Verantwortlichen mitgetragen wurde. Für diese Zentrumsstrukturen wurden dann geeignete Partner im Einzugsgebiet gesucht, die aus dem Rehabilitations- oder Pflegbereich kamen. Zusätzlich wurden Partner bei den niedergelassenen Ärzten gesucht, die Interesse hatten, in solchen Strukturen Patienten zu versorgen. Schließlich wurden auch die bereits vorhandenen MVZ in ihrem Profil auf die Netzwerkstrukturen abgestimmt bzw. überprüft. Über Kooperationsverträge wurden die Partner dann in eine Netzwerkstruktur eingebunden. Ziel der Kooperation war die Festlegung von klinischen Behandlungspfaden für die Indikationsgruppen und die Schaffung von unterstützenden Strukturen (z. B. Konsiliardienst im Falle der Geriatrie). Diese Ebene wird aktuell und schrittweise mit Verträgen der integrierten Versorgung flankiert, um Anreize für die Beteiligten zu schaffen und eine strukturierte Dokumentation zu gewährleisten. In jedem Indikationsbezogenen Netzwerk wurde dann geprüft, welcher Beitrag zu Verbesserung der Versorgungsqualität erbracht werden kann. Bis hierher unterscheidet sich das vorliegende Projekt nicht von anderen in vergleichbaren Regionen (vgl. Schmidt und Lips, 2015; Klauber et al., 2011).

Das verbindende Element zwischen den Indikationsgruppen und den Partnern ist die neu gegründete UMR Versorgungsstrukturen GmbH. Diese hat drei wesentliche Aufgaben:

1. Aufbau, Management und Pflege der Partner in den indikationsbezogenen Versorgungstrukturen und ihrer Verträge
2. Management der technischen Plattform zur Unterstützung der indikationsbezogenen Versorgungstrukturen
3. Bereitstellung und Koordination Infrastruktur und Sammlung der patientenbezogenen Daten für die Versorgungsforschung in den indikationsbezogenen Versorgungsstrukturen

Abbildung 4 zeigt die Grundidee der Aufgaben und deren Verbindung untereinander. Zum Management der Partner in den indikationsbezogenen Versorgungstrukturen gehören dabei auch die Verhandlung und das Controlling der Verträge zur integrierten Versorgung. Zahlreiche der bisherigen Projekte zeigen, dass vor allem der Pflege der Partner im Netzwerk besondere Aufmerksamkeit zu widmen ist. Ohne regelmäßige Treffen und deren Vor- bzw. Nachbereitung sowie die Motivation der Beteiligten laufen die Projekte Gefahr, schnell einzuschlafen.

Die technische Plattform vereint alle bereits vorhandenen und noch aufzubauenden Komponenten der Telemedizin. Dazu gehören:

1. Telemonitoring (Kardiologie: Schrittmacher, Defibrillatoren und Loop Recorder)
2. Teleradiologie (hier vor allem abrechnungsrelevante Fragestellungen bei Telekonsilen)
3. Arztbriefe und Befunde werden elektronisch an die Partner aus dem KIS System versendet
4. Health Apps für Indikationsgruppen

Wichtig war, die bereits vorhandenen Komponenten in die Netzwerküberlegungen einzubinden und teilweise als Leitstrukturen für die Vernetzung auf Ebene der Partner zu nutzen. So konnte beispielsweise die schon seit Jahren bestehende Versorgung in der Elektrophysiologie (EPU) dazu dienen, die niedergelassenen Kardiologen vom Arbeiten in vernetzten Strukturen zu überzeugen.

Auf der Ebene der technischen Unterstützung konnten zahlreiche Firmen eingebunden werden, welche die Vernetzung mit Produkten unterstützen jedoch auch solche, die diese Plattform für die Entwicklung bzw. Weiterentwicklung von Produkten nutzen können. Hersteller von Apps finden hier genauso wie Firmen aus dem Medizinproduktbereich eine Möglichkeit die gesamte Versorgungskette und deren Fragestellungen zu verfolgen. Die UMR Versorgungsstrukturen GmbH prüft dabei zusammen mit den Netzwerkpartnern für jede Indikationsgruppe, welche Komponenten geeignet sind, die Versorgung zu verbessern. Da über einen Beirat der GmbH auch die Kassen beratend zur Verfügung stehen, kann dann die Finanzierung beispielsweise einer App im Rahmen eines i.v. Vertrages geprüft werden. Ziel des Projektes ist es also, die Versorgung voranzutreiben und dabei geeignete Komponenten der technischen Vernetzung zu evaluieren bzw. marktfähig zu machen. Dieser Service dient unter anderem auch dazu, die GmbH und ihre Mitarbeiter zu finanzieren. Tabelle 2 fasst die Komponenten übersichtlich zusammen.

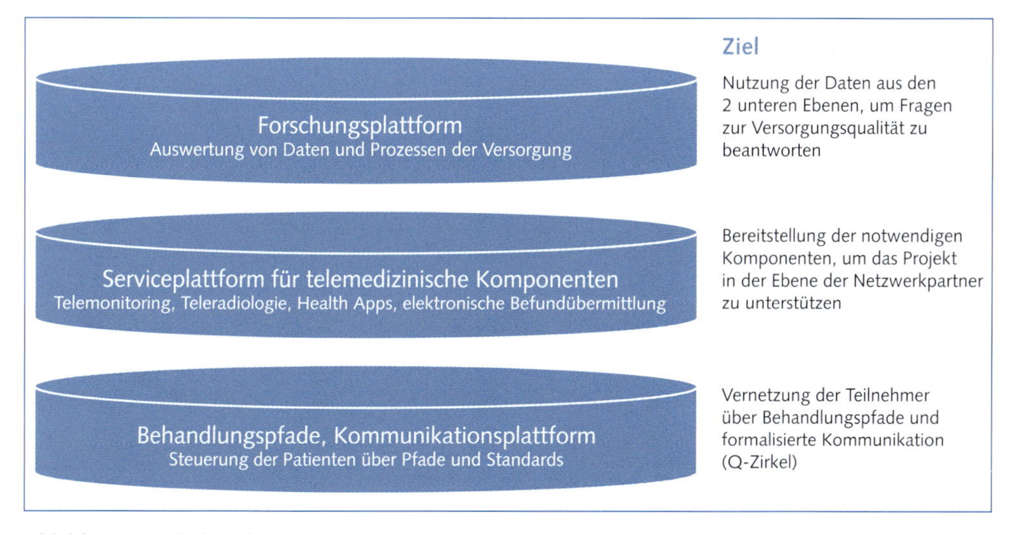

Abbildung 4: Aufgaben der UMR Versorgungsstrukturen GmbH in drei Ebenen (Quelle: Schmidt und Lips, 2015).

Auf der obersten Ebene findet dann der Service für die in der UMR an Fragestellungen zur Versorgungsforschung tätigen Mitarbeiter statt. Vor allem das Institut für Allgemeinmedizin ist hier ein wichtiger Partner. Im Rahmen der Forschungsprojekte konnten weitere klinische Fächer, wie beispielsweise die Augenheilkunde mit dem Projekt „Talking Eyes“ (2015), die Gefäßmedizin und weitere gefunden werden, die wiederum als Partner im Netzwerkprojekt tätig sind und durch Forschungsprojekte die unterste Plattform bzw. die Netzwerkstruktur stabilisieren. Auf diese Weise konnten alle drei Plattformen sich gegenseitig unterstützen und fördern. Auch das Rudolf-Zenker-Institut für Experimentelle Chirurgie konnte mit Firmen, die ihre Produkte „Home-Care-Fähig“ machen wollten, in die Struktur eingebunden werden. Ein weiterer Vorteil liegt bei dieser Herangehensweise in den Finanzierungsmöglichkeiten, die sich von i.v. Verträgen über Wirtschaftsförderung bis hin zu DFG oder BMBF Co-Finanzierungen erstecken.

Technische Serviceplattform der UMR Versorgungsstrukturen GmbG			
Teleradiologie	Telemonitoring	Health Apps	Elektorischer Arztbrief und Befundversand
Schlaganfallnetz Back up für kleine Häuser 2nd Opinion	Diagnostische Devices Schrittmacher Defibrilatioren Loop Recorder	Compliance Apps Polypharmazie Information Teilkomponente für Telemonitoring	Ausbau bis zur elektronischen Patientenakte in der Cloud Online Formulare für i. V. Vertrag

Tabelle 2: Technische Serviceplattform der UMR Versorgungsstrukturen GmbH. (Quelle: Schmidt und Lips, 2015)

Schließlich muss eine solche Struktur auch einen wirtschaftlichen Beitrag zum Ergebnis der UMR bringen. Um dies zu gewährleisten wurde nach dem in Tabelle 3 dargestellten Ablauf vorgegangen. Für jede Indikationsgruppe wurde geprüft, welchen Beitrag (Patientenbindung, Verbesserung der Versorgung, i.v. Vertrag, etc.) das Ausrollen der Indikationsgruppe mit sich bringt. Darüber hinaus wurde der interne Aufwand zur Umsetzung des Einzelprojektes analysiert. Begrenzender Faktor waren die Bereitschaft zum interdisziplinären Arbeiten, die vorhandenen Strukturen und die Beschaffenheit geeigneter Netzwerkpartner.

Schritte	Inhalte	Kennzahl
Klärung des ambulanten Potentials einer jeden Klinik	Markt und Wettbewerbsanalyse	Mittlere Verweildauern im Fach, Umfang MDK Abschläge
Darstellen der Marktanteile und Markpotentiale nach Indikationsgruppen (DRG Gruppen, die das Spektrum der Klinik darstellen und zwischen den Versorgungsstufen Grund- und Regelversorgung bzw. Maximalversorgung differenzieren können)		Fallzahlen und CM Punkte im Vergleich zu Wettbewerbern nach DRG Gruppen
Können die Leistungen in interdisziplinären Strukturen erbracht werden (z. B. Herzzentrum)	Prüfung Kooperationsmöglichkeiten intern (Strukturen, Bereitschaft der Chefärzte zur Zusammenarbeit, Managementkapazitäten)	Anzahl vergleichbarer oder interdisziplinär erbrachter DRG in den Kliniken
Sind geeignete Netzpartner vorhanden?	Gespräche mit potentiellen Partner	Anzahl der vorhandenen Wertschöpfungsketten in der Region
Was soll die Vernetzung bringen (CM, CMI, Patientenbindung)	Grober Business Case oder Ergebnisse der Markt- und Wettbewerbsanalyse	Einzelanalysen der Kliniken

Schritte	Inhalte	Kennzahl
Welche technischen Komponenten machen Sinn?	Teleradiologie, Telemonitoring, Health-Apps, Elektronische Patientenakte (ePA) in Cloud	Wirtschaftlicher Beitrag der Komponenten (z. B. über i.V. Vertrag)
Wie sieht die langfristige Perspektive für das Zentrum oder die Klinik aus?	Langfristige Marktentwicklung	Langfristige DRG Prognose im Fach

Tabelle 3: Schrittweise Bewertung von Netzwerkstrukturen in den Fächern (Quelle: Schmidt und Lips, 2015).

Zusammenfassend macht es vor dem Hintergrund der genannten Effekte auch für eine universitären Maximalversorger Sinn, sich im ländlichen Raum als integrierter Gesundheitsdienstleister aufzustellen. Telemedizinische Komponenten sind dabei unerlässlich, um die Versorgung kosteneffizient bis in die Fläche zu bringen (vgl. Klauber et al., 2011 und 2015). Dabei sind die Möglichkeiten der Vernetzung heute so weit ausgereift, dass bis in die Häuslichkeit des Patienten hinein Versorgungsangebote zusammengestellt werden können (vgl. Korb et al., 2005; Yeung et al., 2015; Graschev et al., 2006). Da es bereits eine Fülle von Angeboten gibt, die in den seltensten Fällen auf ihren Nutzen hin untersucht worden sind, sollten diese im Rahmen kontrollierter Studie evaluiert werden (vgl. Klauber et al., 2015). Netzwerkplattformen, wie die vorgestellte Lösung an der UMR, müssen von verschiedenen Seiten aus einen Beitrag bzw. Mehrwert liefern. Diese Sichtweisen fasst Tabelle 4 zusammen. Derartige Strukturen sind zwar auf andere Regionen übertragbar, müssen sich jedoch immer regionalen Besonderheiten anpassen. Daher erheben die vorgestellten Lösungen keinen Anspruch auf Vollständigkeit oder Allgemeingültigkeit. Sie stellen lediglich einen möglichen Weg vor, dem Wettbewerb offensiv zu begegnen.

Sichtweisen	Vorteile
Betriebswirtschaftliche Sicht	• Vertriebsplattform • Element des Customer Relationship Managements (CRM) • Langfristige Kundenbindung • Erhöhung der Wertschöpfungstiefe
Patientensicht	• Wohnortnahe Versorgung • Maximalversorgung bis in die Häuslichkeit • Schneller Zugang zu qualifizierten Experten
Kassensicht	• Versorgung trotz Strukturschwäche • Ärztliche Expertise an jedem Ort • Universitäre Standards bis in die häusliche Versorgung ausgerollt • Evaluation von telemedizinischen Komponenten der Versorgung
Sicht der niedergelassenen Ärzte	• Einbindung in Netzwerk • Ggf. Profitieren von I.V. Vertrag • Erleichterter Zugang zu Befunden

▶

Sichtweisen	Vorteile
Sicht der Krankenhausärzte	• Einbindung in Netzwerk • Ggf. Profitieren von i. v. Vertrag • Leichte Befundübermittlung • Patientenbindung • Ständige Kommunikation mit Mitgliedern der Versorgungskette
Sicht von Forschung und Lehre	• Datensammlung für Fragestellungen der Versorgungsforschung • Evaluation von Versorgungsprogrammen • Studien entlang von Versorgungsketten • Lehre und Ausbildung entlang der Versorgungsketten
Sicht von Partnern in der Medizintechnik	• Plattform zur Entwicklung von telemedizinischen Komponenten • Entwicklung der Home Care Fähigkeit von Produkten und Verfahren

Tabelle 4: Blickwinkel auf eine Versorgungsstrukturen GmbH (Quelle: Schmidt und Lips, 2015)

Kooperationen und Netzwerke strategisch planen

Das Beispiel der UMR zeigt deutlich, wie stark die Überlegungen zu Netzwerken und Kooperationen von den regionalen Gegebenheiten abhängen. Dabei hängt der Wille der Partner am Netzwerkprojekt mitzuarbeiten auch ganz erheblich von der Managementkompetenz der Klinik ab, welche die Vernetzung vorantreiben will. Vom „hohen Ross" des Maximalversorgers herab wird keine Kooperation mit vermeintlich „kleineren" Partnern im Markt gelingen. Allein die Überzeugungskraft und Bereitschaft der handelnden Personen, auf „Augenhöhe" in derartige Strukturen einzusteigen, wird über das Projekt entscheiden. Natürlich spielen auch wirtschaftliche Anreize eine Rolle. Diese ergeben sich jedoch in großem Maße aus der Ausgestaltung der Kooperation, beispielsweise über den i.v. Vertrag mit den Kostenträgern und liegen bei Kliniken im Wesentlichen in der verbesserten Verweildauersteuerung bzw. der Möglichkeit das frei werdende Bett wieder zu belegen.

Die grundsätzliche Frage bei der Vernetzung stellt sich zunächst darin, welche Fachabteilung einer Klinik denn mit wem vernetzt werden soll. Dies ergibt sich aus der Markt- und Wettbewerbsanalyse, die eine Priorisierung liefern sollte. Erst danach muss geprüft werden, mit wem in der Region überhaupt eine Kooperation möglich bzw. mit wem diese einen Nutzen bringt und was inhaltlich Gegenstand der Kooperation sein sollte. Dabei macht es Sinn, auch die internen Prozesse der zu vernetzenden Fachabteilung so zu strukturieren, dass beispielsweise der Arztbrief bei Entlassung des Patienten fertig ist und elektronisch versendet werden kann. Was sich trivial anhört, kann teilweise tief in die Abläufe einer Klinik eingreifen und daher auch an dieser Stelle über den Erfolg des Projektes entscheiden. Die Priorisierung sollte daher auch den Organisations- und Reifegrad der Managementstrukturen der jeweiligen Fachabteilung berücksichtigen, die vernetzt werden soll.

Zahlreiche rechtliche Fragestellungen ranken sich um die Vernetzung und die Themen des Datenschutzes. War das Schreckgespenst des Krankenhausmanagers vor einigen Jahren noch der Brandschutz, so ist es heute der Datenschutz, mit dem fast jedes Projekt beerdigt werden kann. Dennoch zeigen zahlreiche Projekte, dass die Aufgabenstellung der Juristen nicht die Frage nach den Problemen sein darf, sondern wie ein Projekt strukturiert werden muss, damit es rechtlich belastbar durchgeführt werden kann. Die Praxis zeigt, dass häufig sehr pragmatische Lösungen zum Erfolg führen können (vgl. Korb et al., 2005; Klauber et al., 2015).

Schließlich liegt ein kritischer Erfolgsfaktor in den Managementstrukturen des Krankenhauses selbst. Netzwerke müssen gepflegt und betreut werden. Ganz wie bei einer Vertriebsorganisation müssen die Aktivitäten gebündelt und zielgerichtet erfolgen. Auch eine Erfolgskontrolle der Netzwerkaktivitäten jeder Fachabteilung muss zeitnah erfolgen. Bringt eine Kooperation keinen Beitrag, sei es durch die Qualität der Behandlung oder den wirtschaftlichen Erfolg, muss geprüft werden, woran dies liegt und ggf. gegengesteuert werden. Genau dazu müssen eigene Strukturen mit geeigneten Mitarbeitern aufgebaut werden. Zwei bis drei Menschen mit Vertriebserfahrung reichen hier für einen Maximalversorger für den Anfang aus.

Diese Gedankenwelt ist zunächst schwer in die Köpfe der klinisch tätigen Kollegen zu bringen. Dennoch muss genau hier mit Fingerspitzengefühl für die Merkmale der Branche und das Besondere des Arzt-Patientenverhältnisse agiert werden. Nur bei Berücksichtigung dieser Spezifika und dem Voranstellen der Qualität der Patientenversorgung, haben die Strukturen in großen Kliniken und Netzwerken eine Chance, erfolgreich umgesetzt zu werden (vgl. Schmidt et al., 2014). Die Zukunft wird zeigen, in welchem Umfang dies gelingen wird und sich Kliniken im Wettbewerb diese Vorteile erarbeiten können. Doch wie sagte schon Sir William Edwards Deming so trefflich: „Sie müssen das nicht tun, Überleben ist keine Pflicht."

Literatur

Augurzky, B. (2014). *Zur Lage der Krankenhäuser. Welt der Krankenhausversicherung 9: 205–207.*

Augurzky, B. *und Beivers, A.* ***(2014).*** *Grundlagen einer erreichbarkeitsorientierten Versorgungsplanung. Gesundheits- und Sozialpolitik 68:33–41.*

Bundesministerium für Gesundheit (2015). *Unter: http://www.bmg.bund.de/themen/krankenversicherung/gkv-versorgungsstaerkungsgesetz/gkv-vsg.html. Letzter Aufruf: 8.8.2015.*

Ambacher, N., *Carl, M., Knapp, D.* ***(2015).*** *Personalisierte Medizin der Zukunft. Trendstudie des 2b AHEAD ThinkTanks. Leipzig. Unter: http://www.2bahead.com/studien/trendstudie/detail/trendstudie-personalisierte-medizin. Letzter Aufruf: 8.8.2015*

Deloitte Health Care Analysis (2014). *Gesundheitsversorgung 2030, München, Eigenverlag.*

Graschew, G., *Roelofs TA, Rakowsky S et al.* ***(2006).*** *New trends in the virtualization of hospitals – tools for global e-Health. Stud Health Technol Inform 121: 168–175*

Klauber J, *Geraedts M, Friedrich J, Wasem J* ***(2013).*** *Krankenhaus-Report 2013. Schwerpunkt Mengendynamik: mehr Menge, mehr Nutzen? Stuttgart: Schattauer.*

Klauber J, *Geraedts M, Friedrich J, Wasem J* ***(2012).*** *Krankenhaus-Report 2012. Schwerpunkt Regionalität. Stuttgart: Schattauer.*

Klauber J, *Geraedts M, Friedrich J, Wasem J* ***(2015).*** *Krankenhaus-Report 2012. Schwerpunkt Strukturwandel. Stuttgart: Schattauer.*

Korb H, *Baden D, Wähner M et al.* ***(2005).*** *Telemonitoring bei „Akutem Koronarsyndrom": Effektivität unter klinischen und gesundheitsökonomischen Aspekten. In: Steyrer G, Tolxdorf T (Hrsg) Bit for bit – Halbzeit auf dem Weg zur Telematikinfrastruktur. Tagungsband Telemed 2005, Akademische Verlagsgesellschaft Berlin, S 170–177*

Schmidt CE, *Gabbert T, Engeler F, Mohr A, Möller J* ***(2004).*** *Krankenhauslandschaft in Deutschland – Ein Markt im Umbruch. Dtsch Med Wochenschr 129: 1209-1214.*

Leis A (2008). *Telemedizin heute. Der Unfallchirurg. 111: 146-154.*

Panait L, *Rafiq A, Tomulescu V et al.* ***(2006).*** *Telementoring versus on-site mentoring in virtual reality-based surgical training. Surg Endosc 20: 113–118*

Schmidt C, *Möller J, Hesslau U, Bauer M, Gabbert T, Kremer B* ***(2005).*** *Universitätskliniken im Spannungsfeld des Krankenhausmarktes. Anästhesist 54:694–702.*

Schmidt CE, *Halbe B, Wolff F* ***(2014).*** *Gynäkologie und Geburtshilfe im Spannungsfeld von Personalmangel, Wirtschaftlichkeit und Ambulantisierung Geburtshilfe Frauenheilkd 74:1061–1064.*

Schmidt CE, *Lips* ***(2015).*** *Der Nabel der Region – Vernetzte Strukturen an der Universitätsmedizin Rostock, 05/2015: f&w führen und wirtschaften im Krankenhaus*

Schmidt CE, *Möller J, Schmidt K, Gerbershagen MU, Wappler F, Limmroth V, Padosch SA, Bauer M* ***(2011).*** *Generation Y: Recruitment, retention and development. Anästhesist 60:517–524.*

Statistisches Bundesamt (2011). *Fallpauschalenbezogene Krankenhausstatistik (DRG-Statistik) Diagnosen, Prozeduren, Fallpauschalen und Case Mix der vollstationären Patientinnen und Patienten in Krankenhäusern. Fachserie 12 Reihe 6.4, Wiesbaden, Eigenverlag*

Statistisches Bundesamt (2008). *Mikrozensus, Prognose 2008, Wiesbaden, Eigenverlag.*

Talking eyes (2015). *Unter: http://www.talkingeyes-and-more.de/Content/Editorial2.aspx.*

Telemedizinführer Deutschland (2007). *Minerva: http://www.telemedizinfuehrer.de*

Wasem J, *Geraedts M* ***(2011).*** *Qualität durch Wettbewerb. In: Klauber J, Geraedts M, Friedrich J, Wasem J, editors. Krankenhaus-Report 2011. Schwerpunkt: Qualität durch Wettbewerb. Stuttgart: Schattauer.*

Yeung TM, *Sacchi M, Mortensen NJ, Spinelli A* ***(2015).*** *Assessment of the Quality of Patient-Orientated Information on Surgery for Crohn's Disease on the Internet. Dis Colon Rectum 58:857–861.*

Medizinstrategie I: Stationäre Patienten

Christoph Sandler und Sören Eichhorst

Wie jede Unternehmung bedarf auch das Krankenhaus einer vorausblickenden Strategie. Diese Strategie definiert die zukünftige Ausrichtung des Krankenhauses und steckt die Grenzen für die Einzelhandlungen innerhalb des Krankenhauses ab. Diese Strategie muss auch umfassend zukünftige Veränderungen berücksichtigen, um vorausblickend handeln und planen zu können. Gerade im heutigen sich rasch verändernden Gesundheitsumfeld ist es entscheidend, alle für das Krankenhaus relevanten Trends und Veränderungen zu identifizieren und in einer Strategieerarbeitung entsprechend zu berücksichtigen. Ein (wichtiger) Teil dieser Strategie muss auch die zukünftige Ausrichtung und Schwerpunktsetzung der medizinischen Leistungen sein – die Medizinstrategie. Je größer und komplexer ein Krankenhaus(-verbund) ist, desto wichtiger – aber auch schwieriger – ist es, eine von allen Beteiligten getragene und durch alle Beteiligte akzeptierte Medizinstrategie festzulegen.

Medizinstrategie – warum überhaupt?

Diese Frage mag trivial klingen. Natürlich besitzt jedes Krankenhaus eine Medizinstrategie. Die Erfahrung zeigt jedoch, dass die Medizinstrategie in den meisten Häusern nicht ausreichend formuliert ist, nur einen Teilbereich abdeckt, zukünftige Veränderungen zu wenig berücksichtigt oder aber nicht von der gesamten Belegschaft getragen wird. Aus diesem Grund ist es sinnvoll, sich zunächst vor Augen zu führen, welchen Zweck eine umfassende Medizinstrategie erfüllt. Eine Medizinstrategie dient unter anderem folgenden Zielen:

- Formulierung eines krankenhausinternen Leitbilds, an dem sich die einzelnen Fachabteilungen in ihrem Handeln und ihrer Planung orientieren können
- Abstimmung der Leistungen des eigenen Krankenhauses auf externe Gegebenheiten, insbesondere auf die Bedürfnisse der Bevölkerung und anderer Krankenhäuser im Einzugsgebiet
- Langfristige Planung und Vorbereitung auf zukünftige Veränderungen, vor allem angesichts demografischer Veränderungen und Veränderungen der Leistungsvergütung
- Sicherstellung einer hohen Qualität der medizinischen Versorgung unter wirtschaftlich nachhaltigen Rahmenbedingungen, insbesondere wenn es sich um einen Krankenhausverbund mit mehreren Standorten handelt

Leitbild

Die verschiedenen Fachabteilungen eines Krankenhauses können gleichgesetzt werden mit den Geschäftsbereichen eines Unternehmens, die in vielen Bereichen eigenständig agieren. Die Versorgung der Patienten, Einteilung des Personals und Ausrichtung der medizinischen Schwerpunkte sind zu einem großen Teil Sache des leitenden Chefarztes. Je höher die Anzahl der Fachabteilungen in einem Krankenhaus, desto wichtiger ist eine strategische Ausrichtung, an der sich die einzelnen Fachabteilungen orientieren können. Und je detaillierter dieses Leitbild erarbeitet und formuliert ist, desto mehr Freiheiten haben Fachabteilungen, sich innerhalb dieses Leitbilds zu positionieren.

Als Beispiel sei hier die Personalplanung angeführt. Damit ein Krankenhaus wirtschaftlich nachhaltig arbeiten kann, müssen die Erlöse die Kosten decken und somit muss auch das Personal an den Leistungsbedarf angepasst werden. Dies sollte jedoch nicht ad hoc oder ohne Einbezug aller Führungsmitglieder geschehen. In einer gemeinschaftlich erarbeiteten, nachhaltig ausgerichteten Medizinstrategie sind u.a. sowohl derzeitige als auch zukünftig zu erwartende Personalanforderungen in Abstimmung zwischen klinischen Mitarbeitern und der Verwaltung verbindlich festzulegen. Anhand dieses Personalschlüssels können die einzelnen Fachabteilungen ihre Personalkapazitäten nachhaltig planen und einsetzen.

Externes Umfeld

Es ist annehmbar, dass sowohl jeder Chefarzt eines Krankenhauses als auch die Geschäftsführung bestrebt sind, ihre Leistungen an die Anforderungen der tagtäglich aufgenommenen Patienten anzupassen. Somit könnte man meinen, das Krankenhaus sei auch ohne eine umfassende Medizinstrategie auf die Bedürfnisse der Bevölkerung hinreichend ausgerichtet. Die Erfahrung zeigt jedoch, dass eine detaillierte und umfassende Analyse des unmittelbaren und erweiterten Einzugsgebiets Erkenntnisse liefert, die einer einzelnen Führungskraft nicht in diesem Maße zugänglich geworden wären. Es treten Interdependenzen zwischen Fachabteilungen, Standorten und externem „Mitbewerb" auf. Daher ist es auch Aufgabe der Medizinstrategie, gemeinsam das Leistungsspektrum auf diese gewonnenen Erkenntnisse auszurichten bzw. an diese anzupassen.

Ein Beispiel wäre hier die „Wanderungsbewegung" von Patienten in Bezug auf eigene Standorte und andere Krankenhäuser zu nennen. Ermittelt man die Herkunft sämtlicher in einem Jahr aufgenommener Patienten und stellt diese zusammen mit dem Krankenhaus auf einer Karte dar, wird rasch ersichtlich, dass eigene Fachabteilungen oft große Überschneidungen haben oder in manchen Bereichen über ein viel größeres Einzugsgebiet verfügen als erwartet. Eine detaillierte Analyse des externen Umfelds lässt Rückschlüsse auf die eigene Planung von Schwerpunkten sowie auf das Patientenaufkommen und entsprechende Dienstschienen zu.

Zukünftige Veränderungen

Die Medizinstrategie sollte den Anspruch erheben, über mehrere Jahre gültig zu sein. Ist dies nicht der Fall, muss jedes Jahr auf ein Neues beraten, analysiert und evaluiert werden, was unnötig viel Zeit und Energie aller Beteiligten in Anspruch nimmt. Die Anforderungen und Rahmenbedingungen eines Krankenhauses ändern sich heutzutage rasant. Neue medizin-technische Verfahren unterstützen eine zunehmende Ambulantisierung, wodurch stationäre Kapazitäten redundant und neue ambulante Einrichtungen benötigt werden. Demografische Veränderungen (Alterung der Bevölkerung, Zu- und Abzug) verändern das Krankheitsbild der Patientenkohorte und erfordern differenzierte Schwerpunkte. Neue Entwicklungen in der Leistungsvergütung führen meist zu einem noch höheren Kostendruck. Vor diesem Hintergrund ist es entscheidend, eine Medizinstrategie auf Basis einer soliden Analyse sämtlicher für das Krankenhaus relevanter, zukünftiger Trends zu entwickeln.

Zwei ausschlaggebende Faktoren sind die demografische Entwicklung der Bevölkerung im Einzugsgebiet sowie die Trends im Hinblick auf den medizin-technischen Fortschritt. Wie wird sich die Zu- und Abwanderung auf das zukünftige Krankheitsbild auswirken? Welche Diagnosen werden durch die zunehmende Alterung der Bevölkerung zu- bzw. abnehmen? Welche Auswirkungen wird der medizin-technische Fortschritt auf die stationären und ambulanten Versorgungsstrukturen haben? Soll die Medizinstrategie über mehrere Jahre anwendbar sein, müssen diese Faktoren so genau wie möglich definiert und umfassend evaluiert werden.

Qualitätssicherung

Das oberste Gebot einer jeden Medizinstrategie muss die Gewährleistung einer hochwertigen medizinischen Versorgung sein. Gerade in Krankenhäusern mit mehreren Standorten unterscheiden sich medizinische „Praktiken" oft signifikant. Dies hat nicht nur wirtschaftliche Auswirkungen (es wird unterschiedliches Material an verschiedenen Standorten eingesetzt, die Aufenthaltsdauer von Patienten gleicher Diagnose variiert über die einzelnen Standorte etc.), sondern mitunter auch gravierende medizinische Konsequenzen. Werden beispielsweise bei der Intubation an den verschiedenen Standorten eines Klinikums Beatmungsgeräte unterschiedlicher Hersteller eingesetzt, muss der Patient bei einer (krankenhausinternen) Standortverlegung möglicherweise neu intubiert werden. Grundsätzlich sollte jenes Protokoll, das sich an einem der Standorte als das geeignetste erwiesen hat, über alle Standorte einheitlich verwendet werden, um eine möglichst hohe Versorgungsqualität zu gewährleisten. Auch dies muss in einer Medizinstrategie thematisiert werden.

Ein Krankenhaus kann jedoch nur dann hohe Qualität liefern, wenn es wirtschaftlich nachhaltig agiert. Ausreichend Personal und eine gut funktionierende Infrastruktur sind notwendig, um eine umfassende, hochwertige Versorgung sicherstellen zu können. Neben der hohen Versorgungsqualität müssen alle erarbeiteten Konzepte einer Medizinstrategie zudem wirtschaftlich nachhaltig sein. Somit ist es auch Aufgabe einer Medizinstrategie, das medizinische Leistungsspektrum eines Krankenhaus(-verbundes) optimal über die einzelnen Standorte hinweg aufzustellen, um eine optimale Versorgung zu gewährleisten.

Komponenten einer erfolgreichen Medizinstrategie

Eine Medizinstrategie legt das medizinische Leistungsspektrum eines Krankenhauses für die folgenden Jahre fest und bedarf somit einer umfassenden Planung, die mehrere Monate in Anspruch nimmt. Während der Inhalt einer Medizinstrategie sowie die operative Erarbeitung von Krankenhaus zu Krankenhaus unterschiedlich sind, haben sich folgende Komponenten als zentral für die Erstellung einer soliden Medizinstrategie und deren erfolgreiche Umsetzung erwiesen:

- Flexibilität, um auf zukünftige Veränderungen reagieren zu können
- Konsens unter allen Beteiligten und breite Unterstützung der gesamten Belegschaft
- Valide Daten als Basis jeglicher Überlegungen
- Umsetzbarkeit des finalen „Szenarios"

Flexibilität

Es gilt, die bestehenden Ressourcen flexibel zu gestalten. Insbesondere Krankenhäuser, die über mehrere Standorte verfügen, sollten sich verschiedene Optionen für die zukünftige Leistungserbringung offen halten. Sei es, einzelne Bettenstationen flexibel je nach Patientenzahl zu belegen oder Fachabteilungen über mehrere Standorte hinweg zu konsolidieren. Je ausführlicher bereits zum Zeitpunkt der Festlegung einer Medizinstrategie über mögliche zukünftige Optionen beraten wird und diese dann auch innerhalb der Strategie festgehalten werden, desto nachhaltiger ist eine solche Strategie. Somit ist wichtig, bereits im Rahmen der Strategieerarbeitung mögliche zukünftige Szenarien zu bewerten und einzelne valide Optionen als Bestandteil der Medizinstrategie aufzunehmen.

Konsens

Konsens wird von den meisten Beteiligten angestrebt, jedoch am schwierigsten erzielt. Eine erfolgreiche Medizinstrategieentwicklung bindet alle Beteiligten zeitnah mit ein und schlägt „Brücken“ zwischen klinischen und nicht klinischen Bereichen (Abbildung 1). Regelmäßige Arbeitsgruppen mit allen Führungskräften, vorbereitende Einzelgespräche mit klinischen und nicht klinischen Fachbereichen sowie eine klare Kommunikation der Ergebnisse sind nur wenige der für eine Medizinstrategieerarbeitung wichtigen Komponenten. Insbesondere die Durchführung von Einzelgesprächen mit sämtlichen Fachbereichen und die strukturierte Vorbereitung von Arbeitsgruppen sind sehr zeitintensiv und sollten durch die Bereitstellung entsprechender Ressourcen sichergestellt werden. Von ebenso großer Bedeutung ist, dass die Geschäftsführung die gesamte Belegschaft kontinuierlich über das Ziel und die Fortschritte der Arbeiten informiert, um der Entstehung von Gerüchten, die Ängste schüren und eine konstruktive Arbeit behindern können, vorzubeugen.

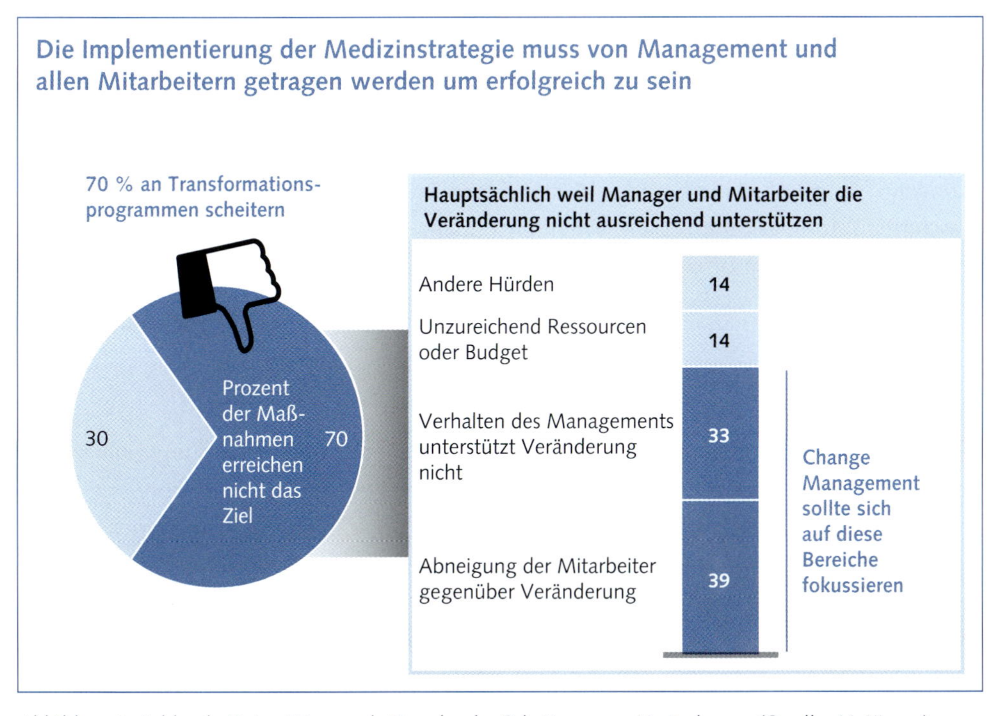

Abbildung 1: Fehlende Unterstützung als Ursache des Scheiterns von Veränderung (Quelle: McKinsey)

Valide Daten

In den meisten Krankenhäusern finden sich verschiedene Datenrepositorien – allen voran Medizin- und betriebliches Controlling, Personalverwaltung, Bau- und Infrastruktur, Pflegedirektion sowie Aufzeichnungen der einzelnen Fachabteilungen. Die Erstellung der Medizinstrategie muss auf Daten basieren, die von allen Beteiligten als valide und gültig anerkannt werden. Varianzen zwischen unterschiedlichen Datenquellen müssen analysiert, besprochen und ausgeglichen werden, bevor in vertiefende Diskussionen zur Medizinstrategie eingestiegen werden kann.

Dies klingt trivial, ist für den Erfolg einer Medizinstrategie aber entscheidend. Werden Daten nicht ausreichend aufbereitet und validiert, besteht die Gefahr, dass die Arbeitsgruppen zu viel Zeit für die Validierung aufwenden müssen, ohne Fortschritte in der eigentlichen Medizinstrategie zu machen. Ein Fauxpas, den man bei den heutzutage ohnehin bereits ausgelasteten Mitarbeitern eines Krankenhauses vermeiden sollte. Außerdem sind stimmige Daten – gerade bei Medizinstrategien, die zu einer größeren strukturellen oder leistungsseitigen Veränderung führen – die Grundlage für eine valide Prognose der potenziellen Vorteile und Risiken verschiedener möglicher Szenarien.

Die Erfahrung zeigt, dass diese Datenaufbereitung von der Projektleitung und dem Medizincontrolling koordiniert und vorangetrieben werden und volle Unterstützung der Geschäftsführung erhalten sollte. Wichtig ist auch, dass sämtliche Fachabteilungen Abweichungen in einem offenen Dialog konstruktiv aufzeigen und diese Hinweise umgehend untersucht und Daten abgeglichen werden (Tabelle 1).

Umsetzbarkeit

In den verschiedenen Einzelgesprächen, Arbeitsgruppen und Abstimmungszirkeln werden verschiedene Szenarien erarbeitet und Entwürfe gefertigt. Dies ist notwendig, um den möglichen Lösungsraum zu öffnen und sämtliche (valide) Optionen einer zukünftigen Medizinstrategie zu benennen und zu diskutieren. Nach der Hälfte der Projektlaufzeit sollte dann jedoch der Fokus auf die Umsetzbarkeit gerichtet werden und die entwickelten Szenarien systematisch anhand einiger, für das Krankenhaus relevanter Kernkriterien bewertet und aussondiert werden. Diese umfassen beispielsweise:

- Wird mit dem jeweiligen Szenario der Versorgungsauftrag des Krankenhauses weiterhin erfüllt?
- Ergibt sich aus dem jeweiligen Szenario eine gleiche oder verbesserte Versorgungsqualität?

- Ist diese Lösung für alle „Stakeholder" (Bevölkerung, Mitarbeiter, Krankenhausträger etc.) akzeptabel?

Für diese Evaluierung ist es wichtig, Parameter zu definieren, die unbedingt erfüllt werden müssen bzw. festzulegen, welche Szenarien nicht akzeptabel sind. Dabei sind Versorgungsauftrag, Qualität, Wirtschaftlichkeit und dergleichen zu berücksichtigen. Entscheidend ist, dass nur jene Szenarien weiter besprochen und detailliert werden, die eine reale Umsetzungschance haben. Ist dies nicht der Fall, so ist die gesamte Implementierung einer detailliert ausgearbeiteten Medizinstrategie von vornherein zum Scheitern verurteilt.

Für die Erarbeitung der Medizinstrategie werden mindestens folgende Daten benötigt	
Beschreibung	**Zeitraum**
Original § 21 KHEntgG-Rohdatensatz	5 Jahre
Ambulante Fallzahlen (Notfälle, Ambulanzen, MVZ, ambulante Operationen)	5 Jahre
Übersicht über Vollzeitkräfte auf Verbund- und Hausebene	5 Jahre
Besetzung Normal- und Intensivstationen, Notaufnahme	Letztes Jahr
Gewinn- und Verlustrechnung Verbund und Töchter	5 Jahre
Monatsberichte Medizincontrolling	Letzten 12 Monate
Mehrjahresplanung	Mind. 3 Jahre
Für Einweiseranalyse: je Einzelfall ID des einweisenden Arztes und Stammdatentabelle	5 Jahre
Bevölkerung und -entwicklung sowie Marktgröße und -entwicklung im Einzugsgebiet	Mehrere Jahre
Fallzahlen je Hauptdiagnose bzw. Anzahl durchgeführteter Prozeduren für Wettbewerbskliniken	Mehrere Jahre

Tabelle 1: Auszug benötigter Daten für eine Medizinstrategie (Quelle: McKinsey)

Vorschlag einer möglichen Vorgehensweise zur Erarbeitung einer Medizinstrategie

Alle Wege führen nach Rom. Und sicherlich viele Vorgehensweisen zu einer erfolgreichen Medizinstrategie. Im folgenden Abschnitt wird eine der bewährten Vorgehensweisen beschrieben. Folgende Schritte werden dabei berücksichtigt:

- Klares Verständnis der Ausgangslage und Zielsetzung
- Umfassende Analysen als Basis
- Intensive Abstimmung unter allen Beteiligten
- Begleitende Maßnahmen im Rahmen der Medizinstrategie
- Implementierung

Ausgangslage und Zielsetzung

Zu Beginn der Überarbeitung einer bestehenden oder Erarbeitung einer neuen Medizinstrategie muss man sich zunächst fragen: Warum jetzt? Warum bedarf es gerade jetzt einer (neuen) Medizinstrategie? Für die Erarbeitung einer Medizinstrategie kann es viele Gründe geben: Veränderungen im Marktumfeld, eine negative Ergebnisentwicklung, eine vorausschauende Planung über die nächsten Jahre oder schlichtweg, weil die letzte Erarbeitung einer neuen Medizinstrategie bereits mehrere Jahre zurückliegt und man sich auf die neuen Gegebenheiten und zukünftigen Anforderungen gemeinsam ausrichten will.

Die nächste Frage muss unmittelbar sein: Was wollen wir erreichen und wie kommen wir dorthin? Welches Ergebnis wollen wir erzielen? Und wie viele Ressourcen und wie viel Zeit stellen wir zur Verfügung, um das Ziel zu erreichen? Alle Krankenhausmitarbeiter sind mit ihren alltäglichen Aufgaben bereits ausgelastet, jedoch bedarf die Definition einer Medizinstrategie eines hohen Maßes an Engagement vieler Mitarbeiter. Dies darf nicht unterschätzt werden und muss entsprechend in die Prozessplanung einfließen.

Schließlich sind noch Fragen zur Kommunikation, Beteiligung der relevanten Personen und Steuerung des Projektes wichtig. Wie kann eine ausreichende Kommunikation an alle Mitarbeiter sichergestellt werden? Ab welchem Zeitpunkt ist die Öffentlichkeit in den Entscheidungsprozess einzubeziehen? Darüber hinaus hat die Erfahrung gezeigt, dass die Erstellung und erfolgreiche Umsetzung einer Medizinstrategie mitunter davon abhängt, ob es eine verantwortliche Person im Unternehmen gibt, die den Prozess koordiniert und die Umsetzung vorantreibt. Selbstverständlich muss die Geschäftsführung zur Gänze hinter dem Prozess stehen, doch bedarf es auch einer dezidierten Projektleitung, die einen Großteil ihrer Zeit für dieses wichtige Projekt aufwenden sowie die einzelnen Teilschritte und zahlreichen Beteiligten koordinieren und steuern kann.

Umfassende Analysen

In einem Krankenhaus sind die notwendigen Daten und Informationen über viele verschiedene Stellen und Abteilungen verteilt. Bevor eine Medizinstrategie entwickelt werden kann, müssen zunächst sämtliche Informationen konsolidiert, abgeglichen und gegebenenfalls um fehlende Informationen ergänzt werden (siehe Abbildung 4, Einleitung).

In einem ersten Schritt sind interne Schwächen und Stärken zu eruieren. Die entscheidenden Erfolgsfaktoren in dieser Phase sind:

a) persönliche Gespräche zwischen Geschäftsführung und jeder einzelnen (klinischen und nicht klinischen) Führungskraft und
b) komplette Transparenz und Offenheit.

Dies ist eine entscheidende Phase, in der der Grundstein für die zukünftige Medizinstrategie gelegt wird und für die deshalb ausreichend Zeit und Ressourcen aufgewendet werden sollten.

Darüber hinaus ist das externe Marktumfeld genauestens zu analysieren. Im Fokus stehen hier verschiedene „Zonen" des Einzugsgebiets, z. B. das „lokale" (Fahrtzeit bis zu 30 Minuten), „regionale" (Fahrtzeit bis zu 60 Minuten) und „überregionale" (Fahrtzeit mehr als 60 Minuten). Für jede dieser Zonen sind „Mitspieler" und „Konsumenten" zu analysieren. Welche weiteren Krankenhäuser befinden sich im Einzugsgebiet, mit wie vielen Betten, welchen Schwerpunkten und Zentren? Woher kommen die Patienten, durch welche Einweiser, mit welchen Diagnosen? Wie teilen sich die Patientenströme zwischen den eigenen Standorten, aber auch anderer Krankenhäuser auf? Gerade die externe Analyse ist innerhalb eines Krankenhauses oftmals nicht vorhanden und muss zum Zwecke der Medizinstrategie durchgeführt werden, da sie ein wichtiger Bestandteil einer umfassenden Analyse zur Bestimmung der weiteren Strategie ist.

Ein dritter wichtiger Analyseschritt beinhaltet die Skizzierung zukünftiger Szenarien über den geplanten Zeithorizont der Medizinstrategie. Die Ermittlung zukünftiger, für das Krankenhaus relevanter Trends ist nicht einfach, jedoch in interdisziplinärer Zusammenarbeit möglich. Zuerst gilt es, das heutige Leistungsspektrum zu verstehen und zukünftige Schwerpunkte zu identifizieren. Danach müssen für dieses spezifische Leistungsspektrum und das regionale Einzugsgebiet relevante Trends ermittelt werden. Erkenntnisse daraus sind mit den einzelnen Fachabteilungen in bilateralen Gesprächen und Arbeitsgruppen zu besprechen, zu verifizieren oder zu adaptieren. Das Ambitionslevel der einzelnen Fachabteilungen für jede ihrer Hauptdiagnosen entscheidet schließlich über den Grad der möglichen Auswirkungen.

Die Bewertung der in einer Analysephase erhobenen Trends sollte in Arbeitsrunden mit allen relevanten Beteiligten erfolgen und deren Auswirkung auf das Krankenhaus bestimmt werden (Abbildung 2).

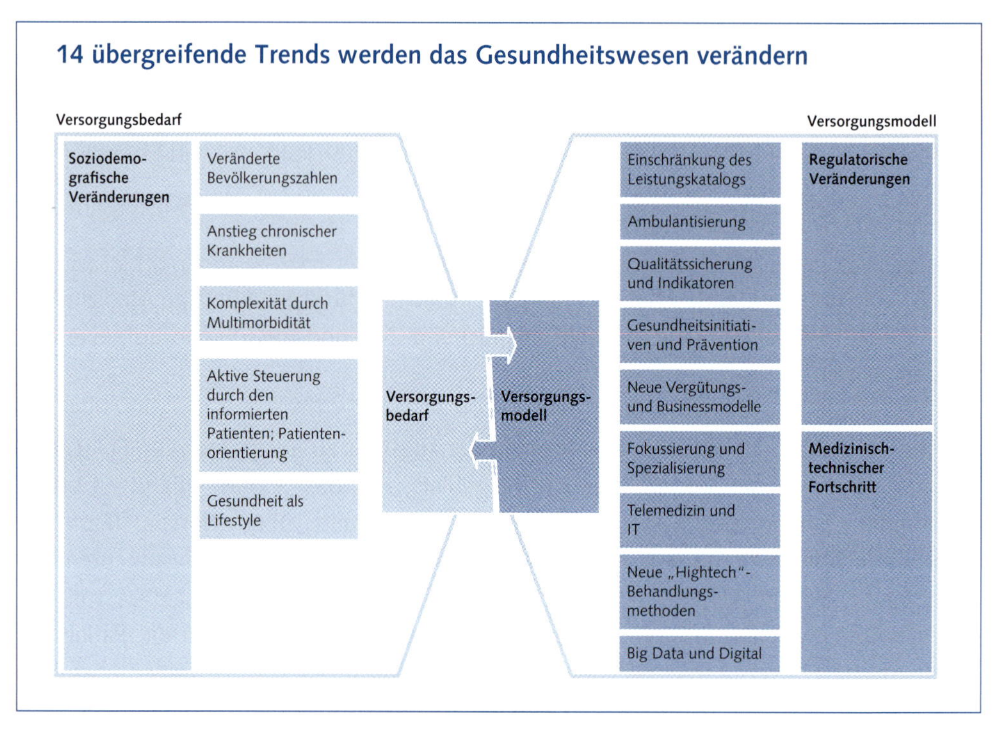

Abbildung 2: Beispiel zukünftiger, für ein Krankenhaus relevanter Trends (Quelle: McKinsey)

Intensive Abstimmung

Um es auf den Punkt zu bringen: Eine Medizinstrategie steht und fällt mit den internen Abstimmungen. Nur wenn alle Führungskräfte – klinische und nicht klinische – in einem Krankenhaus die zukünftige Strategie gemeinsam erarbeitet und verabschiedet haben, hat diese Chance auf nachhaltigen Bestand. Diese Abstimmung bedarf Zeit und Ressourcen von Personen, die ohnehin bereits sehr ausgelastet sind. Deshalb müssen Abstimmungsrunden und „Workshops" ausreichend geplant, sehr gut vorbereitet und noch besser orchestriert werden. Die Dauer der Abstimmungsphase darf dabei nicht zu kurz (nicht genügend Zeit zur vollständigen Abstimmung), aber auch nicht zu lang (Verlust des Antriebs, Gefahr keinen Konsens zu finden) angesetzt sein.

Von zentraler Bedeutung sind hier insbesondere die genaue Aufbereitung der Entscheidungsunterlagen sowie die laufende Einbindung von klinischen und nicht klinischen Führungskräften. Beispielsweise stimmen Daten aus dem klinischen und nicht klinischen Bereich in vielen Fällen nicht überein – Bettenanschlüsse, tatsächlich aufgestellte Betten, Auslastung, Mitarbeiterzahl etc. Diese Diskrepanzen sind in bilateralen Gesprächen bereits vor den einzelnen Arbeitsgruppen zu lösen, da sonst durch die Validierung und Berichtigung der Entscheidungsgrundlagen zu viel Zeit verloren geht.

Begleitende Maßnahmen

Sobald eine Medizinstrategie gemeinsam erarbeitet und in einer ersten Runde intern verabschiedet ist, sollten bereits erste unterstützende Maßnahmen festgelegt werden. Die intensiven Arbeitsrunden und Analysen, die mit der Erarbeitung einer Medizinstrategie einhergehen, bieten die Gelegenheit, auch bereits bestehende und potenziell zukünftige unterstützende Maßnahmen zu definieren. Dazu zählen u. a.:

- Einweiserbindungsprogramme, insbesondere bei Verlagerung von medizinischen Schwerpunkten
- Kodier- und Case-Manager, insbesondere zur Unterstützung des Medizincontrollings oder bei besonderer Spezialisierung des Krankenhauses
- Eröffnung einer oder ordnungsgemäße Nutzung der Privatstation, insbesondere in Fachabteilungen mit überregional bekannten Schwerpunkten
- Optimierung des Belegungsmanagements; hierbei auch Schaffung flexibler Strukturen, um Zeiten von Über- und Unterkapazitäten einzelner Stationen ausgleichen zu können
- Zertifizierung weiterer Zentren (wo medizinisch und ökonomisch sinnvoll)
- Optimierung der Notfallversorgung, insbesondere durch interdisziplinäre Teams (mit Entlassmanagement bereits bei der Aufnahme) sowie interne und externe Patientensteuerung zur besten Aufnahmestelle
- Erweiterung und Ausbau notwendiger ambulanter Strukturen (inklusive MVZ), um dem Ambulantisierungstrend auch innerhalb der Medizinstrategie Rechnung zu tragen

Implementierung

Die Erfahrung zeigt: Die beste Medizinstrategie hilft nichts, solange sie nur auf Papier besteht und nicht umgesetzt wird. Und ebendies geschieht leider noch viel zu oft.

Ebenso wichtig und zeitintensiv wie die Erarbeitung einer Medizinstrategie ist die detaillierte Definition von Maßnahmenplänen für jeden einzelnen Teilbereich der Medizinstrategie. Diese sind ebenfalls gemeinschaftlich mit Führungskräften zu erarbeiten und abzustimmen. Je genauer und detaillierter (z. B. Zeitrahmen, wichtigste Meilensteine, klare Verantwortlichkeiten) diese erarbeitet werden, desto größer ist die Chance einer erfolgreichen Umsetzung. Schließlich ist es unabdingbar, dass die Projektleitung, die die

Erstellung der Medizinstrategie koordiniert und betreut hat, weiterhin genügend Kapazitäten erhält, um durch Koordination und Monitoring des Implementierungsfahrplans auch die erfolgreiche Umsetzung zu begleiten.

Medizinstrategie II: Ambulante Versorgung im Krankenhaus

Herausforderung oder Zukunftschance?

Karl Miserok und Benedikt Simon

Vor dem Hintergrund übergreifender Entwicklungen in der deutschen und internationalen Versorgungslandschaft stehen Krankenhäuser im Bereich ihrer ambulanten Versorgungstätigkeiten vor der Notwendigkeit, ihre Organisationsstrukturen und Prozesse zu überprüfen sowie ihre Strategie weiterzuentwickeln – im Sinne von Netzwerken und integrierter Leistungserbringung. Dabei haben die Krankenhäuser die Chance, mit einer strukturierten ambulanten Versorgung einer Vielzahl von Herausforderungen zu begegnen. Dazu zählen übergreifende Veränderungen des lokalen, regionalen und überregionalen Versorgungsumfelds, bedingt insbesondere durch Demographie, Nachfrageverhalten und neue Versorgungsformen. Zudem können Krankenhäuser mit einer strukturierten ambulanten Versorgung dem seit Einführung des DRG-Systems stetig ansteigenden Kosten- und Konkurrenzdruck entgegenwirken, der die Sicherstellung einer nachhaltigen Balance zwischen Kosten und Erlösen sowie der Qualität der Leistungserbringung durch patientenzentrierte Prozesse erfordert. Die zunehmende Ambulantisierung bzw. das ambulante Substitutionspotenzial wird durch die regulatorischen Veränderungen im Bereich der Vergütung sowie neue medizintechnische Verfahren und auch telemedizinische Lösungen getrieben. Im Folgenden werden wir die Optionen für das ambulante Tätig werden eines Klinikums aufzeigen und die ideale Verwendung der vom Gesetzgeber vorgesehenen Instrumente herausarbeiten.

Problemdefinition

In einem kompetitiven Marktumfeld wie dem deutschen Krankenhauswesen ist die Entwicklung einer nachhaltigen Strategie und deren zielgerichtete operative Umsetzung ein entscheidender Erfolgsfaktor.

Die strategische Entwicklung durch die jeweiligen Krankenhausträger beschränkt sich in der Regel allerdings auf stationäre Teilbereiche. Dabei werden die im Zusammenhang mit der ambulanten Versorgung bestehenden – vor allem synergetischen – Potenziale gar nicht oder nur in geringem Ausmaß gehoben.

Mithin sind die Aktivitäten von Krankenhausträgern im ambulanten Bereich mehr durch Opportunitäten als durch eine planvolle Gesamtstrategie geprägt. So hängt die Beantragung von Ermächtigungen oftmals von der Neigung des jeweiligen Chefarztes ab. Häufig werden KV-Sitze erworben und ein Medizinisches Versorgungszentrum (MVZ) gegründet, wenn KV-Sitze von niedergelassenen Ärzten aktiv angeboten werden. Selten gehen solche Aktivitäten auf eine strategisch getriebene Initiative des Krankenhausmanagements zurück.

Aufgrund des massiven Trends zur Ambulantisierung und der damit verbundenen Veränderung der Rahmenbedingungen ist eine erfolgreiche Teilnahme am Wettbewerbsmarkt unter Außerachtlassung des ambulanten Bereichs nicht möglich.

Möglichkeiten zur ambulanten Leistungserbringung im Krankenhaus

Einem Krankenhaus stehen durch den Gesetzgeber zahlreiche Optionen zur Verfügung, um sich an der ambulanten Krankenversorgung zu beteiligen. So kann ein Krankenhaus über die persönliche Ermächtigung von angestellten Ärzten indirekt oder mittels Instituten, Ambulanzen und Medizinischen Versorgungszentren direkt ambulant tätig werden. Es ist von entscheidender Bedeutung, einen Überblick über diese Optionen zu haben, um eine qualifizierte Gesamtstrategie entwickeln zu können.

Ermächtigungsleistungen von Krankenhausärzten nach § 116 SGB V i.V.m. § 31a Abs. 1 Ärzte-ZV

Durch die Ermächtigung von Krankenhausärzten zur Teilnahme an der vertragsärztlichen Versorgung können Krankenhäuser – nicht unmittelbar als Institut, sondern vermittelt durch deren angestellte Ärzte – an der fachärztlichen Versorgung teilnehmen. Diese Ermächtigungen sind fast immer mit Auflagen versehen, die mit Einschränkungen hinsichtlich Ort, Zeit und Umfang einhergehen. Der jeweilige Arzt muss die Ermächtigung beim Zulassungsausschuss der zuständigen kassenärztlichen Vereinigung beantragen. Für die Erteilung einer Ermächtigung muss ein Versorgungsbedarf bestehen. Ihn ermittelt der Zulassungsausschuss per Befragung der niedergelassenen Ärzte, die in der jeweiligen Region in dem beantragten Fachgebiet tätig sind. Da die ambulante Versorgung grundsätzlich niedergelassenen Ärzten vorbehalten ist, kann der ermächtigte Arzt die Behandlung eines Patienten nur bei Überweisung eines niedergelassenen Facharztes der gleichen Fachrichtung abrechnen. Somit besteht bei der Ermächtigung eine doppelte Abhängigkeit von den niedergelassenen Ärzten des Fachgebietes: Sie müssen der Erteilung der Ermächtigung zustimmen und eine Überweisung veranlassen.

Ermächtigungen sind zeitlich befristet, sodass üblicherweise alle zwei bis drei Jahre ein erneuter Antrag zu stellen ist. Zudem gilt eine räumliche Beschränkung: Leistungen können nur an dem Krankenhausstandort abrechenbar erbracht werden, für den die Ermächtigung erteilt wurde. Kernbestandteil der Ermächtigung ist das persönliche Leistungserbringungsgebot nach § 32a der Zulassungsverordnung für Vertragsärzte, d. h. die Verpflichtung zu persönlicher Leistungserbringung durch den ermächtigten Arzt, wie im Kassenarztrecht üblich. Eine Ausdehnung oder Übertragung der Ermächtigung auf andere Fachärzte ist demnach nicht möglich. Dies wird durch die Kassenärztliche Vereinigung (KV) geprüft.

Da die Ermächtigung gezielt einen lokalen Versorgungsbedarf decken soll, ist sie in der Regel auf einen eng umrissenen Ausschnitt des EBM-Katalogs begrenzt. Zudem sieht der EBM für ermächtigte Ärzte gesonderte Vergütungspauschalen vor, die niedriger sind als die der niedergelassenen Kollegen. Entspricht der Ermächtigungsumfang dem eines zugelassenen Vertragsarztes, kann anstelle der niedrigeren Gebührenordnungspositionen die Abrechnung über eine in den arztgruppenspezifischen Kapiteln genannten Versicherten-, Grund- oder Konsiliarpauschalen genehmigt werden. Aufgrund restriktiver Handhabung kommt dies jedoch nur selten vor.

Institutsleistungen

Für die direkte Beteiligung eines Krankenhauses an der ambulanten Versorgung über Institute sieht der Gesetzgeber folgende Formen vor.

Ambulante Notfallversorgung im Krankenhaus (Notaufnahme)
Während den Krankenhäusern die Versorgung von stationären Notfällen obliegt, ist die Versorgung ambulanter Notfälle gemäß § 75 SGB V nicht Bestandteil des originären Leistungsspektrums eines Krankenhauses. Die Versorgung ambulanter Notfälle ist Teil des Sicherstellungsauftrags der Kassenärztlichen Vereinigungen und durch niedergelassene Ärzte oder den KV-Notdienst zu erbringen. Krankenhäuser nehmen an der ambulanten Notfallversorgung, wie im Bundesmantelvertrag und den Gesamtverträgen geregelt, nur in Form einer Ausnahmeregelung teil.

Die Versorgungsrealität zeigt, dass die Anzahl der Patienten welche die Notaufnahmen nutzen, in den vergangenen Jahren kontinuierlich gestiegen ist. In zahlreichen Regionen wird mittlerweile die Mehrheit der ambulanten Notfälle außerhalb regulärer Praxisöffnungszeiten über die Notaufnahme des örtlichen Krankenhauses anstelle des KV-Notdienstes aufgenommen. Die Vergütung erfolgt über den EBM, welcher auf den vertragsärztlichen Bereich ausgerichtet ist; eine kostendeckende Versorgung der ambulanten

Notfallpatienten im Krankenhaus ist so strukturell bedingt nicht möglich. Dies ist den Kostenträgern bekannt und wird auch im Koalitionsvertrag der derzeitigen Bundesregierung akzeptiert.

Es ist zu erwarten, dass die Anzahl der Patienten, welche zur ambulanten Notfallversorgung die Notaufnahme eines Krankenhauses aufsuchten, weiter zunehmen wird. Dazu tragen die Alterung der Gesellschaft und die rückläufigen Ressourcen im hausärztlichen und fachärztlichen Bereich maßgeblich bei.

Ambulantes Operieren nach § 115b SGB V

Krankenhäuser haben seit Inkrafttreten des Gesundheitsstrukturgesetzes (GSG) im Jahre 1993 die Möglichkeit, auch ambulante Operationen durchzuführen. Ziel des Gesetzgebers war es, nicht notwendige vollstationäre Krankenhausbehandlungen zu vermeiden, um so Kosten einzusparen.

Der Spitzenverband der gesetzlichen Krankenkassen, die Deutsche Krankenhausgesellschaft und die Kassenärztliche Bundesvereinigung haben die Rahmenbedingungen zum ambulanten Operieren vertraglich geregelt (AOP-Vertrag). Die Anlage „Katalog ambulant durchführbarer Operationen und sonstiger stationsersetzender Eingriffe" zum AOP-Vertrag wird unter den genannten Körperschaften der Selbstverwaltung jährlich nachverhandelt. Demnach sind Krankenhäuser grundsätzlich zur Durchführung der im Katalog aufgeführten Leistungen zugelassen. Es bedarf lediglich einer Mitteilung des Krankenhauses an die Landesverbände der Krankenkassen, die KV und den Zulassungsausschuss. Die Operationen können auf Überweisung eines niedergelassenen Vertragsarztes als auch auf eigene Veranlassung erfolgen.

Die Leistungen werden nach EBM unmittelbar von den Krankenkassen vergütet. Hierbei gilt, dass Krankenhäuser wie niedergelassene Fachärzte der entsprechenden Fachrichtung zu vergüten sind.

Die im Katalog genannten Eingriffe sind nicht zwangsläufig ambulant zu erbringen. Vielmehr ist der verantwortliche Arzt verpflichtet, auf Basis des Einzelfalls sicherzustellen, dass der Gesundheitszustand des Patienten eine ambulante Durchführung der Operation erlaubt. Die ambulante Operation muss nicht unbedingt ein Krankenhausarzt vornehmen. Seit 2010 haben Krankenhäuser die Möglichkeit, hierfür niedergelassene Vertragsärzte anzustellen, sind aber für die Einhaltung des Facharztstandards verantwortlich.

Inzwischen führen die meisten Krankenhäuser ambulante Operationen nach § 115b SGB V durch, auch wenn es wesentliche Unterschiede je nach Trägerschaft gibt – die Mehrzahl entfällt auf öffentliche und freigemeinnützige Träger.

Ambulante spezialärztliche Versorgung nach § 116b SGB V

Zum 1. Januar 2012 trat das Gesetz zur Verbesserung der Versorgungsstrukturen in der gesetzlichen Krankenversicherung in Kraft. Es hat die bisherige Regelung der ambulanten Behandlung im Krankenhaus gemäß § 116b SGB V durch die ambulante spezialfachärztliche Versorgung (ASV) ersetzt.

Ziel der Novelle war es, Patientinnen und Patienten mit seltenen Erkrankungen oder Erkrankungen mit schweren Verlaufsformen eine interdisziplinäre Betreuung und Behandlung zu ermöglichen, die eine spezielle Qualifikation, besondere medizinische Ausstattung sowie interdisziplinäre und intersektorale Zusammenarbeit erfordern. Die Leistungen, die ein Krankenhaus im Rahmen der ambulanten Behandlung nach § 116b erbringen darf, betreffen demnach drei Bereiche:

- Patienten mit besonderen Krankheitsverläufen, wie onkologische und rheumatische Erkrankungen
- Patienten mit seltenen Erkrankungen und Erkrankungszuständen, mit geringen Fallzahlen, wie Tuberkulose und Mukoviszidose
- Patienten, die hochspezialisierte Leistungen benötigen, wie CT/MRT-gestützte interventionelle schmerztherapeutische Leistungen

Der Gemeinsame Bundesausschuss (G-BA) wurde beauftragt, bis Ende 2012 den formalen Rahmen für den neuen Versorgungsbereich sowie die Anforderungen an die Diagnostik und Behandlung von Patienten im Rahmen der ASV für Krankenhäuser und niedergelassene Ärzte zu definieren. Die Erstfassung des allgemeinen Teils der Richtlinie hat der G-BA nach Verzögerung am 21.3.2013 beschlossen. Krankheitsbezogene ASV-Richtlinien hat der G-BA seitdem für folgende schwere Verlaufsformen von Erkrankungen mit besonderen Krankheitsverläufen verabschiedet: Gastrointestinale Tumore, Tumore der Bauchhöhle, Gynäkologische Tumore, Rheumatologische Erkrankungen und Herzinsuffizienz. Darüber hinaus sind folgende seltene Erkrankungen erfasst: Tuberkulose und atypische Mykobakteriose, Marfan-Syndrom, pulmonale Hypertonie, Mukoviszidose und primär sklerosierende Cholangitis.

Zur Erfüllung der jeweiligen krankheitsbezogenen ASV-Richtlinie sind sektor- und fachdisziplinübergreifende Leistungskooperationen erforderlich, da es sich um einen interdisziplinären Versorgungsbereich handelt, der die Zusammenarbeit von Krankenhäusern und Vertragsärzten unterschiedlicher Fachdisziplinen vorsieht. Die Teilnahme ist von allen Beteiligten gemeinschaftlich dem erweiterten Landesausschuss anzuzeigen. Dabei ist nachzuweisen, dass die Anforderungen des G-BA und die Qualifikationsvoraussetzungen erfüllt sind. Auch sind die Kooperationsvereinbarungen zwischen den einzelnen Partnern vorzulegen.

Die ASV gehört nicht zur vertragsärztlichen Versorgung. Daher sind Abrechnung und Vergütung gesondert nach § 116b geregelt. Jeder ASV-Partner – Krankenhäuser wie niedergelassene Ärzte – rechnen ihre Leistungen bis zur Schaffung einer eigenen Abrechnungssystematik unmittelbar mit den Krankenkassen nach EBM ab.

Leistungen im Rahmen strukturierter Behandlungsprogramme (DMPs) nach § 137g SGB V

Mit dem Ziel der optimalen Behandlung chronischer Erkrankungen wurde 2002 die gesetzliche Grundlage für „strukturierte Behandlungsprogramme bei chronischen Krankheiten" oder Disease-Management-Programme (DMP) zur Verzahnung von ambulanter und stationärer Versorgung geschaffen.

Darauf basierende Verträge handeln Vertretungen der Kostenträger und der Leistungserbringer aus. Krankenhäuser können an DMP teilnehmen, wenn sie die Voraussetzungen für die erforderliche Strukturqualität erfüllen. Dazu müssen sie mit den jeweiligen involvierten Kostenträgern einen Vertrag abschließen. Als relevante Versorgungsbereiche haben sich für Krankenhäuser durch die DMP vor allem Brustkrebs, Koronare Herzkrankheit sowie Diabetes Typ 1 und 2 ergeben.

Integrierte Versorgung §§ 140 a bis d SGB V

Mit dem am 1.1.2004 in Kraft getretenen Gesetz zur Modernisierung der gesetzlichen Krankenversicherung (GMG) sollen neue Verträge zur Integrierten Versorgung – also zur interdisziplinär-fachübergreifenden und sektorenübergreifenden Versorgung – der Patienten gefördert werden. Den Krankenhäusern bietet die Integrationsversorgung die Möglichkeit, sich von einer rein stationären Einrichtung über vertikale und horizontale Kooperationen mit anderen Leistungserbringern zu einem Dienstleistungszentrum mit einem übergreifenden Versorgungsangebot weiterzuentwickeln.

Inhaltlich können die Integrationsverträge weitestgehend frei gestaltet werden. Ziel ist, einen Innovationsprozess zu initiieren und das sogenannte Einkaufsmodell gesetzlich zu etablieren, nach dem Kostenträger Leistungen der Leistungserbringer so frei wie möglich einkaufen können, um so die Attraktivität für Versicherte zu erhöhen. Im GKV-Versorgungsstärkungsgesetz wurde den selektivvertraglichen Versorgungsformen – wie der Integrierten Versorgung – daher erneut mehr Gestaltungsspielraum eingeräumt.

Weitere Institutsleistungen
Über die hier skizzierten Institutsleistungen von Krankenhäusern hinaus gibt es eine Reihe von Spezialfällen, die allerdings nicht für alle Krankenhäuser in Frage kommen:

- Hochschulambulanzen nach § 117 SGB V
- Psychiatrische Institutsambulanzen nach § 118 SGB V
- Sozialpädiatrische Zentren nach § 119 SGB V

Weiterhin können Krankenhäuser einzelne Leistungen wie künstliche Befruchtungen, Sterilisationen und Schwangerschaftsabbrüche in ihren Instituten ambulant erbringen.

Medizinische Versorgungszentren nach § 95 SBG V

Seit Inkrafttreten des Gesetzes zur Modernisierung der gesetzlichen Krankenversicherung (GMG) 2004 können Krankenhäuser Medizinische Versorgungszentren betreiben. Damit haben sich die strategischen Möglichkeiten – aber auch die wettbewerblichen Herausforderungen – für Krankenhausträger in der ambulanten Versorgung grundlegend geändert.

Das Gesetz soll dazu beitragen, unterschiedliche ärztliche und auch psychotherapeutische Fachgebiete enger zu verzahnen sowie eine fachübergreifende medizinische „Versorgung aus einer Hand“ zu incentivieren. Krankenhäusern wurde die Möglichkeit gegeben, eigene MVZ zu betreiben, um die stationäre Versorgung noch weiter mit ambulanten Leistungen zu ergänzen und diese möglichst weitgehend zu verknüpfen.

Durch den Betrieb von MVZ können Krankenhäuser an der regulären ambulanten (niedergelassenen) Versorgung teilnehmen. Gegenüber den übrigen ambulanten Versorgungsformen eines Krankenhauses bieten sich zahlreiche Vorteile:

- Im MVZ angestellte Ärzte können, sofern keine persönlichen Einschränkungen vorliegen, den gesamten Leistungskatalog der jeweiligen Fachgruppe abrechnen.
- MVZ sind die einzige Form der ambulanten Versorgung im Krankenhaus, für die keine Überweisung durch einen niedergelassenen Arzt notwendig ist.
- Eine Zulassung wird in der Regel zeitlich unbefristet erteilt.

Die Zahl der MVZ ist seit 2004 kontinuierlich gestiegen. Der Anteil der durch Krankenhäuser betriebenen MVZ liegt seit Jahren konstant bei rund 40 Prozent. Nicht erfasst ist dabei das organische Wachstum der MVZ, das auf die Übernahme weiterer KV-Sitze zurückzuführen ist.

2013 hatten von 1996 Krankenhäusern deutschlandweit nur 795 ein angebundenes MVZ. Das zeigt, dass viele Krankenhäuser diese strategische Opportunität in der Vergangenheit vernachlässigt haben.

MVZ können an der ambulanten Versorgung auf drei Arten teilnehmen: über die reguläre Zulassung durch den Zulassungsausschuss bei der KV, eine Ermächtigung durch die KV oder einen Versorgungsvertrag mit einer Krankenkasse. Für Ermächtigungen des MVZ gelten die gleichen Regeln und Pflichten wie für ermächtigte Ärzte im Krankenhaus. Die Teilnahme aufgrund von Verträgen mit Krankenkassen stellt eine Ausnahme dar und erstreckt sich z. B. auf die Verträge der Integrierten Versorgung (§ 140a ff. SGB V), die ambulante spezialärztliche Versorgung (§ 116b SGB V), die Teilnahme an DMP oder spezielle Vorsorgeuntersuchungen außerhalb der Regelversorgung. Der Normalfall ist die Zulassung des MVZ zur ambulanten Versorgung, indem ein niedergelassener Vertragsarzt „zu Gunsten einer Anstellung im MVZ auf seinen KV-Sitz verzichtet" oder indem sich das MVZ um einen freien Kassenarztsitz per Antrag beim Zulassungsausschuss bewirbt. Liegen bei einem MVZ die Mehrheit der Geschäftsanteile und der Stimmrechte nicht bei Ärzten, wird es vom Zulassungsausschuss bei ausgeschriebenen Arztsitzen gegenüber übrigen Bewerbern nur nachrangig berücksichtigt (§ 103 Absatz 4c Satz 3 SGB V). Daher ist die gängige Vorgehensweise die Anstellung eines ehemals niedergelassenen Arztes, der zu Gunsten des MVZ auf seine Zulassung verzichtet.

Durch Übernahme oder Besetzung eines Arztsitzes gehen sämtliche Rechte und Pflichten, die sich aus der Teilnahme der ambulanten Versorgung ergeben, auf das MVZ über. So rechnet ein MVZ seine gesamten Leistungen wie ein einzelner Leistungserbringer unter Angabe einer gemeinsamen Betriebsstättennummer bei der zuständigen KV ab.

Zur Gründung eines MVZ müssen nach Inkrafttreten des GKV-Versorgungsstärkungsgesetzes nicht mehr zwei verschiedenen Fachdisziplinen vertreten sein. Mit der Streichung des Tatbestandsmerkmals „fachübergreifend" können künftig auch arztgruppengleiche MVZ gegründet werden. Damit sind auch reine Hausarzt- oder spezialisierte Facharztgruppengleiche MVZ möglich.

Arbeitet das MVZ eines Krankenhauses ausschließlich mit angestellten Ärzten, empfiehlt sich als Rechtsform die GmbH, auch wenn eine GbR möglich ist. Sind freie zugelassene

Vertragsärzte eingebunden, kommt als Option auch eine eingetragene Genossenschaft infrage.

Bei der Gründung einer GmbH müssen die Gesellschafter eine selbstschuldnerische Bürgschaftserklärung abgeben, welche die Forderungen der KVen und Krankenkassen gegen das MVZ aus der vertragsärztlichen Tätigkeit des MVZ sichern (z. B. Regress). Eine Zulassung wird in der Regel zeitlich unbefristet erteilt und endet daher nur durch Verzicht, Auflösung des MVZ oder Wegzug aus dem KV Bereich. Darüber hinaus kann die KV einem MVZ die Zulassung entziehen, wenn ein Arztsitz dauerhaft nicht besetzt ist, ein neu übernommener Arztsitz nicht zeitnah zum genehmigten Standort umgesiedelt wird oder das MVZ gegen KV-Recht verstößt. Nach Umsetzung des GKV-Versorgungsstärkungsgesetz sollen die Zulassungsausschüsse künftig Anträge auf Nachbesetzung eines Vertragsarztsitzes ablehnen, wenn der Sitz nicht aus Versorgungsgründen notwendig ist; Dies gilt, wenn im Planungsbereich ein Versorgungsgrad von 140 Prozent der Arztgruppen erreicht ist. Nach wie vor gilt ein Planungsbereich bei einem Versorgungsgrad von 110 Prozent als überversorgt. Ab diesem Wert kann die KV, wie bisher, bereits Arztsitze aufkaufen. Für MVZ in einer überversorgten Region bedeutet dies, dass die KV einen Arztsitz bei anstehender Nachbesetzung einziehen kann.

Strategische Kooperationen mit niedergelassenen Ärzten

Krankenhäuser können nicht nur direkt oder indirekt an der ambulanten Patientenversorgung teilnehmen, sondern auch strategische Kooperationen mit niedergelassenen Ärzten eingehen – indem niedergelassene Fachärzte als Belegärzte im Krankenhaus tätig werden, Leistungen für das Krankenhaus erbringen oder Teil eines MVZ werden.

Belegarzt

Die belegärztliche Tätigkeit von niedergelassenen Ärzten in einem Krankenhaus ist bereits häufig anzutreffen. Krankenhaus und niedergelassener Arzt schließen dazu einen Vertrag, mit dem letzterer berechtigt wird, seine Patienten unter Inanspruchnahme der Räumlichkeiten, Einrichtungen und weiterer Sachmittel des Krankenhauses teilstationär oder stationär zu behandeln. Hierbei setzt er in der Regel seine ambulante Behandlung fort.

Weniger bekannt ist, dass Krankenhausträger nach § 103 Absatz 7 SGB V, die in einem Planungsbereich für den Zulassungsbeschränkungen angeordnet sind, auch mit einem Arzt einen Belegarztvertrag schließen können, der bisher im Planungsbereich nicht niedergelassen ist (aber fachlich geeignet sein muss). Da ein solcher Arzt in der Regel eine auf die Dauer der belegärztlichen Tätigkeit befristete Zulassung erhält, können mit dieser

Regelung auch Ärzte belegärztlich tätig werden, die keine Zulassung haben. Voraussetzung ist allerdings, dass kein Belegarztvertrag mit einem im Planungsbereich niedergelassenen Arzt zustande gekommen ist.

Übernahme von Leistungen

Kleinteiliger als die belegärztliche Tätigkeit ist die Vereinbarung zur Übernahme von Leistungen des Krankenhauses durch niedergelassene Fachärzte (z. B. Gastroskopien oder Sonographien). Dies kann in einem Rahmenvertrag mit festen Dienstzeiten oder beispielsweise durch die pauschale Übernahme von Rufbereitschaften oder Vordergrunddiensten erfolgen. Für ambulante Operationen gemäß § 115b SGB V können Krankenhäuser seit 2010 auch niedergelassene Vertragsärzte anstellen.

Umgekehrt kann auch die Übernahme des KV-Notfalldienstes von eingeteilten niedergelassenen Ärzten durch Krankenhausärzte für beide Seiten gewinnbringend sein. Eine weitergehende Form der Kooperation stellt die Urlaubsvertretung niedergelassener Ärzte in deren Praxis durch angestellte Ärzte des Krankenhauses dar. Selten anzutreffen ist die dauerhafte Anstellung von Krankenhausärzten in Teilzeit durch niedergelassene Ärzte in deren Praxis.

Einbindung in die MVZ-Strategie

Auch über ein bestehendes MVZ können Krankenhäuser strategische Kooperationen mit niedergelassenen Ärzten schließen. So können freie zugelassene Vertragsärzte Teil des MVZ werden. Hierzu ist es möglich, das MVZ in der Rechtsform einer eingetragenen Genossenschaft aufzustellen. Als Vorstufe hierfür ist ein Ärztehaus sinnvoll, in dem sich auf dem Gelände des Krankenhauses das MVZ und freie niedergelassene Ärzte einmieten können.

In jedem Fall kommt es entscheidend darauf an, dass Krankenhaus und niedergelassene Ärzte regelmäßig über die Entwicklungen am Krankenhaus kommunizieren. Das gilt besonders, wenn das Krankenhaus seine Aktivitäten in der ambulanten Versorgung ausweitet, da der Verlust von Einweisern droht, wenn diese sich bedroht fühlen.

Strategische Ziele von Aktivitäten im ambulanten Sektor

Krankenhäuser sollten die ambulante Versorgung nie als Selbstzweck, sondern immer als Ergänzung ihres stationären Leistungsspektrums sehen. Durch die so entstehenden Synergien lässt sich ein deutlicher Mehrwert in vielen Dimensionen erzielen, wobei die strategische Bedeutung im Vordergrund steht. Dies gilt in Abstufungen für alle hier aufgeführten ambulanten Bereiche – und wird im Folgenden am Beispiel der wesentlichen vier Ziele eines MVZ illustriert.

MVZ als Einweiser

Niedergelassene Ärzte generieren in der Regel mit ihren Einweisungen rund 50 Prozent der Fälle eines Krankenhauses. Damit sind Krankenhäuser mit einem erfolgsrelevanten Teil ihrer Leistung von niedergelassenen Ärzten abhängig. Entscheidet sich ein niedergelassener Arzt, seinen Patienten ein bestimmtes Krankenhaus nicht mehr zu empfehlen, kann dies unmittelbare Folgen für dessen jeweilige Fachabteilung haben. Dies gilt insbesondere für Regionen mit geringer Facharztdichte und entsprechend hoher Abhängigkeit des Krankenhauses von einzelnen Ärzten.

Mit der Übernahme oder der Besetzung eines Arztsitzes durch ein von einem Krankenhaus betriebenes MVZ ist die Erwartung verbunden, Einweisungen – bei medizinischer Eignung – nur in dieses Krankenhaus vorzunehmen. Somit ist die Übernahme eines Arztsitzes im eigenen Einzugsgebiet durch ein Konkurrenzkrankenhaus eine erhebliche Bedrohung.

Um dies zu verhindern sowie bestehende Patientenströme zu sichern und auszubauen, ist es unabdingbar, auch über das bisherige Einzugsgebiet hinaus Einweiserstrukturen in Form eines MVZ aufzubauen. Ansonsten ist zu erwarten, dass Patienten – wenn diese durch einen ambulanten Behandlungszyklus gehen – vom behandelnden Arzt an andere Krankenhäuser empfohlen werden.

MVZ zur Erweiterung

Am Krankenhausstandort nicht vorhandene Leistungsbereiche lassen sich aufgrund der Limitierungen der Krankenhausplanung nur sehr schwer aufbauen. Über entsprechende Arztsitze in einem MVZ des Krankenhauses lassen sich jedoch neue medizinische Fachgebiete für das Haus erschließen, z.B. durch eine belegärztliche Tätigkeit der im Fachbereich angestellten MVZ-Ärzte. Auch durch Konsile der MVZ-Ärzte können Krankenhäuser bestehende Leistungportfolios ausbauen. Beispielhaft sei hier ein neurologisches Konsil durch einen am MVZ angestellten Neurologen zur Erbringung der geriatrischen Komplexpauschale genannt. Gleiches gilt für die Mitbehandlung beim Apoplex.

MVZ zur Skalierung

MVZ eignen sich des Weiteren hervorragend, um personelle, apparative und räumliche Ressourcen des Krankenhauses besser auszulasten. Dies gilt insbesondere für kostenintensive Leistungsbereiche wie die Radiologie und für die Fachbereiche Labormedizin und Pathologie. Neben den Skaleneffekten lassen sich über die beiden letztgenannten Fachbereiche auch Beziehungen zu niedergelassenen Ärzten aufbauen, die sich auf diese Weise z. B. über Laborgemeinschaften an das Krankenhaus binden.

MVZ zum Outsourcing

MVZ eignen sich auch als strategisches Vehikel, um medizinische Teilbereiche des Krankenhausbetriebs auszulagern. Dies kann z. B. in der Anästhesie, Radiologie, Nuklearmedizin, Pathologie oder Labormedizin neue Erlösbereiche erschließen. Sinnvoll ist dies in Konstellationen, bei denen eine Ermächtigung im Klinikum aufgrund der Limitation der persönlichen Leistungserbringung nicht mehr genügt, um den Bedarf der externen Anforderungen nachzukommen.

Strategische Aufstellung des ambulanten Bereichs

Um die genannten Ziele zu erreichen, braucht jedes Krankenhaus ein strategisches Konzept für den ambulanten Bereich, das optimal auf das stationäre Leistungsgeschehen abgestimmt und mit diesem verzahnt sein sollte.

Medizinische Versorgungszentren nach § 95 SBG V

Bei näherer Betrachtung der oben dargestellten strategischen Handlungsfelder von Krankenhäusern in der ambulanten Patientenversorgung wird deutlich, dass das MVZ als strategisches Mittel die Anforderungen eines Krankenhauses am besten erfüllt. Dies resultiert insbesondere aus den vergleichsweise sehr hohen KV-rechtlichen Freiheitsgraden. Zudem ist die operativ erforderliche Kostenstruktur am besten geeignet, um im Bereich der EBM-Vergütung erfolgreich wirtschaften zu können. Darüber hinaus eignen sich MVZ für das Krankenhaus als strategische Plattform für weitere ambulante Versorgungsformen, wie der oben dargestellten ASV oder zur Durchführung ambulanter Operationen, die zusammen mit dem Krankenhaus unmittelbar durchgeführt werden können.

Strategische Aufstellung

Der häufigste strategische Fehler ist, dass nur ein MVZ gegründet wird, anstatt Fachrichtungen mit einem hohen Grad an Überlappungen, die häufig gemeinsam einen Patienten behandeln, in getrennten MVZ abzubilden. Dies hat wesentliche finanzielle Implikationen, da alle Leistungen eines MVZ über eine Betriebsstättennummer abgerechnet werden und es so häufig zu einer Fallzusammenführung in der KV-Vergütung kommt, wenn ein Patient in einem Quartal von mehreren Fachrichtungen des MVZ behandelt wurde. Aus der Fallzusammenführung ergibt sich eine geringere Vergütung als bei einer Behandlung von zwei unabhängigen niedergelassenen Ärzten oder von zwei Ärzten in unterschiedlichen MVZ. Die Gründung eines zweiten MVZ muss sich auch nicht gesellschaftsrechtlich widerspiegeln. Es ist also nicht nötig beispielsweise eine zweite GmbH zu gründen, die Trennung zeigt sich vielmehr im Zulassungsrecht der KV.

Die Gründung eines zweiten MVZ sollte möglichst früh erfolgen. Da Arztsitze nicht gehandelt werden können, ist eine nachträgliche direkte „Verschiebung" von Arztsitzen zwischen zwei MVZ nicht durchführbar. Die indirekte Verschiebung eines KV-Sitzes ist möglich, indem der von einem MVZ gehaltene Sitz zunächst in eine freie ärztliche Zulassung überführt und auf den auf diesen KV-Sitz angestellten Arzt übertragen wird. Dieser wird damit Inhaber der Zulassung. In einem weiteren Schritt verzichtet dieser Arzt, wie bei einer regulären Übernahme eines Arztsitzes, zu Gunsten des zweiten MVZ auf den nun ihm zustehenden KV-Sitz. Dieser Vorgang ist jedoch mit zahlreichen Risiken behaftet – insbesondere, da der Arzt nach dem ersten Schritt alleiniger Inhaber der Zulassung ist und frei darüber verfügen kann. Neben einem Insolvenzrisiko oder dem Risiko einer Einziehung aus in der Person des Arztes liegenden Gründen besteht auch die Gefahr, dass der Arzt sich entscheidet, den KV-Sitz selbst zu betreiben oder an das MVZ eines Dritten zu veräußern.

Strategische Auswahl von Arztsitzen

In der Vergangenheit haben Krankenhausgeschäftsführer die strategische Bedeutung von MVZ in der Regel unterschätzt. Dies zeigt sich in einem relativ großen Anteil an Krankenhäusern ohne eigene MVZ und an der mehr von Gelegenheiten als von strategischen Erwägungen geprägten Übernahme von KV-Sitzen durch Krankenhäuser.

Die Auswahl der KV-Sitze sollte ausschließlich unter langfristigen strategischen Gesichtspunkten erfolgen – dazu gehören vor allem die künftige Entwicklung der Fallzahlen und der Fachrichtungen des Krankenhauses. Die im Hinblick auf den Erwerb eines KV-Sitzes entscheidenden Kriterien sind die strategische Bedeutung des Fachgebiets für den stationären Bereich des Krankenhauses und die geographische Lage bzw. der Zulassungsbereich des KV-Sitzes.

Entscheidend ist, dass ein Krankenhaus nicht zuwartet, bis ein beliebiger KV-Sitz angeboten wird. Stattdessen kommt es entscheidend darauf an, dass das Krankenhaus die für sich strategisch relevanten KV-Sitze identifiziert und mit einer geeigneten Kommunikationsstrategie aktiv auf die niedergelassenen Ärzte zugeht, die sie innehaben.

Fachrichtungen der KV-Sitze

Primäres Ziel bei der Auswahl der Fachrichtungen der KV-Sitze für ein MVZ ist es, das stationäre Fachrichtungsspektrum zu spiegeln. Dies gilt besonders für Fachrichtungen, welche auch für konkurrierende Krankenhäuser relevant sind, da aus den MVZ – je nach Fachbereich und Region – zwischen 20 Prozent und über 50 Prozent der Einweisungen eines Krankenhauses generiert werden können.

Die Übernahme von KV-Sitzen einer im Krankenhaus stationär nicht vorhandenen Fachrichtung macht strategisch nur dann Sinn, wenn diese der Ausweitung des Leistungsportfolios der Klinik dienen soll. Dies kann z. B. in Form eines KV-Sitzes für Neurologie erfolgen, über den Konsile erbracht werden können, die wiederum beispielsweise im Fall eines geriatrischen Zentrums die Abrechnung der geriatrischen Komplexpauschale ermöglichen. Ähnliche Konstellationen können sich im Bereich der Strahlentherapie oder der Nuklearmedizin ergeben, wodurch sich der Spezialisierungsgrad eines onkologischen Zentrums an einem Krankenhaus deutlich erhöht und zudem relevante eigene Erlösstränge generiert werden können.

Solche relevanten Erlösstränge lassen sich in ähnlicher Form durch die Fachbereiche der Pathologie und der Labormedizin erzielen. Diese am Krankenhaus in der Regel ohnehin vorgehaltenen Bereiche können über MVZ-Strukturen deutlich besser ausgelastet und wirtschaftlicher betrieben werden. Wird das eigene Labor mittels eines durch ein MVZ gehaltenen KV-Sitzes ausgedehnt, lassen sich die fixen Kosten senken und darüber hinaus zusätzliche Erlöse bei gleichen Strukturen generieren. Hierbei ist der im MVZ befindliche KV-Sitz der persönlichen Ermächtigung stets überlegen, da beispielsweise die Pflicht zur persönlichen Leistungserbringung auf mehrere Köpfe verteilt werden kann.

Vom Betrieb eines MVZ ohne fachlichen Bezug zum und ohne strategische Relevanz für das Krankenhaus, wie es häufig in der Augenheilkunde oder der Dermatologie der Fall ist, wird grundsätzlich abgeraten. Im Gegensatz hierzu ist der Betrieb eines allgemeinmedizinischen KV-Sitzes im MVZ immer eine sinnvolle Ergänzung. Allgemeinmediziner ergänzen das Leistungsportfolio der Fachärzte und ermöglichen eine Konzentration der Fachärzte auf spezialisierte Fragen. Außerdem entlasten Allgemeinmediziner die Notaufnahme, indem sie niederschwellig erkrankte Patienten versorgen, die nicht den Weg zum niedergelassenen Arzt bzw. dem KV-Notdienst gefunden haben.

Geographische Verteilung

Die geographische Verteilung der Arztsitze sollte auf zwei Ziele ausgerichtet sein. Zuerst gilt es, das eigene Kerneinzugsgebiet des Krankenhauses über das MVZ ambulant fachärztlich zu versorgen. Für das Krankenhaus relevante fachärztliche Sitze dürfen in dessen Einzugsgebiet aus strategischer Sicht nicht über das MVZ eines konkurrierenden Krankenhauses betrieben werden.

Außerdem sollte das Einzugsgebiet eines Krankenhauses abgegrenzt werden durch sogenannte Satelliten-MVZ, die die Fachrichtungen des Krankenhauses beinhalten. Hierbei gilt es, KV-Sitze mindestens bis an die räumliche Grenze des eigenen Einzugsgebiets zu besetzen. Ein solches Abstecken des Territoriums kann den wirtschaftlichen Erfolg eines Krankenhauses deutlich verbessern und die Präsenz innerhalb der Einweiser des Einzugsgebietes sichern. Somit ist die Übernahme von fachärztlichen KV-Sitzen in der Fläche Teil des Verteilungswettbewerbs im Krankenhausmarkt.

Ein größeres Einzugsgebiet lässt sich auch mit Hilfe von Nebenbetriebsstätten abdecken, indem ein KV-Sitz über mehrere Räumlichkeiten aufgeteilt wird. Das ist vor allem in ländlichen Regionen sinnvoll, in denen das Patientenvolumen den Betrieb eines vollen KV-Sitzes in der Peripherie nicht rechtfertigt, weshalb sich häufig kein freier Arzt niederlässt. Hier kann der Betrieb eines halben KV-Sitzes ausreichen, um die Patientenfälle aus der Region an das Krankenhaus zu binden. In Regionen mit Fachärztemangel übernimmt das Krankenhaus damit gesellschaftspolitische Verantwortung, indem es zudem den staatlichen Sicherstellungsauftrag wahrnimmt, der sonst möglicherweise nicht erfüllt würde. Dies lässt sich insbesondere in der Interaktion mit Ministerien, öffentlichen Stellen und Kostenträgern nutzen.

Der Gesetzgeber hat eine solche Gründung von Nebenbetriebsstätten auch vereinfacht: Seit Inkrafttreten des Versorgungsstrukturgesetzes Anfang 2012 ist es nicht mehr notwendig, dass die Fachrichtung einer Nebenbetriebsstätte auch am Hauptstandort des MVZ vorgehalten wird (§ 24 Satz 3 Zulassungsverordnung für Ärzte). Zudem ist es seit 2012 Praxis, dass „geringfügige Beeinträchtigungen für die Versorgung (von Patienten) am Ort des Vertragsarztsitzes unbeachtlich" für die Teilung eines Arztsitzes zwischen der Hauptbetriebsstätte und einer Nebenbetriebsstätte „sind, wenn sie durch die Verbesserung der Versorgung an dem weiteren Ort aufgewogen werden" – wohingegen die Zulassungsausschüsse davor davon ausgegangen sind, dass die Versorgung an der Hauptbetriebsstätte bereits durch die Gründung einer Nebenbetriebsstätte überhaupt beeinträchtigt wird.

Weitere Einschränkungen, wie die Regelung, dass die Sprechzeiten in der Nebenbetriebsstätte die der Hauptbetriebsstätte nicht überschreiten dürfen, bleiben aber bestehen.

Führung und Management des MVZ

Die organisatorische Trennung der MVZ-Leitung von der Leitung des Krankenhauses hat sich in der Praxis als vorteilhaft herausgestellt, da die strategischen und operativen Steuerungshebel des MVZ sich deutlich von denen des Krankenhauses unterscheiden und somit eine Spezialisierung erforderlich ist. Um den strategischen Steuerungsnachteil dieser Trennung der Leitung des MVZ von der des Krankenhauses auszugleichen, sollten Anreize geschaffen werden, um eine Bindung der stationären Patienten des Krankenhauses zu fördern.

Die Führung des MVZ sollte aus einem kaufmännischen Leiter – je nach Größe des MVZ möglicherweise keine volle Vollkraft – dem gesetzlich geforderten ärztlichen Leiter sowie einem MFA-Praxismanager bestehen. Dem kaufmännischen Leiter obliegen hierbei die strategische Weiterentwicklung des MVZ sowie dessen operative Leitung. Der ärztliche Leiter ist dafür verantwortlich, dass die vertragsarztrechtlichen Anforderungen an die medizinische Leistungserbringung eingehalten werden – insoweit ist er in medizinischen Fragen weisungsfrei. Der ärztliche Leiter muss im MVZ in einem Umfang von mindestens 20 Wochenstunden angestellt sein, wobei ein höherer Anteil von 30 bis 40 Wochenstunden zu empfehlen ist, um die ausreichende Einbindung in das Praxisgeschehen sicherzustellen. Der ärztliche Leiter sollte keine Führungsaufgabe im stationären Bereich des Krankenhauses übernehmen, damit Interessenskonflikte vermieden werden. Besonders zur Förderung von Einweisungen sollte der ärztliche Leiter aus einem der fachlichen Schwerpunkte des Krankenhauses kommen, um eine ausreichende Expertise im Schnittstellenmanagement zwischen dem Krankenhaus und dem MVZ sicherzustellen. Der MFA-Praxismanager ist nicht nur für die Führung des nichtärztlichen Personals zuständig (z. B. Dienstplangestaltung, Einstellungsgespräche), sondern auch für die Betreuung und Organisation des MVZ vor Ort, die korrekte Verschlüsselung und Abrechnung der erbrachten Leistungen sowie deren Monitoring und Controlling. Für die angestellten Ärzte ist er der erste Ansprechpartner und verantwortet alle nichtärztlichen Prozesse des MVZ.

Personaleinsatz

Die KV-Sitze eines MVZ lassen sich in Schichten von je zehn Stunden durch ein bis vier Ärzte besetzen. Jedoch kehrt sich der strategische Vorteil des breiten Leistungsangebots durch den Einsatz mehrerer Ärzte mit unterschiedlichen Subspezialisierungen häufig in einen operativen Nachteil um, da die kleinteilige Stückelung eines Arztsitzes in der Regel verhindert, dass die eingesetzten Ärzte Verantwortung für das MVZ übernehmen und das notwendige Verständnis für die ambulante Versorgung entwickeln. Dies äußert sich häufig in einer mangelhaften Ausführung der MVZ-Tätigkeiten in Form von ambulanter Überversorgung mit zu häufigen und zu lang andauernden Patientenkontakten sowie in einer unzureichenden Abrechnung von medizinischen Leistungen. Auch kommt es bei Ärzten mit geringem Stellenanteil im MVZ regelmäßig zu einer Vernachlässigung der MVZ-Tätigkeit aufgrund von überbordenden Anforderungen aus dem stationären Versorgungsbereich. Daher sollte das MVZ mit designierten Fachärzten besetzt werden, die bereit sind, mindestens mit der Kapazität einer halben Stelle im MVZ tätig zu sein. Bei der Besetzung der Sitze ist zwingend zu beachten, dass die Höhe der ambulanten Vergütung grundsätzlich keine Refinanzierung von Chefarzt- oder Oberarztgehältern ermöglicht. Der Einsatz von Oberärzten ist nur mit kleinen Stellenanteilen im MVZ gerechtfertigt, wenn diese aufgrund herausragender medizinischer Kompetenzen oder Spezialbereiche eine überregionale Anziehung auf Patienten entfalten. Der Einsatz von Chefärzten – wenn für sie grundsätzlich auch gleiches, wie für die Oberärzte gilt – sollte zudem vermieden werden, um keine weitere Hierarchieebene im MVZ einzuziehen.

Die Höhe der ambulanten Vergütung rechtfertigt ebenfalls keinen Einsatz von Pflege- oder MTD-Personal des Krankenhauses im MVZ. Praxispersonal ist in der Regel zu deutlich niedrigeren Kostenpunkten einsetzbar und verfügt über andere Qualifikationen als reguläre Pflegekräfte, denen in der Regel ambulante Prozesse wie Abrechnungen fremd sind. Fachliche Defizite von MFAs im Vergleich zum MTD-Personal des Krankenhauses können in der Regel rasch durch kostengünstige Weiterbildungen im Klinikum oder bei der KV ausgeglichen werden, sodass ärztliche Leistungen umfänglich an MFAs delegierbar sind.

MVZ stellen aber eine kostengünstige Möglichkeit dar, Assistenzärzte für das Krankenhaus zu gewinnen, da in Kooperation mit dem Klinikum häufig ein Großteil der Weiterbildung zum Facharzt am Standort angeboten werden kann und somit Koordinationsaufwand für die in Weiterbildung befindlichen Assistenten entfällt. Dies stellt einen strategischen Wettbewerbsvorteil bei der Gewinnung und Bindung von jungen Medizinern dar. Für den im MVZ geleisteten Teil der Weiterbildung besteht zudem die Möglichkeit der finanziellen Förderung durch die jeweilige KV. Weiterbildungsassistenten können unter Aufsicht des Ausbilders selbst Patienten behandeln und tragen so direkt zur Steigerung der Erlöse des MVZ bei. Zu beachten ist jedoch, dass es – mit Ausnahme der Weiterbildung zum Allgemeinmediziner – zu keiner Erhöhung des Regelleistungsvolumens des ausbildenden Arztes im MVZ kommt. Daher sollten Weiterbildungsassistenten im MVZ nur durch Ärzte weitergebildet werden, die ihr Regelleistungsvolumen nicht voll ausschöpfen.

Ermächtigungsleistungen von Krankenhausärzten nach § 116 SGB V i. V. m. § 31a Abs. 1 Ärzte-ZV

Ermächtigungen von Krankenhausärzten sind wegen ihrer vielfältigen Einschränkungen ein schwaches Instrument, das in allen Bereichen denen eines MVZ unterlegen ist. Wegen ihrer zeitlichen Beschränkung sind Ermächtigungen ungeeignet, als Basis einer strategischen Ausrichtung zu dienen. Ermächtigungen eignen sich jedoch zum einen als Ergänzung zu einem MVZ in Fachbereichen, in denen keine Arztsitze erworben werden konnten, zum anderen für Spezialbereiche der Versorgung, die in Besetzung des MVZ nicht abgedeckt werden können. In jedem Fall aber sind die meisten Ermächtigungen dem MVZ nicht zuletzt dadurch unterlegen, dass sie defizitär arbeiten, da die reduzierte EBM-Vergütung weder die Vorhaltekosten der Krankenhausinfrastruktur noch die Personalkosten des ermächtigten Arztes deckt.

Ambulantes Operieren nach § 115b SGB V

Durch den technischen Fortschritt und den wachsenden Ambulantisierungsdruck wird der Bereich des ambulanten Operierens weiter ansteigen. Jeder Krankenhausträger muss diese Entwicklung schon aus strategischen Erwägungen mit vollziehen, da sonst größere Patientenanteile zukünftig abzuwandern drohen.

Durch die hohen Vorhaltekosten des Krankenhauses, die nicht über die EBM-Vergütung gedeckt sind, ergibt sich aus den ambulanten Operationen häufig ein negativer Deckungsbeitrag. Daher sollte hierfür ein separater Bereich geschaffen werden, der in seiner schlanken Aufstellung der Kostenstruktur niedergelassener Ärzte entspricht. Grundsätzlich käme hierfür beispielsweise eine gemeinsame Nutzung von Räumlichkeiten mit der Notaufnahme oder die Anbindung an ein chirurgisches MVZ in Frage.

Ambulante spezialärztliche Versorgung nach § 116b SGB V

Die ambulante spezialärztliche Versorgung (ASV) stellt derzeit noch ein Randgebiet der ambulanten Versorgung dar, da sie sich auf ein sehr kleines Leistungsspektrum beschränkt. Strategisch in Erwägung ziehen sollten sie in jedem Fall Universitätskliniken und regionale Schwerpunktversorger, die sich in den bereits durch den G-BA beschlossenen medizinischen Bereichen engagieren. Auch als Ergänzung des Versorgungsangebots von Fachkrankenhäusern oder Regelversorgern mit besonderem Schwerpunkt ist sie von Relevanz. Gleichwohl stellt die ASV auch hier ein Nischenangebot dar.

Da der G-BA seine ersten Beschlüsse zu den krankheitsbezogenen ASV-Richtlinien erst im Laufe der Jahre 2013 und 2014 in Kraft gesetzt hat und sich ASV-Partnerschaften erst danach bilden konnten, gibt es bisher jedoch keine ausreichenden Erfahrungen mit dieser neuen Versorgungsform, um ein abschließendes Urteil abzugeben.

Bis zur Festlegung einer gesonderten Abrechnungspauschale ist die ASV aber eher über das krankenhauseigene MVZ als über das Krankenhaus anzubieten, da die Kostenstruktur des Krankenhauses, im Gegensatz zu der des MVZ, kaum über den EBM-Katalog abbildbar ist.

Ambulante Notfallversorgung im Krankenhaus (Notaufnahme)

Die ambulante Notfallversorgung gehört zu den Leistungsbereichen im Krankenhaus, denen verstärkte Aufmerksamkeit gewidmet werden sollte. Solange die Finanzierung der rein ambulanten Patienten unzureichend ist, muss die strategische Aufstellung dieses Bereiches so mit den anderen ambulanten Optionen des Krankenhauses abgestimmt werden, dass eine optimale Steuerung der ambulanten Notfälle gewährleistet ist. Insbesondere gilt es, die Notaufnahme strategisch in das ambulante Konzept des Standortes einzubinden, was in erster Linie Implikationen für den MVZ-Bereich hat. Um leichte Fälle – die immerhin rund ein Drittel der ambulanten Notfälle in Notaufnahmen ausmachen – aus der kostenintensiven Notaufnahme in das MVZ zu kanalisieren, sollten dessen Öffnungszeiten es ermöglichen, Patienten außerhalb der üblichen Praxiszeiten zu behandeln. Dies betrifft neben Mittwoch- und Freitagnachmittag vor allem auch die frühen Abendstunden an Werktagen. Bei Neubauvorhaben empfiehlt sich außerdem die räumliche Anbindung des MVZ an den Bereich der Notaufnahme, um operative Synergien nutzen zu können.

Jeder Krankenhausträger sollte sich darüber hinaus bemühen, den KV-Notdienst in der Notaufnahme anzusiedeln, um über eine gemeinsame Triage rein ambulante Patienten aus der Notaufnahme zum KV-Dienst umzusteuern. Hierfür sind verschiedene Vertragsmodelle vorstellbar, die von einer stundenweisen Vermietung von Räumlichkeiten an die KV bis zur Übernahme des Notfalldienstes von den einzelnen zum Notfalldienst eingeteilten niedergelassenen Ärzten durch Krankenhausärzte reichen.

Die Notaufnahme selbst sollte mit einer eigenständigen fachärztlichen Leitung ausgestattet sein. Keinesfalls empfiehlt sich eine Besetzung mit wechselnden Assistenzärzten, die regelmäßig dazu neigen, ein sehr hohes Maß an nicht vergüteter Diagnostik anzufordern. Schließlich ist die Erstversorgung in der Notaufnahme laut BSG-Urteil (B 6 KA 5/12 R) allein darauf ausgerichtet, Gefahren für Leib und Leben und unzumutbare Schmerzen abzuwenden und die Notwendigkeit einer stationären Behandlung abzuklären. Der Arzt darf demzufolge nicht mehr Leistungen erbringen und verordnen als es dem Rahmen der Notfall-Erstversorgung entspricht. Anamnese und körperliche Untersuchung reichen in der Regel aus, um eine Akutbehandlung durchzuführen bzw. die Notwendigkeit einer stationären Behandlung zu erkennen. Nach diesem Minimum an Diagnostik ist zu entscheiden, ob ein Patient stationär aufgenommen oder in die ambulante Weiterbehandlung zu überführen ist.

In diesem Kontext hat das BSG mit Urteil vom 19. September 2013 (B 3 KR 34/12 R) entschieden, dass ein Versicherter, der nach der Entscheidung des Krankenhausarztes mindestens einen Tag und eine Nacht ununterbrochen im Krankenhaus versorgt werden soll, auch wenn dieser vor Ablauf von 24 Stunden in ambulante Weiterbehandlung entlassen wird, als stationär behandelt zu gelten hat, wenn die Aufnahmeentscheidung nach dem Kenntnis- und Wissensstand des behandelnden Krankenhausarztes und nach medizinischen Standards nicht zu beanstanden war. Hieraus ergibt sich der dritte strategische Hebel: die Einrichtung einer an die Notaufnahme angegliederte Aufnahmestation. Sie dient der Unterbringung von Patienten, bis eine ausreichende Differenzialdiagnostik erbracht worden ist bzw. bis zur Übernahme durch die Fachabteilung. Bessert sich der Zustand des Patienten oder stellt sich durch die Differenzialdiagnostik heraus, dass eine ambulante Weiterversorgung ausreichend ist, kann der Patient von hier entlassen werden.

Leistungen im Rahmen strukturierter Behandlungsprogramme (DMPs) nach § 137g SGB V

Verträge zwischen Krankenhäusern und Krankenkassen zu DMP werden nur in sehr geringem Umfang geschlossen und sind damit von untergeordneter Bedeutung. Nur für rund die Hälfte der wenigen Erkrankungen, für welche DMP bisher eingeführt wurden, spielt die Krankenhausversorgung eine nennenswerte Rolle. Auswirkungen der Programme sind für den Krankenhausbereich am ehesten beim DMP Brustkrebs zu beobachten, da hier ein Großteil der Behandlung im Krankenhaus erfolgt. Für Krankenhäuser entstehen dadurch jedoch kaum Vorteile. Dies liegt teilweise darin begründet, dass die strukturellen Anforderungen an eine Teilnahme so hoch sind, dass Krankenhäuser, die keine Brustzentren sind, sich nicht beteiligen können. Ein weiterer Grund ist, dass eine Beteiligung an DMP für ein Krankenhaus keine relevanten Vorteile bringt. Eine Differenzierung am Markt kann vielmehr über eine Zentrenbildung erreicht werden, welche für Patienten eine deutliche Verbesserung der Versorgungsqualität bewirken. Mithin ergeben sich aus einer Zentrenbildung in den DMP-Bereichen meist größere strategische Vorteile als durch die Beteiligung an einem DMP.

Integrierte Versorgung §§ 140 a bis d SGB V

Der praktische Nutzen des Versuchs mit der integrierten Versorgung, die in anderen Ländern erfolgreichen Modelle der sektor- und fachbereichsübergreifenden Versorgung nach Deutschland zu transferieren, blieb hinter den Erwartungen zurück. Aus der Perspektive der Krankenhäuser hat sich die Entwicklung dieser integrierten Angebote nicht durchgesetzt, da die Anzahl der teilnehmenden Patienten sehr gering und das Geschäftsvolumen – nicht nur dadurch bedingt – unterkritisch geblieben ist.

Der unsichere wirtschaftliche Erfolg und der hohe bürokratische Aufwand bei meist geringer Fallzahl machen die Entwicklung von Verträgen über integrierte Versorgung für Krankenhäuser bisher kaum lohnenswert.

Dennoch stellt die Vertragsoption der integrierten Versorgung die Weichen für die Zukunft, wenn sich Krankenhausanbieter mit eigenen ambulanten Strukturen oder in Kooperation mit anderen niedergelassenen Ärzten zum regionalen Vollversorger entwickeln.

Strategische Kooperationen mit Niedergelassenen

Ein zentraler Erfolgsfaktor ist die Kooperation mit und Beziehungspflege zu niedergelassenen Ärzten. Neben den Tätigkeiten über eigene Ärzte besteht die zweite große strategische Säule in den ambulanten Aktivitäten der Krankenhäuser in Kooperation mit niedergelassenen Ärzten. Wo immer möglich sollten diese Formen der Zusammenarbeit gesucht werden. Sie dienen nicht nur der Einweiserbindung zur Stabilisierung der Fallzahlen, sondern als strategisches Instrument zur Weiterentwicklung des gesamten Standorts hin einer integrierten, sektorenübergreifenden Versorgung.

Die strategische Pflege der Beziehungen zu Niedergelassenen sollte nicht den einzelnen Chefärzten überlassen werden – sie ist eine integrale Aufgabe des Krankenhausmanagements. Dies gilt umso mehr, wenn ein MVZ am Standort betrieben wird. Zwar sind die anfänglichen Ressentiments niedergelassener Ärzte gegenüber MVZ mittlerweile weitgehend der Einsicht gewichen, dass MVZ regulärer Bestandteil der ambulanten Versorgung sind. Dennoch empfiehlt es sich, den niedergelassenen Ärzten im Umkreis gegenüber so transparent wie möglich aufzutreten, um negative Effekte auf das Einweisungsverhalten durch die Gründung oder den Ausbau des MVZ zu vermeiden. Als geeignetes Instrument haben sich hierfür halbjährliche Gesprächszirkel sowie Besuche bei Meinungsführern in der regionalen Ärzteschaft erwiesen.

Von ähnlich strategischer Bedeutung ist die enge Zusammenarbeit mit der jeweiligen KV und dem Zulassungsausschuss. KV haben aus ihrem Sicherstellungsauftrag heraus ein hohes Interesse, die Entwicklung der ambulanten Versorgung in ihrem Bereich mitzugestalten. Im Sinne einer konstruktiven Zusammenarbeit sollte daher ein regelmäßiger Kontakt zur KV eingerichtet werden.

Fazit

Die strategische Einbeziehung der ambulanten Versorgung ist für Krankenhäuser zwingend erforderlich, wenn sie konkurrenzfähig am Markt auftreten und sich behaupten wollen. Dies erfordert eine enge Abstimmung des ambulanten mit dem stationären Versorgungsbereichs, insbesondere hinsichtlich der vorgehaltenen Fachrichtungen. Das MVZ stellt in diesem Kontext eine wesentliche Option für das Tätig werden eines Krankenhauses in der ambulanten Patientenversorgung dar, weil es vor allem im Hinblick auf das Zulassungs- und Vergütungsrecht der Kassenärztlichen Vereinigungen die größten Freiheitsgrade erlaubt. Die weiteren Aktivitäten zur Patientenversorgung im ambulanten Bereich – wie beispielsweise Ermächtigungen und Ambulanzen – sollten sich strategisch an der Ausrichtung des MVZ orientieren.

Aufgrund des starken Wettbewerbs auf dem Krankenhausmarkt zur Erzielung von Fallzahlen und Casemix-Punkten ist die aktive Erschließung des ambulanten Bereichs zur Patientenversorgung ein wesentlicher Erfolgsfaktor. Da der territoriale Verteilungswettbewerb um die ambulante Patientenversorgung bereits weit vorangeschritten ist, lässt sich längere Untätigkeit eines Krankenhauses auf diesem Gebiet kaum noch aufholen. Große private Krankenhausträger haben dies bereits in ihre Marktstrategie aufgenommen und treten im ambulanten Bereich aggressiv auf.

Der vor allem durch den medizinischen und technischen Fortschritt getriebene und von den Kostenträgern geförderte Trend zur Ambulantisierung führt zu einem relativen Rückgang der stationären Fallzahlen. Um diese Patienten stärker zu binden, müssen Strukturen aufgebaut werden, die ein Krankenhaus sukzessive an das Vorbild des Poliklinikums annähern, in dem ambulante und stationäre Leistungen gleichberechtigt nebeneinander erbracht werden.

Krankenhäuser werden sich zukünftig entsprechend dem Leitbild einer interdisziplinären, integrierten und regionalen Versorgung entwickeln müssen, um angesichts der zunehmenden Konsolidierung des Marktes weiter erfolgreich bestehen zu können. Hieraus werden sich künftig vollkommen neue strategische Handlungsoptionen ergeben, insbesondere in Form von patientenzentrierten Versorgungspfaden, die stärker als bisher auf die Erfahrung des Patienten abstellen.

Strategisches Personalmanagement

Planung, Rekrutierung und Bindung von Mitarbeitern im Krankenhaus

Christian Schmidt

Die Anforderungen an ein modernes Personalmanagement (PM) haben sich in den letzten Jahren erheblich geändert. Nach einer Studie der Deutschen Gesellschaft für Personalführung e.V. aus dem Jahre 2013 sind heute der demographische Wandel und Wertewandel der Mitarbeiter (Generation Y) die Megatrends, welche sich am stärksten auf das PM auswirken. Hinzu kommen die Digitalisierung, Virtualisierung und Globalisierung der Arbeit. Daher stehen zahlreiche Unternehmen vor großen Herausforderungen, diesen Anforderungen gerecht zu werden. Insbesondere im Krankenhausmarkt geht es heute darum, Alternativen zum Personalabbau (vor allem in der Pflege) zu finden, Leistungs- bzw. Kompetenzträger zu binden und den Nachwuchs für aktuelle Führungsaufgaben vorzubereiten, um die eigene Wettbewerbsfähigkeit des Hauses zu sichern. Von allen Faktoren hat jedoch der demographische Wandel den stärksten Einfluss auf das PM, gefolgt von einigen branchenspezifischen Themen. Daher wird im Folgenden die Situation detailliert beschrieben.

Die Bevölkerungszahl in Deutschland sinkt und gleichzeitig steigt das Durchschnittsalter der Bürger. Diese durchschnittliche Lebenserwartung ist dabei seit Mitte des 19. Jahrhunderts pro Dekade um zweieinhalb Jahre gestiegen – und sie steigt weiter (vgl. Brandenburg und Domschke, 2007). Die demographische Forschung geht davon aus, dass mehr als die Hälfte der in Deutschland im Jahre 2000 geborenen Kinder ihren 100. Geburtstag begehen werden. Gleichzeitig verschiebt sich der Alterungsprozess, das Renteneintrittsalter wurde heraufgesetzt und die meisten Menschen bleiben länger gesund und leistungsfähig, als früher (vgl. Schmidt und Möller, 2014). Die Lebensarbeitszeit verlängert sich somit. Damit nicht genug: Junge Menschen treten immer früher in das Arbeitsleben ein. Dafür sorgt das Abitur nach zwölf Schuljahren, der Wegfall der Wehrpflicht, die Freiwilligkeit von Sozialem Jahr und Zivildienst und die Verdichtung des Studiums, genannt Bologna-Reform. Die Lebensarbeitszeit setzt somit früher ein, als dies in den Vorjahren der Fall war. Immer kürzer dahingegen wird die Phase zur Erlangung sozialer, moralischer und ethischer Positionen, immer begrenzter die Zeit zur Gestaltung und Reifung der eigenen Biographie. Dies ist insbesondere für die Sozialbranche eine Herausforderung, wenn Menschen dort eine Berufskarriere beginnen und noch unreif für das Arbeitsleben sind (vgl. Schmidt und Möller, 2014).

Die Faktoren bewirken jedoch auch, dass heute mehr Generationen gleichzeitig in einem Krankenhaus arbeiten, als jemals zuvor (vgl. Schmidt et al., 2013). Dies hat Auswirkungen auf die Anforderungen an den Arbeitsplatz, die Arbeitsinhalte und insbesondere die Führung – denn es ist davon auszugehen, dass Mitarbeiter unterschiedlicher Generationen auch verschiedene Vorstellungen von gutem Führungsverhalten haben. Altersgerechtes bzw. generationengerechtes Führen wird daher anspruchsvoller und wichtiger (vgl. Schmidt et al., 2013). Studien von Illmarinen aus Finnland (2005) zeigen, dass die langfristige Arbeitsfähigkeit der Mitarbeiter am stärksten vom Führungsverhalten abhängt und sich gute Führung hochsignifikant auf die Verbesserung der Leistungsfähigkeit älterer Mitarbeiter auswirkt. Um das Potenzial, welches in den Mitarbeitern des Krankenhauses steckt, zur Entfaltung zu bringen, ist es sinnvoll, die Präferenzen der Generationen im Hinblick auf Einstellungen zu Arbeit, Werten, Motiven und Prägungen gut zu kennen. Das ist eine wichtige Grundlage für generationengerechte Führung im Krankenhaus.

Für den Arbeitsmarkt ist vor allem bedeutend, dass die Gruppe der 25 bis 44-jährigen, also die „Workforce" der Gesellschaft bis 2030 um bis zu 25 Prozent abnehmen soll, was etwa 1,4 Millionen. Menschen entspricht (vgl. Statistisches Bundesamt, 2009). Schon jetzt sind die Auswirkungen dieses demographischen Wandels spürbar, denn vor allem in der Gesundheitsbranche ist der Fachkräftemangel in Medizin und Pflege eine tägliche Herausforderung. Hier gilt es also die gegenläufigen Trends mit Lebensarbeitszeitmodellen so aufzufangen, dass eine ausreichende Stärke von qualifizierten Mitarbeitern verfügbar bleibt (vgl. Schmidt et al., 2012b).

Hinzu kommen für den Krankenhausmarkt noch weitere Faktoren, welche den Trend zur Personalverknappung verstärken. Zu nennen ist hier die Feminisierung der Medizin (vgl. Augurzky, 2014). Schon heute sind 70 Prozent der Absolventen von Medizinischen Hochschulen weiblich. Das stellt Kliniken vor enorme Herausforderungen, denn über 90 Prozent der Absolventen möchten Familie und Beruf miteinander verbinden, was sich wiederum in einer Teilzeittätigkeit während oder nach dem Facharzt äußert (vgl. Schmidt et al., 2015). Dabei verzeichnen einige Fächer wie die Gynäkologie, die Pädiatrie und Psychosomatik Frauenanteile von über 90 Prozent (vgl. Augurzky, 2014). Die Mehrheit der Frauen nimmt diese Auszeiten nicht nur für die Familiengründung sondern auch für andere Aktivitäten. Im Ergebnis sinkt auf diese Weise die Verfügbarkeit der vorhandenen Mitarbeiter. Dieser Trend betrifft nicht nur Frauen, denn aktuelle Studien zeigen, dass 75 Prozent der Frauen und 35 Prozent der Männer gerne in Teilzeit arbeiten möchten (vgl. Bundesministerium für Familie, Senioren, Frauen u. Jugend, 2010), wie Tabelle 1 zeigt. Durch diese verringerte Verfügbarkeit von Ärzten werden die Effekte des demographisch bedingten Fachkräftemangels weiter verschärft, was insbesondere für Kliniken mit Notfallvorhaltung entscheidend ist.

Thema	Anteil der jungen Mitarbeiter
Vereinbarkeit von Beruf und Familie	m = 93 % w = 97 %
Möchte Arbeit selbst einteilen	m = 75,7 % w= 74,7 %
Würde gern in Teilzeit arbeiten	m = 32,1 % w= 77,2 %
Arbeite zunächst in Vollzeit (2–3 Jahre)	m + w= 87 %

Tabelle 1: Anforderungen junger Mitarbeiter an den Arbeitsplatz (Quelle: Bundesministerium für Familie, Senioren, Frauen u. Jugend, 2010)

Ein weiteres Problem liegt in der Attraktivität des sozialen Berufs insgesamt, der heute weniger stark nachgefragt wird als andere Branchen. So findet sich beim Ranking der beliebtesten Arbeitgeber in Deutschland die Gesundheitsbranche erst auf Platz 85, wobei insgesamt große Unterschiede zwischen der Pflege und dem Arztberuf festzustellen sind. Prognosen des Statistischen Bundesamtes aus 2009 gehen von einer Unterdeckung von insgesamt 457 000 Personen in Gesundheits- und Sozialberufen bis 2030 aus. Für die Pflege ergibt sich aus der Gegenüberstellung von Angebot und Nachfrage des Arbeitskräfteangebots eine Unterdeckung von 21 Prozent, für die Medizin von 22 Prozent bis 2030 wie Abbildung 1 zeigt. Daher ist mit einem noch ansteigenden Mangel an Fachkräften für die Zukunft in Medizin und Pflege zu rechnen. Bei der Befragung von Studierenden nach der Attraktivität der Fächer für die spätere Facharztausbildung zeigen aktuelle Studien, dass auch die Medizinischen Fächer untereinander unterschiedlich stark (vgl. Schmidt et al., 2012a) nachgefragt werden.

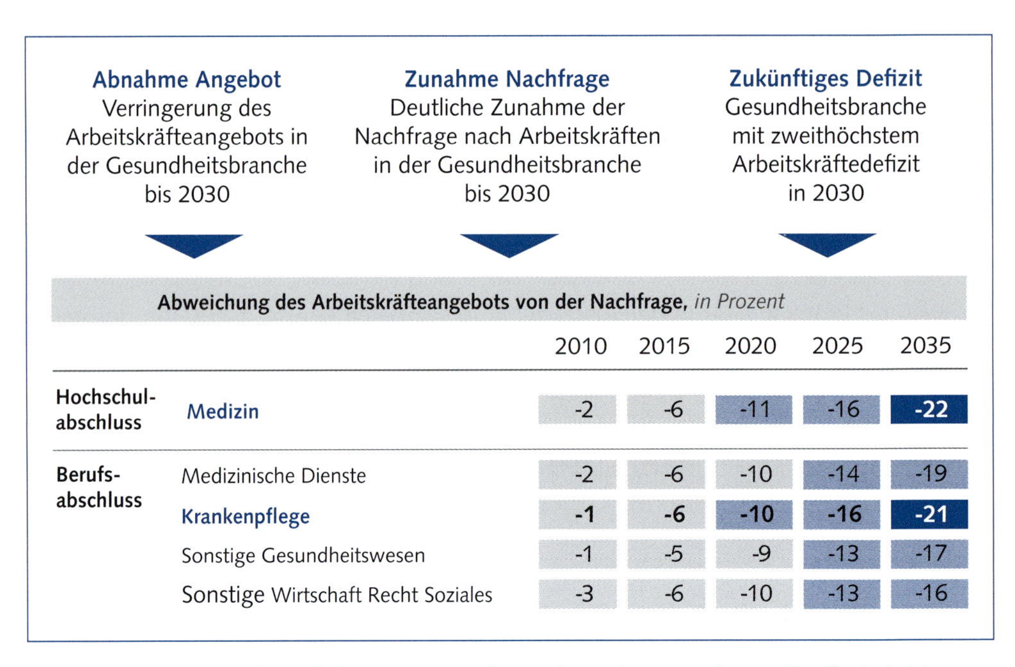

Abbildung 1: Die Personalunterdeckung nimmt in allen medizinischen Bereichen zu (Quelle: in Anlehnung an Schmidt, 2014)

Dabei kommen beliebte Fächer, wie die Gynäkologie und Geburtshilfe nicht mehr unter die ersten zehn. Fächer wie die Innere Medizin, Anästhesie und Pädiatrie, die gut in Teilzeit abzubilden sind, erfahren dagegen eine verstärkte Nachfrage (vgl. Schmidt et al., 2012a).

Die Faktoren zusammen erzeugen für den Arbeitsplatz Krankenhaus einen zunehmenden Wettbewerb um junge Mitarbeiter und die Notwendigkeit neue Wege bei der Rekrutierung und Bindung von Mitarbeitern zu gehen. Hinzu kommt auch, dass die Personalverfügbarkeit, vor allem in Kliniken mit spezialisiertem Angebot, prospektiv geplant werden muss. Dies wird bisher jedoch kaum umgesetzt, da vielerorts die Kenntnisse und der Professionalisierungsgrad von Personalabteilungen überschaubar sind. Daher macht es Sinn, sich zunächst mit Fragestellungen der Personalplanung auseinanderzusetzen (vgl. Bertelsmann Stiftung, 2010; Bruch et al., 2010; Schmidt et al., 2015).

Prospektive Personalplanung

Demographie-Management

Deutsche Unternehmen haben hohen Handlungsdruck beim Demographie Management, denn Deutschland wird bis zum Jahr 2030 von einem starken Arbeitskräftemangel betroffen sein. Nach Analysen der International Labour Organisation wird der Gesundheitssektor als Industrie mit dem größten Mangel an hochqualifizierten Arbeitskräften gesehen. Dabei stellt die alternde Belegschaft ein großes Risiko dar (vgl. Schmidt et al., 2007 und 2011a; Half, 2010).

Treiber für diesen Fachkräftemangel finden sich wie bereits erwähnt in der Demographischen Alterung der Belegschaft, im zunehmenden Frauenanteil und der damit verbundenen Zunahme an Teilzeitbeschäftigten sowie den Anforderungen einer Generation von jungen Mitarbeitern, die traditionelle Führungs- und Ausbildungskonzepte ablehnt (vgl. Schmidt at al., 2011b). Von den genannten Treibern stellt die alternde Belegschaft das größte Risiko dar. Dies vor allem, weil in den aktuellen Planungszeiträumen von ein bis zwei Jahren die drohende Personalunterdeckung langfristig nicht transparent wird. Als Konsequenz muss das Alterungs- bzw. Kapazitätsrisiko ein wichtiges Handlungsfeld für die strategische Personalplanung bzw. das Personalmanagement von Krankenhäusern sein. Nach einer aktuellen Studie findet aktives Personalmanagement bisher nur in etwa 20 Prozent der Krankenhäuser statt. Daher sind geplante Personalmaßnahmen bisher die Seltenheit im deutschen Krankenhausmarkt. Betrachtet man jedoch den stärker werdenden Wettbewerb um Fachkräfte ist ein proaktives Personalmanagement unverzichtbar, um im Markt zu bestehen (vgl. Schmidt et al., 2011a).

Die Herausforderung für das Unternehmen liegt also in einer Demographie-festen Personalplanung und in geplanten Personalmanagementkonzepten, die Feminisierung bzw. Generationenthemen sinnvoll berücksichtigen. An einem praktischen Beispiel wird der Prozess der prospektiven Personalplanung beschrieben.

Zur Betrachtung der Personalsituation wurde an einem Klinikum mit über 1500 Betten geprüft, wie sich Personalbestand und Personalbedarf in den nächsten zehn Jahren entwickeln. Aus dieser Simulation wurde dann die Risiko- bzw. Kapazitätsanalyse erstellt. Dazu wurde in mehreren Schritten vorgegangen, wie Abbildung 2 zeigt.

Ablauf der Personalanalyse

1. Als Schnellanalyse wurde überprüft, wie sich der Personalbestand in den nächsten Jahren entwickelt. Hierbei wurde ausschließlich der ärztliche und pflegerische Dienst (Pflege und Funktionsdienst) über einen Zeitraum von zehn Jahren betrachtet, ohne dass Maßnahmen oder Zugänge berücksichtigt wurden. Lediglich die altersbedingten Abgänge waren Bestandteil der Analyse. Ziel war es, die Auswirkungen der Demographie darzustellen.

2. Als nächstes wurden Annahmen für das Simulationsmodell erstellt, die Tabelle 2 wiedergibt. Hier konnten Faktoren, wie Rentenabgänge, Fluktuation und Altersteilzeitprogramme aufgenommen werden.

3. Die differenzierte Bestandsanalyse auf Basis der vorhandenen Personalstammdaten einer Klinik erfordert in einem ersten Schritt die systematische Ableitung von sog. „Jobfamilien". Zu einer Jobfamilie gehören Tätigkeiten, die aufgrund ähnlicher Aufgaben und vergleichbarer Anforderungen miteinander verwandt sind. Zunächst ist dies unabhängig von Hierarchien und Strukturen. Diese Aggregationsmethodik ermöglicht als bereichsübergreifender Ansatz später eine Harmonisierung und Optimierung der zu identifizierenden Personalmaßnahmen. Während man bei der übergeordneten „Jobfamilien-Gruppe" (z. B. Ärztlicher Dienst) davon ausgehen kann, dass eine Austauschbarkeit durch Ausbildung und Weiterqualifizierung innerhalb von fünf Jahren erreicht werden kann, beträgt die Dauer bis zur Austauschbarkeit innerhalb der „Jobfamilien" (z. B. Anästhesiologie) in der Regel rund drei Jahre.

4. Die unterste Ebene bilden die „Funktionen" (z. B. „Anästhesiologie" und „Kinder-Anästhesiologie"). Auf Funktionsebene ist eine Austauschbarkeit üblicherweise kurzfristig zu erreichen, wie Abbildung 3 zeigt. Im folgenden Schritt wurde eine strategische Personalplanung für jede Klinik durchgeführt. Hierbei wurde der Bedarf für die nächsten Jahre geprüft. Die Weiterentwicklung einzelner Geschäftsfelder oder der Ausbau der Abteilung, für den wiederum speziell qualifiziertes Personal benötigt wird, waren Gegenstand der Gespräche mit den Chef- und Oberärzten. Die sich aus dieser Systematik ergebende Simulation des Personalbedarfs bezieht somit geplante Leistungssteigerungen und erhöhte Bedarfe der Kliniken in die Berechnung ein. Auch Annahmen über technologische Veränderungen mit Auswirkung auf den erforderlichen Personalbedarf wurden berücksichtigt. Die Kapazitätsrisiken können auf diese Weise in unterschiedlichen Detailtiefen und unter Zugrundelegung diverser Szenarien analysiert werden.

5. Aus dieser Kapazitätsanalyse wurden Maßnahmen zur strategischen Personalplanung der Kliniken abgeleitet. Ziel war es an dieser Stelle das Problem durch die vorherige Analyse präzise zu beschreiben, auf diesem Ergebnis die Personalentwicklungsmaßnahmen (PE) aufzusetzen und schließlich spezifisch auszugestalten. Abbildung 4 zeigt die Vorgehensweise auf.

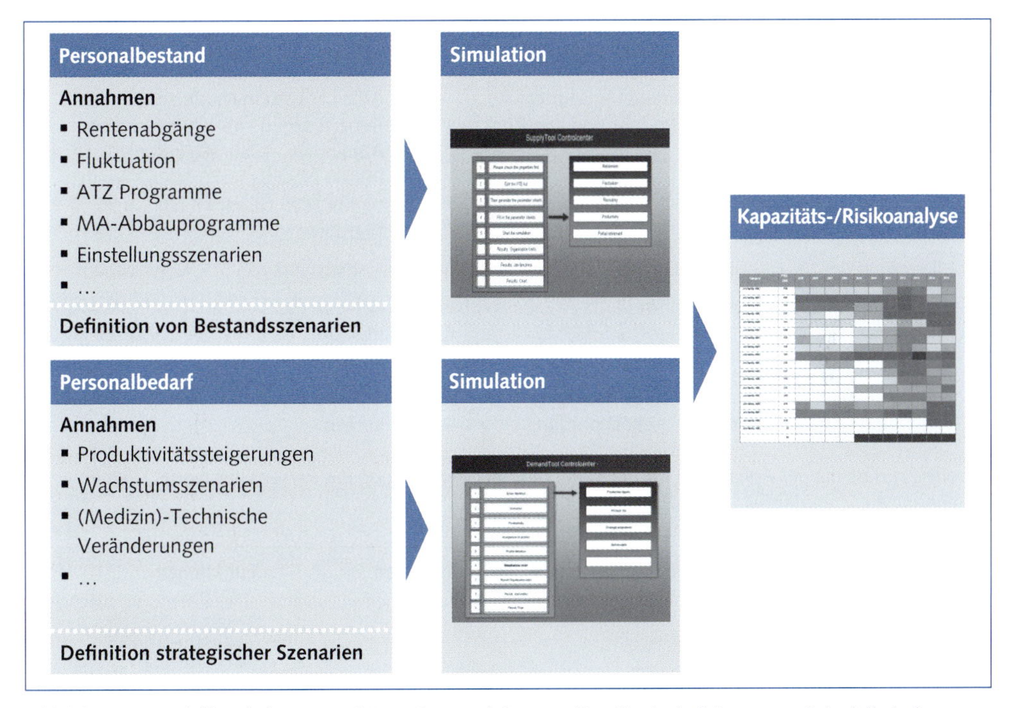

Abbildung 2: Modelllogik der prospektiven Personalplanung (Quelle: in Anlehnung an Schmidt et al., 2011a)

	Definition Parameter	Ausprägung Parameter in Bestandsmodell
Fluktuation	• Anteil der Abgänge der Stammbelegschaft pro Jahr	• Differenzierung nach Ärztlicher Dienst, Pflegedienst, Funktionsdienst
Renteneintrittsalter	• Durchschnittliches Renteneintrittsalter	• 65–67 Jahre üblich, für 2010 und 2011 mit 66 Jahren gerechnet • Erhöhung der gesetzlichen Altersgrenze berücksichtigt durch Zugabe von 1 Jahr ab inkl. 2012 auf 67
Mutterschutz/ Elternzeit	• Anteil der Frauen in Mutterschutz/ Elternzeit pro Jahr und ihre Rückkehr	• Anteil Frauen in Mutterschutz/Elternzeit an 20–45-jährigen Frauen, Annahmen: 1 Jahr Abwesenheit, 80 % Rückkehrquote in 75 %-ige Beschäftigung (gerechnet mit jährl. 6,95 % Einschr.)
Krankenstand	• Anteil der Fehltage bezogen auf Solltag	• Einheitswert von 5,1 % verwendet
Altersteilzeit	• Anzahl Austritt in die ATZ-Passivphase	• Keine Berücksichtigung in Bestandssimulation, da der TV Altersteilzeit am 31.12.2009 ausläuft
Neueinstellungen	• Anzahl der Neueinstellungen der Stammbelegschaft pro Jahr	• Bestandssimulation ohne Neueinstellungen

Tabelle 2: Erfassung der Annahmen für die Simulation der Entwicklung des Personalbestandes (Quelle: in Anlehnung an Schmidt et al., 2011a)

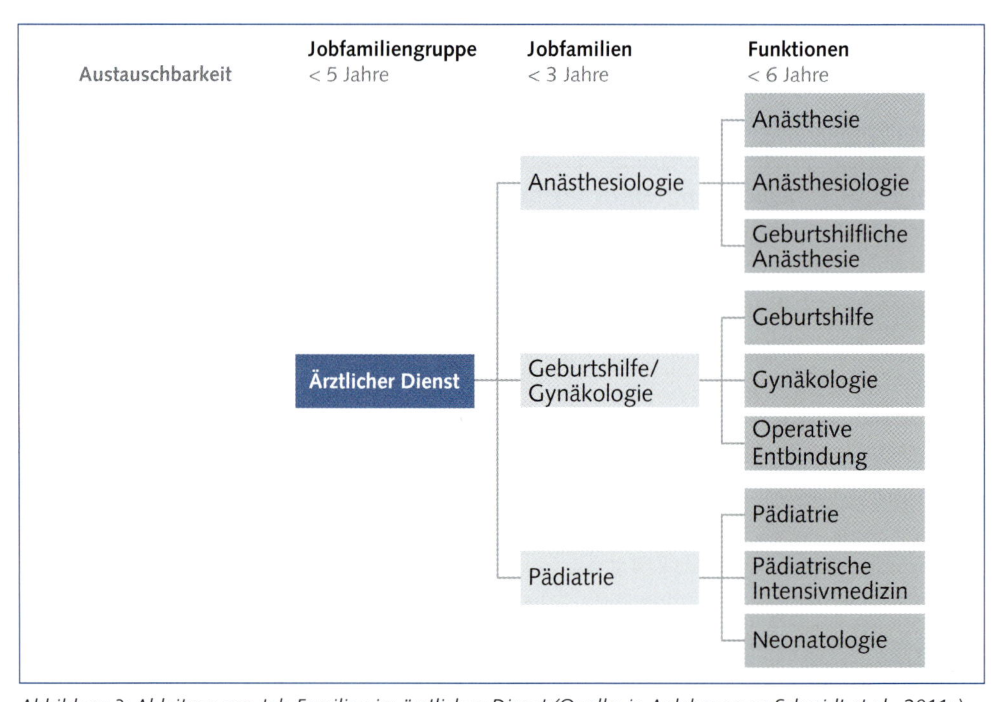

Abbildung 3: Ableitung von Job-Familien im ärztlichen Dienst (Quelle: in Anlehnung an Schmidt et al., 2011a)

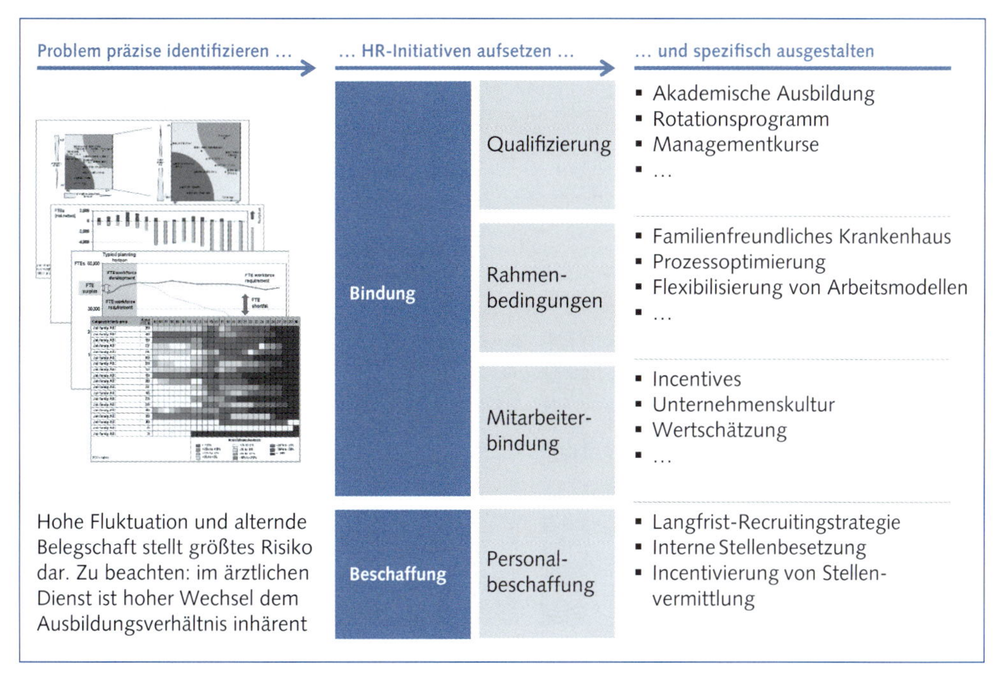

Abbildung 4: Vorgehensweise bei der Entwicklung des Personalkonzeptes zur prospektiven Personalplanung (Quelle: in Anlehnung an Schmidt et al., 2011a)

Ergebnisse und Handlungsfelder der Personalanalyse

Als Ergebnis der Analyse konnte die hohe Fluktuation im ärztlichen Bereich und die alternde Belegschaft als größtes Risiko dargestellt werden.

1. Der Personalbestand halbierte sich in einem Zeitraum von zehn Jahren, wie die Schnellanalyse in Abbildung 5 zeigt.

2. Die detaillierte Analyse wurde mit Fokus auf operative Disziplinen gelegt und zeigt eine Unterdeckung in einzelnen Kliniken, wie Tabelle 3 exemplarisch für die Kapazitätsanalyse des ärztlichen, Pflege- und Funktionsdienstes der Kliniken zeigt.

3. Die Maßnahmen zur Personalbeschaffung ließen sich für den Krankenhausverbund in vier Hauptkategorien ordnen:
   a) Qualifizierung, Aus-, Fort- und Weiterbildung
   b) Rahmenbedingung
   c) Mitarbeiterbindung
   d) Personalbeschaffung

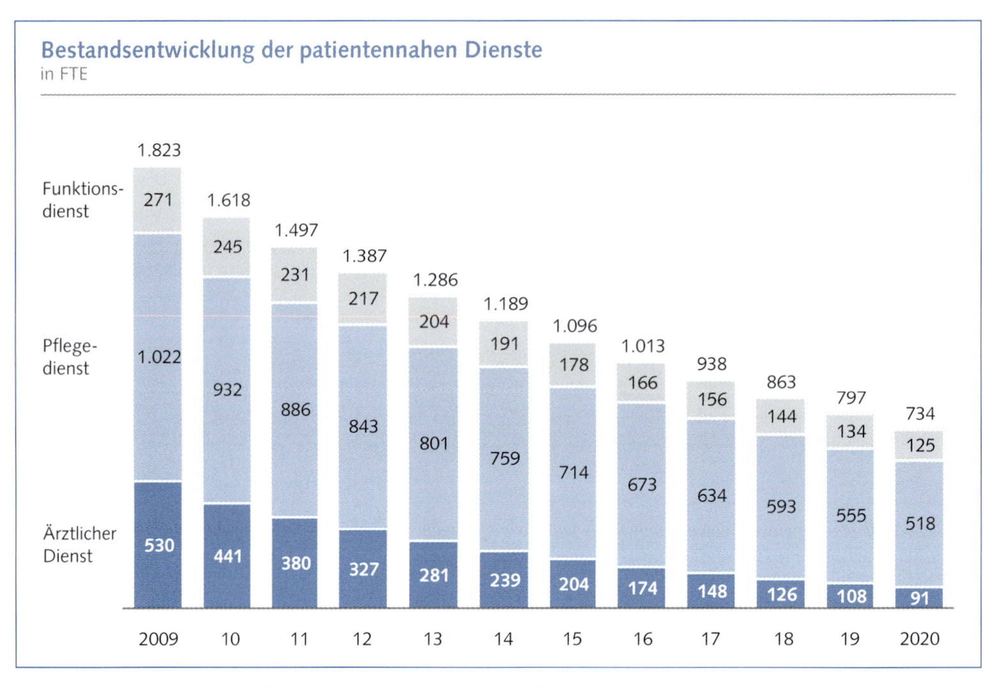

Abbildung 5: Grobe Bestandsanalyse zeigt Halbierung des Bestandes innerhalb von zehn Jahren. (FTE = Full time equivalent = Vollkraft) (Quelle: in Anlehnung an Schmidt et al., 2011a)

Fachgebiet	2009	2010	2011	2012	2013	2014	2015	2016	2017	2018	2019	2020
Anästhesiologie	92,56	-15,03	-25,79	-35,13	-43,17	-50,71	-56,96	-62,64	-67,34	-71,09	-74,24	-77,05
Augenheilkunde	18,42	-3,10	-5,25	-7,09	-8,65	-10,02	-11,19	-12,20	-13,28	-14,00	-14,61	-15,15
Chirurgische Klinik	22,63	-3,53	-6,21	-8,51	-11,03	-12,66	-14,03	-15,41	-16,72	-17,54	-18,25	-18,87
Geburtshilfe/Gynäkologie	16,91	-3,07	-5,01	-6,68	-8,11	-9,78	-10,78	-11,62	-12,36	-13,00	-13,54	-14,01
Hals-Nasen-Ohren Heilkunde	13,00	-2,18	-3,69	-5,00	-6,12	-7,08	-7,88	-8,92	-9,49	-9,98	-10,39	-10,76
Kinder- und Jugendmedizin	37,45	-6,54	-10,86	-14,59	-17,75	-20,47	-22,85	-24,90	-26,65	-28,15	-29,43	-30,56
Kinderchirurgie	17,70	-3,08	-5,13	-6,86	-8,38	-9,68	-10,81	-11,76	-12,59	-13,29	-13,91	-14,44
Kinder-u. Jugendpsychiatrie, Psychotherapie	14,00	-2,53	-4,13	-5,52	-6,70	-7,72	-8,60	-9,36	-10,01	-10,55	-11,02	-11,43
Lungen- und Bronchialheilkunde	19,60	-3,91	-6,11	-7,99	-9,58	-10,98	-12,59	-13,55	-14,69	-15,61	-16,28	-16,74
Medizinische Klinik (Holweide)	36,48	-7,02	-11,14	-14,67	-17,72	-20,30	-22,55	-24,50	-26,14	-27,58	-29,27	-30,44
Medizinische Klinik I (Merheim)	29,00	-4,78	-8,17	-11,08	-13,59	-15,75	-18,01	-19,52	-21,13	-22,49	-23,40	-24,18
Medizinische Klinik II (Merheim)	28,25	-4,66	-7,96	-10,80	-13,21	-15,31	-17,12	-18,66	-20,00	-21,15	-22,36	-23,18
Neurochirurgie	22,25	-3,35	-6,00	-8,23	-10,19	-11,88	-13,33	-14,58	-15,63	-16,56	-17,36	-18,03
Neurologie	25,00	-4,35	-7,24	-9,73	-11,87	-14,18	-15,69	-17,32	-18,40	-19,31	-20,08	-20,77
Pathologie	6,50	-0,97	-1,74	-2,41	-2,98	-3,47	-3,90	-4,26	-4,58	-4,85	-5,08	-5,28
Perinatalzentrum Holweide	4,50	-0,75	-1,27	-1,73	-2,11	-2,45	-2,74	-2,98	-3,20	-3,38	-3,53	-3,67
Plastische Chirurgie	14,50	-2,24	-3,96	-5,43	-6,70	-8,26	-9,14	-9,89	-10,83	-11,35	-11,78	-12,15
Radiologie	33,48	-5,57	-9,48	-12,84	-15,70	-18,19	-20,30	-22,15	-24,33	-25,61	-26,71	-28,23
Sozialpädiatrisches Zentrum	4,90	-0,83	-1,38	-1,87	-2,30	-2,66	-2,95	-3,22	-3,46	-3,65	-3,83	-3,98
Transfusionsmedizin	4,85	-0,71	-1,29	-1,77	-2,20	-2,57	-2,89	-3,16	-3,40	-3,60	-3,78	-4,12
Unfallchirurgie	28,70	-4,14	-7,58	-10,53	-13,08	-15,26	-17,15	-18,76	-20,15	-21,35	-22,38	-23,26
Urologie	13,00	-2,00	-3,54	-4,86	-6,00	-6,98	-7,82	-8,55	-9,17	-9,71	-10,15	-10,55
Viszeralchirurgie	26,00	-3,88	-6,98	-9,64	-11,93	-13,90	-16,00	-17,40	-18,60	-19,64	-20,73	-21,46

Tabelle 3: Kapazitäts-/Risikoanalyse im ärztlichen Bereich (Quelle: in Anlehnung an Schmidt et al., 2011a)

Die Maßnahmen wurden dann in das für alle Mitarbeiter sichtbare PE-Modell der Kliniken eingefügt, das in Abbildung 6 dargestellt ist. Das Konzept mit den Säulen Ausbildung, Rahmenbedingungen und Incentives steht auf einer professionellen Personalauswahl mit Assessment Center für neue Führungskräfte sowie einer in der Unternehmensstrategie verankerten Personalentwicklung. In den drei Säulen sind von den Mitarbeitern nach Priorität bewertete Themen aufgelistet. Die aufgelisteten Maßnahmen wurden gezielt im Hinblick auf Ziel, Zielgruppe, Key Performance Indicators (KPI), Auswirkung und Budget beschrieben. Dabei wurden die Arbeitsschritte bis zur Einführung inkl. Ressourcen- und Kosten-Abschätzung aufgelistet und ein Template für Statusreporting der Maßnahmen-Einführung u. a. mit Hinweisen auf Entscheidungsbedarf, Abhängigkeiten und Risiken erstellt, wie Abbildung 7 zeigt. Nach der spezifischen Ausgestaltung erfolgte die Bewertung nach relevanten Kriterien.

Hier wurden die Kategorien:
a) Ziel/Zielgruppe
b) Inhalt/Arbeitsschritte
c) Key Performance Indicator (KPI)
d) Auswirkung
e) Risiken
f) Kosten/Budget
g) Ressourcen
in die Bewertung einbezogen

Auf Basis dieser Bewertung und vor dem Hintergrund der Unternehmensstrategie wurden die Maßnahmen in Abhängigkeit der beiden Schlüsselkriterien „Auswirkung“ und „Durchführbarkeit“ gewichtet. Dazu wurden alle Führungskräfte aus Medizin, Pflege und Administration (Chefärzte, Pflegedienstleitungen und Abteilungsleiter der Verwaltung) befragt. Dieses Vorgehen ermöglicht die Identifizierung der Maßnahmen für die zu initiierende „erste Welle“ und eine Verbesserung der Akzeptanz bzw. Sicherstellung einer breiten Bewertungsbasis. Um noch detaillierter zu priorisieren, wurde noch zwischen den Diensten und innerhalb des Ärztlichen Dienstes nach Karrierestufen unterschieden. Ziel war ein 5-Jahres-Maßnahmenplan. Abbildung 8 zeigt die Bewertungssystematik auf.

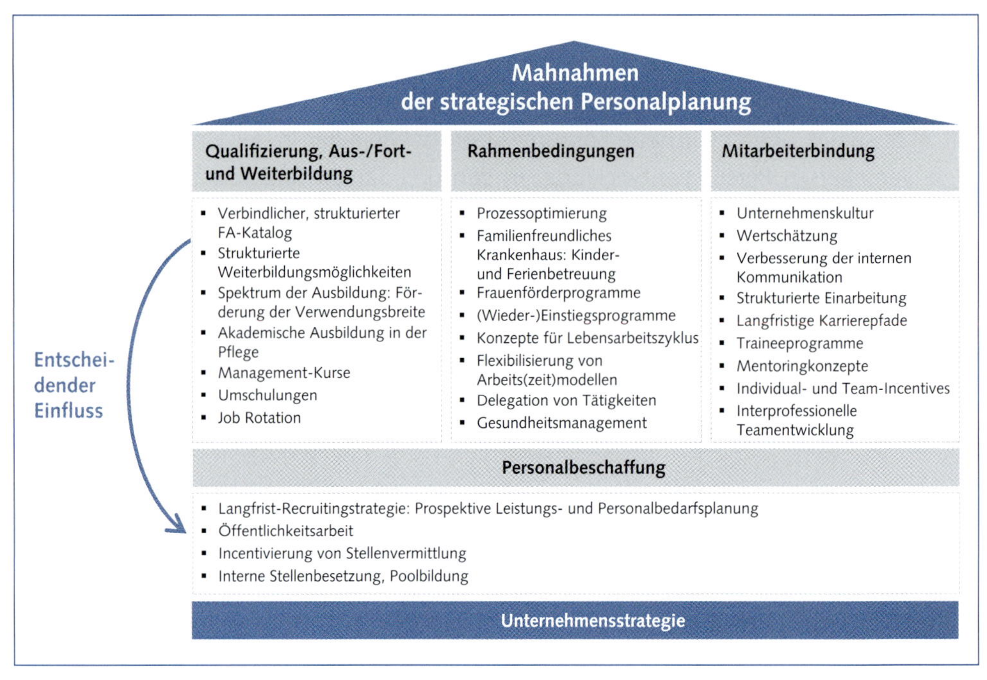

Abbildung 6: Maßnahmen der strategischen Personalentwicklung (Quelle: in Anlehnung an Schmidt et al., 2011a)

Folgt man der beschriebenen Modellogik, kann durch eine erneut durchgeführte Kapazitäts- und Risikoanalyse dann unter Berücksichtigung der ausgewählten und bewerteten Maßnahmen die Auswirkung auf die Personallücken in den einzelnen Fachbereichen dargestellt werden. Abbildung 8 zeigt den Maßnahmenplan nach Abstimmung mit den Mitarbeitern bzw. der Interessenvertretung und nach Bewertung durch die Führungskräfte des Unternehmens.

Interessanterweise war im direkten Ranking der Wichtigkeit die Themen Wertschätzung und Unternehmenskultur unter den ersten drei Nennungen.

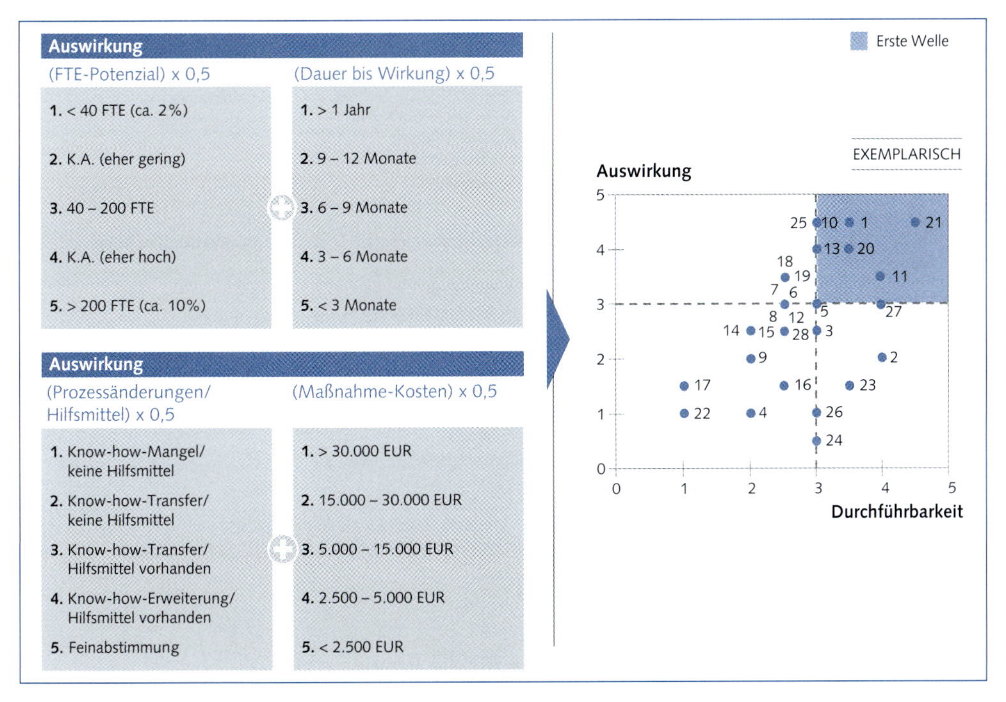

Abbildung 7: Priorisierung der Maßnahmen vor dem Hintergrund der Unternehmensstrategie (FTE = Full time equivalent = Vollkraft) (Quelle: in Anlehnung an Schmidt et al., 2011a)

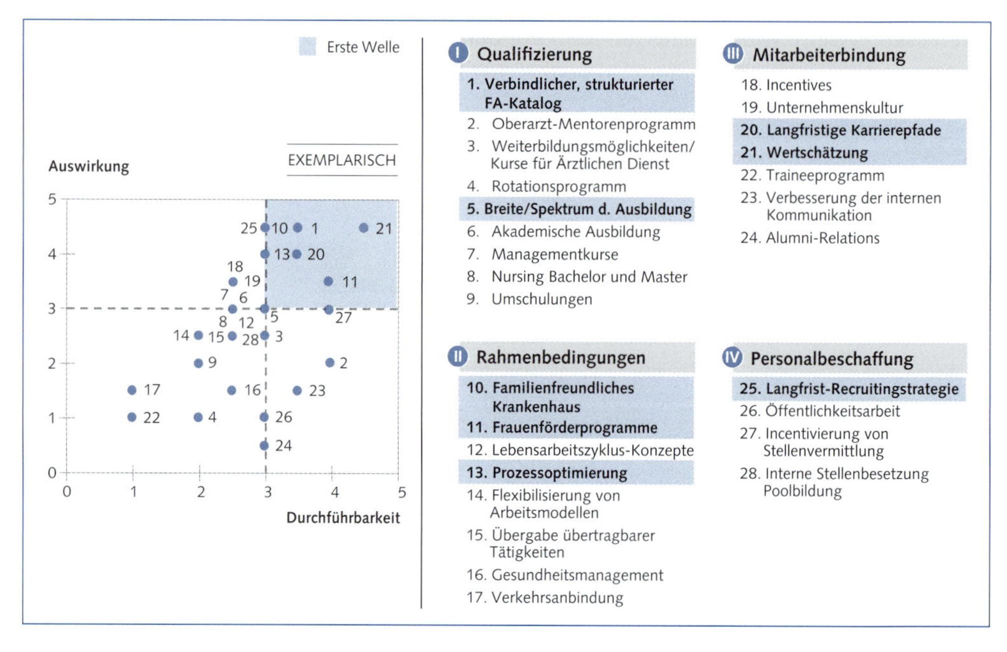

Abbildung 8: Mit den Führungskräften abgestimmte Bewertung der Maßnahmen (Quelle: in Anlehnung an Schmidt et al., 2011a)

Umsetzung und Bewertung der Ergebnisse für die Praxis

Die hier vorgestellte Methode ist bereits in anderen Industrien, wie der Energie-, Chemie- und Technologiebranche erfolgreich eingesetzt worden. Die Einteilung der Jobfamilien und Ableitung der Maßnahmen war einfach auf das Krankenhaus übertragbar. Die Definition der Jobfamilien ist für die Ausarbeitung von Maßnahmen von endscheidender Bedeutung, da hier Schlüsselqualifikationen von Mitarbeitern und deren Ersetzbarkeit analysiert werden. Gepaart mit dem Alter der Mitarbeiter kann auf diese Weise geklärt werden, wo in Zukunft ein Kompetenzverlust entstehen könnte und frühzeitig gegengesteuert werden muss. Somit ist die Jobfamilie die zentrale Plattform zur Integration zahlreicher Personalinstrumente und hilft, Wissen im Unternehmen zu halten.

Die Kapazitätsanalyse berücksichtigt in der jetzigen Fassung keine Karrierestufen, d.h. es wird noch nicht zwischen Ober- und Assistenzarzt, sondern nur nach Berufsgruppen differenziert. Das ist von Bedeutung, da die Fluktuationsraten zwischen den Gruppen sehr stark variieren und Personalbindungsmaßnahmen unterschiedliche Ansatzpunkte haben. Während für den Assistenzarzt die Breite und Verbindlichkeit der Ausbildung im Vordergrund stehen, sind für den Oberarzt die Karriere- und Gehaltsoptionen im Unternehmen wichtiger. Dies wurde im jetzigen Modell noch nicht berücksichtigt, sodass die

Ergebnisse differenziert übertragen werden sollten. Ferner wurden bei den Jobfamilien nur die primären Qualifikationen (z. B. Anästhesist und Zusatzbezeichnungen) geprüft. Nicht betrachtet wurden individuelle Verträge, Managementkompetenzen oder Fremdsprachenkenntnisse. Eine tiefer gehende Analyse kann daher wertvolle Information für individuelle Maßnahmen identifizieren.

Im Ergebnis sind die hohe Fluktuation von fast 14 Prozent im ärztlichen Bereich und die alternde Belegschaft das größte Risiko für das Krankenhaus. Daraus ergeben sich klare Handlungsfelder: Die Erarbeitung gezielter und nach Karrierestufen abgestimmter Maßnahmen zur Personalbeschaffung bzw. -bindung im ärztlichen Bereich und eine ausgewogene Mischung von jungen und älteren Mitarbeitern in den Abteilungsteams. Auf diese Weise kann Schlüsselwissen, wie beispielsweise Erfahrungen in der Kinderanästhesie durch kompetente Anleitung, weitergegeben werden. Dies ist in operativen Disziplinen für die Ausbildung der Anfänger in der Pflege und im ärztlichen Bereich von großer Bedeutung, denn jüngere Mitarbeiter akzeptieren fachliche Kompetenz mehr als Hierarchien (vgl. Schmidt et al., 2011b, 2012; Paine Schoefield und Honore, 2011, Paine Schoefield et al., 2011).

Die vier identifizierten Stoßrichtungen für wirksame Maßnahmen der strategischen Personalplanung und Bindung sind mit denen anderer Branchen und anderer Krankenhäuser vergleichbar und haben dort zur Retention von qualifizierten Mitarbeitern geführt (vgl. Brandenburg und Domschke, 2007; Bundesministerium für Familie, Senioren Frauen und Jugend, 2010a). Auch die Bewertung der Führungskräfte für besonders wirksame Maßnahmen findet sich in anderen Studien. Die hier vorgestellten Personalentwicklungsmaßnahmen werden demnach greifen und der hohen Fluktuation entgegenwirken. Dies ist von Bedeutung, da am Beispiel der Anästhesie bei einer Unterdeckung von 25 Prozent nach zwei bis drei Jahren ein Ausfall im OP mit erheblichen wirtschaftlichen Konsequenzen auftreten würde. Daher sind kurz- und langfristige Maßnahmen sinnvoll. Für den ärztlichen Dienst stellen die Verbindlichkeit bzw. Breite der Ausbildungskonzepte und Rotationen die wichtigsten kurzfristigen Elemente für junge Mitarbeiter dar (vgl. Holderried et al., 2012; Schmidt et al., 2014 und 2015). In der OP- und Anästhesiepflege sind effiziente Einarbeitungsprogramme, gut laufende Prozesse (Sterilisation, Abstimmung OP–Intensivstation) und planbare Dienstzeiten als besonders wichtige Faktoren genannt worden. Für alle Berufsgruppen sind ferner die Zugehörigkeit zu einer Abteilung und wertschätzende Führung als personalbindende Faktoren erkannt (vgl. Schmidt et al., 2011b).

Abschließend muss auch erwähnt werden, dass alle Maßnahmen der Mitbestimmung unterliegen. Daher sollte der Betriebsrat rechtzeitig in diese Überlegungen einbezogen werden.

Der wesentliche Nutzen der prospektiven Personalplanung liegt also in der frühzeitigen Identifikation von Unterdeckungen und Kompetenzverlusten. Als Konsequenz können Maßnahmen rechtzeitig eingeleitet und priorisiert werden, denn bis neue Mitarbeiter nach Stellenausschreibungen im Unternehmen ankommen vergehen häufig mehr als sechs Monate. Prognoserechnungen und die vorausschauende Betrachtungen des Personalrisikos sind mit diesem Modell möglich. Die Betrachtung ermöglicht auch gezielte, nach Karrierestufen und Altersgruppen ausdifferenzierte Maßnahmen. Entscheidend ist, dass sich die Chef- oder Personaloberärzte mit den Kompetenzen und Schlüsselqualifikationen ihrer Mitarbeiter aktiv auseinandersetzen. Auf diese Weise kann der Personalbedarf zusammen mit der Personalabteilung vorausschauend und im Hinblick auf mögliche Personalrisiken geplant werden. Zahlreiche andere Wirtschaftsunternehmen planen seit Jahren erfolgreich mit vergleichbaren Instrumenten ihren Personalbedarf. Die mitarbeiterstärkste Branche Deutschlands, der Gesundheitssektor und allen voran die Krankenhäuser sollten diesen Weg ebenfalls beschreiten, denn der Krankenhausmarkt entscheidet sich in den nächsten Jahren im Wettbewerb um qualifiziertes Personal. Das vorliegende Modell bietet daher eine gute Vorlage, um sich zu positionieren (vgl. Schmidt CM et al, 2015; Zemke et al., 1999; Robert Bosch Stiftung, 2009; Sachverständigenrat, 2009).

Führen und Binden von Generationen am Arbeitsplatz Krankenhaus

Generationenvielfalt

Heutzutage arbeiten Beschäftigte aus vier Generationen am Arbeitsplatz „Krankenhaus" zusammen: Die Wirtschaftswundergeneration, die Baby-Boomer, die Generation X und die Generation Y (vgl. Schmidt et al., 2013; 2014 und 2015; Zemke et al., 1999). Sie unterscheiden sich in ihrer Einstellung zur Arbeit, im Motivationsverhalten und in den Anforderungen, die sie an gute Führungskräfte richten. Tabelle 4 fasst diese Unterschiede und Gemeinsamkeiten zusammen.

Die Wirtschaftswundergeneration (WWG) umfasst die Geburtenjahrgänge von 1945 bis 1955 und befindet sich heute im fortgeschrittenen Erwerbsalter (vgl. Bruch et al., 2010; Schmidt et al., 2012a und 2013). Häufig bekleiden sie Führungspositionen und stehen im Zenit ihres Berufslebens. Sie wurden geprägt durch Ereignisse, wie den Wirtschaftsaufschwung und dem damit verbundenen Wohlstand. Geprägt vom Zeitgeist der ökonomischen Sorglosigkeit und des Überflusses musste sich niemand Sorgen um seinen Arbeitsplatz machen. Der expandierende Wohlfahrtsstaat förderte dieses Gefühl der persönlichen Sicherheit zusätzlich. In dieser Zeit fand auch eine Umkehr vom Bild des Mitarbeiters als Arbeitsfaktor hin zum wichtigen Wettbewerbsfaktor statt (vgl. Bertelsmann Stiftung, 2010; Bruch et al., 2010). Human Relations Ansätze wurden implementiert und eine an den Bedürfnissen des Mitarbeiters ausgerichtete Personalführung in den Vordergrund gestellt. Als Konsequenz der Mitarbeiterorientierung nahmen in dieser Zeit die betrieblichen Mitbestimmungsrechte erheblich zu (vgl. Bruch et al., 2010). Politisch setze sich diese Generation kritisch mit der Rolle ihrer Eltern in der NS-Zeit auseinander und begründete die 68er Bewegung.

Da diese Mitarbeiter sich häufig finanziell abgesichert hatten, sind sie heute nur schwer durch materielle Anreize zu motivieren, sondern eher durch Selbstverwirklichung und die persönliche Anerkennung ihrer Lebensleistung (vgl. Schmidt et al., 2012 a und b). Ihre Lebenssituation ist geprägt von erwachsenen Kindern und ggf. der Pflege von älteren Angehörigen. Wie bei den Baby-Boomern kann dies mit weilen zu einer Doppelbelastung führen, die bei der Arbeitsplanung berücksichtigt werden sollte.

Zudem treten bei dieser Generation erste Alterserscheinungen auf (vgl. Schmidt et al., 2012a u. 2013). Diese physischen Defizite werden jedoch durch Routine, Einsatzbereitschaft und Erfahrung kompensiert. Die WWG erwartet von ihren Vorgesetzten einen partizipativen und demokratischen Führungsstil. Obwohl sie weniger gewohnt sind, Respekt vor einem Vorgesetzten zu haben als die Nachkriegsgeneration, fordern sie eine Anerkennung ihrer Lebens- bzw. Arbeitserfahrung. Wenn diese fehlt, sind Konflikte mit jüngeren Kollegen programmiert. Gerade wegen dieser Kompetenzen erwarten sie auch in Entscheidungsfindungen eingebunden zu werden. Dies ist vor allem bei jüngeren Führungskräften für die Akzeptanz als Vorgesetzter von Bedeutung (vgl. Bruch et al., 2010; Schmidt et al., 2012 a und b).

	Wirtschaftswunder-generation	Baby-Boomer	Generation X	Generation Y
Geburtsjahrgänge	1945–1955	1956–1965	1966–1985	Ab 1986
Prägende Ereignisse	Wiederaufbau, Wirtschaftswunder, Vollbeschäftigung	erste Öl- und Weltwirtschaftskrise, Mondlandung, deutsche Teilung	Wiedervereinigung, Zerfall des Warschauer Paktes	9/11, Krieg im Irak, Internet, Social Media und Globalisierung
Einstellung zur Arbeit	Idealistisch, Skepsis gegenüber Autoritäten, loyal zum Unternehmen	Wettbewerb um Positionen und Karriere, Umweltbewusstsein und Emanzipation	Individualismus und materielle Werte, Kariere orientiert, ehrgeizig, kurzfristig loyal, Work life balance	Arbeit muss Spaß machen und fordern, lernbereit, flexibel und mobil
Arbeitsmotto	Leben, um zu arbeiten	Leben, um zu arbeiten	Arbeiten, um zu leben	Leben beim Arbeiten
Sicherheit des Arbeitsplatzes bzw. Angst um Arbeitsplatz	Keine Sorgen, da Vollbeschäftigung bestand	Beginnende Sorgen um Arbeitsplatz in der Medizin, große Niederlassungswelle	Großer Wettbewerbs um Stellen im Krankenhaus und Sorge um Arbeitsplatz	Keine Sorgen um Arbeitsplatz, wegen Fachkräftemangel
Wert der Freizeit	Erste Orientierung zur Freizeit	Abnehmende Wertigkeit	Work life Balance	Sehr groß
Bedeutung von Titeln und Hierarchiestufen	Sehr wichtig	Sehr wichtig bis weniger wichtig	Wichtig	Unwichtig
Auszeiten vom Job	Keine	Sehr selten	Gesellschaftlich etablierte Auszeiten (z. B. Elternzeit) werden genommen	„Privatleben kommt vor Arbeit"
Motivation	Keine materiellen Anreize, sondern Selbstverwirklichung und persönliche Anerkennung	Weniger materielle Anreize, Partizipation	Materielle Anreize, Karriere	Keine finanziellen Anreize, geregelte und planbare Arbeitszeiten
Lebenssituation	Sind kurz vor dem Ruhestand, Kinder erwachsen	„Scharniergeneration", Kinder teilweise noch im Haus, ggf. schon Pflege von Angehörigen, größte Elterngeneration	Mittlere Lebensphase Im Berufsleben etabliert Späte Familienplanung hier häufig	Etablieren sich gerade im Berufsleben, unabhängig
Physische und psychische Belastbarkeit	Abnehmende körperliche Leistungsfähigkeit, Kompensation durch Erfahrung, Routine und Leistungsbereitschaft	Körperliche Leistungsfähigkeit hoch, große Erfahrung und Routine	Körperliche Leistungsfähigkeit hoch, große Erfahrung und Routine, noch lernwillig	Körperliche Leistungsfähigkeit sehr hoch, unerfahren und neugierig

Tabelle 4: Unterschiede und Gemeinsamkeiten der Generationen am Arbeitsplatz Krankenhaus (Quelle: in Anlehnung an Schmidt, 2014)

Dieser Generation folgen die Baby-Boomer, also die Jahrgänge 1956 bis 1965. Sie stellen das Rückgrat der Erwerbsbevölkerung dar (vgl. Bruch et al., 2010; Schmidt et al., 2012 a und b u. 2013). Diese Generation ist ebenfalls im Berufsleben etabliert und kann bereits auf 20 Jahre Erfahrung zurückblicken. Viele von ihnen sind in Führungspositionen. Sie wurden geprägt durch die wirtschaftliche Stagnation in den 70er Jahren und die ersten Öl- bzw. Weltwirtschaftskrisen. Massenarbeitslosigkeit und der Terror der Roten Armee Fraktion prägten diese Zeit. Im Gegensatz zur Vorgängergeneration erfuhren Baby-Boomer Unsicherheiten für die persönliche und berufliche Zukunft. Postmaterialistisches, politisches oder gesellschaftliches Engagement war daher kaum möglich (vgl. Bruch et al., 2010; Schmidt et al., 2012 a und b u. 2013). Allerdings hat diese Generation die Friedens- und Umweltbewegung begründet, die in Deutschland starken Einfluss auf die politische Landschaft gehabt hat. Diese Generation traf am Arbeitsplatz bereits auf eine mitarbeiterorientierte und partizipative Unternehmensführung, die in den Folgejahren weiter ausgebaut wurde (vgl. Bruch et al., 2010). Die Gewerkschaften bekamen eine stärkere Rolle, Lohnerhöhungen und eine Verkürzung der Arbeitszeit waren die Folge. Im Krankenhaus dagegen war von dieser Bewegung wenig zu bemerken. Da diese Generation wegen ihrer Vielzahl früh mit Konkurrenzsituationen, beispielsweise in der Schule, Universität oder am Arbeitsplatz in Kontakt kam, mussten sie lernen, zu kooperieren (vgl. Bruch et al., 2010). Dies hat Einfluss auf ihre Teamfähigkeit und Sozialkompetenz. Diese Generation hat nun die Hälfte des Erwerbslebens hinter sich und macht sich Gedanken für die zweite Hälfte. Sie sind die größte Elterngeneration und haben als „Scharniergeneration" häufig Kinder und ältere Angehörige gleichzeitig zu betreuen. Baby-Boomer kennen Konkurrenzsituationen und sind daher an Konflikte beruflicher Art gewöhnt. Vom „idealen" Vorgesetzten erwarten sie einen entwicklungsorientierten und kooperativen Führungsstil, als Folge dessen sie ihre Leistungen im Verhältnis zu anderen bewerten können (vgl. Schmidt et al., 2012 a und b, 2013).

Generation X umfasst die Jahrgänge 1966 bis 1985. Mit ihr ist der Begriff der „Work Life Balance" verbunden. In Deutschland wird auch der Begriff „Generation Golf" verwendet. Prägende Ereignisse waren der Beginn des Privatfernsehens bzw. die damit verbundene Medienrevolution und die Wiedervereinigung beider deutscher Staaten (vgl. Schmidt et al., 2013 und 2014). Trotz zunehmender Scheidungsraten und Berufstätigkeit beider Eltern wuchs diese Generation vergleichsweise behütet auf. Am Arbeitsplatz wurde immer häufiger der Computer verwendet und die Halbwertszeit des Wissens nahm rapide ab. Daher ist eine positive Einstellung zum kontinuierlichen Lernen vorhanden (vgl. Bruch et al., 2010). Wie schon in der Vorgängergeneration bestand jedoch eine Unsicherheit, was die eigene Etablierung im Berufsleben anbetrifft. Für die Generation X ist daher das Streben nach Wohlstand und materiellen Werten bedeutend (vgl. Bruch et al., 2010). Sie ist ehrgeizig und karriereorientiert und nimmt zum Fortkommen auch lange Arbeitszeiten in Kauf. Auszeiten vom Beruf werden nur dann genommen, wenn sie gesellschaftlich etabliert sind, wie beispielsweise die Elternzeit nach Geburt eines Kindes. Die Generation X hat 13 Jahre Schule hinter sich gebracht, Zivildienst oder Bundeswehr absolviert und nach dem Studium mit Physikum und mehreren Examina die AIP Zeit erlebt (vgl. Schmidt et al., 2013 und 2014). Der Facharzt dauert in großen Fächern sechs Jahre. Das prägt sie insbesondere im Bezug zur Generation Y, die ein Jahr kürzer zur Schule gehen, ein Jahr weniger studieren und den Facharzt in fünf Jahren bewältigen. Im Ergebnis sind diese Mitarbeiter drei Jahre früher fertig als die Generation X. Doch die Xer sind heute häufig in Führungspositionen unter anderem auch, weil die Entscheidung für Kinder deutlich später getroffen wird als in den Generationen davor. Ein weiterer Grund dafür liegt im Versuch dieser Generation, die Phase der Jugend und die damit verbundene Unabhängigkeit so weit wie möglich hinauszuschieben (vgl. Bruch et al., 2010, Schmidt et al., 2013 und 2014). Die Generation X erwartet eine zielorientierte und pragmatische Führung. Da diese Generation nicht so stark konsensorientiert ist wie ihre Vorgängergenerationen, ist für sie eine klare Kommunikation von Erwartungen und Zielen wichtig. Konflikte im Kollegenkreis sind für sie keine Schreckensvorstellung. Der partizipative Stil bei den Vorgängergenerationen sollte hier zu Gunsten stärkerer Delegation von Aufgaben anders gewichtet werden (vgl. Paine Schoefield et al., 2011; Bertelsmann Stiftung, 2010).

Von allen vorangegangenen Generationen unterscheiden sich die nach 1985 geborenen Beschäftigten, die als Generation Y oder auch „Internetgeneration" bezeichnet werden. Sie ist geprägt durch das Internetzeitalter, die Verbreitung der Smartphones und soziale Netzwerke wie Twitter und Facebook (vgl. Schmidt et al., 2011b; Schmidt K et al., 2012; Schmidt et al., 2013, 2014 und 2015). Gesellschaftlich bedeutsam waren für diese Generation die Anschläge des 11. September 2001 und der darauf folgende Irakkrieg. Ferner haben sie die rapide weltweite Vernetzung und Globalisierung erleben dürfen. Beide Faktoren haben sie lernen lassen, dass Frieden und die Dominanz westlicher Werte nicht unendlich sind. Dennoch sind die Angehörigen dieser Generation aufgeschlossen, kontaktfreudig und optimistisch (vgl. Bruch et al., 2010). Sie beschäftigen sich ständig mit der elektronischen Kommunikation und nehmen diesen Lebensstil auch mit an den Arbeitsplatz. An das Verschwimmen der Grenzen von Arbeitsplatz und Privatleben haben sie sich gewöhnt (vgl. Schmidt et al., 2011b, 2013, 2014 und 2015). Die ständige Verfügbarkeit des Internets hat bei ihnen die Art des Lernens beeinflusst. Da Wissen nahezu unbegrenzt im Internet verfügbar ist, muss es nicht ständig individuell erarbeitet werden. Damit nimmt jedoch auch das Interesse, komplexe Sachverhalte in der Tiefe zu erforschen, sich also wissenschaftlich zu engagieren, ab (vgl. Paine Schofield und Honoré, 2011). Gelernt wird interaktiv und praxisorientiert in blended learning Konzepten am Computer und gerne auch von Zuhause (vgl. Paine Schofield u. Honore, 2011). Am

Arbeitsplatz werden Hierarchien abgelehnt und fachliche Kompetenz bevorzugt. Privat nimmt die Familie einen stärkeren Stellenwert ein (vgl. Schmidt et al., 2011). Auszeiten für Kinder oder aus anderen Gründen werden je nach Lebensphase genommen, insbesondere auch, weil der Frauenanteil in dieser Generation höher ist als in denen davor. Beschäftigte der Generation Y erwarten engmaschiges Feedback und ein Coaching durch ihren Vorgesetzten (vgl. Schmidt et al., 2011b). Sie beanspruchen von allen vorherigen Generationen die meiste direkte Führung. Diese Generation erwartet klare Vorgaben und visionäre Ziele für ihre Zukunft. Arbeitszeiten und Inhalte müssen sinnvoll gestaltet sein, Überstunden dagegen gut begründet. Werden diese Erwartungen nicht erfüllt, sind Angehörige der Generation Y eher bereit, den Arbeitsplatz zu wechseln, als sich selbstkritisch zu reflektieren oder gar anzupassen. Konflikten weichen sie nach Möglichkeit aus (vgl. Schmidt et al., 2011b, 2013, 2014, 2015).

Führen und Binden von Generationen im Krankenhaus

Die Lösung von Konflikten ist eine übliche Führungsaufgabe. Konflikte treten zwischen Gleichaltrigen ebenso häufig und intensiv auf wie zwischen Personen unterschiedlicher Generationen, zumal die Übergänge von der einen zur nächsten Generation fließend sind. Solche Konflikte werden nachfolgend weder repräsentativ noch wissenschaftlich fundiert betrachtet, sondern vielmehr vereinfachend und polarisierend, teilweise im Jargonstil. Durch die Überspitzung der Situation sollen Unterschiede zwischen den Generationen deutlich werden. Persönliche Erfahrungen aus dem Führungsalltag begründen diesen Abschnitt. Eine Verallgemeinerung der geschilderten Einzelfälle ist nicht beabsichtigt. Sobald die oben geschilderten, von Generation zu Generation durchaus unterschiedlichen Einstellungen, Wertesysteme und Motivationsstrukturen am Arbeitsplatz aufeinandertreffen, können Spannungen zwischen den betreffenden Kollegen entstehen. Einige vorstellbare und teilweise auch erlebte Spannungen sind in Tabelle 5 exemplarisch zusammengefasst.

Mitarbeitende der Altersklasse „Wirtschaftswundergeneration" haben eine eiserne Arbeitsmoral und verstehen die scheinbar fehlende Disziplin und Wertigkeit der Arbeit, die andere Generationen zuweilen aufweisen, nicht. Insbesondere der Umgang mit Generation Y ist manchmal schwierig, beispielsweise wenn im Rahmen von Stellenbesetzungen Aussagen wie „Herr Professor, die Hospitation in ihrer Klinik war klasse, Sie kommen in die engere Wahl" erfolgen. In solchen Fällen versteht die Wirtschaftswundergeneration die Welt nicht mehr. Baby-Boomer werden als Gewerkschaftstypen und als harmoniebedürftige Mitarbeiter gesehen. Der Generation X gehören aus der Sicht der Wirtschaftswundergeneration kompromisslose Karrieretypen an, die sich gerne fördern lassen.

Baby-Boomer und Vertreter der Wirtschaftswundergeneration haben erfahrungsgemäß wenige Konflikte miteinander – am ehesten noch beim Thema Arbeitsbedingungen (vgl. Schmidt et al., 2013). Zwischen Baby-Boomern und Generation X gibt es mehrere Konfliktfelder. Da Baby-Boomer relativ früh Kinder bekommen haben, ist ihre Verfügbarkeit außerhalb der Dienstzeiten, beispielsweise für eine Habilitation, eingeschränkt. Mitarbeiter der Generation X haben sowohl den Biss als auch die Zeit (Kinder erst ab 35 bis 40 Jahren), um sich im Wettbewerb gegen Baby-Boomer Vorteile zu verschaffen. Das bringt Konflikte mit sich.

Dienstplanungen werden durch eine gewisse Kompromisslosigkeit erschwert (vgl. Schmidt et al., 2013 und 2014). Generation Y wird von den Baby-Boomern gar nicht mehr verstanden, auch wenn Bezüge zu den eigenen Kindern gegeben sind. Vor allem, wenn etwa im Operationssaal die Assistenz gefragt wird, ob sie die OP-Schritte kennt, und darauf erwidert: „Warum, das bringst du mir doch jetzt bei." Die Auffassungen nachfolgender Generationen werden von den Baby-Boomern insgesamt am wenigsten verstanden. Generation X hält Generation Y für arrogant und verwöhnt und Baby-Boomer für Workaholics, denen der Sinn für das Wesentliche (nämlich die Karriere) fehlt. Die Jahrgänge der Wirtschaftswundergeneration werden zuweilen als Anekdotenerzähler abgestempelt, selbst wenn eine Mentoren-Beziehung besteht. Generation Y hält Generation X für „Jammerlappen" und Baby-Boomer für Workaholics. Da sie Hierarchien kaum Beachtung schenkt, erzeugt sie bei allen älteren Generationen Spannungen. Sie stellt sich die ideale Arbeitswelt so vor, dass jeder streng nach seinen Leistungen befördert wird und das Dienstalter keine Rolle spielt. Geburtsjahrgänge der 40er und 50er Jahre sind aus ihrer Sicht ältere Mitarbeiter, denen man noch Instant Messaging und SMS beibringen muss, fast wie bei den eigenen Eltern (vgl. Schmidt et al., 2013).

Wie sieht oben unten Wie sieht unten oben	**Wirtschaftswunder-Generation (WWG)**	**Baby-Boomer**	**Generation X**	**Generation Y**
Wirtschaftswunder-Generation (WWG)	Wir bekommen durch harte Arbeit Anerkennung und Wohlstand.	Suchen stets Kompromisse, statt sich durchzusetzen. Gewerkschaftstypen, die alles weicher gemacht haben.	Von mir geförderte, ehrgeizige Typen, die teilweise kompromisslos in der Durchsetzung Ihrer Ziele sind.	Haben keinen Respekt mehr vor älteren Mitarbeitern. Sind Freizeit- und Spaßorientiert.
Baby-Boomer	Baby-Boomer haben die Arbeitsbedingungen der WWG durch Arbeitskampf humaner und gerechter gestaltet.	Die Arbeit ist ein wichtiger Bestandteil meines Lebens, der mir Befriedigung verschafft.	„Xer" sind ehrgeizige Typen, die heiß auf Karriere sind. Sie sind jedoch unzufrieden mit ihrer eigenen Situation und trauen sich nicht auszubrechen.	Respektlose Anfänger, die alles machen und nichts selber lernen wollen.

▶

Wie sieht oben unten Wie sieht unten oben	Wirtschafts-wunder-Generation (WWG)	Baby-Boomer	Generation X	Generation Y
Generation X	WWG stehen meiner Karriere und schnellen Entscheidungen im Weg. WWG haben zu jeder Entscheidung eine historische Anekdote auf Lager und wollen alles hundertmal reflektiert haben.	Baby-Boomer sind totale Workaholics, und sehen mich stets als Wettbewerber um ihren Job oder ihre Position. Da sie früh Kinder bekommen haben und wir nicht, haben wir Vorteile in der zeitlichen Verfügbarkeit.	Wo wir sind ist vorne. Erst die Karriere und das persönliche Fortkommen, dann die Familie.	Eine neue Generation von Nichtskönnern, Waschlappen und Heulsusen, die arrogant ihre Ziele einfordern. Schaffen keine Doppelnachtdienste am Wochenende, weil sie zu schwach sind.
Generation Y	WWG sind nette ältere Mitarbeiter mit viel Wissen und tollen Geschichten, könnten uns Mentoren sein.	Baby-Boomer sind totale Workaholics, die alles ausdiskutieren müssen und immer gerecht sein wollen.	Jammern immer darüber, was sie alles haben machen müssen, wie hart ihre Zeit war und wie komfortabel wir es heute haben.	Arbeit ist schön, aber nicht das ganze Leben.

Tabelle 5: Konfliktfelder zwischen Mitarbeitergenerationen im Krankenhaus. Oben: Sichtweise von oben nach unten. Unten: Sichtweise von unten nach oben (Quelle: in Anlehnung an Schmidt, 2013)

Individuell führen

Die Darstellung und Analyse der Generationen zeigt, wie stark die Einstellungen der Beschäftigten zur Arbeit und hinsichtlich ihrer Erwartungen an Vorgesetzte voneinander abweichen. Um trotz der Vielfalt der Vorstellungen dennoch gute Fachkräfte gewinnen, binden und motivieren zu können, ist eine generationengerechte Führung vonnöten. Generationengerecht zu führen erfordert, unterschiedliche Prägungen, Lebensphasen und Alterungseffekte zu berücksichtigen. Die damit einhergehende Individualisierung des Führungsverhaltens macht das Krankenhausmanagement anspruchsvoller als jemals zuvor. Krankenhäuser sind aufgerufen, sich intensiv mit der Führungskräfteentwicklung auseinanderzusetzen und sich des Stellenwerts guter Führung für die Motivation der Mitarbeitenden bewusst zu werden. Wo dies nicht gelingt, sind Konflikte zwischen den Generationen programmiert (vgl. Bruch et al., 2010; Schmidt et al., 2013, 2014, 2015).

Folgende Führungsstile haben sich je nach Reifegrad des Mitarbeiters bewährt, die Abbildung 9 zusammenfasst:

1. Der gefühlsorientierte, partizipative, demokratische Stil für ältere Mitarbeiter der Baby-Boomer- und Wirtschaftswundergeneration
2. Der entwicklungs- beziehungsweise leistungsorientierte Führungsstil für den Mitarbeiter beispielsweise der Generation X oder Baby-Boomer
3. Der visionär coachende Stil für den enthusiastischen Anfänger, beispielsweise der Generation Y.

Erfahrene Führungskräfte wenden die Führungsstile nicht in Reinform an. Je nach Situation und Fingerspitzengefühl wählen sie Mischformen der genannten Ansätze. Personalführung wird zum entscheidenden Faktor im Wettbewerb der Kliniken. Es empfiehlt sich daher, sich intensiv mit der hier umrissenen Thematik auseinanderzusetzen.

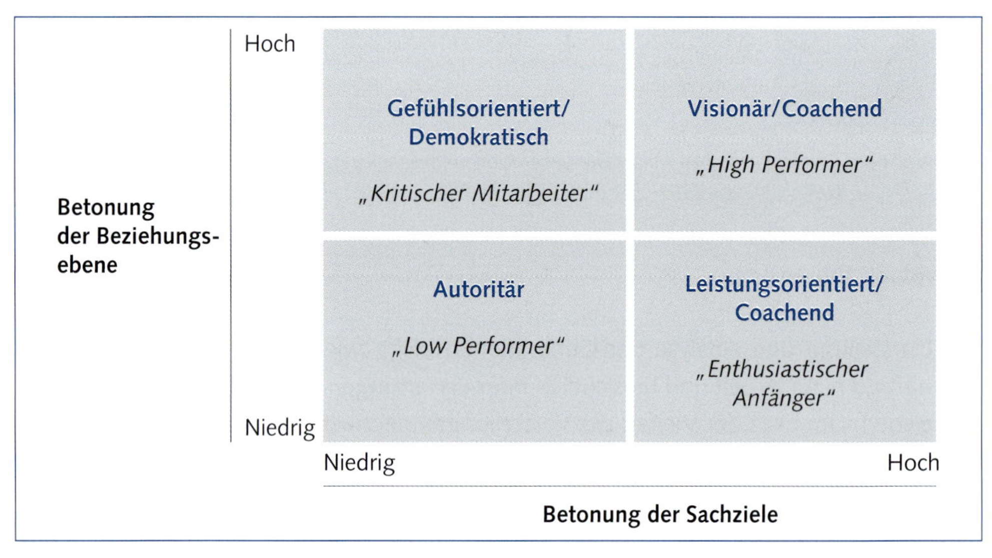

Abbildung 9: Führungsstile zur generationengerechten Mitarbeiterführung. (Quelle: Schmidt et al., 2012)

Fazit

Der Krankenhausmarkt entscheidet sich im Wettbewerb um qualifiziertes Personal. Die Treiber für den Wettbewerb sind die demographische Entwicklung, die Feminisierung der Medizin und der damit steigende Anteil von Teilzeitbeschäftigungen sowie die sehr unterschiedlichen Arbeitseinstellungen einer jungen Generation von Mitarbeitern, die der Freizeit und Selbstverwirklichung außerhalb des Arbeitsplatzes den Vorzug gibt. Lösungsansätze für diese Entwicklung sind im Wesentlichen in der prospektiven Planung der Verfügbarkeit von Mitarbeitern mit Schlüsselqualifikationen und in der gezielten Personalentwicklung zu sehen (vgl. Schmidt et al., 2013, 2104 und 2015). Hierzu gehören heute regelmäßige Feedback- und Entwicklungsgespräche für die Mitarbeiter. Daneben kommt der Qualifikation der Führungskräfte eine wesentliche Bedeutung zu, denn über gute Führung sind heute Mitarbeiter zu gewinnen und zu binden (vgl. Bruch et al., 2010). Gute Führung ergibt sich aus dem Umgang und der Wertschätzung mit seinen Mitarbeitern und dem Fingerspitzengefühl bei der Führung unterschiedlicher Generationen bzw. Präferenzen (vgl. Zemke et al., 1999). Unter den wichtigsten Gründen für die Arbeitgeberwahl nennen junge Mitarbeiter heute das Arbeitsklima, die Entwicklungsperspektiven und die Möglichkeit in Teilzeit zu arbeiten. Daher lohnt es sich nicht, den Zustand zu beklagen, sondern sich mit pfiffigen Arbeitszeitmodellen und einer individualisierten Personalentwicklung sowie kompetenten Führung mit den Themen auseinanderzusetzen. Je nach Fach kann dies sehr unterschiedliche Modelle mit sich bringen. Dabei hat es sich bewährt, nicht alle – jedoch was möglich ist – umzusetzen und sich mit den Mitarbeitern darüber zu einigen, welche Maßnahmen die größte Wirkung entfalten (vgl. Schmidt et al., 2011a). Im Ergebnis müssen also zukünftig vor allem Personalabteilungen von Krankenhäusern weiter professionalisiert werden um Führungskräfte bei diesen Aufgaben zu unterstützen. Nur so können diese den gestiegenen Anforderungen an das Personalmanagement gerecht werden. Wo dies gelingt, wird der Wettbewerb den Markt entscheiden. Jedoch, wie drückte William Edwards Deming sich so treffend aus? „Sie müssen das nicht tun. Überleben ist keine Verpflichtung."

Literatur

Augurzky B, *Kreienberg R, Mennicken R (Hrsg.)* ***(2014).*** *Zukunft der Gynäkologie und Geburtshilfe, medhochzwei Verlag, Heidelberg*

Bertelsmann Stiftung (2010). *Demografischer Wandel verändert den Erwerbspersonenmarkt, Bertelsmann Stiftung, Gütersloh, 2010 und unter http://www.bertelsmann-stiftung.de/bst/de/media/xcms_bst_dms_31500_31501_2.pdf, letzter Abruf: 27.2.2015*

Brandenburg U, *Domschke J P (Hrsg.)* ***(2007).*** *Die Zukunft sieht alt aus – Herausforderungen des demografischen Wandels für das Personalmanagement. Gabler Verlag, Wiesbaden.*

Bruch H, *Kunze F, Böhm S* **(2010)***. Generationen erfolgreich führen. Gabler Verlag, Wiesbaden.*

Bundesministerium für Familie, Senioren, Frauen und Jugend *(Hrsg.)* **(2010)***. Familienfreundlichkeit - Erfolgsfaktor für Arbeitgeberattraktivität. Personalmarketingstudie 2010, Bundesministerium für Familie, Senioren, Frauen und Jugend, Eigenverlag, Berlin.*

Bundesministerium für Familie, Senioren, Frauen und Jugend *(Hrsg.)* **(2010)***. Europäischer Unternehmensmonitor Familienfreundlichkeit. Studie in Zusammenarbeit mit der Robert Bosch Stiftung und dem Institut der deutschen Wirtschaft, Bundesministerium für Familie, Senioren, Frauen und Jugend, Eigenverlag, Berlin.*

Deutsche Gesellschaft für Personalmanagement e.V. *(Hrsg.)* **(2013)***. Megatrends und HR 2013. Praxispapier 3/2013. Eigenverlag, Düsseldorf.*

Half R (2010)*. Workplace Survey 2010, unter http://www.roberthalf.de. Letzter Abruf: 30.7.2015*

Holderried F, *Keil-Pilz R, Zipfel S* **(2012)***. Approaches to family-friendliness at the Medical Faculty of Tübingen (MFT) GMS Z Med Ausbild.29:15.*

Ilmarinen J (2005)*. Towards a longer worklife! Ageing and the quality of worklife in the European Union. Finnish Institute of Occupational Health. Eigenverlag, Helsinki.*

Paine Schofield C, *Honore S* **(2011)***. Great Expectations: Managing Generation Y, Institute of Leadership and Management/Ashridge Business School report, Berkhamsted, UK.*

Paine Schofield C, *Honore S, Laljani N* **(2011)***. Generation Y: Bridging the gulf to make them tomorrow's leaders, NHRD Network Journal 4: 23–25.*

Robert Bosch Stiftung *(Hrsg.)* **(2009)***. Demographie orientierte Personalpolitik in der öffentlichen Verwaltung. Eine Studie in der Reihe Alter und Demographie, Eigenverlag, Stuttgart.*

Sachverständigenrat zur Begutachtung der Entwicklung im Gesundheitswesen *(SVRG)* **(2009)***. Koordination und Integration – Gesundheitsversorgung in einer Gesellschaft des längeren Lebens, Sondergutachten, Eigenverlag, Bonn.*

Schmidt C E, *Möller J* **(2007)***. Katalysatoren des Wandels. In: Arnold, Robra, Schellschmidt (Hrsg.) Krankenhausreport 2006 – Krankenhausmarkt im Umbruch, Schattauer Verlag, 3–19.*

Schmidt C E, *Gerbershagen M.U., Salehin J., Weiß M., Schmidt K., Wolff F., Wappler F.* **(2011a)***. From personnel administration to human resource management: Demographic risk management in hospitals. Anästhesist 60:507–516*

Schmidt C E, *Möller J, Schmidt K, Gerbershagen M U, Wappler F, Limmroth V, Padosch S A, Bauer M* **(2011b)***. Generation Y: Recruitment, retention and development. Anästhesist 60:517–524.*

Schmidt K, *Meyer J, Liebeneiner J, Schmidt C E, Hüttenbrink K B* **(2012a)** *Generation Y in der HNO – Führung einer neuen Generation von Ärzten. HNO 60: 993–1002.*

Schmidt C, *Gerbershagen M, Schmidt K, Wappler F* **(2012b)** *Generation 55+ Halten, Motivieren Einsetzen. Anästhesist; 61: 630-4, 636–9.*

Schmidt C E, *Möller J, Windeck P* **(2013)***. Generationengerechte Führung im Krankenhaus. Deutsches Ärzteblatt 110: 928–933.*

Schmidt C E, *Möller J* **(2014)***. Generationengerechte Führung und Betriebliches Gesundheitsmanagement im Krankenhaus. In: Badura B, Ducki A, Schröder H, Klose J, Meyer M (Hrsg.) Fehlzeiten-Report 2014 Schwerpunkt: Erfolgreiche Unternehmen von morgen – gesunde Zukunft heute gestalten. Springer Verlag, Berlin Heidelberg New York Tokyo: 245–256.*

Schmidt C E, *Halbe B, Wolff F* **(2015)***. Generation Y – Wie muss das Management einer Frauenklinik den Anforderungen und Bedürfnissen einer jungen Generation entgegenkommen? Der Gynäkologe July 2015, 48: 528–536*

Schmidt C M , *Augurzky B , Krolop S , Hentschker C, Pilny A* **(2015)***. Krankenhaus Rating Report 2015: Bad Bank für Krankenhäuser - Krankenhausausstieg vor der Tür? medhochzwei Verlag, Heidelberg*

Statistisches Bundesamt (2009)*. Im Blickpunkt: Jugend und Familie in Europa. Unter: http://www.destatis.de/jetspeed/portal/cms/Sites/destatis/Internet/DE/Navigation/Publikationen/Querschnittsveroeffentlichungen/ImBlickpunkt.psml, letzter Abruf: 27.2.2015.*

Zemke R, *Raine C, Filipczack B* **(1999)***. Generations at work. Managing the clash of veterans, boomers, xers and nexters in the workplace, New York.*

Strategie freigemeinnütziger Unternehmen

Eine Geschichte aus dem richtigen Leben

Christian Utler und Arne Greiner

Die Strategie eines Unternehmens umfasst klassischerweise die langfristig geplanten Verhaltensweisen zur Erreichung wirtschaftlicher Ziele. Dabei geht es insbesondere um die Fähigkeit, aus einer mittel- bis langfristigen Betrachtungsweise einen Wettbewerbsvorteil zu entwickeln, der auf klaren Unterscheidungsmerkmalen beruht.

Auf den ersten Blick erscheint die Verbindung der Begriffe „Strategie" und „Freigemeinnützigkeit" widersprüchlich. Geht es bei Ersterem doch um die Erzeugung von Wettbewerbsvorteilen, bei Letzterem hingegen um gemeinnützige, mildtätige oder kirchliche Zwecke. Die Frage lautet also, wie lassen sich Wettbewerb und Wohltätigkeit in Einklang bringen?

Träger und ihre Ziele

Primäres Ziel von privaten Trägern im Gesundheitswesen ist es, die Erwartungen und Bedürfnisse der Anteilseigner (Shareholder) zu erfüllen. Hier ist die Generierung von Wettbewerbsvorteilen ausdrücklich erwünscht, denn je größer die Vorteile und der wirtschaftliche Erfolg in einem kompetitiven Umfeld, desto größer die finanzielle Dividende: Eine der wichtigsten Erwartungen der Anteilseigner. Kommunale Träger von Gesundheitseinrichtungen verfolgen hingegen zunächst andere Ziele, wie eine gut erreichbare und umfangreiche stationäre gesundheitliche Versorgung in einer umschriebenen Region. Universitätskliniken als besondere Einrichtungen verfolgen Ziele im Bereich Forschung und Lehre.

Bei freigemeinnützigen Trägern steht die „selbstlose Förderung der Allgemeinheit auf materiellem, geistigen oder sittlichen Gebiet" (vgl. § 52 AOEG 2007) im Vordergrund. Zur Erfüllung dieser Aufgabe werden selbstverständlich Finanz- und Betriebsmittel benötigt, die beschafft, eingesetzt und genutzt werden müssen. Bis zur Einführung der DRGs war dies im Krankenhausbereich eine Aktivität, die in der täglichen Routine der Kliniken und ihrer Verwaltungen nahezu ungesteuert und unkontrolliert erfolgte. Die

Finanzierung im Zusammenhang mit dem „selbstlosen Helfen" war dabei durch die tagesgleichen Pflegesätze und Fördermittel möglich, ohne sich wesentlich auf die oben angeführten Strategien zur Erzeugung eines Wettbewerbsvorteils zu fokussieren.

Gefangenendilemma

In der politisch orchestrierten Welt der DRGs geht es jedoch um Wettbewerb und die Ausbildung von Wettbewerbsvorteilen, welche gerade die freigemeinnützigen Träger in ein Spannungsfeld zwischen Ökonomie und Auftrag bringen. Dieses Spannungsfeld führt bei freigemeinnützigen Trägern mitunter zu einer Ambivalenz in internen Gremien, beim Ehrenamt sowie bei den Mitarbeitern.

Für den heutigen wie zukünftigen Wettbewerb zwischen Krankenhäusern müssen freigemeinnützig geführte Häuser vorbereitet sein. Im Sinne des Helfens und der Nähe ist die Beschäftigung mit Finanzen und Profit sicherlich ein schwieriges Terrain und ggf. sogar ein ökonomisches Dilemma. Christliche Ethikkriterien machen Aktivitäten auf diesem Feld jedoch nicht unmöglich – Wettbewerbsvorteile können auch unter Wahrung ethischer Positionen erzeugt werden. Die Grundhaltung und der Auftrag christlich geführter Non-Profit-Organisationen bzw. frei gemeinnütziger Organisationen sind auf strategischer Seite die Existenzsicherung der Häuser für die nächsten Generationen. Es geht sicherlich nicht um Gewinnmaximierung. Dieses gilt es bei der Umsetzung einer Strategie zu berücksichtigen.

Ein konkreter Fall

Mögliche Antworten auf die Frage, wie freigemeinnützige Träger im Spannungsfeld zwischen Wettbewerb und Wohltätigkeit agieren können, werden im Folgenden anhand eines konkreten Falls, der Malteser Kliniken Rhein-Ruhr, dargestellt.

Die Malteser Kliniken Rhein-Ruhr bestehen aus den drei Krankenhäusern Malteser Krankenhaus St. Johannes-Stift in Duisburg-Homberg, dem Malteser Krankenhaus St. Anna in Duisburg-Huckingen und dem Malteser Krankenhaus St. Josefshospital In Krefeld-Uerdingen. Die drei Standorte liegen jeweils ca. 10 km Luftlinie voneinander entfernt.

Die Malteser Kliniken Rhein-Ruhr sind mit ca. 150 Millionen Euro Umsatz Teil der Malteser Rhein-Ruhr gGmbH, welche zudem aktuell noch 15 Wohn- und Pflegeeinrichtungen sowie ein Hospiz vorhält. Die Malteser Rhein-Ruhr gGmbH wiederum ist eingebettet in die Malteser Deutschland und generiert etwa die Hälfte des gesamten Umsatzes von 500 Millionen Euro jährlich.

Die Malteser stehen für zwei übergeordnete Ziele: das Bekenntnis des (katholischen) Glaubens und die Hilfe für Bedürftige. Daraus leiten sie für den Krankenhaussektor folgende übergeordneten Themenschwerpunkte ab: die Hospiz- und Palliativmedizin, die Versorgung von demenziell Erkrankten und die altersgerechte Medizin. Zudem hat die intensive Einbindung von Ehrenamt und Seelsorge für die Malteser einen sehr hohen Stellenwert.

Ökonomisch ist trägerseitig eine Zielrendite von 3 Prozent vorgegeben, um die Infrastruktur erhalten bzw. weiterentwickeln zu können.

Lokale und regionale Konkurrenz

In den relevanten Kreisen und kreisfreien Städten im Umkreis von 30 km der Malteser Kliniken Rhein Ruhr wohnen mehr als 4,3 Millionen Einwohner, was einem Aufkommen an stationären Krankenhausfällen im Jahr von mindestens 850 000 Fällen entspricht, wovon 35 000 in den drei Malteser-Kliniken behandelt werden. Die Kliniklandschaft im Duisburger Raum ist gekennzeichnet durch eine sehr hohe Verdichtung an Leistungserbringern mit großstädtischem Charakter in angrenzenden Bereichen. Nach Norden und Nordwesten zum Niederrhein sind die Regionen durch niedrige Einwohner- und Krankenhausdichte charakterisiert. In einem 30-km-Umkreis befinden sich jedoch mehr als 30 Krankenhäuser, die zumindest in Teilen das gleiche Leistungsspektrum wie die Malteser anbieten. Dies impliziert, dass einerseits der lokale und regionale Konkurrenzdruck sehr hoch ist, andererseits aber durch die hohe Bevölkerungsdichte die Anzahl der zu erwartenden Krankenhausfälle sehr hoch ist und diese in den nächsten 10 bis 15 Jahren trotz leichtem Bevölkerungsrückgang in den meisten Behandlungsindikationen noch zunehmen werden.

Ausgangssituation

Bis 2010 waren die Antworten der damals noch zwei Häuser der Malteser Kliniken Rhein-Ruhr auf die Anforderungen der „DRG-Welt" und auf den Wettbewerbsdruck noch ausreichend. Jedoch begann sich bereits zu diesem Zeitpunkt zunehmend die Erlös-Kosten-Schere auf zu spreizen. Mit der Folge eines deutlich negativen Betriebsergebnisses im Jahr 2012. Insbesondere die Steigerungen bei Personal- und Sachkosten wuchsen überproportional zu den Erlösen (Abbildung 1).

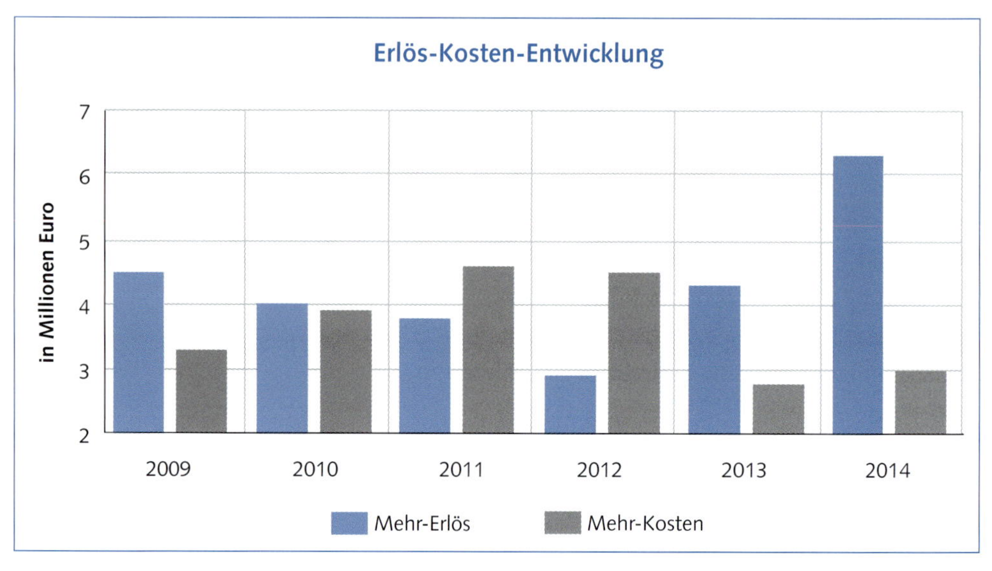

Abbildung 1: Erlös-Kostenschere (Quelle: Eigene Darstellung)

Ursächlich hierfür waren zunehmend manifeste Schwächen im Unternehmen, welche durch die Stärken nicht mehr kompensiert werden konnten. Die einzelnen Schwächen- und Stärkeninhalte erscheinen hierbei nicht spezifisch für die Malteser Kliniken Rhein-Ruhr, sondern finden sich ebenso in mehr oder weniger ähnlicher Ausprägung in vielen anderen Krankenhäusern freigemeinnütziger Träger (Abbildung 2).

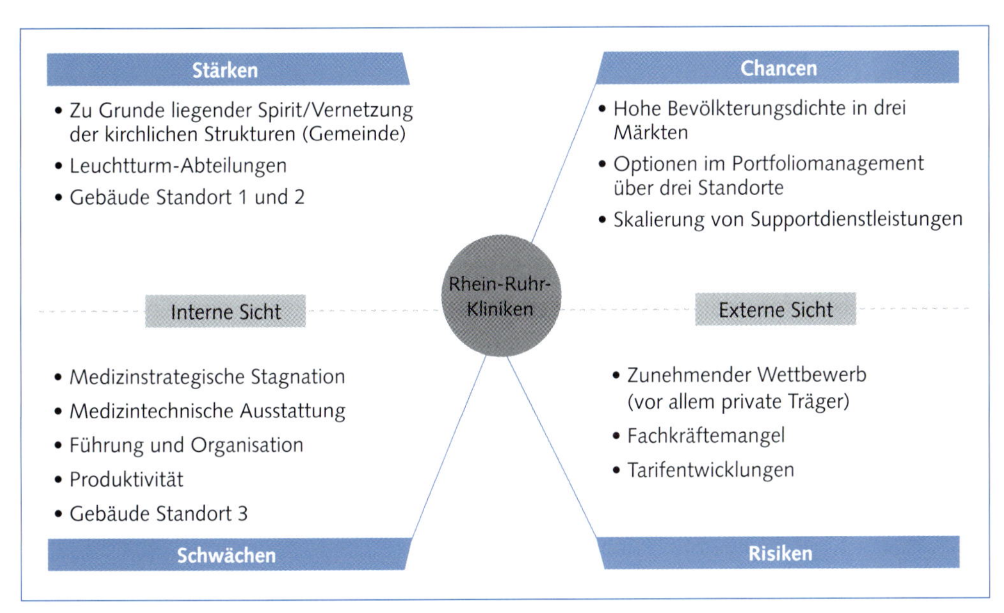

Abbildung 2: SWOT-Analyse (Quelle: Eigene Darstellung)

Auf Grundlage der Stärken- und Schwächenanalyse wurde im vierten Quartal 2012 nach einem Wechsel in der Unternehmensspitze ein strategischer Umdenkprozess eingeleitet. Die Zustimmung durch den Malteser-Aufsichtsrat im ersten Quartal 2013 zu diesem Vorgehen führte zu einer weiteren Verfeinerung, insbesondere mit konkreten Maßnahmen und Zeitschienen, sodass umgehend mit der Umsetzung begonnen werden konnte.

Ausgangspunkt dabei war die Adaption des Portfolios, was Veränderungen in der Organisationsstruktur, im Bereich des Personals, der Infrastruktur, der Kosten und der Prozesse nach sich zog. Die Umsetzung der Strategie erfolgte und erfolgt dabei in einem klassischen Change-Management-Projekt mit den von der Theorie her bekannten Phasen. Begleitet wurde dies von einem mehrdimensionalen, transparenten Informationsmanagement. Wichtig hierbei war die Überprüfbarkeit der Ergebnisse aller Maßnahmen durch objektivierbare, leicht verständliche und durch alle Mitarbeiter des Unternehmens akzeptierte Kriterien bzw. Kennzahlen.

Am Anfang steht das Portfolio

Wie vermutlich bei einer Vielzahl der freigemeinnützigen Träger begründete sich das klinisch-fachliche Portfolio der Malteser Rhein-Ruhr-Krankenhäuser zumindest noch bis Ende der ersten Dekade des 21. Jahrhunderts nicht auf einer bewusst gesetzten Langfriststrategie. Vielmehr ist dieses Behandlungsfeld historisch bedingt und aufgrund lokaler Anforderungen in Verbindung mit dem Ziel der Fürsorge und des Helfens sukzessive angepasst und allenfalls marginal geändert worden. Das Portfolio unterliegt somit einer gewissen Beliebigkeit und berücksichtigt nicht die mittlerweile deutlich höhere Mobilität der Patienten und deren Angehöriger. Außerdem werden die massive Zunahme der Komplexität im Leistungsgeschehen, die Limitationen im Zusammenhang mit der Kompetenz der Mitarbeiter sowie der Verfügbarkeit von ausreichend Personal und den stark gewachsenen Anforderungen hinsichtlich technischer Ausstattung und Gebäudeinfrastruktur nicht berücksichtigt.

Alle drei Standorte leiten sich aus dem Auftrag eines katholischen Krankenhauses zur Versorgung der jeweils örtlichen Gemeinden im Sinne eines Gemeindekrankenhauses ab und liegen so bei einer Kapazität von 250 bis 350 Betten – mit zuletzt Leistungen auf drei verschiedenen Versorgungsstufen:

- **Grundregelleistungen**: Diese werden in der Inneren Medizin und Allgemeinchirurgie einschließlich Orthopädie und Unfallchirurgie für die lokale Bevölkerung erbracht.
- **Schwerpunktversorgung**: Die regionale Versorgung der Bevölkerung erfolgt in den Abteilungen Gynäkologie und Geburtshilfe, der Urologie und Geriatrie bis hin zur komplexen Diagnostik und Therapie.
- **Hochkomplexe Versorgung**: Hier erfolgt die Versorgung mit auch überregionaler Bedeutung in den Abteilungen Mund-, Kiefer-, Gesichtschirurgie, der Hals-Nasen-Ohrenheilkunde sowie auch in der Gefäßchirurgie. Hier ist das Leistungsspektrum in großen Teilen auf universitärem Niveau angesiedelt.

Folgende Prämissen standen als Leitplanken bei der Veränderung des wie oben beschrieben nicht mehr wettbewerbsfähigen Portfolios:

- Wir machen nicht alles, was wir können, sondern nur das, was wir besser können als die anderen.
- Der Markt selbst stellt bei der hohen Bevölkerungsdichte keine Limitation dar.
- Steigerungen bei den Kernleistungen sind über einen Verdrängungswettbewerb möglich.
- Skalierungen sind durch Leistungsverlagerung und Verdichtung auf weniger Fachabteilungsstandorte erforderlich.
- Die hochkomplexen Versorgungsanteile werden weiter ausgebaut und die dafür notwendigen strukturellen und personellen Investitionen hierfür getätigt.

Auf Grundlage des eben genannten Rahmenwerks wurde die Strategie mehrdimensional für die Malteser Kliniken Rhein-Ruhr neu definiert:

Die Malteser Kliniken Rhein-Ruhr richten sich mit ihren drei Standorten zum virtuellen Großklinikum aus. Dabei werden die Leistungen im Grund-, Regel- und Schwerpunktversorgungsbereich aufrecht erhalten. Die Onkologie (solide Tumoren) wird sowohl auf der kurativen Schiene als auch auf der palliativen Schiene gestärkt. Die Herzgefäßmedizin und der Bereich Head & Neck (MKG, HNO) werden zu innovativen Zentren mit Leuchtturmcharakter weiter entwickelt und deren überregionale Bedeutung ausgebaut. Dabei differenzieren die Malteser Kliniken Rhein-Ruhr neben der Innovation in den Leuchtturmbereichen insbesondere durch die Nähe und Wärme der Mitarbeiter zum Patienten und agieren innerhalb der von den Maltesern gesetzten ethischen Leitlinien, besonders im Zusammenhang mit der Akzeptanz der Grenzen des Lebens.

Aus der Versäulung heraus

Nachhaltige Veränderung bedingt im ersten Schritt eine Ausrichtung der aktuellen Organisationsstruktur auf die avisierten Ziele. Die drei Krankenhäuser der Malteser Kliniken Rhein-Ruhr wurden – historisch bedingt – typischerweise und klassisch durch ein Direktorium aus Ärztlichem Direktor, Pflegedirektor und Kaufmännischem Direktor geführt, welche jeweils für sich und in der Regel über den Kaufmännischen Direktor zur Geschäftsführung berichteten. Die primären Unterstützungsdienstleistungen, also die „klassische Verwaltung", wie zum Beispiel Personal, Technik oder Medizincontrolling waren jeweils vor Ort mit eigener Team- und Leitungsstruktur angesiedelt. Bedingt durch diesen klassischen Aufbau wurde ein horizontaler Austausch bzw. eine horizontale Abstimmung erschwert. Dies hatte zur Folge, dass sich die Mitglieder der Leitungsebene zwar kannten, jedoch wenig über die Stärken bzw. Bedürfnisse der anderen Standorte wussten. Durch Unterschiede in den Zielsystemen und getrennte Krankenhausbudgets in der internen Sicht war die Ausrichtung zu einem gemeinsamen, virtuellen Großklinikum nicht möglich.

Im ersten Schritt wurde so mit der Bildung eines Direktoriums der Malteser Kliniken Rhein-Ruhr begonnen, besetzt durch einen Ärztlichen Direktor, einen Pflegedirektor und einen Kaufmännischen Direktor. Die Geschäftsführung erhielt eine zusätzliche Hierarchieebene, die es ermöglicht, den horizontalen Austausch zu verstärken. Vor Ort verbleiben eine Leitungsebene mit einer ärztlichen Leitung, einer Pflegeleitung sowie einer Campusleitung, allerdings mit deutlich eingeschränkter Entscheidungsverantwortung.

Die Unterstützungseinheiten wurden zentralisiert, gleichwohl in ihrer Örtlichkeit auf alle drei Standorte verteilt. Die Mitarbeiter agieren dabei standortübergreifend als „Flying Supporters". Zugegebenermaßen werden so nicht unerhebliche Kosten für Mobilität und Informationstransaktionen generiert. Der Mehrwert durch den Wissenstransfer bei der Patientenbehandlung auf der einen Seite sowie der Personalsteuerung auf der anderen Seite wiegt jedoch diesen Ressourceneinsatz auf.

Darüber hinaus erfolgten signifikante Eingriffe in der Fachabteilungsstruktur, um dem Ziel eines Ausbaus von Exzellenzclustern im virtuellen Klinikum näher zu kommen. Mittlerweile werden vier Fachdisziplinen chefärztlich über zwei Standorte hinweg geführt (Innere Medizin, Allgemein-/Viszeralchirurgie, Gefäßchirurgie, Mund-Kiefer-Gesichtschirurgie) sowie drei Disziplinen über drei Standorte (Anästhesie, Intensivmedizin, Kardiologie). In der Kardiologie wird erstmalig eine Struktur analog dem Vorbild einer US-amerikanischen „Faculty" umgesetzt. Dies bedeutet den Verzicht auf eine singuläre chefärztliche Leitung und den Einsatz mehrerer gleichberechtigter kardiologischer Teammitglieder, welche sich lediglich in ihrem Expertenstatus (Senior Expert, Junior Expert) unterscheiden. Diese bleiben als Team autonom in ihrer Fachkompetenz und sind gemeinsam verantwortlich für die kardiologische Versorgung an allen drei Standorten. Um die Versorgung auf den Stationen zu gewährleisten, greift das kardiologische Team zudem auf assistenzärztliche Unterstützung aus dem Zentrum für Innere Medizin zurück, welches bereits alle drei Standorte umspannt. Neben dem Zentrum für Innere Medizin wird auch die Radiologie über die drei Standorte gemeinsam geführt. Zudem wurde mit einer standortübergreifenden virtuellen Intensiveinheit die Intensivmedizin in einem Zentrum für Intensivmedizin zusammengelegt, welches direkt über das Direktorium gesteuert wird.

Man gewinnt nur mit den richtigen Köpfen

Eine wesentliche Voraussetzung für den nachhaltigen Erfolg bei der Umsetzung einer Strategie stellen die Führungskräfte dar. Zum einen garantiert nur eine ehrliche Zustimmung der Führungskräfte die Chance auf echte Veränderung. Zum anderen erfordert es neben der passenden Haltung insbesondere im ärztlichen Bereich nicht nur fachliches Know-how, sondern auch entsprechende Managementkompetenz bzw. Abstraktionsfähigkeit, um erfolgreich Veränderungen umzusetzen und das Unternehmen weiter zu entwickeln.

Die eben beschriebenen organisatorischen Änderungen mit konsekutivem Macht- bzw. Kompetenzverlust auf der einen Seite, aber auch deutlich höheren Ansprüchen auf der anderen, bedingte einen Austausch von mehr als der Hälfte eines 20-köpfigen Chefarztkollegiums innerhalb der ersten 18 Monate.

Auch außerhalb der ärztlichen Führungsriege wurden Schlüsselpositionen bei Abteilungsleitern neu besetzt. Dieser gerade für einen freigemeinnützigen Träger doch sehr radikale Umbau in der Riege der Führungskräfte stieß insbesondere bei den internen Stakeholdern aber auch bei vielen niedergelassenen Ärzten auf größeres Unverständnis. Gerade im Personalmanagement von Non-Profit-Organisationen bzw. freigemeinnützigen Unternehmen geht es auch immer darum, Mitarbeiter langfristig zu binden und Schwächere von der Organisation mitzutragen.

Bei der Bewertung des Spannungsfeldes zwischen Wirtschaftlichkeit und Grundauftrag hat in der Gedankenwelt von freigemeinnützigen Trägern das Bild eines Gutmenschen, der „alles für den Patienten tut" und der sich zu jeder Zeit vollumfänglich zu den Missionszielen bekennt, ein nicht zu vernachlässigendes Gewicht. Eine pro-aktive Trennung von Mitarbeitern kann so als ein Schlag gegen den Grundauftrag gewertet werden. Ein Führungsverständnis, welches neben dem Fördern und der Akzeptanz von Schwächen von Mitarbeitern auch fordert und ggf. interne Diskussion, Bewegung bzw. Unruhe erzeugt, wird im Vergleich zu Profit-Organisationen oft nicht ausreichend unterstützt. Gerade dieser Umstand erweist sich jedoch als kontraproduktiv für den erforderlichen Wandel.

Neben der Neubesetzung von leitenden Positionen wird hohe Priorität auf den Ausbau der Führungs- und Managementkompetenz der gegenwärtigen Führungskräfte gelegt. Bekanntlich erscheint, im Vergleich zu anderen Branchen, ein entsprechendes Fortbildungsbudget im Krankenhausmanagement eher gering und eine langfristige Führungskräfteentwicklung deutlich weniger ausgereift. Daraus folgt oftmals eine geringere Ausprägung und Wahrnehmung der Führungsrolle.

Bei den Malteser Kliniken Rhein-Ruhr wurde und wird in Bezug auf die Führungskräfteentwicklung besonderer Wert auf den Einsatz von Coaching, Supervision und extern begleiteter Teamentwicklung gelegt. Ergänzend durchlaufen sämtliche Führungskräfte (Chefärzte, Oberärzte, Stationsleitungen, stellvertretende Stationsleitungen, Leitungen des Funktionsdienstes, Abteilungsleiter der unterstützenden Dienstleister) ein Fortbildungscurriculum mit insgesamt 14 Fortbildungstagen. Zur Förderung der Interprofessionalität werden die Oberärzte gemeinsam mit den Stationsleitungen geschult, um das wechselseitige Verständnis zu verbessern sowie eine Auffassung bzw. Haltung als echtes gemeinsames Leitungsteam in einem „mittelgroßen, mittelständischen Betrieb" (pro Station durchschnittliche Mitarbeiteranzahl 25, durchschnittliches Budget 2 Millionen

Euro) aufzubauen bzw. einen besseren Gleichklang herzustellen. Voraussetzung hierfür waren zunächst getrennte Basisschulungen, um in einem ersten Schritt ein gemeinsames Führungs- und Managementvokabular zu erlernen und die eigentlichen Bedarfe in den unterschiedlichen Gruppen zu ermitteln. Weitere Leitgedanken bei der Führungskräfteentwicklung sind Gesichtspunkte der Fürsorge, des Vorbilds und der Verteilungsgerechtigkeit. Gerade die Verteilungsgerechtigkeit steht hierbei, ebenso wie das oben beschriebene Dilemma zwischen Ökonomie und Auftrag, vordergründig im Widerspruch zum archaischen Bild des Helfenden.

Dieser hohe Anspruch an das eigene Handeln spiegelt sich zu allererst in der Mission der Malteser „Hilfe den Bedürftigen" wider und somit auch in den wichtigsten Bereichen, der Hospizarbeit und der Palliativmedizin. Diese beiden Bereiche sind von Seiten der internen und externen Stakeholder gleichermaßen emotional hoch aufgeladen wie wirtschaftlich hoch defizitär. Strategisch bedeutet dies die Umverteilung von Ressourcen bzw. die gerechtere Allokation auch im Hinblick auf ökonomische Erfordernisse.

Bereits zu Beginn der Führungskräfteentwicklung stellte sich die Frage, ob gerade im pflegerischen und ärztlichen Bereich überhaupt genügend Zeit zur Umsetzung der Führungskräfteaufgaben zur Verfügung steht. Im Bereich der Pflege manifestierten sich deutliche Limitationen. So wurde pro Station eine halbe Vollkraftstelle aufgebaut und zusätzlich eine stellvertretende Stationsleitung eingesetzt, um die Kontinuität in der Steuerung bei Abwesenheit der Leitung zu verbessern.

Incentive Management

Bei Durchsicht der Vertragssituation zeigten sich große Unterschiede hinsichtlich der Incentivierungssystematik, welche sukzessive verändert werden musste. Durch die zahlreichen Neueinstellungen im chefärztlichen Bereich und Umstellungen bestehender Verträge mit Privatliquidation und Abgabe von Nutzungsentgelten sowie Poolausschüttung, kommen mittlerweile nahezu ausschließlich neue außertarifliche (AT)-Verträge mit einem Fixum und relativ kleinem variablem Anteil zur Anwendung. In diesem Zuge konnten auch alle Oberarzt- bzw. Leitenden Arzt-Verträge umgestellt werden. Diese Umstellung, einschließlich der Umwidmung von mitunter sehr hohen variablen Gehaltsbestandteilen in Fixbeträge, führte trotz der Skepsis von externen Autoritäten nicht zu einem Leistungseinbruch, sondern im Gegensatz zu einer Leistungssteigerung.

Im ersten Schritt konnten durch diese Maßnahmen die drei Kliniken und ihre unterschiedlichen Abteilungen von den Zielen her gleichgeschaltet sowie Konflikte bei konkurrierenden Zielen minimiert werden. Darüber hinaus löste sich der hohe Druck einiger Chefärzte mit sehr hohem variablen Gehaltsbestandteil, der bis zur Umstellung eher kontraproduktiv und mitunter sogar destruktiv gewirkt hatte. Die betroffenen Chefärzte interpretieren die Umstellung hin zu mehr Fixum als ein großes Zeichen des Vertrauens in ihre intrinsische Motivationsfähigkeit und in ihre Bereitschaft, das Beste zu geben. Mit dieser Geste ging ein Ruck durch die Top-Führungskräfte, der sich bis hin zu den nachgeordneten Mitarbeitern mit einer Welle der Motivation und neuer Ideen fortsetzte.

Aktuell liegen die variablen Gehaltsbestandteile bei in etwa 10 Prozent der Gesamtsumme, wobei sich lediglich ein Viertel davon auf ein ökonomisches Ziel, den EBIT aller drei Häuser, bezieht. Ansonsten werden ausschließlich qualitative Ziele incentiviert.

Die Optionen der Incentivierungen bleiben dabei aktuell durch die Vorgaben der Arbeitsvertragsrichtlinien (AVR) limitiert und können nur schwer auf nachgeordnete Mitarbeiter bzw. auf Mitarbeiter ohne außertariflichen oder übertariflichen Vertrag herunter gebrochen werden. Kleine im AVR bereits eingepreiste variable Gehaltsbestandteile werden nach wie vor wie mit einer Gießkanne über alle ausgeschüttet, da ein zielgerichteter Einsatz und die „Belohnung" von über dem „Grundrauschen" liegenden Leistungen von Seiten der Mitarbeitervertretung zustimmungspflichtig ist. Obwohl diese Option bereits seit Jahren im AVR besteht, ist es bis dato nicht gelungen, bei den Mitarbeitervertretungen das Eis zu brechen und gemeinsam gerechtere Verteilungsregeln zu entwickeln.

Im Zusammenhang mit der oben beschriebenen Strategie „virtuelles Klinikum über drei Standorte" würde hier primär die Bereitschaft zur Rotation belohnt werden. Ebenso die Bereitschaft bei Krankheitsausfällen als Vertretung einzuspringen und das persönliche Engagement im Zusammenhang mit umschriebenen Projekten und Prozessverbesserungen. Möglichkeiten der Höhergruppierungen im AVR erscheinen nicht als Alternative geeignet, verlässt man dabei doch die Idee der gezielten Honorierung von über dem Durchschnitt liegendem Leistungen auf Grundlage von gemeinsam vorher geschlossenen Zielvereinbarungen.

Mangels weiterer Alternativen werden zur Anerkennung und gezielten Förderung von Mitarbeitern großzügig Fortbildungsmaßnahmen und Incentivierungen von ganzen Teams sowie Maßnahmen im Zusammenhang eines betrieblichen Gesundheitsmanagements eingeführt. Entgegen den klassischen Vorbildern des Gesundheitsmanagements geht es jedoch nicht darum, Mitgliedschaften in Fitnessclubs zu unterstützen oder aktive Pausen bzw. sonstige „Pull-Angebote" vorzuhalten. Es geht vielmehr um echten „Push" vor Ort auf den einzelnen Stationen und Funktionseinheiten. Auf Grundlage einer ausgedehnten, mehrdimensionalen Bedarfsabfrage wurden Programme entwickelt, die Trainer sowohl im Früh-, Spät- als auch Nachtdienst direkt in kurzen Einheiten mit unseren Mitarbeiter im 1:1 Verhältnis oder in kleinen Teams üben, um eine Basismotivation für eine bedarfsadaptierte Beschäftigung mit dem Thema Gesundheit auch außerhalb der Arbeitszeit zu erzeugen.

Die richtigen Werkzeuge und die richtige Hülle

Entsprechend der Portfoliostrategie – Aufrechterhaltung der Leistungen im Grund-, Regel- und Schwerpunktversorgungsbereich und Entwicklung von echten Leuchttürmen in ausgewählten Teilbereichen (Onkologie, Gefäßmedizin und Head & Neck) mit weiteren Ausbau der Maximalversorgungsaspekte einhergehend mit der Marktführerschaft hinsichtlich medizinischer und technischer Innovation – war es erforderlich, in die technische Struktur zu investieren.

Strahlentherapie

Die Onkologie, insbesondere die der soliden Tumoren, war historisch bedingt mit einem Prostata-, einem Darm-, einem Brustzentrum und den Angeboten der Palliativmedizin und des Hospizes bereits auf einem sehr hohen Niveau. Zur Komplettierung des Angebots fehlte jedoch die strahlentherapeutische Versorgung aus eigener Hand.

So wurde eine strahlentherapeutische Praxis in der Mitte Duisburgs und im Mittelpunkt des „magischen Dreiecks" der drei Krankenhäuser erworben. Zur Vermeidung von Brüchen in der stationär-ambulanten Versorgungskette wurde ein MVZ gegründet.

Die Finanzierung des Praxiserwerbs erfolgt ausschließlich über Cash Flow auf einen Zeitraum von acht Jahren. Alle stationären Patienten der Malteser Kliniken Rhein-Ruhr werden mittlerweile durch das strahlentherapeutische MVZ versorgt, ebenso eine Vielzahl der Patienten, welche nach einer Operation eine adjuvante Strahlentherapie benötigen oder aber neoadjuvant therapiert werden. Da sowohl die Erlöse aus der Strahlentherapie als auch die Erlöse aus den operativen Leistungen im Unternehmen bleiben, zeigen sich darüber hinaus keine Limitationen mehr hinsichtlich der Therapieempfehlung. Gerade in der Urologie (Prostata), in der Viszeralchirurgie (Ösophagus und Rektum) sowie im Head & Neck-Bereich, mit dem Wechsel zu neoadujuvanten Regimen und der alleinigen primären Bestrahlung als gleichwertige Alternative zur Operation, können Entscheidungen ausschließlich auf Grund der Evidenz und auf Grund der Bedürfnisse und Wünsche der Patienten getroffen werden. Einer berechtigten oder nicht berechtigten Diskussion zu ökonomischen Zwängen bei der Therapieauswahl müssen sich unsere Experten daher nicht stellen. Dieser Umstand führt zu einer nicht unerheblichen Entlastung – vor allem der Ärzte. Ein solcher Entlastungseffekt kann im Sinne eines ökonomischen Benefits sicher nicht einfach gemessen werden. Für die Attraktivität der Onkologie einschließlich Strahlentherapie erscheint dies aber förderlich, da die Therapieentscheidung nicht auf Grundlage wirtschaftlicher Interessen verwässert wird.

Die Fallzahlen der Bestrahlung onkologischer Patienten verdoppelten sich bereits im ersten Jahr nach dem Erwerb der Praxis. Möglich war eine solche gewaltige Leistungssteigerung durch drei Faktoren. Erstens überzeugte die hohe Indikationsqualität, wie eben beschrieben in der Patienten- und Fachöffentlichkeit. Zweitens galten die einhergehend mit dem Erwerb der Praxis eingestellten Strahlentherapeuten und Physiker als integer und hoch kompetent. Und drittens konnte durch eine Erneuerung der Soft- und Hardware der beiden vorhandenen Linearbeschleuniger zum einen das Behandlungsspektrum erweitert und zum anderen die Bestrahlungszeiten reduziert werden.

Robotik und Ausbau der minimal invasiven Applikationen

Im Sinne der lokalen Führungsrolle hinsichtlich Innovation im onkochirurgischen Bereich war die Implementierung der Robotikchirurgie als nächster Schritt sinnvoll. Deutschlandweit sind mittlerweile in ca. 80 Krankenhäusern entsprechende Geräte im Einsatz. Gleichwohl die Investitionskosten für Hardware und Verbrauchsmaterial einschließlich Instrumentenaufbereitung auf den ersten Blick unangemessen hoch erscheint, wirkt die Maßnahme auf den zweiten Blick als wirksamer Ergebnistreiber. Ein Break Even lässt sich mit 200 hoch-komplexen operativen Eingriffen am Roboter erreichen. Dies gelingt an den Malteser Kliniken Rhein-Ruhr durch den Einsatz des Roboters in der Urologie, der Viszeralchirurgie und des Head & Neck-Bereichs. Nach dem Durchlaufen einer Lernkurve und einem vorab sehr hohen Bedarf an Ausbildungsbudget- und Personalressourcen profitiert der OP-Bereich nun durch weniger ärztlichen Personalaufwand am Tisch. Zudem verkürzten sich im Vergleich zur offenen Operation bzw. laparoskopischen Eingriffen die Schnitt-Naht Zeiten. Darüber hinaus lassen sich weitere Verweildauereffekte bei nachgewiesenermaßen weniger Komplikationen und schnellerer Rekonvaleszenz insbesondere bei Risikopatienten erzielen.

Die Head & Neck-Einheit stellt durch die Nutzung der Robotik einen wirklichen „First Mover" dar, da diese Eingriffe mit einem OP-Roboter in Deutschland noch überhaupt nicht durchgeführt werden. Bei den hohen onkologischen Fallzahlen (drittgrößter Anbieter in Nordrhein-Westfalen) und der hohen Dichte an sehr erfahrenen Operateuren ist es schnell möglich, einen hohen Erfahrungslevel aufzubauen und weitere überregionale Zuweisungsströme zu generieren. Die minimal-invasiven Head & Neck-Anteile wurden neben der Robotik zudem durch die Installation einer HNO-Suite komplettiert, um sich auch bei HNO-Standardeingriffen sowohl von der Qualitäts- als auch von der Prozessseite gegenüber anderen Anbietern abzugrenzen.

Herz- und Gefäßmedizin

Die Herz- und Gefäßmedizin erschien ebenfalls, im Hinblick auf eine historisch bedingt starke Gefäßchirurgie und unter Berücksichtigung der epidemiologischen Grundlage, geeignet, sich hinsichtlich innovativer und hoch komplexer Leistungen zu erweitern. Konsekutiv war eine Aufrüstung der technischen Ausstattung erforderlich.

Im ersten Schritt wurde ein Herzkatheter-Messplatz zur Komplettierung des kardiologischen Schwerpunktangebots implementiert. Dadurch können zum einen kardiologische Notfälle von eigenen Patienten mit ausreichender Prozessgeschwindigkeit behandelt werden. Zum anderen kann im Sinne des Zentrumsgedankens auf kardiale Symptome externer Gefäßpatienten diagnostisch und therapeutisch reagiert werden. Parallel dazu wurde die Radiologie um Kardio-CT- und Kardio-MRT-Funktionalitäten erweitert.

Die Einrichtung des Messplatzes war mit einem Personalaufbau bei den kardiologischen Fachärzten von drei Vollkräften auf sechs Vollkräfte und mit dem Aufbau des Funktionsdienstes um vier Vollkräfte verbunden, um eine umfassende Bereitschaft mit Interventionskorridor („door to balloon time") unter einer Stunde zu gewährleisten. Gerade das Bekenntnis zu invasiven Techniken bei kompletter Vorhaltung von nicht-invasiver Diagnostik (Kardio-CT und Kardio-MRT) bzw. hoher Personalausstattung stößt auf hohe Resonanz bei den Kostenträgern, um den Ausbau des Leistungsspektrums bei bereits hoher Leistungsdichte im Umfeld zu unterstützen und auf ebenso hohe Akzeptanz bei Patienten und Einweisern.

Im zweiten Schritt wurde der eigentliche Innovationstreiber, die Gefäßmedizin, mit einem Hybrid-OP ausgestattet, um als erster Standort im Großraum Duisburg Wettbewerbsvorteile zu generieren (Abbildung 3). Im Sinne der Auslastung und der Bündelung von Kompetenzen bzw. zur Reduzierung von Vorhaltekosten an den anderen Standorten war es neben den technischen Projektaktivitäten erforderlich, das gesamte Behandlungsspektrum des arteriellen Schenkels zu zentralisieren und zwei der drei Standorte zu gefäßmedizinischen Portalen umzubauen. Von der Managementaufmerksamkeit erfordert eine solche Zentralisierung deutlich höhere Valenzen, ergeben sich doch bei der Mehrdimensionalität der Chancen und vor allem der Risiken zahlreiche Handlungsstränge mit zum Teil hoher emotionaler Aufladung und hohen Bearbeitungsaufwänden.

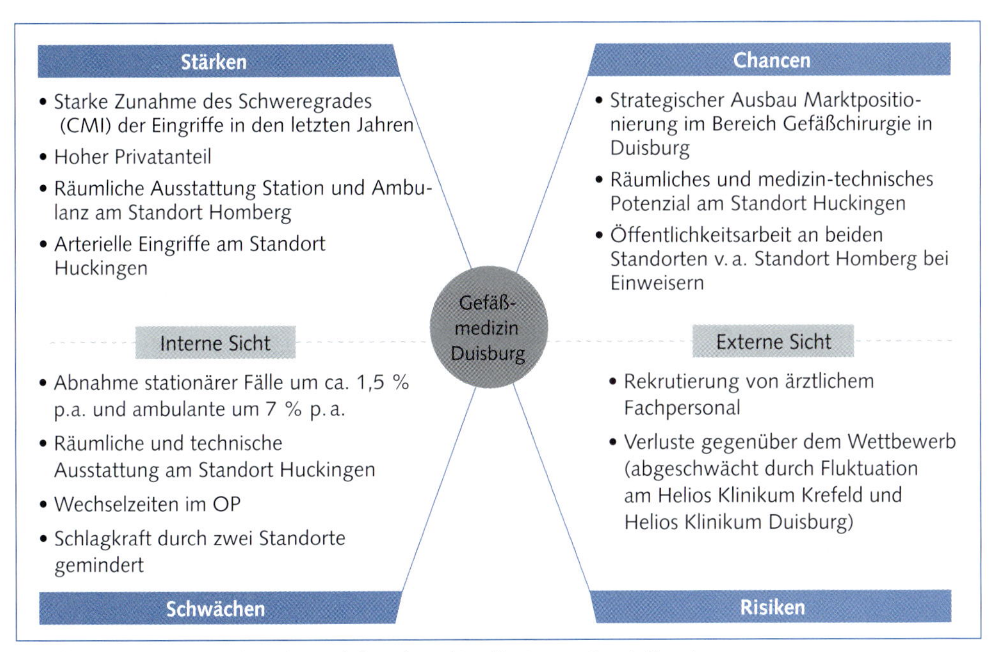

Abbildung 3: SWOT-Analyse der Gefäßmedizin (Quelle: Eigene Darstellung)

Radiologie

Wie oben beschrieben wurde die Radiologie der drei Standorte der Malteser Kliniken Rhein-Ruhr organisatorisch zusammengefasst und von den Bildgebungsoptionen (z. B. Kardio-CT, Kardio-MR) erweitert. In diesem Zusammenhang wurde der komplette Gerätepark (1 MR, 3 CT´s, 7 Buckyarbeitsplätze, 1 Mammographie) auf Grundlage der aktuellen Leistungszahlen und im Hinblick auf potentiell zu hebende Effizienzeffekte und der Strategie erneuert. Diese Geräteinnovation führte neben dem Innovationsschub zudem zu einer signifikanten Einsparung im Bereich Leasing und Wartung, sodass sich auch retrospektiv bei der Bewertung durch externe Autoritäten der Eigenbetrieb im Vergleich zum Outsourcing signifikant kostengünstiger darstellt.

Ausflug Betreibermodell

Neben den bekannten Finanzierungsverfahren wie Darlehen oder Leasing wurden der Hybrid-OP sowie die HNO-Suite mit einem Partner aus der Industrie als Betreibermodell realisiert. Erstens konnten durch diese Art der Partnerschaft bessere Preise bei der technischen Ausstattung durch Drittanbieter erzielt werden, da der Partner durch globale Abnahmevolumen höher skalieren konnte. Zweitens war die Erfahrung bei der Installation der Geräte und bei Umbaumaßnahmen ebenso hilfreich, wie im Zusammenhang mit Schulungs- und Marketingmaßnahmen bzw. mit Optimierungen im OP-Prozess sowie in der Materiallogistik. Drittens konnte im Betreibermodell ein echtes „Risk-sharing" erzielt werden. Kommt es also nicht zu den avisierten Fallzahlsteigerungen, bleiben bei einem im Kern konzertierten „Pay-Per-Use-Modell" für wesentliche Aufwände der Maßnahmen die Verluste auf beide Partner verteilt. Solche Betreibermodelle erscheinen bei dem bekanntlich hohen Investitionsstau und der in der Regel niedrigen Kapitaldecke freigemeinnütziger Träger geeignet, bei kalkulierbaren Risiko, aus der Abwärtsspirale sinkender Erlöse und fehlender Innovation zu entkommen.

Der Spritverbrauch auf dem Tacho

Unbestritten erfordert das Finanzierungssystem im Bereich der deutschen Krankenhäuser stetiges Erlöswachstum, um Tarifeffekte und Kostensteigerungen aufzufangen – was bei nicht bedarfsgerechten Anpassungen zum Beispiel im Landesbasisfallwert begründet ist. Bekanntlich wird schon seit geraumer Zeit darüber diskutiert, ob ein erheblicher Teil der Fallzahlsteigerung in den letzten Jahren diesem Erlösdruck geschuldet ist. Erlösdruckinduzierte Indikationsstellungen erscheinen zumindest mitunter als eine unausgesprochene Realität.

Bei hohen Fix- bzw. Vorhaltekosten fokussiert sich die Unternehmenssteuerung in der Regel auf die Verbesserung der Erlöse, da es weniger attraktiv und deutlich mühseliger ist, die Kostenseite zu organisieren. Als erstes stellt sich nach wie vor wie in jeder anderen Branche in diesem Zusammenhang die Frage, wie man überhaupt die wesentlichen Kostentreiber erkennt.

Trotz der hohen personellen Kosten und IT-technischen Aufwände im Controlling-Bereich bleiben solche Kostentreiber mitunter lange unentdeckt. Nach der stetigen Abwärtsentwicklung der Malteser Kliniken Rhein-Ruhr war es zunächst erforderlich, ein valides, einfaches und für alle Mitarbeiter transparentes und nachvollziehbares Kostenkennzahlenset aufzubauen. Dieses Kennzahlenset war und ist im Sinne „Durchblick schnell und sicher" für alle im Intranet bzw. auf einer App zugreifbar und von der Präsentation her gleichermaßen dynamisch wie pyramidal aufgebaut. Von der Ergonomie her ist die Applikation so einfach zu bedienen, dass alle Mitarbeiter auch ohne jegliche IT-, Excel-, oder sonstige Kenntnisse von Controlling-Programmen wichtige Erkenntnisse für die relevanten Bereiche eines Krankenhauses betrachten, bewerten und vergleichen können. Eine Einstellung im Intranet ist als Beispiel in Abbildung 4 dargestellt.

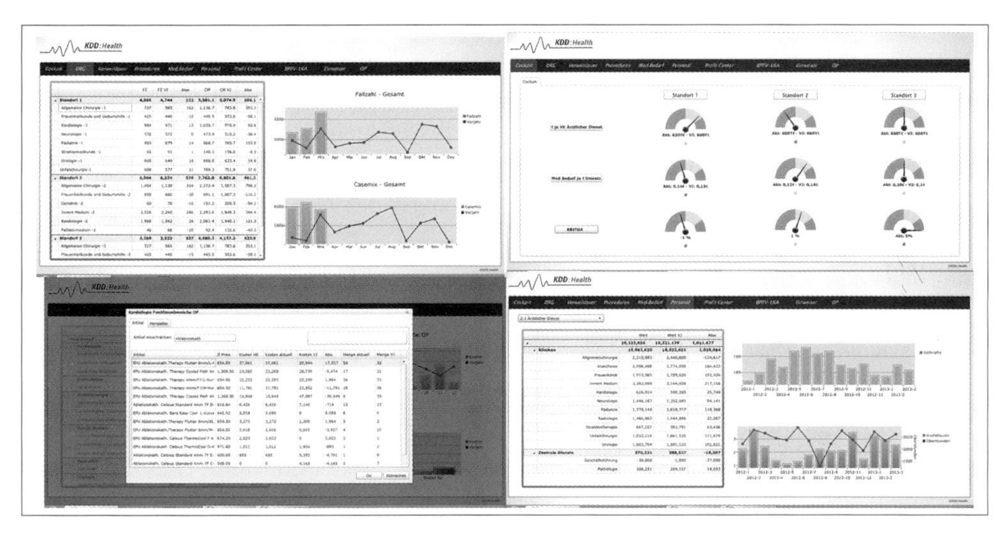

Abbildung 4: Kostenkennzahlenset (Quelle: KDDHealth.de)

Mit diesem Instrument ist es geglückt, die Mitarbeiteranzahl in der Abteilung Controlling zu reduzieren, dafür aber alle Mitarbeiter im Unternehmen zu Nutzern des Controlling-Programms bzw. sogar zu „kleinen Controllern" zu machen und diese durch gezielte Gespräche am Controlling-Prozess zu beteiligen. Eine ganz neue Art der Informationsdichte und Durchdringung in Bezug auf Kosten konnte so realisiert werden.

Neben der Transparenz kann eine tatsächliche Standortbestimmung von Kosten mit Hilfe von Vergleichskosten erfolgen. Hier gilt es, die richtigen Benchmarks zu finden oder Marktpreise über die Abfrage anderer Anbieter (z. B. im Bereich Labor, Pathologie, Wäscheversorgung) zu eruieren.

Aber nur mit dem Aufbau einer internen Kostenrechnung und der Möglichkeit, jeden Fall im Einzelnen kalkulieren zu können, lassen sich auch versteckte Kostentreiber identifizieren. Gerade in diesem Zusammenhang war der oben beschriebene Schritt zur maximalen Kostentransparenz außerordentlich hilfreich, um vielgestaltige Implausibilitäten bezüglich Zuordnung zu Kostenstellen und Kostenarten zu korrigieren. Die Beteiligung sehr vieler Experten vor Ort, welche im zweiten Schritt auch Verantwortung für umschriebene Kostenbereiche übernahmen, führte dabei zu einem weit höheren Erkenntnisniveau im Vergleich zur Ausgangssituation.

Vom Einspareffekt sind nach mehr als zwei Jahren vorzugsweise folgende Bereiche zu nennen: Mengeneinsparungen bei Medikalprodukten, günstigere Preise durch Neuverhandlung von Verträgen und Neuausschreibung, Out- bzw. Insourcing und Personalabbau. Stellvertretend für eine bessere Orientierung in Bezug auf die Fragestellung ob und was out- bzw. ingesourced werden sollte, seien zwei charakteristische Beispiele der Malteser Kliniken Rhein-Ruhr genannt. Die Fremdvergabe der Physiotherapie führte zu einem jährlichen Ergebniseffekt im mittleren sechsstelligen Bereich bei deutlich besserer Behandlungsqualität und Durchführung von komplexen Frühreha-Maßnahmen in der Geriatrie. Das Preismodell richtet sich dabei nach der Anzahl von Belegungstagen, die in den unterschiedlichen Abteilungen mit ihren verschiedenen Aufwandsbedarfen unterschiedlich bewertet werden. So wird mutmaßlich höheren Anwendungszahlen, in Perioden mit niedriger Auslastung bei einem Modell Preis pro Anwendung, entgegengewirkt. Noch höhere Einsparungen wären bei anderen Formen als der des klassischen Betriebsübergangs nach § 613a BGB zu erzielen gewesen, da die intern deutlich über dem Markt liegenden Gehälter nicht hätten übernommen werden müssen. Solchen potentiellen Alternativen standen allerdings die allgemeinen Grundwerte und die Fürsorgepflicht des Trägers entgegen, was die strategischen Varianten bezüglich Verlagerung von Betriebsleistungen limitiert.

Im Gegensatz zur Physiotherapie lagen die Kosten im einige Jahre zuvor ausgelagerten Laborbereich deutlich über vergleichbaren Einrichtungen, die nur zu einem kleinen Teil durch das Anforderungsprofil erklärt werden konnten. Folglich wurde das Labor in die Eigenregie zurückgeholt, der Bereich baulich und technisch komplett neu aufgestellt und beim ausschließlichen Einsatz von „Point-of-Care" an zwei der drei Standorte zentralisiert. Mittlerweile wurden durch diese Wiedereingliederung des Labors nicht nur sehr hohe Einspareffekte generiert, sondern diese Einheit hat sich auch mit ersten externen Kunden sowie einem Labor-MVZ und einer Laborgemeinschaft zu einer Geschäftseinheit mit hoch profitablem Ergebnis gewandelt.

Töchter in der steuerlichen Organschaft

Ist es 19 Prozent wert? Rückblickend auf die letzten zweieinhalb Jahre erscheint die Antwort auf diese Frage ergebnisoffen mit negativer Tendenz. Bei der Vielgliedrigkeit der freigemeinnützigen Träger im Wohlfahrtsbereich, speziell im Krankenhaus und bei der Gründung von mehreren Dienstleistungstochterunternehmen mit und ohne externe Partner in den ersten Jahren nach der Jahrtausendwende, sind viele dieser internen Tochterunternehmen für sich gesehen zu klein, um einen spürbaren Effekt zu erzielen. Außerdem fehlt den meisten Töchtern eine ausreichend hohe Professionalität, um mit externen Wettbewerbern wirklich zu konkurrieren. Darüber hinaus finden sich Zielkonflikte gerade bei der Priorisierung von Bedürfnissen interner und externer Kunden, sofern Dritte in die Gesellschaftsstruktur mit eingebunden sind. Schließlich kann kein echter Druck bei

Preis- und Qualitätsproblemen aufgebaut werden, da gerade vor dem gemeinnützigen Hintergrund der Malteser Kliniken Rhein-Ruhr auch Arbeitsplätze im Niedriglohnsektor erhalten werden müssen. Zusammenfassend erscheinen Dienstleistungstöchter in der steuerlichen Organschaft eher kontraproduktiv als produktiv, sofern das Kostenmanagement strategisch als wichtiges Handlungsfeld gesetzt ist.

Die Parkinson'schen Gesetze und Kostenreduzierung im Personalbereich

„The time spent on any item of the agenda will be in inverse proportion to the sum involved" (C. Northcote Parkinson, 1957). Obwohl dieser Zusammenhang allgemein bekannt und mittlerweile nicht mehr in Frage gestellt wird, erscheinen die Folgen nur schwer beherrschbar zu sein. Sie schleichen sich langsam aber stetig und still in Organisationen ein und chronifizieren oftmals. Verstärkt wird dieser Umstand gerade bei freigemeinnützigen Matrixorganisationen durch die häufig umfangreiche Gremienstruktur, unter Einbeziehung von Haupt- und Ehrenamt, zentralen und dezentralen Strukturen und den damit verbundenen Reibungsverlusten zwischen Linie und Stab. Die wichtigste Folge stellt dabei der damit verbundene Personalaufbau – vornehmlich in der Verwaltung – dar, der sich bei noch positiven Deckungsbeiträgen bis 2012 auch in den Malteser Kliniken Rhein-Ruhr eingestellt hatte.

Um das avisierte Ziel einer Ergebnisverbesserung bereits im Jahr 2013 zu erreichen, war ein deutlicher Abbau im Personalbereich erforderlich. Da sich der Pflegesektor im Vergleich zum IneK-Benchmark bereits deutlich unterfinanziert darstellte und der Funktionsdienst sowie der Ärztliche Dienst im Vergleich zur IneK-Kalkulation im mittleren Drittel lagen, blieben zwei Alternativen: Die erste Möglichkeit war, eine im AVR zwar mögliche, aber in der Realität nicht durchsetzbare zeitlich begrenzte Absenkung der Gehälter für alle Mitarbeiter. Im hoch kompetitiven Umfeld und der sehr hohen Krankenhausdichte im Rhein-Ruhr-Gebiet und der damit verbundenen fehlenden Notwendigkeit eines Wohnungswechsels bei Wechsel des Arbeitgebers erschien eine allgemeine Absenkung der Gehälter als zu riskant. Ein solcher Schritt hätte vermutlich zu einem Verlust insbesondere der wertvollen Mitarbeiter geführt, die ohnehin von Wettbewerbern umworben werden. Die zweite Alternative bestand in einer signifikanten Kostenreduktion im Personalbereich der Administration. Diese Alternative wurde letztendlich realisiert. Prinzipiell bestand dabei arbeitsrechtlich auch die Option einer Massenentlassung. Dies bedeutet, dass in wirtschaftlichen Notsituationen mehr als 30 Vollkräfte mithilfe eines Sozialplans und ohne arbeitsrechtliche Implikationen die entsprechenden Stellen abgebaut werden könnten. Da seitens des Trägers diese Option nicht gewünscht war, musste in erster Linie durch entsprechende Einzelmaßnahmen mit teilweise hohen Vorlaufzeiten und internen Betreuungsaufwänden sowie arbeitsgerichtlichen Einigungen der Stellenabbau umgesetzt werden. Erleichtert wurde der Stellenabbau durch die Übernahme des Krankenhauses in Uerdingen, da einige Verwaltungsmitarbeiter in die Zentrale des abgebenden Trägers wechselten und diese Stellen nicht neu besetzt wurden.

Die eingesparten Personalkosten trugen jedoch nicht vollumfänglich zum Betriebsergebnis bei, sondern wurden teilweise für einen bewussten Personalaufbau in der Pflege eingesetzt. Personalaufbau während einer laufenden Sanierung erscheint theoretisch und auf den ersten Blick paradox, war aber in dieser spezifischen Situation bewusst aus den strategischen Leitplanken abgeleitet. Das heißt, dass entsprechend der Strategie passende personelle Investitionen, vorzugsweise im Bereich der hochkomplexen Versorgungsanteile, getätigt wurden. Die personelle Stärkung der Pflege und der zeitgleiche personelle Abbau in der Verwaltung wirkte über alle Berufsgruppen hinweg als starkes Symbol im Sinne der Verteilungsgerechtigkeit und der Fokussierung auf die eigentliche Wertschöpfung bzw. Kerndienstleistung, nämlich der verbesserten und innovativen Patientenversorgung.

Auch im Zusammenhang mit der Kostenreduzierung im Bereich Personal erwiesen sich die oben beschriebenen Transparenzmaßnahmen als sehr hilfreich. Kennzahlen über Vollkräfte sowie Überstundenverläufe für jede Station bzw. Abteilung und Berufsgruppe wurden und werden weiterhin monatlich im Netz und auf einer mobilen Applikation aktualisiert. Sämtliche Personalmaßnahmen sind durch eine zusätzliche einfache Verknüpfung mit der Leistungsseite so für alle Mitarbeiter bei Bedarf objektivierbar und nachvollziehbar.

Prozesse: weniger ist mehr

Schlanke Prozesse, Prozessoptimierung, Six Sigma, Kaizen, Effizienzsteigerung, Schnittstellenmanagement – das sind die bekannten Schlagworte, mit denen sich die deutsche Krankenhauswelt seit mehr als zehn Jahren beschäftigt. Irgendwo müssen sie sein, die Beispiele, irgendwo müssen die sein, die es geschafft haben – zumindest redet jeder davon. Die harten Fakten wirken z. B. bei Visitationen in vermeintlichen Vorzeige-Kliniken allerdings oft verweichlicht.

Daher lag auch der Fokus der Malteser Kliniken Rhein-Ruhr nur auf sehr wenigen Themenfeldern, bei denen jedoch greifbare Ergebnisse mit ökonomischen Gegenwert generiert werden sollten. An dieser Stelle seien hier die Reduzierung der Verweildauer und die medizinische Berichterstellung (endgültiger Arztbrief am Tag der Entlassung für alle Patienten) als zwei Beispiele genannt.

Verweildauer

Ende 2012 lag die mittlere Verweildauer der drei Häuser bei den schlechtesten fünf Prozent im IneK-Benchmark, mit all seinen negativen Implikationen hinsichtlich Kapazitätsmanagement und geringen Deckungsbeiträgen pro Fall sowie zusätzlich abnehmender Leistungsdichte. Hier zeigt sich erneut deutlich das Spannungsfeld zwischen Wettbewerb, in dem auch die Reduzierung der Verweildauer politisch gewollt ist, und dem primären Auftrag eines christlichen Trägers, bei dem es primär um die umfängliche Linderung der Not von Hilfsbedürftigen geht, egal wie lange dies dauert. Das Thema Verweildauer stand also im Unternehmen als Teil einer zu Grunde liegenden Diskussion zur Grundhaltung. Konkrete Maßnahmen, wie Veränderungen der prästationären Vorbereitung, der OP-Planung, des Visitenmanagements, der Einbindung des Sozialdienstes oder der Entlassungsplanung, wären ohne eine wirkliche Änderung der Haltung, also bildlich ohne Eingriff in das Genom der Organisation, ins Leere gelaufen. Die Ergebnisse, welche in Abbildung 5 dargestellt sind, belegen den Erfolg dieser Haltungsdiskussion, welche immer wieder auf allen Mitarbeiterebenen im persönlichen Gespräch oder in interdisziplinären Arbeitsgruppen in den letzten zwei Jahren und heute auch noch geführt wird. Tatsächlich hat es neben diesen persönlichen Erläuterungen keine weiteren Maßnahmen zur Verringerung der Verweildauer erfordert, es gab keine Projektstruktur, keine Prozessanalyse oder Anreizsysteme, es ging nur um den Glauben an die Veränderung und den richtigen Geist.

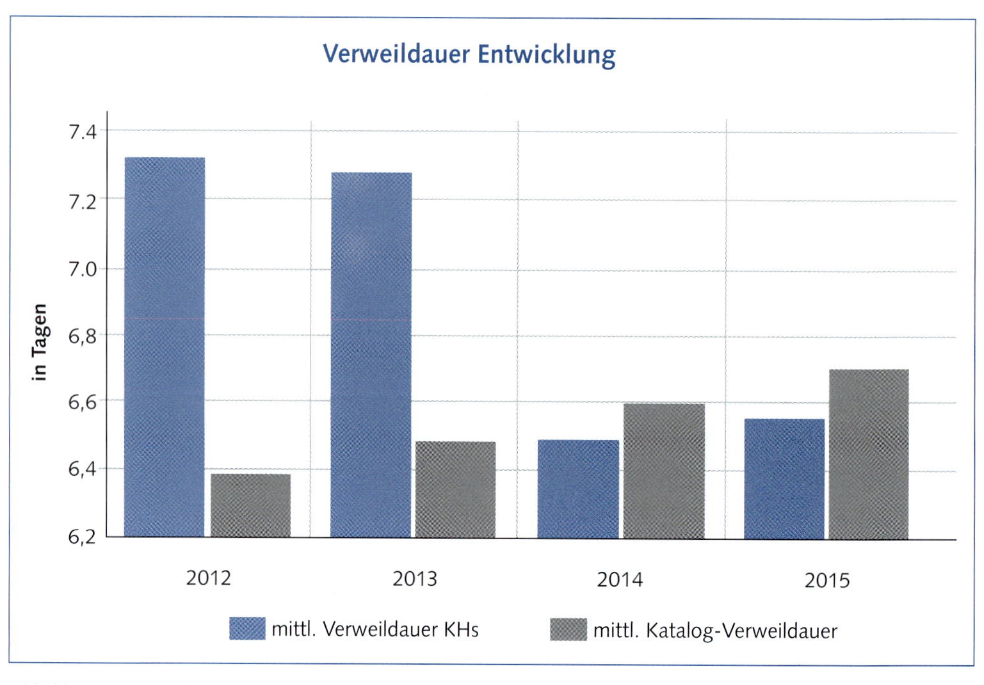

Abbildung 5: Entwicklung der Verweildauer (Quelle: Eigene Darstellung)

Entlassbriefe und weitere medizinische Berichte

Der Weiterentwicklung der medizinischen Berichterstellung lagen folgende Leitgedanken zu Grunde:

- einfach, schönes Design, klar und auf eine Seite zusammengefasst,
- endgültiges Dokument am Tag der Entlassung,
- Auflösung des Schreibdienstes und ausschließliche Erstellung über Textbausteine und digitaler Spracherkennung.

Auch hier ging es um einen wesentlichen Kulturwandel, der aber weniger mit dem Grundauftrag christlicher Träger im Widerspruch stand, sondern mehr mit einem tradierten ärztlichen Grundverständnis. Analog zum Verweildauermanagement lag der Schlüssel also nicht in der Implementierung einer Technik oder im Prozessverständnis, sondern in der Veränderung einer Grundhaltung.

Der interstitielle Kit: Info- und Changemanagement

Per definitionem bedeutet Strategie die Erreichung von Unternehmenszielen mit bewusst intendierten Verhaltensanpassungen. Diese Anpassung des Verhaltens und der Haltung betrifft das ganze Unternehmen bzw. Unternehmensteile, Organisationseinheiten, Teams und jeden einzelnen Mitarbeiter.

Im Sinne des „Unfreezing" (vergleiche 3-Phasen-Modell von Lewin) musste im ersten Schritt zunächst ein Veränderungsbewusstsein geschaffen werden. Neben der Einsicht, sich an die wirtschaftliche Realität anpassen zu müssen, war und ist es erforderlich, sich dem Spannungsfeld zwischen Ökonomie und Auftrag nicht nur passiv zu stellen, sondern diese aktiv über alle Ebenen zu führen. Die Veränderungen im nächsten Schritt weiter voranzutreiben, gelang ebenfalls entsprechend dem theoretischen Modell durch das Sichtbarmachen von Erfolgen, wie der Stärkung der Pflege oder den technischen Innovationen. Unterstützt wurde der Veränderungsprozess durch die oben beschriebenen umfangreichen Schulungsmaßnahmen, dem Wechsel von Führungskräften und der Anpassung der Arbeitsverträge mit Herstellung von Konformität zu den Unternehmenszielen. Eine nachhaltige Verankerung in der Unternehmenskultur als nächsten und wichtigsten Schritt wird durch Aktivitäten im Sinne der größtmöglichen Transparenz und Offenheit gegenüber allen Mitarbeitern erleichtert. Das wichtigste neue Symbol dieser Transparenz stellt dabei bereits beschriebene Intranet- und App-Applikation zur Präsentation von steuerungsrelevanten Kennzahlen dar. Diese objektive und für alle Mitarbeiter nachvollziehbare Informationsbasis ist mit einem Kit oder einem Klebstoff in den Zwischenräumen bzw. im Interstitium vergleichbar, der die Botschaften welche über verschiedene Informationskanäle gesendet werden, nachhaltig verfestigt.

Ergebnisse und Ausblick

Der Fall der Malteser Kliniken Rhein-Ruhr zeigt, dass die Strategie einer freigemeinnützigen Einrichtung erfolgreich „in Bewegung" kommen kann. Wirtschaftlich konnte der Turnaround bereits im ersten Jahr erreicht und der positive Trend bis heute weiter fortgesetzt werden (Abbildung 6). Dieser ökonomische Trend subsumiert vielleicht am besten den Erfolg in ihren unterschiedlichen Dimensionen.

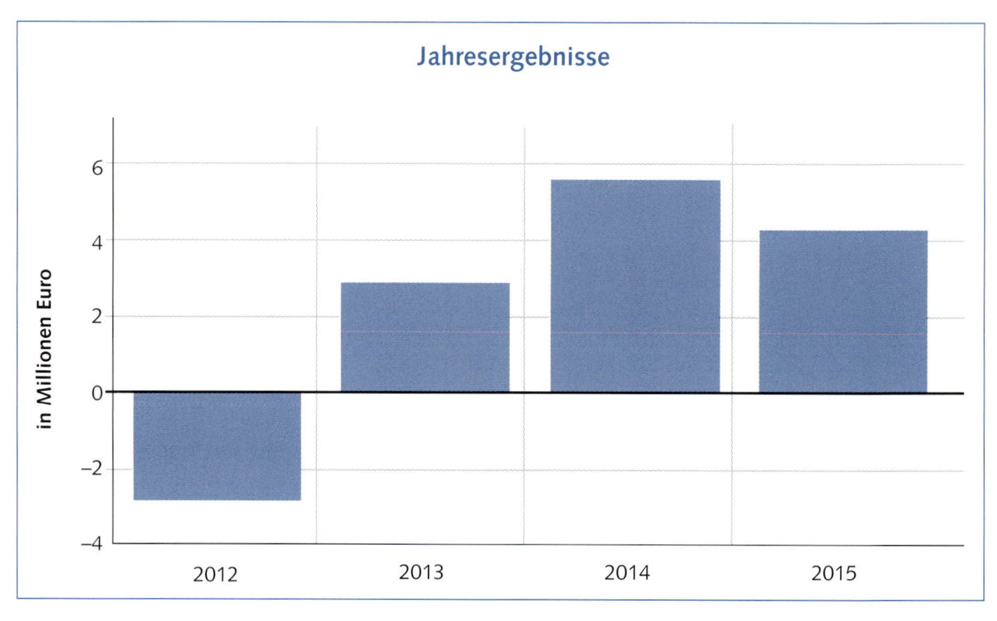

Abbildung 6: Entwicklung der Jahresergebnisse (Quelle: Eigene Darstellung)

Ein echter Abschluss, mit der Stabilisierung des Systems in einem neuen Gleichgewichtszustand und der Konsolidierung der neu erlernten Routinen analog Lewins Einfrierphase (Refreezing), ist jedoch auch bei den Malteser Kliniken Rhein-Ruhr nicht erreichbar. Die politischen Eckpunkte schnüren den Krankenhaussektor zunehmend in ein Korsett, sodass die zeitlichen Vorgaben für die Weiterentwicklung von Strategie und den damit verbundenen Veränderungsprozessen immer enger und die Pausen dazwischen immer kürzer werden.

Neben dem strukturellen und organisatorischen Zusammenschluss von Krankenhäusern innerhalb einer freigemeinnützigen Trägerschaft wie den Malteser Kliniken Rhein-Ruhr könnte man in einem nächsten Schritt zum Beispiel an weitere Klinikverbünde mit anderen freigemeinnützigen Trägern oder an einen trägerübergreifendem Strategie-Austausch denken. Erste Vorbilder finden sich hierzu bereits in der Kliniklandschaft – leider aber auch erste gescheiterte Modelle. Durch echte trägerübergreifende budgetäre Einheiten bzw. Fusionen könnte die Wahrscheinlichkeit eines erfolgreichen Verbundes deutlich erhöht werden. Eine damit einhergehende Reduktion von Eigenständigkeit der Träger ist aber ein großes und wahrscheinlich oftmals nicht überwindbares Hindernis auf dem Weg zu einer wirtschaftlich erfolgreichen Integration.

Strategie für private Träger

Axel Paeger

Position der privaten Trägerschaft im deutschen Krankenhausmarkt

Der Krankenhausbetrieb ist im Grundsatz ein risikoarmer Wirtschaftsbetrieb. Die Erlöse stehen in ihrer Größenordnung für viele Jahre fest. Sie werden bei richtigem strategischem und operativem Management erzielt. Auch die Personal- und Sachkosten sind zu einem erheblichen Teil vorgegeben. Erfolgreiches Management stellt die Zielerreichung durch geeignete Struktur- und Prozessoptimierungen auch hier sicher. Das größte Risiko für einen erfolgreichen Krankenhausbetrieb sind wettbewerbswidrige Eingriffe des Gesetzgebers wie das Krankenhausstrukturgesetz.

Bekanntermaßen kennt der deutsche Krankenhausmarkt auf Leistungserbringerseite neben der öffentlichen Trägerschaft („public“) die freigemeinnützige (meist konfessionelle; „non-profit“) und die private („for-profit“). Seit Mitte der neunziger Jahre kommt es zu einer kontinuierlichen Verschiebung vom öffentlichen zum privaten Sektor, während der freigemeinnützige Sektor weitgehend konstant bleibt. Dabei übernehmen private Träger Krankenhäuser von den Kommunen oder auch den Ländern, je nachdem, wo die Trägerschaft aus historischen Gründen innerhalb der öffentlichen Hand angesiedelt ist.

Private Träger, die mittlerweile knapp 20 Prozent der stationären Versorger übernommen haben, sind zurzeit die zwar am stärksten wachsende, jedoch nur die drittgrößte Trägergruppe. Bis in die 1990er Jahre hielten die Privaten vor allem Spezialkliniken und kleine Häuser, welche nicht oder nicht im vollen Umfang an der Vollversorgung inklusive der Notfallversorgung der Bevölkerung teilnahmen. Dies rechtfertigte zumindest teilweise den Vorwurf der „Rosinenpickerei“.

Während der vergangenen fünfzehn Jahre kehrte sich dies um. Die große Mehrheit der privat getragenen Häuser leistet heute Voll- und Notfallversorgung. Ohne sie wäre die Patientenversorgung in vielen Regionen, insbesondere in Nord- und Ostdeutschland, nicht mehr gewährleistet.

Die schweizerische AMEOS Gruppe wurde Anfang des noch jungen Jahrhunderts gegründet und zählt seither zu den am stärksten wachsenden Krankenhausunternehmen. Sie betreibt in Deutschland und Österreich ausschließlich Krankenhäuser, die im Krankenhausplan gelistet sind, über Versorgungsverträge mit den Gesetzlichen Krankenkassen (GKV) verfügen und eine breit aufgestellte Vollversorgung, insbesondere auch Notfallversorgung, (gewähr)leisten.

Mancherorts stellt AMEOS das größte Krankenhaus im Landkreis, dem ein oder zwei kleinere öffentliche Krankenhäuser jene Patienten zuweisen, die sie wegen der benötigten medizinischen Fachrichtung oder der Komplexität der Erkrankung nicht selbst versorgen können. Die teils noch verbreitete Mär, schwere Fälle würden am Ende immer ins öffentliche Krankenhaus „abgeschoben", trifft schon in Ermangelung geeigneter öffentlicher Angebote nicht zu.

Jede Form der Trägerschaft kann dem Grunde nach erfolgreich sein. In der Praxis ist aber festzustellen, dass die Rahmenbedingungen in der privaten Trägerschaft meist vorteilhafter sind. So vertritt AMEOS in erster Linie das Unternehmensinteresse und damit die Patienten- und Mitarbeiterinteressen eines zur Gruppe gehörenden Klinikums.

Öffentliche Träger nehmen häufig politischen Einfluss, der nicht im Unternehmensinteresse ist. Ein Beispiel ist der Massregelvollzug im AMEOS Klinikum in Neustadt. Nach der Übernahme stockte AMEOS die Zahl der Mitarbeitenden erheblich auf und setzte später zudem eine adäquate Vergütung von Seiten des Landes durch. Zu Zeiten der Landesträgerschaft dominierten hingegen die politischen Interessen der Haushaltspolitiker, die den Rotstift ansetzten und damit eine gutachterlich bestätigte Personalunterbesetzung in zweistelliger Höhe bewirkten.

Politischer Einfluss, der nicht im Unternehmensinteresse liegt, ist desto weniger der Fall, je größer der Vergleichsdruck durch die Nachbarschaft erfolgreicher privat geführter Häuser ist. Unter volkswirtschaftlichen wie auch unter versorgungspolitischen Gesichtspunkten ist eine möglichst ausgeprägte Trägerpluralität zu wünschen; es gilt die „Drittel-Regel". Diese besagt, dass bereits die Leistungserbringung von einem Drittel der Gesamtleistungen in einer Region durch Private zu sichtbaren Strukturveränderungen führt.

Hat AMEOS eines von drei Krankenhäusern in einer Region inne – zwei weitere Häuser sind nach wie vor öffentlich – so bestehen unstrittige Erfahrungswerte, dass es in den öffentlichen Häusern ebenfalls zu Strukturveränderungen und Effizienzsteigerungen kommt, wie es sie ohne diese geographische Konstellation nicht gegeben hätte. In solchen „marktgeteilten“ Regionen konnten Politik und Gewerkschaft Veränderungen in den öffentlichen Krankenhäusern zulassen und vertreten, die ohne die gegebene Wettbewerbssituation zu AMEOS undenkbar gewesen wären.

Bis zum Jahr 2030 ist ein Anstieg des Marktanteils privater Träger auf bis zu 30 Prozent voraussehbar. Langfristig ist ein weiterer Anstieg dieses Marktanteils auf maximal 40 Prozent denkbar. Ein höherer Marktanteil ist wegen der Drittel-Regel eher unrealistisch. Spätestens bei einem Marktanteil der Privaten von 40 Prozent herrscht ausreichender Effizienzdruck, um auch in öffentlicher Trägerschaft erfolgreich sein zu müssen, wenn nicht eine große Zahl an Arbeitsplätzen gefährdet werden soll.

Außerdem setzt das Bundeskartellamt der flächendeckenden Ausbreitung privater Träger seit über zehn Jahren Grenzen. Dabei nimmt das Kartellamt nur Veränderungen ins Visier. Die bestehenden Monopole öffentlicher Träger etwa in städtischen Gebieten lässt es gewähren.

In der stationären Versorgung in Deutschland sind private Träger längst unverzichtbar. Sie profitieren von vorteilhafteren externen Strukturbedingungen, um mit besseren internen Strukturen mehr Qualität und Wirtschaftlichkeit in der Patientenversorgung zu erzielen. Im Folgenden wird eine Auswahl typischer Strategien eines privaten Trägers erörtert.

Breites Portfolio und stetige Portfolioanalyse als Erlösstrategie

Im Allgemeinen sind solche Versorgungskrankenhäuser langfristig existenzfähig, die mit einem breiten Portfolio aus medizinischen Abteilungen und Leistungen ausgestattet sind. Dies ergibt sich zwingend aus dem hohen Gemein- und Vorhaltekostenanteil in Krankenhäusern, welchem im Zeitalter der DRG-Vergütung nur durch „Order of Scale“ begegnet werden kann.

Im Besonderen sollten Versorgungskrankenhäuser erlösseitig auf zwei „Schienen“ (Abbildung 1) erfolgreich fahren: einer stetig weiter entwickelten regionalen Grundversorgungsschiene („Schiene 1“) und einer Schiene der Spezialisierungen und Leuchttürme weit über die Grenzen einer unmittelbaren Versorgungsregion hinaus – mit Einzugsbereichen bis zu hundert Kilometern und sogar mehr („Schiene 2“).

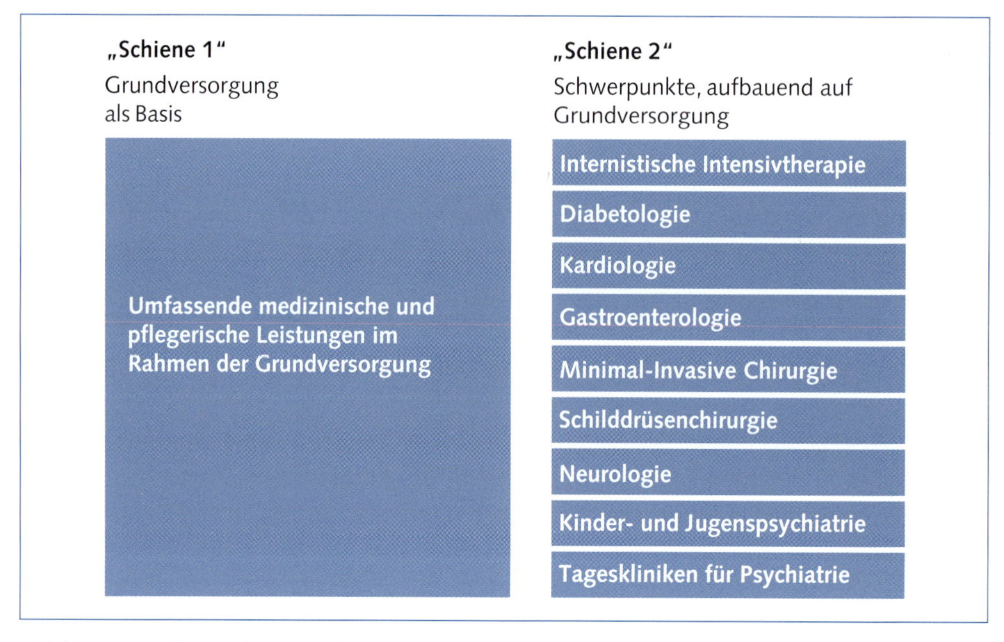

Abbildung 1: Sicherung der regionalen Grundversorgung auf „zwei Schienen“ (Quelle: AMEOS)

Auf dieser zweiten Schiene erzielen AMEOS Klinika zahlreiche Alleinstellungsmerkmale. Auf und mit beiden Schienen erreichen sie in ihren Versorgungsregionen („AMEOS Regionen“) eine führende Stellung in der Versorgung der Bevölkerung. Beim Wachstum nimmt AMEOS Krankenhäuser folglich sowohl zur Verdichtung der bestehenden AMEOS Regionen als auch zwecks Aufbau neuer AMEOS Regionen in die Gruppe auf.

Strategischer Wettbewerb auf der Erlösseite bedeutet, kontinuierlich die richtigen medizinischen Angebote vorzuhalten. Hierzu wird die Entwicklung des Versorgungsbedarfs in den Regionen laufend anhand der Entwicklung der Diagnosedaten aller Krankenhäuser der Region (u. a. § 21-Daten) überwacht. Bei signifikanten Differenzen wird das medizinische Leistungsangebot in den Klinika angepasst wie z. B. derzeit häufig bei der Schlaganfallbehandlung. Bei Bedarf werden neue Versorgungsangebote konzipiert und aufgebaut.

Dies geht teilweise mit erheblichen Investitionen einher, die sich für einen privaten Träger rechnen lassen, wenn eine Versorgungslücke geschlossen oder ein neu entstandener Versorgungsbedarf bedient wird. Darüber hinaus muss durch eine gute Zuweiserkommunikation v.a. über die Entwicklung der Angebote und Kompetenzen informiert und eine zügige Arztbriefzustellung ermöglicht werden.

Funktionierender Wettbewerb ist der beste Garant zur Sicherstellung einer adäquaten Versorgung. AMEOS begrüßt die Konzentration der Krankenhausplanung auf Monitoring und Überwachung der Angebote, wie sie in einigen Bundesländern zunehmend erkennbar ist. Wer die Planwirtschaft auf das notwendige Mindestmaß zurückführen und den Wettbewerb stärken will, muss konsequenterweise die Aktivitäten des Kartellamtes grundsätzlich als gerechtfertigt ansehen, auch wenn das Amt wie ausgeführt die Wachstumsmöglichkeiten in einer Region unter Umständen beschränkt.

Da die Gestaltung der Versorgung viele Details kennt wie die Größe der Fachabteilungen und die Schwerpunkte der Versorgung, relativiert sich die durch das Kartellrecht gesetzte Einschränkung wieder, sodass ein Träger letztlich nicht an einer wirksamen regionalen Flächenversorgung gehindert ist.

Verbindlicher zentraler Einkauf als wichtigste Sachkostenstrategie

Ein wesentliches Veränderungspotenzial ist die Nutzung von Synergieeffekten, welche entweder als Gruppeneffekte (AMEOS Gruppe) oder durch räumliche Nähe (AMEOS Region) realisiert werden können. AMEOS Klinika kaufen zu über 90 Prozent idente Materialien durchschnittlich acht bis zehn Prozent günstiger ein als der vormalige öffentliche Träger.

Dies lässt sich nicht allein durch größere Einkaufsvolumina (Synergieeffekt) erklären, sondern ist noch viel stärker das Ergebnis einer unternehmerischen Mentalität und wirksamer Anreizstrukturen. Einem privaten Unternehmer gelingt es besser, unternehmerische Anreizstrukturen durchzusetzen, die für den wirtschaftlichen Erfolg unerlässlich sind.

Die Einkaufsmanager bei einem privaten Träger sind zumeist nicht nur besser incentiviert, um Einkaufserfolge zu realisieren. Sie sind in der Regel auch Persönlichkeiten, die weniger einer „Beamtenkultur" folgen, sondern ihr wirtschaftliches Denken und Handeln aus der Privatwirtschaft mitgebracht haben.

Entscheidend für die Umsetzung eines erfolgreichen Einkaufs sind die Entscheidungsstrukturen und das zu ermöglichende Maß an Verbindlichkeit. Einkaufsverbünde von Universitätsklinika erzielen teils deutlich größere Einkaufsvolumina als AMEOS oder andere private Trägergruppen. Dennoch zahlen sie höhere Preise.

Woran liegt das? Der Einkaufsverbund kann zwar mit Herstellern und Lieferanten Preise im Sinne von Rahmenvereinbarungen aushandeln. Er kann auch Schätzungen vorlegen, welche Umsätze von den Mitgliedshäusern im kommenden Jahr in etwa getätigt werden könnten. Er kann im Gegensatz zu einer zentralen Einkaufsabteilung einer Klinikagruppe jedoch keinen verbindlichen Umsatz garantieren.

In den Entscheidungsstrukturen der Universitätsklinika sind es zumeist Ordinarien, welche die finale Entscheidung beim Kauf medizinischer Geräte oder wichtiger medizinischer Produkte fällen. Diese Entscheidungen gehen häufig an den Empfehlungen eines Einkaufsverbundes und damit an den getroffenen Rahmenvereinbarungen vorbei.

Hinzu kommt, dass sich Chefärzte, die das Einkaufsverhalten dominieren, untereinander nicht einig sind und mithin in ein und demselben Klinikum viele konkurrierende Produkte für die Erfüllung desselben Zwecks zum Einsatz kommen können. Ein schillerndes Beispiel ist das der OP-Handschuhe. Die Zahl der Handschuhhersteller kann im Extremfall die Zahl der im Klinikum tätigen Ordinarien erreichen.

An dieser Stelle offenbart sich ein essenzieller Strukturunterschied zwischen privater und öffentlicher Trägerschaft, welcher sich nicht nur im Einkauf, sondern auch in zahlreichen anderen Managementbereichen auswirkt. Der öffentliche Träger hat dem Macht- und Einflussstreben von Führungsindividuen wenig entgegenzusetzen.

Ein (privater) Unternehmer verfolgt in aller Regel klare Strategien und stellt die Interessen des Krankenhausbetriebs über Individual- und Partialinteressen. Er stimmt sich ab und versucht, einen Konsens herzustellen. Doch im Zweifelsfall setzt er die Interessen des Betriebs gegen Einzelinteressen durch.

Dem öffentlichen Betrieb fehlt das Unternehmertum. Er wird auf Trägerebene durch einen Gesellschafterausschuss oder einen Aufsichtsrat repräsentiert, welcher selbst in Partialinteressen zerfällt. In diesen Gremien sitzen zumeist Politiker unterschiedlicher Couleur ein. Sie sind sich in wichtigen strategischen Fragen uneins und vertreten teils betriebsfremde politische Interessen wie z. B. den Bau eines Ärztehauses für niedergelassene Ärzte aus den Mitteln des Krankenhauses.

Hinzu kommt, dass sie zumeist ansprechbar sind für z. B. Chefärzte, wenn diese mit Entscheidungen der kaufmännischen Leitung unzufrieden sind. Allein die Möglichkeit eines solchen Bypasses verunmöglicht die Umsetzung stringenter Strategien und verringert die Chancen eines erfolgreichen Sachkostenmanagements.

Modernisierung der Arbeitsteiligkeit als wichtigste Strategie im Personal- und Prozessbereich

Für das Erreichen der Qualitäts- und Wirtschaftlichkeitsziele spielt die Ausgestaltung prozessorientierter Strukturen im Krankenhaus die wesentliche Rolle. Die Arbeitsteiligkeit ist hier das wichtigste Veränderungspotenzial. Die Gesundheitsversorgung ist der letzte Sektor in Wirtschaft und Gesellschaft, der in den vergangenen 100 Jahren noch von keiner namhaften Veränderung der Arbeitsteiligkeit erfasst wurde.

So hat sich die Art und Weise, wie Ärzte, Krankenschwestern und die übrigen Berufsgruppen im Krankenhaus zusammenarbeiten und die am Patienten oder nicht am Patienten zu verrichtenden Tätigkeiten aufgeteilt haben, in den letzten 100 Jahren kaum geändert, obwohl gute Gründe dafür gesprochen hätten. Darin liegt nicht nur ein Qualitätsverbesserungspotenzial, um mehr persönliche Zeit für den Patienten zu ermöglichen, sondern auch ein Effizienzsteigerungspotenzial, um Personalkosten zu optimieren.

In den Klinika der AMEOS Gruppe setzen wir die notwendige Neuordnung der Arbeitsteiligkeit in vielen kleinen Schritten um. Bei der Zuteilung der vielfältigen Aufgaben zu den Berufsgruppen öffnet der Blick über die Grenzen die Augen. In schweizerischen Krankenhäusern nehmen beispielsweise die Pflegefachkräfte den Patienten das Blut ab. In Deutschland (bsd. alte Länder) ist es meist eine Kerntätigkeit jüngerer Ärzte auf Station. Die jüngste berufsrechtliche Novelle hat dies leider noch bestärkt. In den angelsächsischen Ländern gibt es hingegen eine eigene paramedizinische Berufsgruppe, die sog. Phlebotomisten (griech.: Venenschneider), welche vielerorts die Blutabnahme verrichtet.

Der AMEOS Grundsatz lautet, dass weder über- noch unterqualifiziert sein sollte, wer eine Tätigkeit ausübt, sondern richtig qualifiziert. Die Meinungen gehen im Detail auseinander, doch wendet man den genannten Grundsatz an, so wird klar: Die Ärzte können nicht diejenigen sein, bei denen die Blutabnahme richtig angesiedelt ist – auch wenn die ärztliche Standesvertretung sich bis heute gegen die Substitution ärztlicher Leistungen wehrt. In Großbritannien hat die Schwesterorganisation British Medical Association eben diese Substitution in den vergangenen Jahren maßgeblich vorangetrieben.

Der Wertschöpfungsbeitrag ist in Relation zur Qualifikation zu setzen: Wenn sich am dritten Tag nach Aufnahme eines Patienten der Assistenzarzt ins Archiv begibt, um selbst zwei Stunden nach Patientenunterlagen zu suchen, so dient das der Fehlerkorrektur und trägt null zur Wertschöpfung bei. Bei einem gut organisierten Prozess wäre die Suche gar nicht erst nötig geworden. Wenn ein Assistenzarzt eine Stunde aufwendet, um Telefone zu führen und das EKG, ein Röntgen sowie eine HNO-Konsultation eines Patienten zu organisieren, damit all das noch am selben Tag stattfinden kann, so handelt es sich um eine geringe Wertschöpfung, da der Arzt zu hoch qualifiziert ist für diese Tätigkeit.

Der Zeitanteil, den Ärzte in diesem Sinne nicht wertschöpfend oder zu gering wertschöpfend verbringen, wird auf 30 bis 40 Prozent der Arbeitszeit quantifiziert. Ob nicht oder gering wertschöpfend, stets handelt es sich dabei um Tätigkeiten, für die der ausführende Arzt kein Medizinstudium benötigt hätte. Doch betroffen sind nicht nur die Ärzte, sondern dem Grunde nach alle Berufsgruppen.

Wir quantifizieren den Anteil der wenig oder nicht zur Wertschöpfung beitragenden Arbeitszeit bei den Pflegekräften, bezogen auf ein konventionelles deutsches Krankenhaus, auf 20 bis 30 Prozent. Ein Beispiel für wenig Wertschöpfung im Vergleich zur Qualifikation ist die Essensausgabe. Für diesen Teil der Beschäftigungszeit hätte eine Krankenschwester die Pflegeausbildung nicht durchlaufen müssen – die voll qualifizierte Pflegekraft ist hierfür überqualifiziert.

Dem Grunde nach gilt für alle Berufsgruppen: der Anteil von Tätigkeiten, der keinen der Qualifikation entsprechenden Wert für den Patienten generiert, ist zu hoch. Mit einer Weiterentwicklung der „Job-Profile" und einer darauf aufbauenden, neu zu justierenden Kooperation der Berufsgruppen verbessert AMEOS die Prozessqualität. Dadurch wird nicht nur die Patientenzufriedenheit erhöht, sondern auch die Zufriedenheit der Mitarbeitenden sowie die Arbeitseffizienz, um den Herausforderungen des Marktes zu genügen und die Zukunft zu meistern.

Für die Reorganisation der Arbeitsteiligkeit wenden wir im Wesentlichen zwei Instrumente an. Innerhalb der größten Berufsgruppe, der Pflege inklusive Pflegehilfskräfte und unterstützendes Personal, bringen wir nach Qualifizierungsgrad abgestufte Pflegekonzepte zum Einsatz, die auf alle Patienten einer medizinischen Fachabteilung unabhängig von ihrer Diagnose angewandt werden können. Dagegen muss die Zuordnung von Tätigkeiten zwischen den Berufsgruppen – die Ärzte eingeschlossen – individuell auf die Diagnose abgestimmt erfolgen. Dazu entwickeln und nutzen wir indikationsspezifische klinische Pfade.

Wachstum als ergänzende Strategie einer privaten Trägerschaft (Privatisierungsstrategie)

Wie eingangs ausgeführt kommt es seit Mitte der neunziger Jahre zu einer Verschiebung vom öffentlichen zum privaten Sektor, während der freigemeinnützige Sektor weitgehend konstant bleibt.

Zwar kommt es auch innerhalb des freigemeinnützigen Sektors zu erheblichen Verschiebungen in der Trägerschaft: Kirchliche Träger veräußern untereinander Krankenhäuser und andere Einrichtungen innerhalb der Konfession, und es finden kräftige Fusionsbewegungen – ebenfalls innerhalb der Konfessionen – statt. Doch eher selten erwirbt ein privater Träger ein Krankenhaus von einem konfessionellen Träger wie AMEOS dreifach von der Diakonie. Hauptsächlich wächst die private Trägerschaft im Krankenhausmarkt zu Lasten der öffentlichen Trägerschaft.

Die Ursachen für die Veräußerungen vom öffentlichen Sektor an den privaten Sektor sind vielfältig. Wie beispielhaft beim Sachkostenmanagement ausgeführt, fällt es im öffentlichen – und teilweise auch im konfessionellen – Bereich schwer, Rahmenbedingungen zu etablieren, die ein selbständiges, auf das Unternehmensinteresse gerichtetes Handeln des Krankenhauses ermöglichen. Manchmal fällt der öffentlichen Hand auch die Anwerbung qualifizierten Managementpersonals schwerer.

Bedingt durch den Kostendruck im Gesundheitswesen hat sich die Attraktivität eines Krankenhauses als Vorzeigeprojekt für Politiker deutlich verringert. Während noch vor 20 Jahren Landräte stolz neue Krankenhäuser eröffneten und sich auf die persönliche Erfolgsliste eintrugen, sind deren Nachfolger häufig froh, wenn sie mit den teils massiven Problemen eines Kreiskrankenhauses nicht mehr in Verbindung gebracht werden.

Gleichwohl liegt der konkrete Anlass eines Trägerwechselbeschlusses (Privatisierung) meistens im haushaltspolitischen Bereich. Öffentliche Träger können sich ein Krankenhaus entweder deshalb nicht mehr leisten, weil die jährlichen Verluste des Krankenhauses in Millionenhöhe den Haushalt der Gebietskörperschaft über Maß belasten. Oder es stehen aufgrund jahrelanger Versäumnisse Investitionen in deutlich zweistelliger Millionenhöhe an, die die öffentliche Hand nicht mehr stemmen kann.

Gesucht wird dann ein kompetenter Träger und erfahrener Betreiber. Zu privatisierende Krankenhäuser der öffentlichen Hand werden praktisch nur an etablierte private Träger veräußert. Zu groß wäre die Angst vor dem Misserfolg eines im Geschäft unerfahrenen Investors und den daraus abzuleitenden politischen Folgen. Die Markteintrittshürden für Neueinsteiger sind somit sehr hoch.

Das einzige Unternehmen, welches in den letzten fünfzehn Jahren neu in die Gruppe der Etablierten aufrückte und heute die Nummer vier darstellt, ist die schweizerische AMEOS Gruppe. Etwa 30 Branchenfremde wie z. B. Bauträger bewarben sich im gleichen Zeitraum immer wieder vergeblich um Übernahmen.

Einer Krankenhausübernahme durch AMEOS liegt ein Businessplan zugrunde. Da die Erlöse im Wesentlichen planwirtschaftlich gedeckelt sind (vgl. Krankenhausstrukturgesetz), kommt es darauf an, ob geostrategisch ausreichende Bedarfe vorhanden sind, um die Existenz des Krankenhauses zu rechtfertigen und zu sichern und die möglichen Erlöse mit der (noch weiter zu entwickelnden) Struktur des Hauses auch zu erzielen. Hier spielen die bereits im Erlöskapitel angesprochenen Alleinstellungsmerkmale eine entscheidende Rolle. In hohem Maße erfüllt sind diese Anforderungen bei größeren somatischen und bei psychiatrischen Landeskrankenhäusern.

Für die Erreichung von Personal- und Sachkostenzielen spielen die erzielbaren internen Strukturen des Krankenhauses die entscheidende Rolle. Hinzu kommen allfällige Synergieeffekte bei AMEOS als Erwerber. Im Krankenhausbereich sind viele Synergien nur durch räumliche Nähe zu erzielen. AMEOS ist deshalb in sog. AMEOS Regionen tätig und versucht beim Neuerwerb, die bestehenden AMEOS Regionen zu „verdichten".

Krankenhäuser umfassend restrukturieren

Konzeption und Umsetzung von erfolgreichen Restrukturierungen

Karsten Lafrenz

Die wirtschaftliche Lage im deutschen Krankenhaussektor ist angespannt. Im Jahr 2013 machten über 40 Prozent der Häuser Verluste (vgl. DKI, 2014) und laut Schätzungen soll bis 2020 mehr als ein Viertel insolvenzgefährdet sein (vgl. Augurzky et al., 2015). Viele Krankenhäuser müssen daher schnell handeln – um Verluste zu vermeiden, Mittel für dringend benötigte Investitionen zu erwirtschaften oder sogar akute Liquiditätsprobleme zu überwinden. Oft sind dazu grundlegende Veränderungen notwendig, die die gesamte Organisation umfassen.

Eine solche Restrukturierung erfordert zumeist eine neue strategische Ausrichtung, die Anpassung der Erlös- und Kostenstrukturen sowie die Sicherstellung der Finanzierung des Programms selbst. Häufig müssen daher neben internen „Stakeholdern" wie Ärztevertretern und leitenden Angestellten sowie dem Betriebsrat auch die Träger bzw. Eigentümer des Hauses und die Banken, die eine Finanzierung bereitstellen, eingebunden werden. Falls die Finanzierung gefährdet ist, ein Liquiditätsengpass oder gar eine Insolvenz droht, sind überdies zusätzliche Anforderungen der Finanzierer bzw. des Insolvenzrechts zu beachten. Doch selbst unter diesen Bedingungen ist eine erfolgreiche Restrukturierung möglich, sofern sie rechtzeitig begonnen und richtig durchgeführt wird.

Auch inhaltlich und organisatorisch stellt ein solches Programm außergewöhnliche Anforderungen an alle Beteiligten – und ist nicht gleichzusetzen mit Projekten zur Kostensenkung oder Prozessoptimierung, wie sie heute (auch) in vielen Krankenhäusern üblich sind. Nicht zuletzt verlangt die umfassende Transformation eine andere Herangehensweise und andere Instrumente als solche eher isolierten Projekte. Diese Besonderheiten sollen im Folgenden detaillierter beschrieben und erläutert werden.

Elemente eines erfolgreichen Restrukturierungsprogramms

Eine signifikante Verbesserung der wirtschaftlichen Situation eines Krankenhauses beginnt in der Regel mit einer Überprüfung und gegebenenfalls Neuausrichtung der Unternehmensstrategie. Deren Ziel ist es, eine strategische Positionierung zu finden, die Patientenzahlen und ein Fallspektrum (Case-Mix) ermöglichen, die den Strukturkosten des Hauses entsprechen und dabei helfen, profitabel zu arbeiten. Das eigentliche Maßnahmenprogramm zielt dann darauf ab, Strukturen und Abläufe so anzupassen, dass die Leistungen optimiert und bei minimalen Kosten erbracht werden können. Schließlich muss das Programm „durchfinanziert" sein – wobei mögliche zwischenzeitliche Verluste sowie gegebenenfalls notwendige Investitionen und Einmalaufwendungen zu berücksichtigen sind.

Strategisches Leitbild

Da auch Krankenhäuser im Wettbewerb stehen – um Patienten sowie häufig auch um Förder- und Forschungsmittel – kommt der strategischen Positionierung besondere Bedeutung zu. Das strategische Leitbild definiert den Status, den das Unternehmen nach Abschluss der Restrukturierung erreicht haben soll.

Ein tragfähiges Leitbild orientiert sich nicht nur an der aktuellen, sondern auch an der zukünftig erwarteten Markt- und Wettbewerbssituation (Anzahl der Wettbewerber sowie deren Positionierung, Leistungsportfolio, Marktausschöpfung und Einzugsgebiet im Vergleich zum eigenen), der Entwicklung der Demographie und Prävalenz sowie der internen Ausgangsposition (Case-Mix- und Fallzahlentwicklung, Profitabilität einzelner Leistungen bzw. Fachbereiche). Das Leitbild muss also auf einer prognostizierten Entwicklung der wesentlichen internen und externen Faktoren beruhen. Wenn im Laufe der Restrukturierung festgestellt wird, dass sich wesentliche Planungsparameter geändert haben, ist eine Anpassung erforderlich. Dieses sollte aber ein Ausnahmefall bleiben und das Leitbild daher eine gewisse Stabilität für mögliche Abweichungen von der Vorhersage externer Parameter besitzen.

Um das Leitbild greifbar zu machen, sollten wesentliche Eckpunkte genau definiert und möglichst auch quantifiziert werden. So kann das Leitbild etwa angestrebte Marktanteile für bestimmte Indikationen oder Einweisungsquoten enthalten. Zu den wirtschaftlichen Eckdaten gehören die anvisierten Umsätze, Kosten und auch Profitabilität. Aus diesen Rahmendaten ergibt sich auch, welche Finanzierungsstruktur für das Krankenhaus nachhaltig tragfähig ist (vgl. Lafrenz und Schoon, 2009).

Das strategische Leitbild ist nicht zuletzt ein wichtiges Kommunikationsinstrument, denn es umreißt das Ziel des Restrukturierungsprogramms. Der Erfolg dieses Programms hängt ganz wesentlich von der Akzeptanz und dem Engagement der daran Beteiligten ab. Darum ist es so wichtig, die Beteiligten für das Programm zu gewinnen – und das wird nur gelingen, wenn diese sich und ihre Interessen in dem strategischen Leitbild wiederfinden.

Operative Ansatzpunkte

Eine umfassende Darstellung der operativen Ansatzpunkte würde den Rahmen dieses Beitrags sprengen. Eine zentrale Empfehlung lautet jedoch: Zur Steigerung der Erlöse und Senkung der Kosten sollte die gesamte Bandbreite möglicher Maßnahmen betrachtet werden. Erst wenn alle potenziellen Maßnahmen und ihre Auswirkungen bekannt sind, lassen sich diese anhand von Kriterien wie Zeit, Aufwand und Effekte priorisieren.

Erlössteigerung
Hier zielen die Maßnahmen auf eine Erhöhung der Fallzahl durch Attraktion möglichst vieler Patienten mit entsprechendem Fallspektrum ab. Sie berücksichtigen aber auch Reserven in der Bettenkapazität und Verweildauer sowie die Optimierung privater Zusatzleistungen. Ein weiterer Ansatzpunkt ist beispielsweise die komplette Abrechnung der erbrachten Leistungen durch vollständige Kodierung mit korrekter Spezifikation der Haupt- und Nebendiagnosen.

Kostensenkung
Hier lassen sich die Ansatzpunkte anhand der drei Kostenblöcke unterteilen: Als Erstes zu nennen ist hier die Senkung der Personalkosten im medizinischen Bereich mittels Steigerung der Personalproduktivität durch mehr Effizienz in den Abläufen sowohl im ärztlichen- als auch im Pflegedienst. An zweiter Stelle steht die Senkung der medizinischen Sachkosten durch weniger Verbrauch oder günstigere Beschaffung. Drittens lassen sich Kostensenkung in Bereichen wie Labor, nicht-klinischen Leistungen und Verwaltung ebenfalls durch eine gesteigerte Produktivität und geringere Kosten für bezogene Leistungen erreichen. Mit Blick auf die Personalkosten gibt es neben der Produktivitätssteigerung auch die Möglichkeit, die Kosten für das jeweils eingesetzte Personal zu reduzieren: einerseits durch optimierte Arbeitsaufteilung unter den Berufsgruppen (z. B. Pflegekräften und MTA), andererseits durch Änderungen bei der tariflichen Zugehörigkeit oder durch Outsourcing von Mitarbeitern in eigene Servicebetriebe bzw. an externe Dienstleister (z. B. bei tertiären Diensten oder auch bei Laborleistungen).

Bei der Ausgestaltung des Programms ist es wichtig, dynamische Effekte zu berücksichtigen. Angesichts der unterschiedlich schnell steigenden Personal- und Sachkosten und langsam steigenden Basisfallwerten reicht es nicht aus, eine vorhandene Ergebnislücke zu schließen. Vielmehr muss das Programm Maßnahmen entwickeln, die – bei unveränderter Erlös- und Kostenstruktur – auch eine sich vergrößernde Lücke schließen.

Finanzierung des Programms

Es dauert in aller Regel mindestens eineinhalb bis zwei Jahre, bis alle Maßnahmen voll wirken. In dieser Zeit entstehen möglicherweise weitere Verluste. Zudem erfordert die Restrukturierung selbst zusätzliche Mittel, etwa für Rationalisierungsinvestitionen, Abfindungen und Projektkosten. Bevor ein solches Programm in Angriff genommen wird, ist also die Finanzierung sicherzustellen.

Zur Schließung einer möglichen Finanzierungslücke sollten zunächst jene Liquiditätsreserven des Krankenhauses genutzt werden, die im Netto-Umlaufvermögen, dem sogenannten Net Working Capital, gebunden sind.

Das Net Working Capital errechnet sich aus den Lagerbeständen plus den Forderungen aus Leistungen minus den Verbindlichkeiten aus Lieferungen und Leistungen.

Lagerbestände

Ziel ist es, die Bestände auf ein möglichst niedriges Niveau zu reduzieren, ohne dabei die Versorgungssicherheit im medizinischen Betrieb oder bei der Versorgung der Patienten zu gefährden. Wesentliche Lagerbestände eines Krankenhauses bestehen aus medizinischem Verbrauchsmaterial sowie Heil-, Hilfs- und Arzneimitteln und ggf. anderen Vorräten, z. B. in der Kantine. Ein Teil dieser Bestände ist meist auch vor Ort auf den einzelnen Stationen gelagert und wird nicht nur zentral vorgehalten. Transparenz hinsichtlich Ort und Umfang der Bestände sowie genaue Regelungen zu Bestandshöhen und Bestellmengen können hier erhebliche Einsparungen bringen.

Forderungen aus Leistungen

Die Forderungen bestehen in erster Linie gegenüber den gesetzlichen Krankenkassen. Die Krankenhäuser haben hier nur begrenzten Einfluss auf die Geschwindigkeit der Zahlungen, können aber durch zügige Abrechnung auf eine frühzeitige Zahlung hinwirken. Zudem können sorgfältige Kodierung und Abrechnungen, Nachprüfungen und damit Zahlungsverzögerungen vermeiden. Bei privat abzurechnenden Leistungen beschleunigen eine frühe Rechnungsstellung, verkürzte Zahlungsziele und ein effizientes Mahnwesen das Eintreiben der Zahlungen.

Verbindlichkeiten aus Lieferungen und Leistungen

Im Gegensatz zu den Forderungen, ist hier das Ziel, Zahlungen erst möglichst spät zu leisten. So sollte das Haus sicherstellen, dass offene Rechnungen nicht vor Fälligkeit gezahlt sowie möglichst lange Zahlungsfristen ausgehandelt werden. Dies kann gegenüber kleineren Lieferanten und Serviceanbietern durch Vorgabe von Zahlungsbedingungen geschehen; bei größeren Lieferanten sind die Fristen individuell zu vereinbaren und sollten vom Einkauf als zweite wichtige Komponente neben dem Preis behandelt werden. All dies gilt nicht nur für den regelmäßigen Bezug von Waren und Leistungen, sondern auch für Investitionen mit einzelnen, oft sehr großen Zahlungen.

Neben dem Net Working Capital bietet die Kürzung des Investitionsbudgets einen weiteren Hebel für die Liquiditätsoptimierung. Der Verzicht oder das Verschieben von Investitionen kann die Liquidität verbessern, bis das Restrukturierungsprogramm greift.

Externe Finanzierungsquellen, also insbesondere Kreditinstitute, kommen dann ins Spiel, wenn das Krankenhaus alle internen Potenziale ausgeschöpft hat und auch die Träger nicht bereit oder in der Lage sind, (weitere) finanzielle Mittel bereitzustellen. Kreditinstitute vergeben Kredite auf Grund der Bonität des Kreditnehmers und verlangen überdies zumeist Sicherheiten. Bei Investitionen können dies teilweise die Investitionsgüter selbst sein, ansonsten kommen Garantien und Bürgschaften der Träger in Frage, bei größeren Investitionen auch der Gebietskörperschaften (z. B. Stadt oder Land). Anders als bei öffentlichen Trägern wird das Institut bei einer Bürgschaft von einer privatrechtlichen Körperschaft auch deren Bonität berücksichtigen. Kreditumfang und -konditionen hängen also von der wirtschaftlichen Situation des Krankenhauses ebenso ab wie von seiner Möglichkeit, Sicherheiten zu stellen. In Verlustsituationen ist die Möglichkeit der Banken, Kredite zur vergeben beschränkt und erfordert in vielen Fällen auch die Vorlage eines Sanierungsgutachtens (siehe weiter unten).

Management des Restrukturierungsprozesses

Auch wenn viele Häuser bereits Erfahrung mit der Durchführung einzelner Projekte haben – die Umsetzung eines so umfassenden Programms ist eine Ausnahmesituation für jedes Krankenhaus. Vor allem gilt es, die bestehenden Führungsstrukturen und -instrumentarien den neuen Anforderungen anzupassen (vgl. Yakola, 2014). Bewährt hat sich dabei die Einrichtung eines Program Management Office (PMO), das unter der Regie eines erfahrenen Programmleiters den gesamten Prozess gemeinsam mit der Krankenhausleitung steuert und vorantreibt.

Typischer Ablauf eines Restrukturierungsprogramms

Die Konzeption und Umsetzung eines umfassenden Restrukturierungsprogramms erfolgt üblicherweise in drei Phasen:

Diagnose

In dieser Phase wird zunächst die Absprungbasis für das Programm (die sogenannte Baseline) bestimmt, indem der Ergebnisverbesserungsbedarf durch Fortschreiben der gegenwärtigen Trends ermittelt wird („was passiert, wenn nichts passiert"). Dabei geht es darum, sowohl die zukünftige Erlösentwicklung (unter Berücksichtigung von prognostizierten Fallzahlen, Case-Mix und Basisfallwerten), als auch die Kostenentwicklung zu prognostizieren. Die Differenz zum gewünschten Zielergebnis definiert die Lücke, die das Programm schließen muss. Parallel dazu erfolgt eine Analyse aller in Frage kommenden Optimierungshebel. Hierzu werden – beispielsweise auf Basis von Benchmarks oder Best Practices aus anderen Häusern – Zielmarken für Umsätze, Margen, Personalkapazitäten oder Sachkosten gesteckt. Im nächsten Schritt sollten dann Ziele für einzelne Organisationseinheiten, etwa Kliniken oder Funktionsbereiche, festgelegt werden. Abschließend sind Projektteams zu bilden, welche den eigentlichen Maßnahmenplan erarbeiten. In der Regel sind für diese erste Phase zwischen sechs und acht Wochen anzusetzen.

Maßnahmenplanung

Die in der Diagnosephase ermittelten Ziele werden in den folgenden zwei bis drei Monaten mit konkreten Maßnahmen hinterlegt. Diese Aufgabe übernehmen Projektteams aus relevanten Funktionsbereichen und dem Linienmanagement, ggf. unterstützt durch Mitglieder der zentralen Projektorganisation. Ziel dieser Phase ist es, einen detaillierten Implementierungsplan aufzustellen („wer macht was bis wann") und die Umsetzungsbedingungen zu definieren (z. B. Installation eines neuen Patientenrufsystems als Voraussetzung für eine geänderte Stationsbesetzung). Neben den einzelnen Maßnahmen sind dabei auch die finanziellen Auswirkungen zu erfassen, etwa das Einsparungspotenzial oder mögliche Einmaleffekte wie Abfindungszahlungen und notwendige Investitionen. Am Ende dieser Phase liegt dann ein detaillierter Implementierungsplan für alle Verantwortlichkeitsbereiche vor. Die angestrebten Umsetzungseffekte sollten erfahrungsgemäß ca. 20 bis 30 Prozent über den Zielen der Diagnosephase liegen, um bei möglichen Hindernissen während der Implementierung noch genügend Puffer zu haben und die Ziele des Gesamtprogramms nicht zu gefährden.

Implementierung

In der Implementierungsphase wird das geplante Maßnahmenprogramm umgesetzt. Wichtig für das Gelingen des Gesamtprogramms ist hier, dass die Verantwortlichen die Maßnahmen in ihrem Bereich vollständig und innerhalb des vorgegebenen Zeitrahmens umsetzen. Kommt es zu Verzögerungen, kann dies unter Umständen das gesamte Restrukturierungsprogramm gefährden, beispielsweise dann, wenn die Finanzierung nicht mehr sichergestellt ist. Da ein Restrukturierungsprogramm zudem häufig schmerzhafte Veränderungen mit sich bringt, sollte es frühzeitig sichtbare Erfolge vorweisen können, um seine Wirksamkeit unter Beweis zu stellen und so seine Akzeptanz in der Belegschaft schrittweise zu steigern.

Die Implementierung eines umfassenden Restrukturierungsprogramms kann eineinhalb bis zwei Jahre in Anspruch nehmen. Generell sollte die Projektdauer allerdings nicht zu langfristig angesetzt sein, da ein solches Programm mit der Zeit auch an Momentum verliert und die Wahrscheinlichkeit seiner erfolgreichen Umsetzung mit jedem weiteren Monat abnimmt.

Die drei Programmphasen können sich in der Praxis auch überlappen. Dieses ist insbesondere dann der Fall und auch erforderlich, wenn auf Grund von Liquiditätsengpässen Sofortmaßnahmen ergriffen werden müssen, um eine mögliche Insolvenzgefahr abzuwenden. Auch sogenannte No-Regret-Maßnahmen, die kurzfristig und in allen denkbaren Szenarien sinnvoll sind, werden in der Regel sofort eingeleitet, um möglichst rasch positive Effekte zu erzielen.

Organisatorische Ausgestaltung

Die Verantwortung für die Umsetzung des Restrukturierungsprogramms liegt zwar in der Linienorganisation, aber dennoch darf auch nicht übersehen werden, dass gerade dort auch jeden Tag Notfälle behandelt, Patienten versorgt und Abrechnungen bearbeitet werden müssen. Die Linienorganisation sollte daher durch eine Projektorganisation unterstützt werden, die zum einen über die notwendigen Ressourcen (insbesondere Zeit) verfügt, zum anderen aber auch über die notwendigen Fähigkeiten, den Restrukturierungsprozess voranzutreiben.

Die Projektorganisation einer umfassenden Restrukturierung besteht aus folgenden Elementen:

Programmleitung

Ein Restrukturierungsprogramm sollte von einem starken Chief Transformation Officer (CTO), auch Chief Restructuring Officer (CRO) genannt, geleitet werden. Idealerweise handelt es sich dabei um eine Führungskraft, die auf Ebene der Geschäftsführung bzw. des Vorstands angesiedelt ist. Denn nur so kann eine Diskussion auf Augenhöhe mit anderen Führungskräften aus den medizinischen und administrativen Organisationseinheiten gewährleistet werden.

Aufgabe des CTO ist es, den Prozess der Restrukturierung federführend zu gestalten und voranzutreiben. In seinen Kompetenzbereich fällt auch das für die Umsetzung notwendige Budget für die Projektkosten und Einmalaufwendungen. Jenseits der Entscheidungsbefugnisse des Programmleiters muss jedoch sichergestellt sein, dass in Fragen der Behandlungsqualität und Sicherheit der Patienten die ärztliche Geschäftsführung das letzte Wort hat und die Verantwortung trägt.

Dem CTO untersteht zum einen das Program Management Office (PMO), das ihm zuarbeitet und zum anderen die einzelnen Projektmodule, deren Leiter direkt an ihn berichten.

Program Management Office

Das PMO ist das wesentliche Kontroll- und Überwachungsorgan der Restrukturierung und ergänzt das reguläre Controlling des Hauses. Im PMO sollte jederzeit Transparenz über den Status der Umsetzung und die zu erwartenden Effekte herrschen. Ein regelmäßiges Reporting an den CTO und die Krankenhausleitung zählt folglich zu seinen Kernaufgaben. Während des gesamten Projektverlaufs kommt dem PMO eine zentrale Rolle als „Zahlengewissen" zu. Zu seiner Aufgabe gehört es, die Wirkung aller Umsetzungsschritte fortlaufend an der zu Grunde gelegten Baseline zu messen. Maßnahmen und ihre Effekte sollten daher nicht nur von dem für die Umsetzung verantwortlichen Management, sondern auch vom PMO abgezeichnet werden.

Aus diesem Grund wird das PMO üblicherweise mit Mitarbeitern aus dem Controlling und Rechnungswesen des Krankenhauses besetzt. Oft wirken aber auch Mitarbeiter aus den medizinischen oder tertiären Bereichen zumindest zeitanteilig im PMO mit, weil sie die betrieblichen Abläufe des Krankenhauses gut kennen.

Über seine Kernaufgaben hinaus kann das PMO je nach seiner quantitativen und qualitativen Personalausstattung noch weitere Aufgaben übernehmen. Beispielsweise können PMO-Mitglieder als eine Art „schnelle Eingreiftruppe" zur Unterstützung der Projektmodule abgestellt werden und so helfen, mögliche Probleme bei der Umsetzung frühzeitig aus dem Weg zu räumen.

Projektmodule

Für die eigentliche inhaltliche Arbeit wird das Programm in verschiedene Module unterteilt, entweder strukturiert nach funktionaler Problemstellung oder entlang einzelner Standorte. Geleitet werden die Projektmodule zumeist von einem Mitarbeiter, der eine besondere Qualifikation oder einen Bezug zum jeweiligen Modul besitzt und in seiner Arbeit von weiteren Mitarbeitern – in der Regel teilzeitig – unterstützt wird.

Jedes Modul hat eine eigene Zielsetzung, die in der Diagnosephase definiert worden ist. Die Aufgabe der Modulleiter und -mitarbeiter besteht nun darin, gemeinsam mit den Linienverantwortlichen Maßnahmen zur Zielerreichung zu identifizieren und diese umzusetzen. Die Projektmodule unterstützen das Linienmanagement in erster Linie fachlich, notfalls aber auch mit Ressourcen bei der praktischen Durchführung.

Ein Großteil der Projektorganisation sollte direkt aus dem betroffenen Krankenhaus stammen. Die aktive Einbindung fördert nicht nur die Akzeptanz unter den Beteiligten, sondern bringt zugleich eine Vielzahl von Multiplikatoren hervor, die intern für das Programm werben können. Mitunter kann aber auch eine Unterstützung durch externe Berater sinnvoll sein, die entsprechende Projekterfahrung und das erforderliche spezifische Know-how mitbringen.

Performance Infrastructure

Im Rahmen der Implementierung eines Programms sind zwei Fragen von herausragender Bedeutung: Wo steht das Programm hinsichtlich der Umsetzung (Umsetzungs-Controlling) und welche Effekte sind eingetreten bzw. können erwartet werden (Effekt-Controlling)?

Der Umsetzungsfortschritt einer Restrukturierung wird in der Regel an einem Meilensteinplan gemessen, der vorab in der Hinterlegungsphase zu erarbeiten ist. Maßnahmen, die überfällig sind, werden dabei besonders im Fokus stehen. Im Zuge eines proaktiven Controllings sollte aber auch Transparenz über Maßnahmen bestehen, die demnächst anstehen und von besonderer Bedeutung für das Gesamtprogramm sind.

Die erzielten oder noch zu erwartenden Effekte werden typischerweise anhand des Härtegrades der zu Grunde liegenden Maßnahmen klassifiziert:

- Härtegrad 0: Erste Idee mit grober Potenzialabschätzung
- Härtegrad 1: Definierte Maßnahme mit Potenzialberechnung
- Härtegrad 2: Konkretisierung der Maßnahme mit Implementierungsplan und Business Case
- Härtegrad 3: Verabschiedung durch das Management
- Härtegrad 4: Umsetzung der Maßnahme
- Härtegrad 5: Realisierung der finanziellen Effekte

Bei der Fortschrittsbestimmung wird zumeist auf die Ganzjahreseffekte einer Maßnahme abgestellt, um so deren Wirkung im Zielbild zu erfassen, aber es können durchaus auch unterjährige Effekte, etwa im laufenden Kalenderjahr, betrachtet werden.

Zur weiteren Förderung des Umsetzungsprozesses ist eine Verzahnung der Projektziele mit der persönlichen Zielvereinbarung der beteiligten Mitarbeiter dringend zu empfehlen. Das gilt naturgemäß für alle Beteiligten in der Projektorganisation, sollte sich aber auch auf andere Führungskräfte im Haus erstrecken. Schwierig kann sich dies bei Krankenhäusern in öffentlicher Trägerschaft gestalten (z. B. Universitätsklinken), in denen wesentliche Teile der Ärzteschaft beamtet sind und folglich wenig Ansatzpunkte für eine Variabilisierung von Gehaltsbestandteilen bestehen. Eine mögliche Inzentivierung muss sich aber nicht allein auf Führungskräfte reduzieren. Auch tariflichen Mitarbeitern kann bei Erreichen bestimmter finanzieller oder auch nicht-monetärer Restrukturierungsziele ein Bonus in Aussicht gestellt werden.

Change Management

Ein Restrukturierungsprogramm lässt sich indessen nicht allein über finanzielle Anreize und Druck effektiv umsetzen. Nachhaltig erfolgreich wird das Programm nur sein, wenn es gelingt, die Einstellungen und Handlungen aller Verantwortlichen im Krankenhaus dauerhaft zu verändern. Das betrifft nicht nur die oberste Führungsebene, sondern geht über das Management des ärztlichen und Pflegedienstes und die Klinikleitungen bis hinunter zu einzelnen Abteilungen. Kurz: Der Wandel muss überall dort gelebt werden, wo täglich Entscheidungen fallen, die Erlös- und Kostenstrukturen beeinflussen. Wichtig ist daher, dass die Veränderung aktiv gemanagt wird. Wesentliche Instrumente auf dem Weg durch den Wandel sind die Entwicklung und Kommunikation einer Change Story, Vorbilder, Sanktionierungen und Trainings (vgl. Aiken und Keller, 2009).

Change Story

Die Mitarbeiter des Hauses brauchen eine überzeugende Geschichte rund um das Was, Wie und Warum der Veränderung, die zum einen aufzeigt, was von jedem Einzelnen erwartet wird, und die zum anderen schlüssig darlegt, warum der eingeschlagene Weg der richtige ist. Diese „Change Story" sollte auf dem oben beschriebenen strategischen Leitbild aufbauen. „Wir wollen das führende Haus für operative Therapien bei Meniskusschäden sein", kann zum Beispiel die Zielsetzung einer orthopädischen Fachklinik sein. Daraus würde sich in logischer Konsequenz eine Spezialisierung der Klinik ergeben und somit die Erklärung, warum andere Therapiefelder abgebaut werden. Im Spezialisierungsfeld selbst kann sich wiederum aus der Change Story die Notwendigkeit zum Aufbau entsprechender Kompetenzen und zur Einrichtung hocheffizienter Behandlungspfade ergeben.

Vorbilder

Für die Mitarbeiter wird eine gewünschte Verhaltensänderung umso glaubwürdiger, wenn auch Führungskräfte und Kollegen entsprechend agieren. Sind Einsparungen und harte

Maßnahmen erforderlich, dann sollte es alle Hierarchieebenen in ähnlicher Weise treffen. Zum Beispiel ist es schwierig, von den Pflegekräften Einschnitte zu fordern, während der ärztliche Dienst keinen Beitrag leisten muss. Konsistentes Verhalten und Vorleben ist daher gerade bei harten Einschnitten entscheidend für den Restrukturierungserfolg.

Sanktionierung
Für eine erfolgreiche Durchsetzung des Programms ist es essentiell, dass eine gewünschte Verhaltensänderung honoriert, ein starres Festhalten an überkommenen Verhaltensmustern dagegen sanktioniert wird. Wichtig sind in solchen Situationen auch zum Beispiel Maßnahmen mit hoher symbolischer Bedeutung, die klar aufzeigen, dass eine Veränderung im Gange ist.

Training
Für die Mitarbeiter wiederum ist es wichtig, auch die notwendigen Fähigkeiten zu besitzen, um unter den neuen Rahmenbedingungen effektiv zu arbeiten. Gezielte und umfassende Schulungen in neuen Methoden und Prozessen sind daher eine wesentliche Voraussetzung für den Wandlungserfolg.

Bei den Maßnahmen des Change Managements sollte es nicht nur darum gehen, die Leistungsfähigkeit der Organisation (Performance) kurzfristig zu steigern. Vielmehr sollte auch ein Akzent auf die Ressourcen gelegt werden, die für ein nachhaltig erfolgreiches Arbeiten gebraucht werden (Health). Dabei kommen einer zielgerichteten Organisations- und Führungsstruktur, einer motivierenden Unternehmenskultur und qualifizierten Mitarbeitern Schlüsselrollen zu – eine modern aufgestellte Krankenhausorganisation braucht Performance und Health. Hierzu lohnt es sich, frühzeitig im Programm festzustellen, an welchen Health-Parametern gearbeitet werden muss (vgl. Keller und Price, 2011).

Stakeholder Management

Im komplexen Umfeld von Krankenhäusern mit ihrer Vielzahl an Akteuren, Beteiligten und Interessengruppen besteht eine der größten Herausforderungen darin, alle Stakeholder für ein Restrukturierungsprogramm zu gewinnen. Auf Grund der oft widerstreitenden Ziele – etwa Gewinnmaximierung vs. Erhalt der Arbeitsplätze vs. Sicherung der Krankenversorgung – ist es besonders schwierig, die Interessen aller wesentlichen Gruppen in Einklang zu bringen.

In Restrukturierungssituationen ist zunächst ein besonderer Fokus auf die Gruppen zu legen, von denen eine direkte Beteiligung am Programm erwartet wird. Diese Beteiligung kann z. B. in finanziellen Beiträgen bestehen, im Verzicht auf bestimmte Leistungen oder auch in kostenloser Mehrarbeit.

Eine weitere Schlüsselrolle kommt dem Träger eines Krankenhauses zu. Bei einer umfassenden Restrukturierung muss der Gesellschafter häufig zusätzliches Geld bereitstellen. Neue Kapitalgeber wiederum – sowohl Eigen- wie auch Fremdkapitalgeber – werden zuerst eine möglicherweise notwendige Bereinigung von Altlasten bei den aktuellen Gesellschaftern sehen wollen. Werden frische finanzielle Mittel zugeführt, kann es zu signifikanten Veränderungen in der Eigenkapitalstruktur und damit der Stimmenverhältnisse kommen. Ähnliches gilt für Fremdkapitalgeber, wo neue Kapitalgeber ebenfalls einen Verzicht auf Teile der Rückzahlung von Altkrediten fordern können. Auf die Besonderheiten, die sich in solchen Situationen ergeben, wird nachfolgend noch näher eingegangen.

Nicht nur wegen der Mitbestimmung ist es in vielen Fällen erforderlich, die Vertreter der nicht-leitenden und leitenden Angestellten und Ärzte als Partner für die Restrukturierung zu gewinnen. Im Krankenhaus stellt der Personalbestand den größten Kostenblock dar und ist somit ein wesentlicher Hebel für Einsparungen. Ein umfassendes Restrukturierungskonzept wird daher in vielen Fällen nicht ohne entsprechende Personalmaßnahmen auskommen. Es gilt jedoch auszuloten, in welchem Umfang ein möglicher Arbeitsplatzabbau durch andere Maßnahmen kompensiert werden kann. Dies wird umfangreiche Diskussionen mit den Personalvertretungen nach sich ziehen und im Zweifel auch manche Zugeständnisse erfordern.

Ein tragfähiges Restrukturierungskonzept sollte daher nicht nur die Beiträge aller Beteiligten exakt benennen. Der dahinterliegende Plan sollte auch die individuellen Vorteile der Restrukturierung für diejenigen Stakeholder herausarbeiten, von denen signifikante Beiträge erwartet werden. Darüber hinaus sind weitere Stakeholder mit ihren Interessen zu berücksichtigen, auf die hier nicht explizit eingegangen wird, wie etwa die niedergelassene Ärzteschaft als Einweiser, andere Häuser in der Umgebung sowie Öffentlichkeit und Politik.

Besonderheiten der Restrukturierung bei gefährdeter Finanzierung und Liquiditätsengpässen

Besteht eine konkrete wirtschaftliche Notlage, sind die Möglichkeiten von Banken, in einer Restrukturierungssituation Kredite zu vergeben, eingeschränkt. Die sogenannten MaRisk, also die Mindestanforderungen an das Risikomanagement von Kreditinstituten der Bundesanstalt für Finanzdienstleistungsaufsicht (BaFin), verpflichten Banken, in kritischen Situationen ein umfassendes Sanierungskonzept einzuholen (vgl. BaFin, 2012). Eine Finanzierung kann dann nur erfolgen, wenn eine Sanierungsfähigkeit des Unternehmens vorliegt. Besteht darüber hinaus noch eine drohende oder akute Zahlungsunfähigkeit oder liegt eine Überschuldung des Unternehmens vor, ist zusätzlich zu prüfen, ob ein Insolvenzantrag zu stellen ist.

Sanierungsgutachten

Das Institut der Deutschen Wirtschaftsprüfer (IDW) hat mit dem sogenannten S6-Standard einen Rahmen definiert, der häufig für die Erstellung von Sanierungsgutachten herangezogen wird (vgl. IDW, 2012). Die Anwendung dieses Standards ist nur für Wirtschaftsprüfer bindend, wird aber in vielen Krisensituationen eingefordert, da es keine bindende Rechtsgrundlage gibt, wohl aber eine Reihe von Kriterien, die von der höchstrichterlichen Rechtsprechung definiert wurden und mittlerweile in den S6 Standard integriert sind.

Der S6-Standard definiert die wesentlichen Elemente, die in einem Sanierungsgutachten betrachtet werden müssen. Dazu zählen z. B. die Darstellung der Ausgangslage des zu sanierenden Unternehmens, seiner Markt- und Wettbewerbssituation und der allgemeinen Marktentwicklung, die Feststellung des Krisenstadiums und Analyse der Krisenursachen. Ferner schreibt der S6 auch eine Ausrichtung an dem „Leitbild des sanierten Unternehmens" vor. Dessen Anwendung außerhalb konkreter Krisensituationen wurde weiter oben bereits im Zuge des strategischen Konzepts dargelegt. Ferner ist ein geeigneter Maßnahmenplan zur Überwindung der Krise gefordert und eine integrierte Finanzplanung zu erstellen.

Ein Sanierungsgutachten greift damit viele Elemente auf, die auch bei einer Restrukturierung außerhalb einer konkreten Krisensituation bearbeitet werden sollten, erweitert diese aber um einige formale Anforderungen, deren Erfüllung in der konkreten Krisensituation dringend erforderlich sind.

In der Regel wird dann auch von einem externen Sachverständigen eine gutachterliche Aussage zur Sanierungsfähigkeit des Unternehmens eingeholt. Dieser Gutachter kann sowohl ein Wirtschaftsprüfer als auch ein sanierungserfahrener Berater sein. Seine gutachterliche Stellungnahme setzt dann zwingend voraus, dass ihm Zugang zu allen wesentlichen Informationen des Krankenhauses gewährt wird und er sich ein eigenes Bild von der Lage machen kann. Um in einer Krisensituation mögliche Insolvenzursachen ausschließen zu können, muss zudem eine detaillierte Liquiditätsplanung erstellt werden und in manchen Fällen auch eine genaue Prüfung der Eigenkapitalbasis erfolgen.

Für alle Beteiligten in diesem Prozess hat dieses Vorgehen den Vorteil, dass eine neutrale und faktenbasierte Analyse der Situation erfolgt. Daraus werden dann auch die notwendigen Beiträge aller Beteiligten deutlich und es entsteht eine objektive Entscheidungsbasis für Art und Umfang der Unterstützung des Veränderungsprozesses seitens aller Beteiligten.

Die faktische Umsetzung des Restrukturierungsplanes wird von den unterstützenden Kreditinstituten häufig sehr eng begleitet. Für das Krankenhaus bedeutet dies in der Praxis, dass ein enges Reporting zur Umsetzung der geplanten Sanierungsmaßnahmen sowie zur Einhaltung der finanziellen Geschäftsplanung notwendig wird. Häufig fordern Kreditinstitute in solchen Situationen auch die weitere Unterstützung des Prozesses durch einen sanierungserfahrenen Berater.

Insolvenzgefährdung und -verfahren

Droht eine mögliche Zahlungsunfähigkeit oder liegt diese bereits vor, muss die Geschäftsführung bzw. der Vorstand eine mögliche Insolvenzantragspflicht prüfen. Dies gilt auch bei einer bilanziellen Überschuldung, sofern eine Fortführung des Unternehmens nicht wahrscheinlich ist. Die Antragspflicht ergibt sich aus der Insolvenzordnung, insbesondere §§ 15 und 15a und 17-19 InsO. Wie aktuell und relevant das Thema für Klinikbetriebe derzeit ist, illustrieren einige prominente Fälle wie die Insolvenz der Marienhospital Münsterland, des Klinikums Osnabrücker Land oder der Arbeiterwohlfahrt Gesundheitsdienste (Kliniken Bad Münder, Hannoversch Münden, Dialyse Hannover).

Für die Geschäftsführung bzw. den Vorstand kann eine Verletzung dieser Pflicht sogar mit einer Freiheitsstrafe geahndet werden. Sind also entsprechende Sachverhalte zu erwarten, bedeutet dies für die Krankenhausleitung in der Regel zweierlei: Erstens sind genaue Planungsrechnungen zu erstellen, insbesondere eine detaillierte Liquiditätsvorschau, aus der sich ergibt, wie lange die finanziellen Mittel des Hauses noch ausreichen, um die fälligen Zahlungsverpflichtungen zu decken. Zweitens sollte eine insolvenzrechtliche Beratung hinzugezogen werden, um eine Pflichtverletzung der Organe möglichst auszuschließen.

Ist ein Insolvenzverfahren unvermeidlich, dann besteht nach der Insolvenzrechtsreform 2012 mit dem sogenannten Schutzschirmverfahren (§ 270b InsO) eine Alternative zu den bisherigen Verfahren. Es kann dann gewählt werden, wenn eine Zahlungsunfähigkeit noch nicht eingetreten ist, sondern lediglich droht. In diesem Fall kann das bestehende Management die Sanierung in weiten Teilen selbständig umsetzen, wird dabei aber von einem Sachverwalter überwacht, der die Einhaltung wesentlicher Interessen der Gläubiger sicherstellt.

Voraussetzung dafür ist aber, dass bei Antragstellung eine sogenannte § 270b-Bescheinigung beigefügt wird, in der ein erfahrener Sachverständiger – z. B. Unternehmensberater, Wirtschaftsprüfer, Anwalt oder Steuerberater – bescheinigt, dass eine Sanierung nicht offensichtlich aussichtslos ist (vgl. IDW, 2014). Laut Gesetz muss dann innerhalb von drei Monaten ein Insolvenzplan vorliegen, in dem nicht nur geregelt ist, wie das Unternehmen operativ saniert wird, sondern auch, wie die zukünftige finanzielle Ausstattung aussieht. Innerhalb dieser Frist muss daher auch eine Einigung mit den Gläubigern abgeschlossen sein, die dem Insolvenzplan mehrheitlich zustimmen müssen, sowie mit den zukünftigen Finanzierern. In der Praxis sollte daher bereits bei Antragstellung ein fortgeschrittener und in Eckpunkten vorabgestimmter Entwurf dieses Insolvenzplans vorliegen – im angelsächsischen Raum wird daher auch häufig von einem „prepackaged plan" gesprochen.

Sofern also nicht von vornherein eine Insolvenz mit letzter Wahrscheinlichkeit ausgeschlossen werden kann, tun Träger und Management eines betroffenen Krankenhauses nur gut daran, auch eine Restrukturierung im Schutzschirmverfahren als Alternative zu prüfen und gegebenenfalls rechtzeitig vorzubereiten.

Fazit

Häufig herrscht die Meinung vor, dass im Grunde jedes Managementteam in der Lage sein müsste, eine Restrukturierung durchzuführen – gehört doch gerade die Kostensenkung zum gängigen Repertoire jeder Unternehmensführung. Im vorliegenden Beitrag sollte aufgezeigt werden, dass eine umfassende Restrukturierung mehr umfasst als nur Kostensenkung. Sie bedeutet vielmehr einen nachhaltigen Eingriff in die Strukturen, Abläufe und Führung eines Krankenhauses. Eine Restrukturierung stellt damit immer eine Sondersituation dar, die ein spezifisches Know-how und ein besonderes Vorgehen erfordert und deshalb die üblichen Managementinstrumente eines Krankenhauses sprengt.

Wird eine umfassende Restrukturierung aber rechtzeitig – das heißt idealerweise bevor Liquidität und Eigenkapital bedroht sind – angegangen, so bestehen vielfältige Ansatzpunkte, ein notleidendes Krankenhaus wieder erfolgreich aufzustellen.

Frühzeitig geplant und konsequent umgesetzt, leistet ein Restrukturierungsprogramm nicht nur einen wesentlichen Beitrag zur Erhaltung der Versorgungssicherheit der Patienten und zur Sicherung von Arbeitsplätzen. Es dient gleichzeitig auch der Sicherung der Investitionen des Trägers und sonstiger Finanzierer. Zwar wurde bei niedriger Profitabilität oder Verlusten schon viel Unternehmenswert vernichtet, erfolgreiche Restrukturierungen zeigen aber auch ein hohes Wertsteigerungspotenzial (vgl. Lafrenz, 2004). Damit soll an dieser Stelle keinesfalls dem nicht markgerechten Erhalt von defizitären Häusern das Wort geredet werden. Vielmehr schafft die Restrukturierung, wo sie gelingt, Krankenhäusern eine tragfähige Basis, um neue Profitabilität zu erlangen und sich nachhaltig erfolgreich im Gesundheitsmarkt zu positionieren. Ein umfassendes Restrukturierungsprogramm fordert zweifellos Einsatz. Doch die zu erwartenden Effekte sind den hohen zeitlichen und finanziellen Aufwand allemal wert.

Literaturverzeichnis

Aiken, C, *Keller, S.* ***(2009)****. The irrational side of change management, McKinsey Quarterly April 2009*

Augurzky, B, *Krolop, S, Hentschker, C, Pilny, A, Schmidt, C* ***(2015)****. Krankenhaus Rating Report 2015, medhochzwei Verlag*

Bundesamt für Finanzdienstleistungsaufsicht *(BaFin)* ***(2012)****. Mindestanforderungen an das Risikomanagement – MaRisk, Rundschreiben 10/2012; https://www.bafin.de/SharedDocs/Veroeffentlichungen/DE/Rundschreiben/rs_1210_marisk_ba.html*

Deutsches Krankenhaus Institut *(DKI)* ***(2014)****. Krankenhaus Barometer Umfrage 2014, S. 107ff.*

Institut der Wirtschaftsprüfer *(IDW)* ***(2012)****. IDW Standard: Anforderungen an die Erstellung von Sanierungskonzepten (IDW S 6) (Stand: 20.8.2012), veröffentlicht in WPg Supplement 4/2012, S. 130ff.*

Institut der Wirtschaftsprüfer *(IDW)* ***(2014)****. IDW Standard: Bescheinigung nach § 270b InsO (IDW S9) (Stand 18.8.2014), veröffentlicht in WPg Supplement 4/2014, S. 45ff.*

Keller, S, *Price, C* ***(2011)****. Organizational health: The ultimate competitive advantage, McKinsey Quarterly June 2009*

Lafrenz, K (2011)*. Shareholder Value-orientierte Sanierung, Gabler Verlag, S. 260ff.*

Lafrenz, K, *Schoon, S* ***(2009)****. Quantifizierung des Leitbildes des sanierten Unternehmens, in Buth, A., Hermanns, M.* ***(2009)****. Restrukturierung, Sanierung, Insolvenz, Beck Verlag, S. 160ff.*

Yakola, D (2014)*. Ten tips for leading companies out of crisis, McKinsey Quarterly March 2014*

Krankenhausbau und -organisation strategisch planen

Strategische Planung als Basis der Bauplanung

Hermine Szegedi

Krankenhausprojekte sind äußerst komplexe Projekte. Aus diesem Grund bedarf es einer qualifizierten Planung, um den erfolgreichen Betrieb einer Einrichtung sicherstellen zu können. Die Komplexität resultiert dabei einerseits aus der inhaltlich sehr vielfältigen Planungsaufgabe, andererseits aus der Vielzahl an Beteiligten und dem langen Planungszeitraum, während dessen sich zahlreiche strategische Änderungen wie z. B. im Vergütungssystem, in den Leistungsmengen oder auch technische Änderungen wie im Brandschutz oder Energiebereich ergeben können. Es ist daher wichtig, klar zu definieren, was Planung in den einzelnen Stufen eines Projekts bedeutet, wer dafür zuständig ist und was als Ergebnis erwartet wird.

Strategie als Basis für die bauliche Planung

Grundsätzlich sollte zwischen strategischer und baulicher Planung einer Klinik unterschieden werden. Die strategische Planung ist eine Managementaufgabe. Auch wenn sich ein Krankenhaus hier mit Beratern verstärkt, obliegt die Entscheidung über die Strategie der Geschäftsführung.

Das Vorgehen in der Strategieplanung ist nicht standardisiert, sollte aber transparent sein und in klar definierten Schritten erfolgen. Am Anfang steht die Analyse der Leistungsdaten und der Marktsituation im Einzugsgebiet. Hierzu gehört auch die Analyse der zu erwartenden Krankenhaushäufigkeit und durchschnittlichen Verweildauer, der Bevölkerungsentwicklung mit zu erwartenden Zu- und Abwanderungsbewegungen, der Altersentwicklung und damit auch der spezifischen Entwicklung oder der Veränderung von zu behandelnden Krankheitsbildern. Wichtig ist aber auch die Berücksichtigung der medizinischen und medizintechnischen Entwicklung und damit neuer oder veränderter Möglichkeiten zur Behandlung oder Vorbeugung von Krankheiten. Zudem sollten anhand der DRG-Planung die Erlöspotenziale überprüft werden.

Daraus sollte die künftige Strategie für die Leistungsinhalte abgeleitet werden. Auf dieser Basis können Organisations- und Strukturkonzepte für Medizin, Pflege, Administration, Serviceangebote, Ver- und Entsorgung oder auch sonstige Bereiche erstellt und im Rahmen der Betriebsorganisationsplanung ausgearbeitet und detailliert, d.h. in eine Funktions- und Raumplanung, überführt werden.

Ein Raum- und Funktionsprogramm ermöglicht die Erstellung von Flächen- und Volumenmodellen und damit auch eine erste Kostenabschätzung für die Investition aber auch der Betriebskosten. Diese sind, mit Projektion der Kosten- und Erlösdaten, die Grundlage für den Businessplan.

Die strategische Planung bildet die Basis für die bauliche Planung (Abbildung 1). Ohne eine strategische Planung sollte diese nicht begonnen werden. Die bauliche Planung wird oft an die Technische Abteilung delegiert, die diese im Rahmen der strategischen Vorgaben steuert. Die bauliche Planung für die diversen Fachbereiche wie Architektur, Technische Ausrüstung, Tragwerksplanung etc. erfolgt in Stufen der Leistungsphasen gemäß der HOAI.

Wichtig für Klinikträger sind die Prüfung, die Abstimmung im Bauherren- und Nutzerkreis sowie eine explizite Freigabe der einzelnen Stufen der Planung, speziell auch der Vorentwurfs- und Entwurfsplanung. Ohne Prüfung und Freigabe sollte keine Weiterplanung in der nächsten Leistungsphase erfolgen. Hier entsteht sonst ein erhebliches Änderungsrisiko – und damit auch ein Kostenrisiko aufgrund von Wiederholungsleistungen. Analog sollte im späteren Projektverlauf erst die Planung erfolgt sein, bevor gebaut wird. Auch hier ist die nicht fertige oder nicht abgestimmte Planung sehr oft Änderungsgrund und damit Ursache für Terminverzug, Aufwand und Mehrkosten auf allen Seiten.

Schwierig gestaltet sich oft der Übergang von der Baufertigstellung über die Einrichtung, Inbetriebnahme bis hin zu erforderlichen Betriebsoptimierungen, sowohl im klinischen, als auch technischen Bereich. Dies resultiert oft aus einer Leistungslücke in der Vergabe der Planungsleistungen und unklaren Schnittstellen zwischen Bauherren- und Planerleistung.

Einzelne Themen bzw. Bausteine der vorgenannten Planungsstufen werden im Folgenden anhand von Beispielen aus der Praxis näher erläutert.

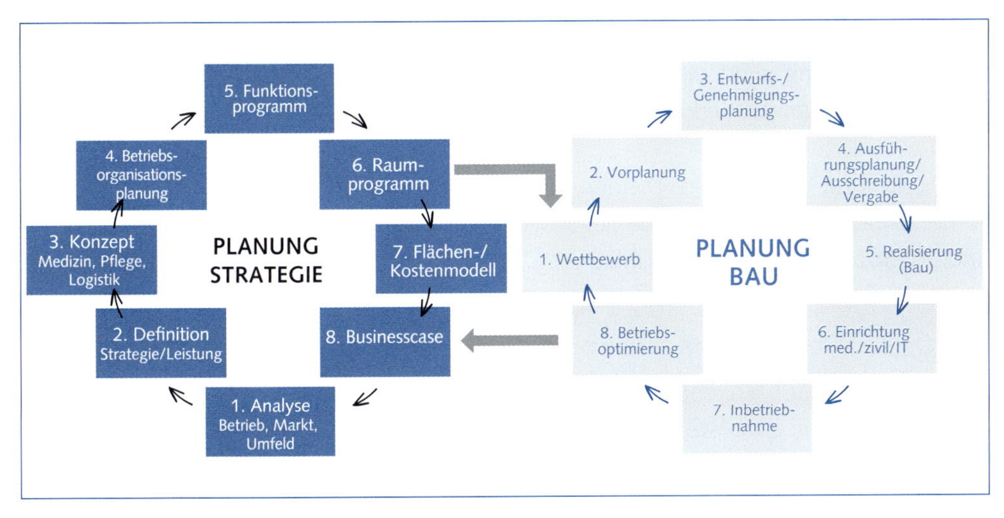

Abbildung 1: Strategie- und Bauplanung (Quelle: Eigene Darstellung)

Grundlage der strategischen Planung – Zahlen, Daten, Prognosen

Die Prognose der Fallzahlen beruht in der Regel auf folgenden Grundlagen:

- Prognose der künftigen Krankenhaushäufigkeit
- Prognose der künftigen demografischen Entwicklung
- Prognose zur Entwicklung der Morbidität
- Belegungskennziffern, d. h. Auslastung und Verweildauer

Für viele Länder, auch Bundesländer und Regionen, liegen Statistiken vor. Sofern jedoch keine Daten vorliegen, können die Nachbarländer oder benachbarte Regionen als Richtwert herangezogen werden. Dabei sollten die Rahmenbedingungen des Planungsortes immer genau betrachtet werden.

Die Krankenhaushäufigkeit nimmt in Deutschland leicht zu, trotz des stetigen Ausbaus des ambulanten Leistungsangebots. Das hängt im weiteren Sinne mit der demografischen Entwicklung zusammen. Hier werden in den nächsten Jahren immer mehr, immer ältere und multimorbide Patienten zu versorgen sein. Die Gesamtbevölkerung schrumpft hingegen, hier wirken lediglich eher schwer einschätzbare Wanderungsbewegungen entgegen.

Auch die Verweildauer geht seit circa zehn Jahren nur noch leicht zurück. Einem deutlicheren Rückgang wirkt die Überalterung der Bevölkerung entgegen. Diese Faktoren haben damit kaum Auswirkungen auf die Planungen.

Die Auslastung wird im Allgemeinen mit 85 Prozent angesetzt, wobei diese abhängig vom Fachbereich ist. Die Spanne liegt zwischen 70 Prozent, z. B. in der Kindermedizin, und 90 Prozent, z. B. in der Psychiatrie.

Für Deutschland kann man zusammenfassen:

- die Anzahl der Krankenhäuser insgesamt geht leicht zurück
- die Anzahl der aufgestellten Betten ist stabil
- die Bettenauslastung ist stabil (im Schnitt bei ca. 77 Prozent)
- die Belegungstage gehen leicht zurück
- die Verweildauer fällt noch geringfügig (2012 noch 7,6; 2013 ca. 7,5 Tage)
- die Fallzahlen steigen etwas (ca. 1 Prozent pro Jahr)
- die Personalzahlen steigen (Vollkräfte) sowohl im ärztlichen, pflegerischen als auch im nicht-ärztlichen Bereich

(Quelle: Deutsche Krankenhausgesellschaft (DKG), Eckdaten der Krankenhausstatistik 2013)

Neben den oben genannten Faktoren sind auch regionale Faktoren und Besonderheiten zu berücksichtigen. Wichtig hierbei sind z. B. saisonal stark schwankende Auslastungen, wie sie etwa aus Feriengebieten bekannt sind. Hier ist, vor allem in den Ferienzeiten, nicht nur die örtliche Bevölkerung zu versorgen, sondern auch ein relevanter Anteil an Feriengästen. Je nach Sportangebot sind Notaufnahmen und in manchen Fällen auch einzelne Fachbereiche entsprechend größer zu dimensionieren. Dies erfolgt, wie auch für andere Funktionseinheiten mit geringer Elektivität, über die Poisson-Verteilung. Für solche Kliniken ist eine durchgehende Auslastung von 85 Prozent meist nicht erreichbar. Hier sind in manchen Fällen Mehrkapazitäten erforderlich, die teilweise auch nur temporär verfügbar sein müssen.

Für die Planung sind sinnvolle Prognosezeiträume anzunehmen. Prognosen über mehr als zehn bis 15 Jahre hinaus sind nicht zielführend, da zwar die Bevölkerungsentwicklung, nicht aber die medizinische und medizintechnische Entwicklung vorhersehbar sind. Es sollte aber mindestens die Betrachtung zum Zeitpunkt der Inbetriebnahme der Klinik erfolgen. Das ist in der Regel ein überschaubarer Zeitraum von circa fünf bis zehn Jahren, ja nach Größe der Klinik und Abschnitten der Realisierung.

Die Prognosen sollten nicht dazu dienen, Kliniken durch große Prognosezeiträume zu groß zu dimensionieren, sondern die „Sprunggrößen" in den Kernräumen zu erkennen und hier Flexibilität für Erweiterungen oder auch einen Rückbau zu ermöglichen.

Betriebsorganisation

Die Betriebsorganisationsplanung ist die Basis für den wirtschaftlichen Betrieb einer Klinik. Sie umfasst die Dimensionierung (Nutzflächen) einer Klinik und beschreibt die Funktionszusammenhänge und Organisationsstrukturen für den Betrieb aller Bereiche. Ergebnisse sind die Funktionsplanung und das Raumprogramm.

Die Betriebsorganisationsplanung sollte einer Klinik Möglichkeiten bieten, sich den Veränderungen der medizinischen Versorgung, der Altersentwicklung der Patienten, der technischen Entwicklung oder der Personalentwicklung anzupassen, d. h. die Zukunfts- und Wettbewerbsfähigkeit zu sichern. Hier ist ein ganzheitlicher Planungsansatz erforderlich.

Moderne Krankenhäuser werden daher – kurz zusammengefasst – oft als „Lean, Green, Healing" beschrieben. Die Basis dafür sollte die Betriebsorganisation leisten. Die Planungsprämissen sind daher:

- **Bedarfsgerechte Kalkulation** der erforderlichen Ressourcen auf Basis einer qualifizierten Kapazitätsplanung und vernünftiger Prognosen.
- **Funktionale Nachhaltigkeit**; dazu gehören optimierte Prozesse, Zentrenbildung für eine interdisziplinäre Patientenbehandlung aber auch die Spezialisierung (z. B.Organzentren wie Herz-/Gefäß-Zentrum oder Comprehensive Cancer Center).
- **Effizienz und Wirtschaftlichkeit**, d. h. ökonomische Rentabilität und effektive Ressourcennutzung, die ebenfalls durch gut definierte Workflows zu erreichen sind. Dazu gehören z. B. die Trennung von stationären und ambulanten Prozessen bei gleicher Ressourcennutzung im Kernraumbereich, ein gutes Elektiv-Patienten-Management aufgrund zunehmenden Ausbaus des ambulanten Sektors, aber auch moderne, optimierte und von den medizinischen Prozessen getrennte Versorgungs- und Logistikkonzepte für die Warenwirtschaft, Speisenversorgung, Medikamentenversorgung, Sterilgutversorgung etc. Eine effiziente, wirtschaftliche Planung ist zudem nicht personenbezogen, denn Chefärzte und Abteilungsleiter wechseln im Laufe einer Planung. Dies sollte kein Grund für Änderungen sein. Zur Wirtschaftlichkeit einer Planung gehört auch die Flächenwirtschaftlichkeit, d. h. kurze Wege, eher knapp dimensionierte Raumgrößen, viele Nutzflächen, wenig Verkehrsfläche (kleiner BGF/NF-Faktor).

- **Netzwerkbildung**, d. h. Verknüpfung zu potenziellen Zuweisern, zu Partnern, die ein erweitertes Leistungsspektrum anbieten können, aber auch zu Nachsorgeeinrichtungen wie Reha-Kliniken, spezialisierten Geriatrie-Kliniken etc., um den Patientenabfluss sicherzustellen.
- **Qualifiziertes Personalmanagement**; hierzu gehört ein attraktives Arbeitsumfeld, flexible Arbeitszeiten bzw. Arbeitszeitmodelle. Personal ist der größte Kostenfaktor im Krankenhaus und qualifiziertes Personal wird zunehmend schwerer zu finden sein.
- Die **Berücksichtigung und sinnvolle Einbindung der IT im Krankenhaus** in die Prozessplanung zur Vermeidung von doppelten Arbeitsschritten, Beschleunigung von Prozessen, Ausbildung der Mitarbeiter (Wissensmanagement) und Erhöhung der Sicherheit für die Patienten (Risikomanagement, z. B. durch automatische Kontrolle der Medikation und potenziellen Wechselwirkungen).
- **Flexibilität, Modularität, Multifunktionalität, gezielt geplante Erweiterbarkeit und Veränderbarkeit**. Dies ist erreichbar durch Standardisierung, z. B. Achsraster, Raumgrößen, Raumhöhen, Funktionszusammenhänge, aber auch die gezielte Planung für spätere Umbauten oder Nachinstallationen wie z. B. durch Vorhaltung von Schachtreserven im Technikbereich. In Bereichen, in denen eine Erweiterung durch zusätzliche Module schwierig oder funktional nicht sinnvoll ist (z. B. Kernräume in der Radiologie), können auch vereinzelt Reserveräume vorgehalten werden, die temporär andere Nutzungen erhalten oder nicht ausgebaut werden. Entscheidend ist, dass die Erweiterbarkeit bereits im Rahmen der Betriebsorganisationsplanung definiert und im Rahmen der Planung in den Grundzügen mitgeplant wird.
- **Ökologische Planung und Nachhaltigkeit/„Green Hospital"**. Die ökologische Energieerzeugung und ein effizientes Energiemanagement, z. B. nach klinischem Tagesgang, sollten in keiner Planung fehlen. Entgegen vieler Meinungen sind nicht alle Bereiche einer Klinik ständig in Betrieb oder Bereitschaft, viele können z. B. nachts oder an Wochenenden heruntergefahren werden, sogar der OP-Bereich. Hier muss jedoch im Rahmen der Betriebsorganisationsplanung definiert werden, welche Anzahl an OPs z. B. nachts in Betrieb/Bereitschaft sein muss und die Technik darauf abgestimmt werden. Dies sind Grundlagen für ein im Klinikbereich zwingend erforderliches und bereits im frühen Stadium der Planung aufzusetzendes Facility Management.
- **Der Patient steht im Mittelpunkt der Klinikplanung**. Dazu gehört auch die Berücksichtigung von Trends wie Healing Architecture, die eine gut gestaltete Krankenhausumgebung, leichte Orientierung, Licht usw. vorgeben. Wichtig sind aber auch Serviceangebote im Krankenhaus und z. B. Rooming-in-Möglichkeiten, nicht nur bei Kindern. Nach solchen Kriterien werden sich Patienten in Zukunft immer häufiger die Klinik aussuchen. Viele dieser Punkte haben Auswirkungen auf die Organisation und den zu planenden Kapazitäts- und Flächenbedarf.

Funktions- und Raumplanung (Raumprogramm)

Die Funktionsplanung beschreibt die funktionalen Zusammenhänge innerhalb eines und zwischen den Abteilungen eines Krankenhauses.

Das Raumprogramm enthält die Einzelräume (Nutzflächen) für alle Funktionseinheiten. Es basiert auf der Ermittlung der Kernräume und auf Grundlage der Leistungsdaten bzw. Leistungsdatenprognosen und Ergänzung der Nebenräume für die Ver- und Entsorgung sowie Personalräume.

Die Erstellung des Funktions- und Raumprogramms erfolgt in Deutschland, aber auch diversen Nachbarländern, nach der DIN 13080.

Diese sieht die Unterteilung vor nach:

- Untersuchung und Behandlung
- Pflege
- Verwaltung
- Soziale Dienste
- Ver- und Entsorgung
- Forschung und Lehre
- Sonstiges

Klassisch erfolgt die Planung und Programmierung getrennt für die einzelnen Funktionsstellen. Die separate Programmierung ist für alle Funktionsstellen bei größeren Kliniken sinnvoll und wirtschaftlich, die hohe Fallzahlen und eine Spezialisierung in unterschiedlichen Bereichen mit einem entsprechend hohen Nutzungsgrad der Flächen aufweisen. Bei kleineren und mittleren Kliniken ist der aus der getrennten Programmierung resultierende Flächen- und auch Personalbedarf finanziell oft nicht leistbar und die Nutzungsfrequenz der Flächen/Räume oft gering. Dem kann durch Synergien in der Nutzung und Ressourcenteilung zwischen den einzelnen Funktionsstellen entgegengewirkt werden. Dabei lässt sich nicht nur die Raum- und Gerätenutzung, sondern auch die Patientensicherheit erhöhten, da mit einer Bündelung vergleichbarer Funktionen weniger Flächen und Personal benötigt werden.

Beispiele für mögliche Synergien:

- Schaffung gemeinsamer Raumressourcen zwischen Notaufnahme und Elektivaufnahme
- Planung einer gemeinsamen Nachüberwachung für die Interventionsbereiche
- Gleichzeitige Nutzung der Nachüberwachung als Aufnahmestation (nachts)
- Zusammenfassung von Interventionsbereichen (Kardiologie, Endoskopie, Urologie)
- Kombination von Intervention und ambulantem OP und/oder z. T. noch üblichem BG-OP
- Gemeinsame Nutzung von hygienisch gleichwertigen Eingriffsräumen (Eingriffsräume Notaufnahme, Urologie, Zystologie usw.)
- Alternativ bei vorwiegender Nutzung der Sondereingriffsräume im Sinne eines OP: Integration BG-OP und Nutzung von zwei Seiten, Integration Herzkatheter-Labor (HKL) für Eingriffe mit OP-Standard, Integration ambulanter OP, sofern keine hohen Fallzahlen und flexible Nutzung der OPs
- Kombination von Leitstellen, Anmeldungen etc., aber auch Wartebereiche (z. B.Elektivaufnahme und Funktionsdiagnostik)
- Kombination von Therapieräumen der Physikalischen Therapie mit Schmerztherapie
- Verbindung von mindestens zwei, drei oder vier Pflegestationen mit gemeinsamen Ver- und Entsorgungsräumen, Lagern, Bettenaufbereitungsräumen usw.
- Gemeinsame Nutzung Besucher-/Patienten-Café und Mitarbeiterspeiseraum
- Zusammenfassung von Nebenraumstrukturen und Bündelung von Sanitäreinheiten
- Einplanung von nicht zwingend patientennahen Bereichen wie Verwaltung in Standardstrukturen analog Funktion oder Pflege, sodass bei potenziellem Erweiterungsbedarf solche Flächen einfach verlagert und Kernfunktionen mit wenig Aufwand integriert werden können

Es gibt viele Möglichkeiten, Synergien herzustellen und die Flächenauslastung zu erhöhen. Diese müssen aber abhängig von den Leistungsmengen und Strukturen im Einzelfall geprüft und abgestimmt werden.

Eine ideale Funktionsplanung ist bei Neuplanungen anspruchsvoll. Noch komplexer wird die Aufgabe jedoch bei Bestandskliniken, die in Deutschland viel häufiger vorkommen. Hier sind die funktionalen Anbindungen an den Bestand oft entscheidend, Zwänge bestehen etwa durch begrenzte Grundstücksflächen, erforderliche Höhenanbindungen, vorhandene Erschließungen aber auch bereits getätigte Investitionen oder Fördermaßnahmen. Daher sind zu Beginn der Planung die Freiheitsgrade der Planung oder mögliche Einschränkungen zu prüfen und zu bewerten, nicht nur aus Sicht der Investitionskosten, sondern auch aus Sicht der viel höheren, späteren Betriebskosten. Bei

Gegenüberstellung von Neubau- zu Sanierungsplanungen ist oft festzustellen, dass die Investitionskosten von Sanierungen oft unterschätzt werden und Kostenanteile, wie z. B. für erforderliche Interimsmaßnahmen, fehlen. Bei gleichen Ansätzen sind Neubauten oft wirtschaftlicher, sowohl in der Erstellung, aber vor allem auch in den Betriebskosten, sowohl im Personalbereich als auch im technischen Bereich.

Beispiele für optimierte Funktionsplanungen mit synergetischen Raumnutzungen

Beispiel 1

Schwerpunktversorger (Versorgungsstufe II), ca. 500 Betten (Somatik), Erweiterungs-/Ersatzneubau mit Verbindung der Zentralen Notaufnahme mit der Elektivaufnahme sowie Verbindung der Zentrale Nachüberwachung der Intervention mit der Aufnahmestation der Notaufnahme.

Ziel der Planung: Neuorganisation der Zentralen Interdisziplinären Notaufnahme (ZNA) und Verbindung der Raum-/Geräte-/Personalressourcen mit der Zentralen Elektivaufnahme (ZEA). Gleichzeitig kurze Anbindung zum Hubschrauber-Landeplatz, OP und Intensivpflege sowie zum Herzkatheter-Labor (HKL).

Lösung: Planung der Notaufnahme nach dem System der Manchester-Triage, d. h. Triage am Eingang der Notaufnahme (gegenüberliegend Reanimationsraum) und Zuordnung der Schwerverletzten in den „roten" Flur mit Schockraum und angebundenem CT, mittelschwer verletzte oder kranke Patienten in den „gelben" Flur und leichter erkrankte Patienten in den „grünen" Flur.

Alle Räume sind standardisiert, greifen auf mobile Geräte für die Erstdiagnostik (EKG, Sono etc.) zurück und sind jeweils von beiden Flurseiten erschlossen. Zusätzlich wurde noch eine „blaue" Raumspange angehängt, die für den Elektivbereich vorgesehen ist, der aus der Richtung Haupteingang von der Magistrale aus erschlossen ist. Der Elektivbereich ist nur tagsüber besetzt und nutzt dann bei guter Auslastung die „grüne" Raumspange mit. In diesen Zeiten hat die Notaufnahme oft keine Spitzenauslastung. Hingegen wird bei hoher Auslastung in den Abendstunden die „blaue" Spange des Elektivbereiches der Notaufnahme mit genutzt (Abbildung 2).

Die Notfall-Radiologie-Räume (Röntgen und CT) sind auch von der Elektivseite zugänglich und können – sofern nicht im Notfallbetrieb – der schnellen Diagnostik (kurze Wege) auch für diesen Bereich dienen. Dieser Bereich der Radiologie ist gleichzeitig der Bereich, der nachts und an Wochenenden betrieben wird. Somit ist kein zusätzliches Personal für den Betrieb der zentralen Radiologie erforderlich. Damit ist eine hohe Synergie in der Raumnutzung bei guter Auslastung der Geräte gegeben.

Gleichzeitig wurden alle Nachüberwachungsfunktionen der Interventionsbereiche zentral zwischen Intervention und Notaufnahme zusammengefasst. Dieser Bereich ist durchgehend personell besetzt, wird nachts von der Notaufnahme als Aufnahmestation genutzt und dient tagsüber den Interventionsbereichen (Herzkatheter-Labor, Endoskopie, angeordnet über dem Herzkatheter-Labor, Angiologie – in der zentralen Radiologie, über der Notaufnahme) als Nachüberwachungseinheit.

Dies verhindert, dass in allen Bereichen kleine Nachüberwachungseinheiten vorgehalten werden oder Patienten nicht überwacht im Flur liegen und sorgt aufgrund der hohen Auslastung gleichzeitig dafür, dass in der Nacht aufgenommene Patienten morgens schnell diagnostiziert und auf Station verlegt werden, da die Plätze nach und nach von der Intervention gefüllt werden. Zudem erfolgt eine komplette Trennung von internen Wegen der liegenden Patienten zu den fußläufigen Patienten des Elektivbereichs und der Funktionsdiagnostik.

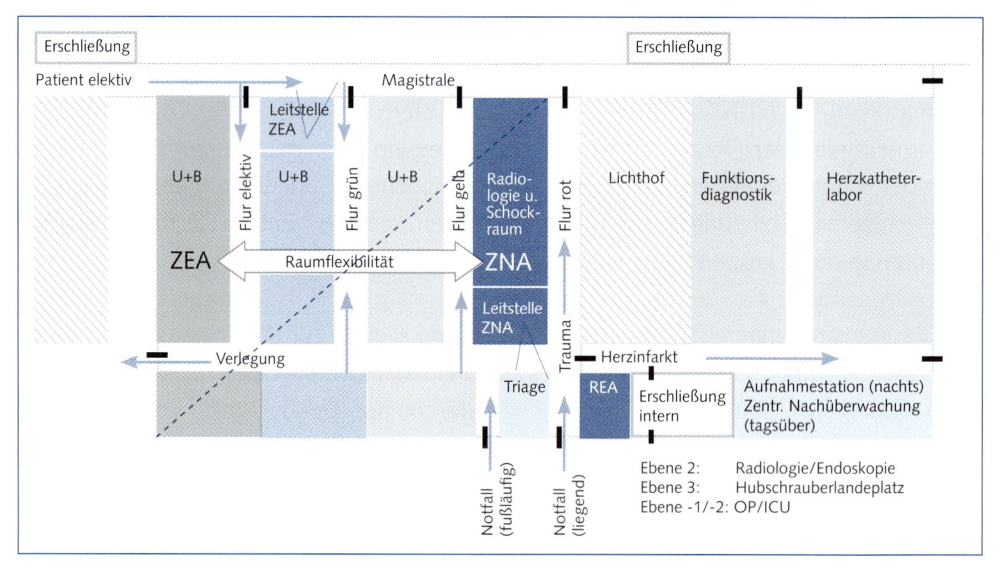

Abbildung 2: Funktionslayout Zentrale Notaufnahme – Elektivaufnahme (Quelle: Eigene Darstellung)

Für die Raumplanung folgt aus dieser Planung die Reduktion der Raumanzahl in der Notaufnahme und auch in der Elektivaufnahme bzw. keine Dimensionierung auf Spitzenauslastungszeiten, Reduktion der Räume in der Radiologie (kleine Notfalleinheit für nachts und Wochenenden). Gemeinsame Nebenräume für Notaufnahme und Elektivaufnahme, damit weitere Flächeneinsparungen. Für das Personal ergeben sich kurze Wege zwischen Notaufnahme und Elektivbereich. Gleichzeitig spart die Aufnahmestation Flächen durch Nutzung der Nachüberwachungseinheit sowie durch die Zusammenlegung aller Überwachungsplätze der Intervention ein. Zudem erhöht sich die Sicherheit für die Patienten durch eine qualifizierte und ständig besetzte Nachüberwachung.

Idealerweise wären die Notaufnahme, Radiologie und alle Interventionsfächer auf einer Ebene angeordnet. Dies haben die Platzverhältnisse auf dem Grundstück jedoch nicht zugelassen. Das Beispiel zeigt aber, dass auch bei beengten Bestandsverhältnissen effiziente organisatorische Planungen möglich sind.

Beispiel 2

Schwerpunktversorger, ca. 650 Bettenklinik (Somatik), Erweiterung OP – Verbindung Intervention (Einbindung in Bestandssituation).

Ausgangslage: OP-Neubau mit sieben Sälen, jedoch noch ohne Hybrid-OP, septischen OP (BG-OP) und ambulanten OP sowie ohne Lösung für die Same-day-surgery; freiwerdende Fläche des alten OP im Kernbereich der Klinik und einem Bauteil, das unter Betriebsaufrechterhaltung, nicht abgebrochen werden kann. Zergliederte interventionelle Kardiologie mit zwei Herzkatheder-Laboren (HKL), jedoch ohne OP-Möglichkeit im HKL, gegenüberliegende sanierte Endoskopie mit kleiner Überwachung, (geplante) ebenfalls gegenüberliegende Urologie.

Lösung: Verlängerung des OP-Flures aus dem Neubau und direkte Anbindung des Hybrid-OP, sowie des septischen OP, wobei dieser von zwei Seiten zugänglich gemacht wird, sodass er im Normalbetrieb im ZOP als Ressource genutzt werden kann. Nutzung aller Ressourcen des Zentral-OP wie Aufwachraum, zentrale Einleitung, Personalumkleide etc.

Im Betrieb als abgetrennter septischer OP (BG-OP) ist der Zugang direkt möglich, mit kurzer Anbindung an den Aufzug aus der Notaufnahme. Möglichkeit zur schnellen Rückschleusung des Personals in den OP. Erster OP-Flur-Abschluss nach diesen Räumen möglich.

Im Anschluss Anbindung des ambulanten OP, der aufgrund relativ geringer Leistungen im ambulanten Bereich so strukturiert wird, dass er einerseits gesondert erschlossen werden kann, andererseits ebenfalls an den ZOP angebunden werden kann und dort als zusätzliche Ressource zur Verfügung steht und auch über die Infrastruktur des ZOP angedient werden kann. An die Erschließung der ambulanten Seite gleichzeitige Anbindung der Funktion der Same-day-surgery und Betrieb über die gleiche Leitstelle. Hier ist der zweite OP-Flur Abschluss möglich.

Angegliedert sind die beiden HKL, die hier getrennt voneinander arbeiten können. Der erste Raum kann im OP-Fall dem OP zugeordnet werden. In diesem Fall können die Patienten auf kurzem Weg über die Schleuse des ambulanten OP eingeschleust werden, das Personal über den ZOP. Sonst findet der Betrieb beider Räume über den vereinfachten, direkten Zugang statt.

Durch die Zusammenfassung der oben genannten Einheiten und die direkte Anbindung an den OP ergeben sich eine erhebliche Flächeneinsparung im Nebenraumbereich und vor allem flexibel nutzbare Raumressourcen. Zudem können gegenüberliegende Interventionsbereiche (Gastro, Uro) die Überwachungsbereiche (Aufwachraum OP und Nachüberwachung ambulanter OP) flexibel mitnutzen und müssen keine eigenen Einheiten personell besetzen (Abbildung 3).

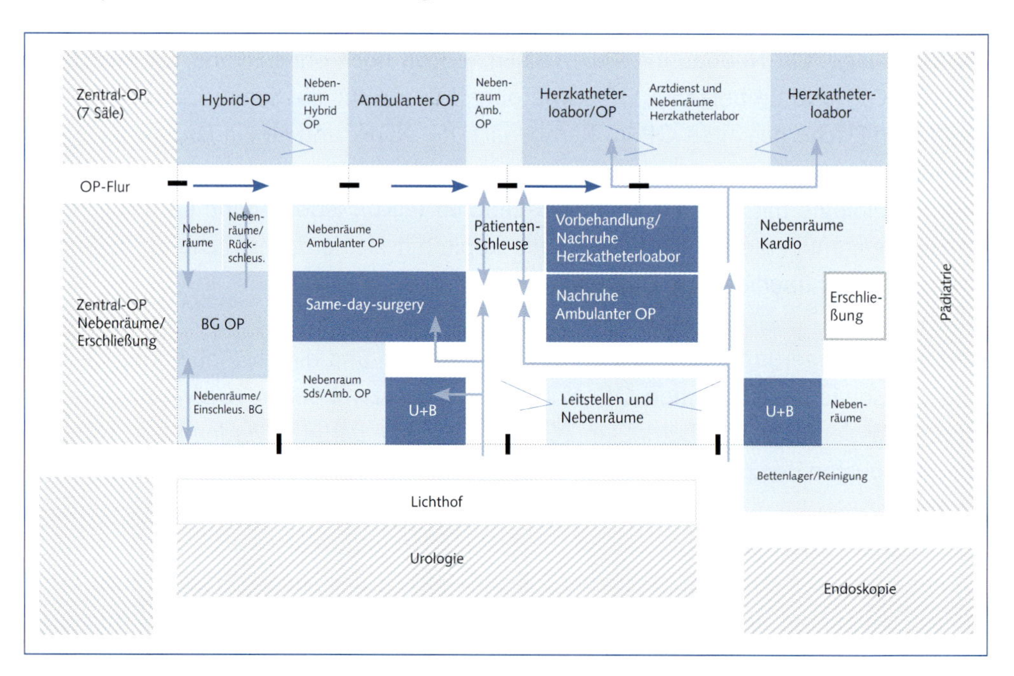

Abbildung 3: Funktionslayout OP-Erweiterung, Kardiologische Intervention (Quelle: Eigene Darstellung)

Beispiel für eine Bettenberechnung und Stationsprogrammierung

Auf Grundlage der funktionalen Zusammenhänge in den Einheiten und zwischen den Einheiten erfolgt die Programmierung der Einzelräume.

> Beispiel für die Bettenermittlung (nach der Hill-Burton-Formel):
> Bettenzahl = Fälle x Verweildauer / (365 Tage x (Nutzungsgrad/100))

Bei 20000 stationären Fällen, einer durchschnittlichen Verweildauer von 7,5 Tagen und einem Nutzungsgrad von 85 Prozent ergibt sich für einen Schwerpunktversorger eine Bettenzahl von 484 Betten.

Diese würden, nach Auswertung der Daten des Intensivbereichs etwa wie folgt aufgeteilt werden: ca. 40– 44 Betten Intensivpflege und IMC (3 Einheiten x 14 Betten) sowie 12 Stationen x 36–37 (+3-4 Reservebetten, in der Regel ca. 10 Prozent Bettenaufstellreserve). Bei dieser Konstellation können je drei oder vier Stationen pro Ebene um einen gemeinsamen Nebenraumbereich gruppiert werden, womit die Basis auch für das Nebenraumprogramm geschaffen ist.

Selbstverständlich sind auch gesonderte Berechnungen für einzelne Funktionsbereiche mit unterschiedlichen Ansätzen sowie die Ermittlung des Mehrbedarfs aus Prognosen möglich und auch sinnvoll, um die nötige Flexibilität und Sicherheit in der Planung zu bekommen. Tabelle 1 und 2 zeigen ein Beispiel für ein flächenoptimiertes Programm für eine Station.

Funktions-stelle	Raumnr.	Raum-kategorie	Bereich/ Raumbezeichnung	Anzahl Räume	m² NF Raum	m² NF Gesamt	Bemerkungen
2.00			**Pflege**				
2.01			**Allgemeinpflege**				
2.01.02			**Station 1 (36+4 Betten)**	**48**		**756**	
	2.01.02-1		Einzelzimmer	4	24	96	Vorraum/Schleuse 4 m²
	2.01.02-2		Nasszellen	4	4	16	
	2.01.02-3		Zweibettzimmer	4	24	96	
	2.01.02-4		Nasszellen	4	4	16	
	2.01.02-5		Dreibettzimmer	4	48	192	
	2.01.02-6		Nasszellen	8	4	32	
	2.01.02-7		Vierbettzimmer	3	48	144	
	2.01.02-8		Nasszellen	6	4	24	
	2.01.02-9		U/B Raum Standard	1	16	16	
	2.01.02-10		Leitstelle/Stützpunkt	1	20	20	
	2.01.02-11		Teeküche Personal	1	4	4	an Leitstelle (Kaffeemaschine, Kühlschrank, Spüle)
	2.01.02-12		Arbeitsraum rein	1	16	16	
	2.01.02-13		Arbeitsraum unrein	2	8	16	
	2.01.02-14		Materiallager	1	20	20	
	2.01.02-15		Gerätelager	1	20	20	
	2.01.02-16		Tagesraum Patienten	1	20	20	Tafelwasseranschluss, Kaffeemaschine, Lagerung Tassen/ Gläser, schmutzig/sauber
	2.01.02-17		WC Personal	2	4	8	

Tabelle 1: Stationsbereich mit 36 Betten + vier Reservebetten (10-Prozent-Reserve) (Quelle: Eigene Darstellung)

Funktionsstelle	Raumnr.	Raumkategorie	Bereich/ Raumbezeichnung	Anzahl Räume	m² NF Raum	m² NF Gesamt	Bemerkungen
2.00			**Pflege**				
2.01			**Allgemeinpflege**				
2.01.02			**Gemeinsamer Bereich für 3 Stationen**	**13**		**194**	
	2.01.01-1		Küche	1	28	28	Regeneration, Tablettwagen, Mikrowelle, Kühlschrank für Patientenessen
	2.01.01-2		Entsorgungsraum	1	16	16	
	2.01.01-3		Bettenaufbereitung dezentral			(56)	siehe 5.04.02 Bettenaufbereitung
	2.01.01-4		Putzraum	1	8	8	
	2.01.01-5		WC Besucher	2	4	8	
	2.01.01-6		WC Behinderte	1	6	6	
	2.01.01-7		Büro Arztdienst	3	16	48	je 2 Arbeitsplätze
	2.01.01-8		Büro Leitung (3 AP)	1	24	24	3 Arbeitsplätze
	2.01.01-9		Büro Kodierfachkräfte	1	24	24	3 Arbeitsplätze
	2.01.01-10		Besprechungsraum	1	16	16	
	2.01.01-11		Personalaufenthalt	1	16	16	mit Küche, Spülmaschine, Mikrowellen etc.

Tabelle 2: Übergeordneter Stationsbereich für drei Stationen (Quelle: Eigene Darstellung)

Beispiel für die Kernraumermittlung eines OP-Bereichs (Schwerpunktversorger)

Bei einem Schwerpunktversorger beträgt die Regelbetriebszeit für den OP 250 Tage, neun Stunden/Tag, die Wechselzeit liegt bei 35 Minuten und die durchschnittliche Schnitt-Naht-Zeit bei rund 60 Minuten (abhängig vom Leistungsspektrum der Klinik).

Bei ca. 10000 Fällen und einem durchschnittlichen Anteil von 90 Prozent der Fälle in der Regeldienstzeit, ergibt sich ein durchschnittlicher Saalbedarf von 7,04 Sälen und damit ein Grenzfall.

Hier sind detailliertere Berechnungen nach Fachbereichen mit unterschiedlichen Schnitt-Naht-Zeiten und auch genauerer Berücksichtigung der Eingriffe in oder außerhalb der Regeldienstzeit möglich und sinnvoll, da je nach Leistungsspektrum und Verteilung der Eingriffe auf die jeweiligen Fachbereiche, sieben oder acht OPs bedarfsgerecht sein können.

In der Programmierung sollten die Raumgrößen möglichst einem einheitlichen Raster (z. B. 4 m² NF-Raster) folgen, damit ist der Grundstein für eine flexible Raumnutzung/ Austauschbarkeit gelegt, aber auch für ein einheitliches Achsraster (Tabelle 3).

NF	Beispiel-Räume
4 m²	kleine Nebenräume wie WCs, Putzräume, Wechselumkleiden (2 x 2 m²), Nasszellen
8 m²	kleine Lager, Teeküchen, Entsorgungsräume
12 m²	Einzelbüros, Lager, kleine Aufenthaltsräume, Versorgungsräume
16 m²	Doppelbüros, Standard-Untersuchungs- und Behandlungsräume, Patientenschleusen oder Vorbereitungsräume
20 m²	Büro mit drei Arbeitsplätzen oder Chefarztbüro, U+B-Räume mit besonderen Anforderungen oder zusätzlichem Gerät, größere Lagerräume, Patientenzimmer (1-Bett)
24 m²	Büro mit bis zu vier Arbeitsplätzen, einfache Eingriffsräume, Patientenzimmer
28 m²	Interventionsräume wie z. B.Endoskopie, Patientenzimmer (2-Bett)
32 m²	Radiologieräume (Röntgen/Durchleuchtung), Eingriffsräume, Patientenzimmer (2-Bett)
40 m²	große Radiologieräume (CT/MRT), HKL, DSA
44 m²	Operationssäle
60-72 m²	Hypdrid-OPs

Tabelle 3: Beispiele für die Raumnutzung (Quelle: Eigene Darstellung)

Flächen- und Kostenmodell

Auf Basis des Funktions- und Raumprogramms können erste Flächen- oder auch Volumenmodelle erstellt werden, die wiederum als Basis für eine erste Investitionskostenschätzung dienen.

Die Erstellung eines Flächen- bzw. Volumenmodells ist wichtig für die Überprüfung der baulichen und baurechtlichen Gegebenheiten vor Beginn der Planung. Hier kann z. B. eine Anpassung des Bebauungsplans rechtzeitig veranlasst werden, wenn z. B. Höhenanpassungen erforderlich werden oder bei zu kleinem Grundstück ggf. nochmal eine Änderung der Funktionsplanung und Programmierung erforderlich werden. Idealerweise sollte eine gute Betriebsorganisationsplanung Vorrang haben, dies ist aber oft nur bei Neubauten „auf der grünen Wiese" möglich. Realität ist bei bestehenden Kliniken oft ein Kompromiss unter Berücksichtigung des Bestands und der meist begrenzten Platzverhältnisse.

Flächenmodelle können auf Basis des Programms relativ einfach erstellt werden. Tabelle 4 zeigt (je nach Größe und Funktionsstelle) die Zuschlägen auf die Nutzfläche.

Flächen	Zuschläge in %
Nutzfläche (NF)	= 100 %
Verkehrsfläche (VF)	+ ca. 45–50 % der NF
Funktionsfläche (FF)	+ ca. 20–30 % der NF
Nettogeschossfläche (NGF)	**ca. 175 % der NF**
Konstruktionsfläche (KF)	+ ca. 12–15 % der NGF
Bruttogeschossfläche (BGF)	**ca. 200 % der NF**

Tabelle 4: Zuschläge auf die Nutzfläche (Quelle: Projektauswertungen Drees & Sommer)

Daraus resultieren für Kliniken BGF/NF-Faktoren in der Bandbreite zwischen ca. 1,8–2,2 (abhängig von Größe und Art der Klinik, in der Regel gilt: Je größer die Klinik, umso höher der Faktor, bei Universitätskliniken z. T. auch über 2,2). Das Volumen (in m^3) liegt regelmäßig beim vierfachen der BGF, resultierend aus ca. 4,5 m durchschnittlicher Höhe in den Funktionsbereichen und mindestens ca. 3,5 m Geschosshöhe in den Pflegebereichen.

Tabelle 5 zeigt eine mögliche Plausibilisierung der Nutzflächenverteilung über die Bereiche der DIN 13080. Für Forschung und Lehre sowie Sonstiges gibt es keine repräsentativen Kennwerte, diese differieren stark, je nach Art und Größe der Klinik.

Nutzflächen	Verteilung der Nutzflächen in %
Untersuchung und Behandlung	ca. 30–35 % der NF (Anteil steigend)
Pflege	ca. 40–45 % der NF
Verwaltung	ca. 5–7 % der NF
Soziale Dienste	ca. 6–8 % der NF
Ver- und Entsorgung	ca. 12–18 % der NF
Nutzfläche gesamt	**100 %**

Tabelle 5: Verteilung der Nutzflächen in Prozent über die Bereich der DIN 13080 (Quelle: Projektauswertung Drees & Sommer)

Das Raumprogramm und das Flächenmodell sind unter Berücksichtigung der örtlichen Gegebenheiten die Basis für eine erste Investitionskostenschätzung und die Erstellung/Prüfung des Businessplans (Abbildung 4 und 5).

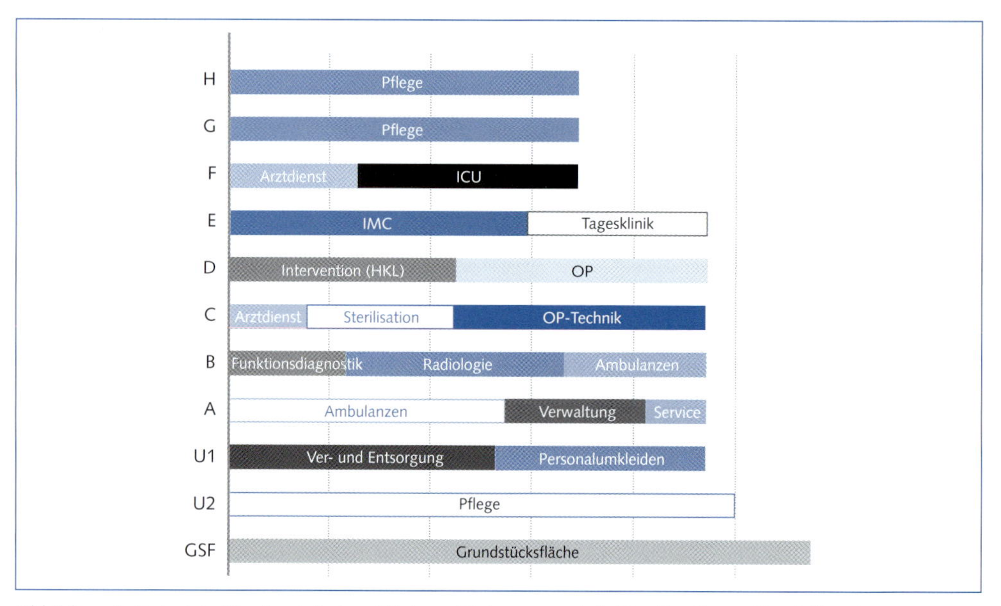

Abbildung 4: Beispiele für ein einfaches Flächen-/Volumenmodell (Quelle: Eigene Darstellung)

Abbildung 5: Beispiele für ein grundrissbezogenes Flächen-/Volumenmodell (Quelle: Eigene Darstellung)

Hierbei sind zwei Methoden gängig. Dies ist zum einen die Bewertung der Kosten über die Nutzfläche, sogenannte KFA (Kosten-Flächen-Arten)-Methode (in der Regel 6-er KFA). Hierbei wird den Räumen des Raumprogramms bzw. den Flächen je nach Art der Nutzung eine Kodierung zugeordnet. Dabei steht KFA 1 für sehr einfache Räume mit wenig Ausbau und kaum technischer Ausstattung (einfachste Lager) bis hin zu KFA 6 für sehr hochwertige Räume mit viel technischer Ausstattung wie z. B. Operationsräume. Die Summen der Flächen werden mit spezifischen Kostenkennwerten bewertet, in der Regel für die Kostengruppen 300 (Bau/Ausbau) und 400 (Gebäudetechnik). Die weiteren Kostengruppen werden gesondert bewertet oder als prozentualer Zuschlag zu den Kostengruppen 300–400.

Für Klinikprojekte (Schwerpunktversorger) in Deutschland kann man in etwa von den in Tabelle 6 dargestellten Kennwerten ausgehen.

KFA (Kosten-Flächen-Arten)	Kostengruppen 200 – 700 nach DIN 276
KFA 1	ca. 2.000 – 3.000 € brutto / m² NF
KFA 2	ca. 3.000 – 4.000 € brutto / m² NF
KFA 3	ca. 5.000 – 6.000 € brutto / m² NF
KFA 4	ca. 8.000 – 9.000 € brutto / m² NF
KFA 5	ca. 10.000 – 12.000 € brutto / m² NF
KFA 6	ca. 12.000 – 15.000 € brutto / m² NF
Schwerpunktversorger	ca. 6.500 – 8.000 € brutto / m² NF im Durchschnitt

Tabelle 6: Kosten-Flächen-Arten und die entsprechenden Kostengruppen nach DIN 276 (Quelle: Projektauswertung Drees & Sommer)

Die Kostenverteilung auf die Kostengruppen ist der Tabelle 7 zu entnehmen.

Kostengruppen	Verteilung in %
300 + 400 Bauwerk	100 % (davon Bau/Ausbau/Einbauten ca. 60 %, Technik ca. 40 %)
200 Erschließung	ca. 3 – 5 % aus 300 + 400
500 Außenanlagen	ca. 3 – 5 % aus 300 + 400
600 Einrichtung zivil, lose	ca. 4 – 5 % aus 300 + 400
600 Einrichtung med./spez. (fest, lose)	ca. 30 % aus 300 + 400, abhängig vom Grad der Neuausstattung und dem Anteil der Übernahmen, ggf. auch geringer
Summe 200 – 600	ca. 145 %
700 Baunebenkosten	ca. 25 % aus 200 – 600, abhängig von der Projektgröße, Neubau/Altbau, zugordnete Inhalte
Summe 200 – 700	ca. 180 % von 300 + 400

Tabelle 7: Kostenverteilung auf die Kostengruppen in Prozent (Quelle: Projektauswertung Drees & Sommer)

Hier ist zu berücksichtigen, dass es auch innerhalb scheinbar vergleichbarer Projekte Bandbreiten an Kostenkennwerten gibt und kaum ein Projekt wirklich in allen Punkten inhaltlich mit einem anderen vergleichbar ist.

Eine zweite Methode ist die Bewertung über die BGF (in dieser Phase regulär NF x ca. 2 oder spezifische Bewertung nach Funktionsbereichen mit geringerem Faktor für die Pflege und höherem Faktor für die Funktionsbereiche). Hier kann man vereinfacht für einen Schwerpunktversorger für die Kostengruppen 200–700 nach der DIN 276 von einem Wert zwischen 3.200 Euro brutto bis 3.800 Euro brutto/m^2 BGF ausgehen, je nach Inhalt des Kennwerts. Dabei ist zu beachten, dass bei Optimierung des BGF/NF-Verhältnisses der Kennwert tendenziell steigt.

Ob die Kosten über Nutzflächen oder Bruttogeschossflächen-Kennwerte ermittelt werden, ist zunächst nicht so entscheidend. Bei ausreichend ausgewerteten Projekten erzielt man eine für die frühe Phase ausreichende Genauigkeit. Vielmehr entscheidend ist, alle für das Projekt relevanten Kostenfaktoren und Sonderkostenfaktoren, die dem Projektbudget zuzuordnen sind, zu erfassen. Dies sind im Klinikbereich z. B. auch Kosten für Interimsmaßnahmen und medizinische Einrichtung. Speziell bei dieser muss schon in der frühen Phase festgelegt werden, welche Anteile neu beplant und beschafft werden soll und wie hoch der Übernahme-/Umsetzanteil und die Kosten dafür sein werden.

Bei geförderten Projekten ist zudem die Unterteilung nach zu erwartenden förderfähigen Kosten und voraussichtlichem Eigenanteil für die Businessplanung relevant. Hierzu erfolgt bereits im Raumprogramm eine Aufschlüsselung nach förderfähigen bzw. nicht förderfähigen Nutzflächen.

Folgende Kostenfaktoren sind zu prüfen und zu bewerten:

- Grundstückskosten
- Freiräumen Gelände, Abbruchmaßnahmen
- Dekontaminierung (Baugrund, Gebäude)
- Erschließungskosten/Erschließungsgebühren
- Bau-/Ausbaukosten
- Technische Gebäudeausrüstung
- Außenanlagen
- Einrichtung zivil/medizinisch/spezifisch, fest/lose
- Baunebenkosten
- Spezielle Ansätze für Baustellenlogistik
- Interimsmaßnahmen und Provisorien

- Schutzmaßnahmen (Lärm, Erschütterung etc.)
- Ggf. übergeordnete Logistiksysteme (AWT etc.)
- Energieerzeugungsanlagen, Sondersysteme, ggf. ökologische Energieerzeugung
- Abnahmegebühren
- Umzugs-/Inbetriebnahmekosten
- Erstausstattung Betriebsmittel
- IT/Medizinische IT-Systeme
- Umsetzkosten für Geräte, ggf. Rücknahmekosten
- Abfindungen, Entschädigungen
- Rückbau/Neubau öffentlicher Flächen oder Wege
- Stellplatzablöse oder Bau von Parkplätzen
- Kapitalkosten, Zinsen
- Baupreissteigerung während der Projektlaufzeit
- Sonderabschreibungen
- Mögliche Förderungen oder Förderrückzahlungen.

Aufgrund der Vielzahl an besonderen Kostenfaktoren ist jeder pauschale Kostenkennwert pro m^2 oder Bett, der ermittelt oder auch als Zielwert gefordert wird, zunächst falsch, denn es muss sehr genau definiert werden, was darin enthalten ist – oder auch nicht.

Nach Abschluss der Kostenschätzung gehört zur Machbarkeitsstudie, die Prüfung der Investitions- aber auch Betriebskostenfinanzierung über den Businessplan. Erst wenn die Finanzierung gesichert ist, sollte die bauliche Planung starten.

Bauliche Planung und Umsetzung

Entscheidend für den Start der baulichen Planung ist eine mit Klinikträgern und Nutzern abgestimmte Betriebsorganisationsplanung. Diese umfasst ein klar beschriebenes Funktions- und Raumprogramm mit abgesicherter Finanzierung. Die bauliche Planung muss die Hinweise auf Erweiterbarkeit und Flexibilität in der Nutzung aufnehmen und aufzeigen.

Die Planung sollte in den einzelnen Stufen, speziell bei Vorentwurf, Entwurf und Ausführungsplanung, mit den Nutzern immer detaillierter abgestimmt und regelmäßig mit der Betriebsorganisationplanung abgeglichen werden. Für die Nutzerabstimmungen sind ausreichende Zeiträume einzuplanen. Der Betriebsorganisationsplaner sollte sinnvollerweise in die Abstimmungen eingebunden werden, um die Intentionen der Gesamtorganisation und Strategie im Auge zu behalten. Dies ist auch sinnvoll, da Mediziner und Ingenieure oft nicht die gleiche Sprache sprechen und die Abstimmungen eines „Übersetzers" bedürfen, der beide Seiten versteht. Zudem müssen nicht begründete Abweichungen vom der freigegebenen Betriebsorganisationsplanung vermieden werden.

Die Planung sollte klaren Grundmustern folgen: durchgehendes Achsraster (bewährt haben sich Achsraster zwischen 7,50 m und 7,80 m, bei Universitätskliniken zwischenzeitlich auch 8,10 m). Funktionsebenen sollten mit ausreichend Geschosshöhe (aktuell ca. 4,50 m) geplant werden. Die Einheiten sollten modular aufgebaut sein und im Hinblick auf Wegeführung und Lage von Technikflächen usw. klar strukturiert werden.

Erforderliche Interimsmaßnahmen sind eindeutig zu definieren, planerisch auszuarbeiten und zeitlich zu berücksichtigen. Dies gilt nicht nur für Ausweichflächen, sondern auch z. B. für technische Maßnahmen.

Zudem ist eine realistische Zeitplanung zu erstellen, die alle erforderlichen Maßnahmen der Planung, der Ausführung, Interimsmaßnahmen, Umzüge, Inbetriebnahmeprozesse usw. berücksichtigt. In den frühen Projektphasen sind die Projektkosten für den Invest aber auch den Betrieb am stärksten beeinflussbar. Je weiter die Planung fortschreitet, umso weniger Einfluss ist gegeben und umso mehr muss man zusätzlich bei Änderungen investieren. Strategische Planung von Kliniken heißt daher: Investition in die frühe Planungsphase (Abbildung 6).

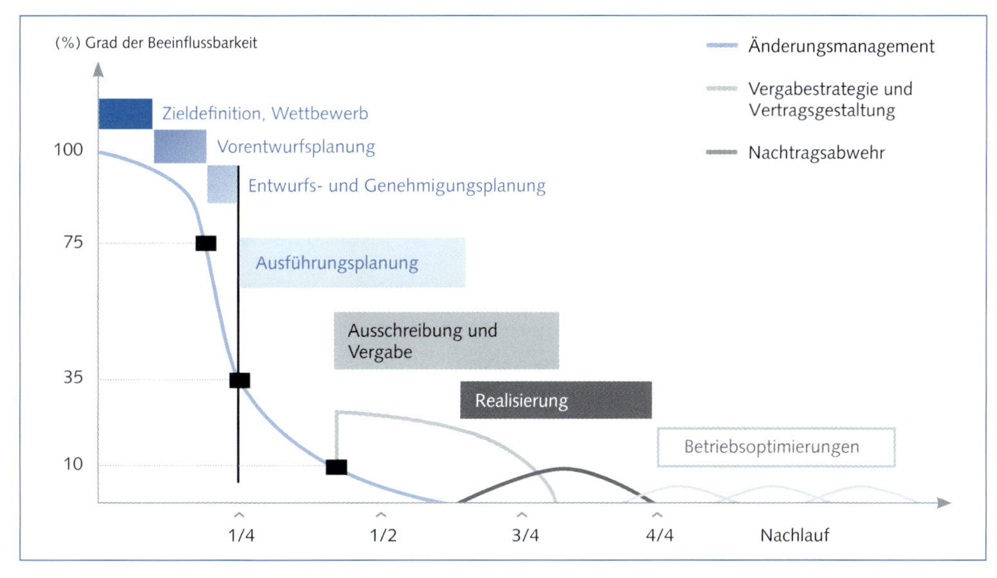

Abbildung 6: Beeinflussbarkeit der Investitionskosten, aber auch der Betriebskosten mit fortschreitender Projektdauer (Quelle: Eigene Darstellung)

Inbetriebnahme – Herausforderung am Ende des Projekts

Ein oft vernachlässigter Schritt im Rahmen der Terminplanung aber auch der Leistungsbilder der beauftragten Planer und im Bewusstsein des Bauherrn für erforderliche Eigenleistungen ist die Inbetriebnahme. Diese sollte sicher, termingerecht, störungsarm, kosteneffizient und positiv öffentlichkeitwirksam sein und daher idealerweise schon im Rahmen der Planung mitbedacht werden. Bei einem Schwerpunktversorger sollte die Planung der Inbetriebnahme aber mindestens ein Jahr vor der Inbetriebnahme aufgenommen werden. Es ist zu differenzieren zwischen technischer und klinischer Inbetriebnahme. Die technische Inbetriebnahme ist üblicherweise dem Aufgabenbereich des Bauplanungsteams zugeordnet. Die klinische Inbetriebnahme liegt beim Bauherrn und den Nutzern, ggf. unterstützt diese ein Betriebsorganisationsplaner.

Bei der technischen Inbetriebnahme muss berücksichtigt werden, dass Baufertigstellung nicht automatisch auch Betriebsfähigkeit heißt. Zur Betriebsfähigkeit gehören neben der Mängelfreiheit und Abnahme der Baugewerke auch die behördlichen Abnahmen und Betriebsbewilligungen. Probleme bereitet in diesem Bereich oft die sich verzögernde Mängelbeseitigung der Gewerke, die parallel zum Testbetrieb der technischen Anlagen und zum Einbringen der Medizintechnik läuft. Hier entstehen oft Schäden und Zeitverzug durch mangelnde Koordination, wobei in der Planung vorgebeugt werden kann.

Dazu gehören etwa ein frühzeitiges Planen und Abstimmen der Brandfallsteuermatrix oder die Planung und Abstimmung der Schnittstellen und Abhängigkeiten hochvernetzter Anlagenkomponenten.

Grundvoraussetzung für die Inbetriebnahme ist ein mängelfreies Bauwerk. Dazu sind folgende Schritte einzuplanen:

- Frühzeitige Mängelerfassung über alle Gewerke: Bauteil- und Bauablaufbezogen
- Organisation Begehungen: zeitlich, thematisch, personell
- Organisation und Verfolgung der Mängelabarbeitung, ggf. mit Einsatz Mängelerfassungs- und -verfolgungs-Tool
- Beachtung Fristen, Gewährleistungsansprüche
- Dokumentation

Für die technische Inbetriebnahme wichtig:

- Zusammenführung Gewerke zu Themen, z. B. Löschsystem, Entrauchungssystem und übergreifendes Schnittstellenmanagement
- Einbeziehung auch von Elementen ohne Anbindung an die Haustechnik, z. B. Tür- und Toranlagen, natürliche Nachströmöffnungen
- Überwindung der Schnittstellenproblematik mechanische-elektrische Gewerke
- Schlüsselgewerk: MSR (Mess-Steuer-Regeltechnik)

Für die baurechtliche Abnahme (genehmigungsrechtliche Inbetriebnahme) wichtig:

- Frühzeitige Kontaktaufnahme mit den Behörden und Zusammenstellen eines Anforderungskatalogs (aus Baugenehmigung ersichtlich)
- Auswahl und Führung der Sachverständigen
- Schnittstellenmanagement
- Unterstützung bei der Zusammenführung von Unterlagen und Herbeiführen von Entscheidungen.

Beispiel Brandschutz:

- Frühzeitige Festlegung Szenarienbereiche gemäß Brandschutzkonzept (Brandabschnitte) und Abstimmung, z. B.der Alarmierungsarten
- Koordination der Tests unter Einbeziehung aller relevanten Systeme, z. B.Türen, RWA, Sprinklervorsteuerung, Aufzüge, Feuerlöschsysteme etc.

Voraussetzungen für die Geräteeinbringung – Schnittstelle zur klinischen Inbetriebnahme:

- Abstimmung der Schnittstellen bauliche Fertigstellung, Genehmigungs-/ Abnahmeverfahren, Reinigung, Nutzerumzug
- Vorbereitung und Koordination baulichen Voraussetzungen für die Einbringung der Medizintechnik

Hier ist die Einschaltung eines Spezialisten als Koordinator empfehlenswert, der nicht die Einzelinteressen eines Gewerkes vertritt, sondern das Gesamtziel im Auge hat.

Im Bereich der klinischen Inbetriebnahme werden die anstehenden Leistungen und die dafür erforderliche Kapazität auf Bauherrn-/Nutzerseite oft unterschätzt. Auf die Nutzer kommen eine neue Technik, eine neue Organisation und neue Prozesse zu. Dabei handelt es sich oft um eine ungewohnte Aufgabe bzw. einen einmaligen Vorgang, der zunächst eine Mehrbelastung für das Personal darstellt.

Eine Inbetriebnahme einer neuen Klinik ist aber auch eine Chance, neben neuer Infrastruktur und effizienteren Prozessen Betriebshandbücher zu aktualisieren, Mitarbeiter zu schulen oder Zertifizierungen für neue Einheiten durchzuführen (auch zu erneuern) und insgesamt die Sicherheit und Qualität im Betrieb zu erhöhen.

Die klinische Inbetriebnahme verläuft in der Regel in folgenden Phasen:

1. Organisationsplanung mit Aufbau der Projektorganisation, d. h.:

- Definition Ziele
- Klärung der Zuständigkeiten
- Einsatz- und Terminplanung

2. Inbetriebnahmeplanung und Vorbereitung mit:

- Grundlagenanalyse der Betriebsorganisation
- Gruppenarbeit
- Planung der Abläufe
- Schulungen
- Umzüge
- ggf. Simulation der Betriebsabläufe
- Personalplan (auch zu bedenken Urlaubssperren und Zusatzschichten während des Umzugs)
- Stufenplanung
- Erstellung von Betriebshandbüchern
- Schulungsunterlagen
- Koordination Geräteeinweisungen
- Umzugsplanung
- Bestandsaufnahme Geräte/Umzugsgüter (Einplanung evtl. Betriebsausfälle, wenn Großgeräte umgesetzt werden)
- ggf. Ausschreibung der Umzugsleistung

3. Durchführung der Inbetriebnahme mit:

- Pilotbetrieben
- Abstimmung Hygienereinigung und -prüfungen
- Koordination der Umzugsaktivitäten für Patienten- und Güterumzug
- Bereitstellung eines Interventionsteams für den Umzugstag
- Marketing- und Öffentlichkeitsarbeit

4. Abschluss/Erfolgskontrolle der Inbetriebnahme mit:

- Sicherung der Altbereiche
- Monitoring des neuen Betriebs und ggf. Einleitung von Optimierungsmaßnahmen

Auch für diese Leistungen sollte ein Koordinator bestimmt werden, der die Prozesse steuert und die Erledigung der Aufgaben überwacht. Eine erfolgreiche Inbetriebnahme ist eine Teamleistung zwischen Technik- und Planungsteam sowie Klinik- und Nutzerteam und das Resultat einer sorgfältigen Planung und Vorbereitung (Abbildung 7).

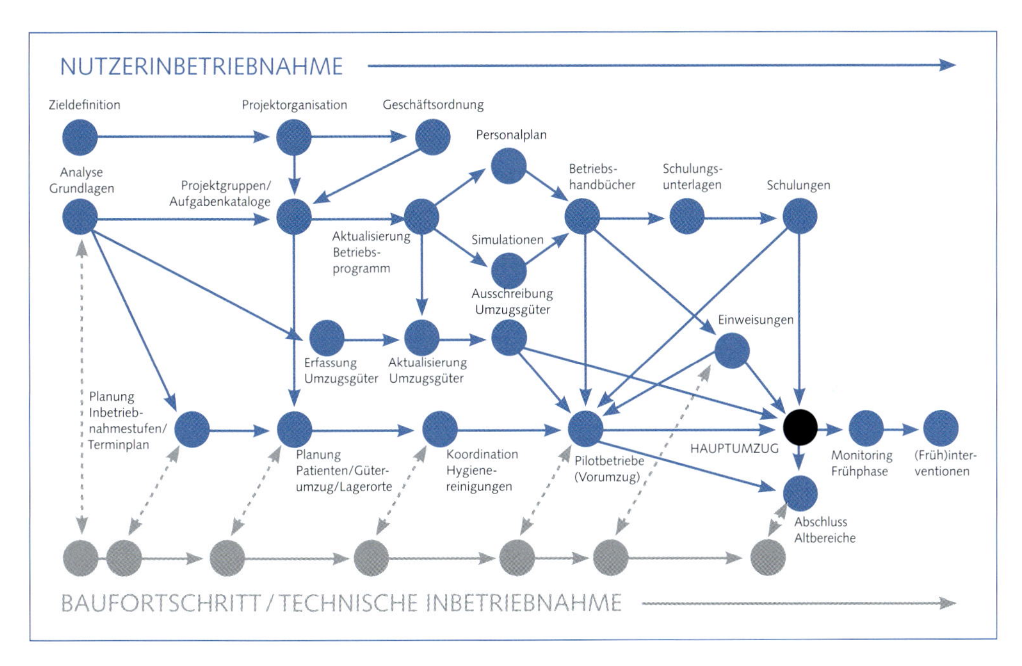

Abbildung 7: Erfolgreiche Inbetriebnahme als Teamleistung (Quelle: Eigene Darstellung)

Medizintechnik strategisch einsetzen

Gerhard M. Sontheimer

Krankenhausstrategie im DRG-Zeitalter

Der Begriff „Strategie“ ist ein vielfach überladener Begriff, das heißt, im jeweiligen Kontext wird er unterschiedlich verwendet. So rechtfertigen Vertriebsmitarbeiter in einem Unternehmen häufig Ausgaben oder Maßnahmen, die schwer begründbar sind, mit der Erklärung, diese wären „strategisch“. Dies zeigt letztlich, wie groß die Verwirrung bei der Verwendung von Begriffen ist, die wir fast täglich benutzen, wie Vision, Strategie, Taktik, Ziele oder Werte.

Was ist die Strategie eines Krankenhauses und wozu muss ein Krankenhaus überhaupt eine Strategie haben?

Eine häufig verwendete Darstellung der wichtigsten Begriffe findet sich in Abbildung 1. Auf den oberen beiden Ebenen dieser schematischen Strategiepyramide befinden sich Vision und Mission. Viele Unternehmen, inklusive Krankenhausunternehmen, haben heute ein „Vision Statement“ und ein „Mission Statement“, oft Ergebnis einer gemeinsam im Unternehmen erarbeiteten Unternehmensstrategie. Die ausformulierte Vision gibt dabei Antworten auf die Frage „Wo wollen wir hin?“, die Mission Antworten auf die Frage „Wer sind wir, wofür stehen wir, was zeichnet uns aus?“. Die dritte Ebene der Pyramide ist die Unternehmenstrategie im engeren Sinne. Sie bezeichnet die Summe der Antworten auf die Frage: „Wie erreichen wir unsere Vision“? Die vierte Ebene der Pyramide bilden die Unternehmensziele (Goals & Objectives), also die qualitativen und quantitativen Einzelziele, die als Messgrößen dienen, um den Erfolg der Strategie zu quantifizieren. Die beiden oberen Ebenen sind folglich Antworten auf die Frage „Was?“, die unteren beiden auf die Frage „Wie?“.

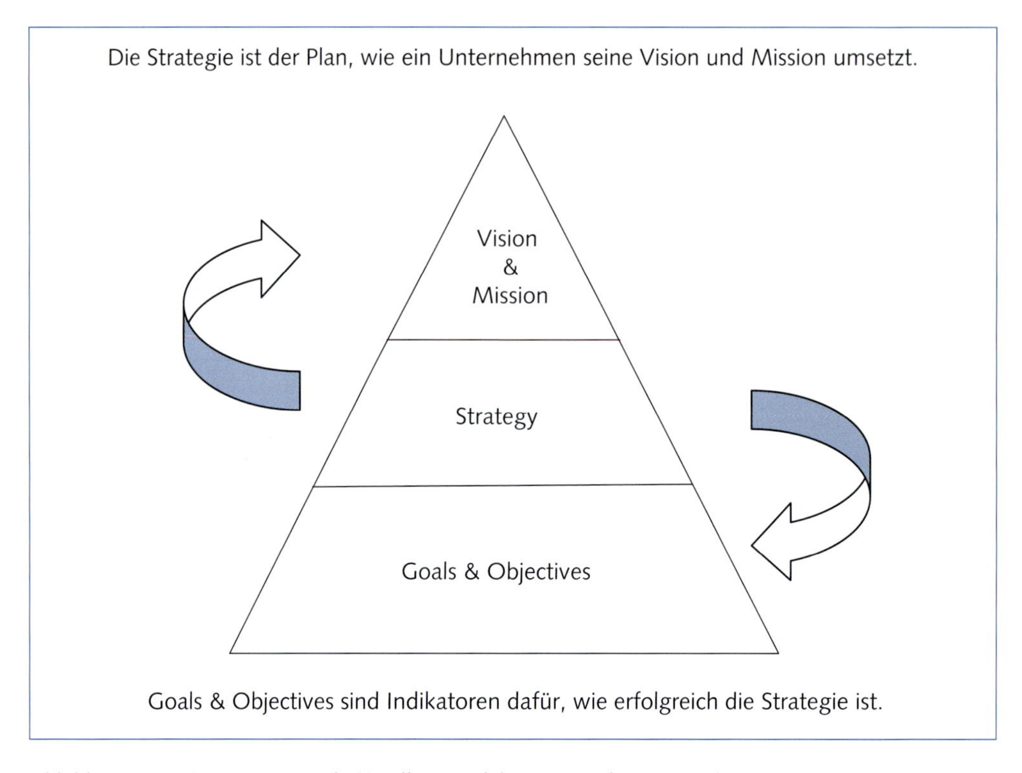

Abbildung 1: Die Strategiepyramide (Quelle: in Anlehnung an Schmitz, 2012)

Verständlich werden diese Begrifflichkeiten am Beispiel der Christopher Columbus AG. Die Vision dieser Firma war es, einen neuen kürzeren Seeweg nach Indien zu finden. Die Mission bestand darin, Königin Isabella I von Kastilien zu überzeugen, Schiffe für Expeditionsreisen nach Westen zu finanzieren und diese Expeditionen dann zu planen und durchzuführen. Die Strategie bestand folglich darin, Sponsoren zu finden, Zimmerleute aufzutreiben, um Schiffe zu bauen und Seeleute anzuheuern, die bereit waren, auf dem endlosen Ozean ins Ungewisse Richtung Westen zu segeln, bis Land in Sicht kommen würde, die richtigen Schiffe auszuwählen, genügend Proviant mitzunehmen und im sicheren Vertrauen auf die Richtigkeit der Geschäftsgrundlage („runder Globus") so lange nach Westen vorzuhalten, bis Land in Sicht kommt. Die vielen Einzelziele lassen sich leicht ausmalen, sie reichen von der Finanzierung und Vertragsgestaltung bis zu den Details des Schiffbaus.

Auch Krankenhäuser sind Wirtschaftsunternehmen, jedenfalls spätestens seit der Einführung der Fallpauschalen als Vergütungssystem für stationäre Patienten mit dem Krankenhausentgeltgesetz im Jahr 2004. Seit diesem Zeitpunkt kann ein Krankenhaus, das wirtschaftlicher arbeitet, als andere, jedenfalls Überschüsse erzielen, während unterdurchschnittliche Wirtschaftlichkeit zu Defiziten und im schlimmsten Fall zur Insolvenz führen kann. Das bedeutet aber, dass auch Krankenhausunternehmen eine rationale Unternehmensstrategie benötigen. Diese beinhaltet Festlegungen zum Leistungsportfolio, also zu den angebotenen Leistungen, zur Nachfrage, zum Wettbewerbsumfeld, zur Mitarbeiterorientierung und zu Führungsstrukturen, aber auch zur Infrastruktur wie den Gebäuden und der Technik. Zu den Zeiten des Kostenerstattungsprinzips war eine solche Unternehmensstrategie im Grunde entbehrlich, Unwirtschaftlichkeit führte nicht zum Marktausschluss. Im Zeitalter des Effizienz- und Qualitätswettbewerbs hingegen können Kosten, Verfügbarkeit und Funktionalität von Technik mit entscheidend sein für den Erfolg eines Krankenhauses.

Welche Rolle spielt Medizintechnik nun im Kontext der Unternehmensstrategie eines Krankenhauses?

Prozessoptimierung als Daueraufgabe

Medizintechnik zu Zeiten der Selbstkostendeckung

Zu Zeiten des Selbstkostendeckungsprinzips war alles ganz einfach. Etwas überzeichnet lief das in etwa so ab: Der Chefarzt für Radiologie besuchte den jährlichen Radiologenkongress in den Vereinigten Staaten im November in Chicago und bat prompt nach seiner Rückkehr aus den USA um einen Termin beim Verwaltungsleiter. Es würde einen radikal neuen Computertomographen geben, wusste er zu berichten (oder irgendein anderes Gerät) von der Firma Siemens (oder irgendeiner anderen Medizintechnikfirma) und er müsse unbedingt ein solches Gerät haben, sonst würden nämlich unnötigerweise 30 Menschen zu viel sterben jedes Jahr. Und obwohl das Gerät brandneu und von jedem nachgefragt sei, hätte er mit dem Vertriebschef von Siemens noch einen Platz ganz oben auf der Lieferliste aushandeln können, weil er ja ein so wichtiger Kunde sei. Sollte es gelingen, umgehend zu bestellen, wäre sogar noch ein Produktionsslot im Dezember mit Lieferung und Montage vor Jahresende machbar, sodass die Anschaffung des Gerätes noch ins laufende Budget fallen würde. Und das Beste sei, er hätte beim Abendessen noch mit dem Chef der Medizinsparte von Siemens knallhart verhandelt und er würde als Super-VIP-Kunde sogar 31,5 Prozent Rabatt auf den Listenpreis bekommen, wenn er es niemand weitererzählen würde, den ausformulierten Auftrag hätte er gleich mitgebracht, der Verwaltungsleiter müsse nur noch unterschreiben.

Und es gab Zeiten, da war dieser besagte Chefarzt tatsächlich erfolgreich und das Gerät wurde bestellt. Ein knappes Jahr später meldete die Technik dann eine Reparatur mit einem Wert von 60000 Euro beim Verwaltungsleiter an und als dieser realisierte, dass es sich um den „nagelneuen" Computertomografen handele, fragte er nach, wie das denn mit der Garantie sei. Ihm wurde erklärt, die Röntgenröhre sei defekt, das wäre ein Verschleißteil, und ohnehin aus der Gewährleistungsfrist für gewerbliche Kunden gefallen. Die Frage nach einem Wartungsvertrag für das neue Gerät wurde mit Stirnrunzeln beantwortet, dann an so etwas hatte im Einkauf bei der Beschaffung zum Ende des Vorjahres natürlich niemand gedacht.

Das geschilderte Fall mag etwas überzeichnet sein, aber die Realität war in den letzten Jahrzehnten nicht völlig anders. Der Beschaffungsprozess für medizinische Großgeräte, meist aber auch jede andere Art von Medizintechnik, war in der Vergangenheit weder strategisch, noch strukturiert. Er war im Wesentlichen gekennzeichnet durch:

- **Ungeplante Beschaffungen nach Bedarfslage:** Selten wurde ein Gerät neu beschafft, wenn das Vorgängermodell noch funktionstüchtig war. In der Regel dachte man an eine Neubeschaffung nur, wenn eine Reparatur anstand und diese aufgrund des Gerätealters oder mehrerer vorangegangener Reparaturen als nicht mehr wirtschaftlich erschien. Eine systematische Planung zur Erneuerung des Geräteparks gab es nicht.
- **Mangelndes Know-how in der Medizintechnik:** Insbesondere Großgeräte machen Ausschreibungen erforderlich. Für Krankenhäuser mit öffentlicher Trägerschaft, die dem Vergaberecht und den einschlägigen Verdingungsordnungen unterliegen, sind ab einer bestimmten Wertgrenze Ausschreibungen vorgeschrieben, aber auch freigemeinnützige oder private Träger erzielen damit eine bessere Marktübersicht und einen Einstieg in Verhandlungen. Wenn nun aber ein Gerät beschafft werden muss, etwa der oben erwähnte Computertomograph, das nur alle sieben oder zehn Jahre zur Neubeschaffung ansteht, dann wird auch die kompetenteste Medizintechnik-Abteilung im Krankenhaus nicht genügend Expertise vorhalten, um eine solche Ausschreibung selbst fachgerecht durchführen zu können. Ohne einen externen Spezialisten wird es nicht gehen.
- **Eine Vielzahl von Gerätetypen und Lieferanten:** Die Summe all solcher Beschaffungsmaßnahmen führt dazu, dass ein großes Haus für fast jeden gängigen Gerätetyp nach drei Jahrzehnten alles vorhält, was der Markt in den letzten drei Jahrzehnten zu bieten hatte: Alle gängigen Medizintechniklieferanten sind vertreten und die Produktvielfalt ist riesig. So fanden wir im letzten Haus, für das der Autor verantwortlich war, im Bereich der Intensivmonitore genau 504 Monitore, verteilt auf 73 Gerätetypen von acht Herstellern vor.

- **Die komplette Nicht-Berücksichtigung von Folgekosten:** Die Softwarebranche hat es uns vorgemacht: Nicht die Kosten des Beschaffungsgutes stehen im Fokus, sondern die „Total Cost of Ownership (TCO)". Denn es fallen Kosten in allen drei Phasen der Produktnutzung an: In der Anschaffungsphase, in der neben dem Einkaufspreis weitere Kosten für Ausschreibung, Lieferantenauswahl & -kontrolle sowie administrative Kosten und Logistikkosten anfallen, die Nutzungsphase, in der außer den Abschreibungen insbesondere Kosten für Instandhaltung und Wartung entstehen, und die Nachnutzungsphase, in der sich Kosten für die Entsorgung und Verwertung ergeben. Aus aktuellen Studien geht hervor, dass die TCO den reinen Einkaufspreis um ein vielfaches übertreffen können und somit eine enorme Entscheidungsrelevanz haben. Überlässt man die Kaufentscheidung dem Einkauf oder dem Nutzer auf Basis der Preisvergleiche von Einkaufspreisen, hat man nicht unbedingt die wirtschaftlichste Option gewählt.
- **Eine mangelnde Verfügbarkeit und eine niedrige Patienten- und Nutzerzufriedenheit:** Insbesondere für ältere Geräte steigt die Reparaturanfälligkeit. Je nach Wartungsvertrag und Defekt kann es viele Stunden, Tage oder gar Wochen dauern, bis das Gerät wieder verfügbar ist. Reparaturen finden meist zur besten Kernarbeitszeit während laufendem Medizinbetrieb statt. Nicht undenkbar ist, dass der Patient für eine Operation vorbereitet wurde, am Vormittag dann abrufbereit wartet, während der Techniker der Herstellerfirma des Durchleuchtungsgerätes im OP eine Wartung oder Reparatur des Gerätes durchführt. Nach Mittag trifft dann die Mitteilung ein, das werde nichts mehr mit dem Gerät heute und der Patient solle etwas essen, die OP müsse verschoben werden, er komme erst morgen dran. Die Auswirkungen auf Patient und Stationsbetrieb müssen nicht weiter beschrieben werden.

All dies zeigt auf, dass die tradierten Prozesse in der Beschaffung von Medizintechnik nicht mehr ins DRG-Zeitalter passen, in dem kurze Diagnostik- und Therapiezeiten erfolgsentscheidend sind und Grundlage für Wirtschaftlichkeit und Patientenzufriedenheit.

Duale Finanzierung als Hemmschuh

Im Bereich der Medizintechnik hat die mit dem KHG im Jahr 1972 eingeführte duale Finanzierung zur selben Situation geführt wie bei den Krankenhausimmobilien: Objektiv zu wenig Investitionen in die Technik haben zu einem Investitionsstau geführt. Aber die Erkenntnis allein, grundlegend anders arbeiten zu müssen, zeigt noch keinen unmittelbaren Lösungsweg auf.

Würden nämlich die pauschalen Fördermittel des Landes vollständig für neue Medizintechnik eingesetzt und würden diese Mittel durch erwirtschaftete Überschüsse (oder Zuschüsse des Trägers) massiv aufgestockt, so würde trotz der Geldschwemme noch immer das Problem bestehen, dass die Vielzahl der Beschaffungsmaßnahmen durch die existierende Abteilung Medizintechnik kaum in kurzer Zeit bewältigt werden könnten. Und noch immer müsste jedes Gerät oder jeder Gerätetyp einzeln beschafft werden, sodass vermutlich nach einem kompletten Erneuerungszyklus und mehreren Jahren am Ende der Beschaffungsmaßnahmen die zuerst ausgewechselten Geräte bereits wieder als Ersatzbedarf anstehen würden. Eine schnelle Reduktion des durchschnittlichen Alters des Gerätebestandes wäre so nicht zu erreichen. Und die Gerätevielfalt würde zwar wohl etwas reduziert werden, dramatisch wäre der Effekt aber sicher nicht. Denn dass aufgrund der Vielzahl der Gerätetypen von unterschiedlichen Herstellern die Zahl der Benutzerschnittstellen und Bedienoberflächen weiterhin komplex bleiben würde, liegt vor allem an der Vielfalt der Beschaffungsmaßnahmen über einen längeren Zeitraum.

Auch eine andere Art der Finanzierung, etwa Geräteleasing, löst das Mengenproblem der Beschaffungsmaßnahmen nicht. Es wirft bestenfalls das Zusatzproblem auf, dass je nach Bundesland ggf. dafür keine pauschalen Fördermittel eingesetzt werden dürften.

Prozessoptimierung als Überlebensstrategie

Bei dem zunehmenden Kostendruck durch die Fallpauschalen gerät der tradierte Erlös- und kostenorientierte Ansatz im Krankenhausmanagement an seine Grenzen. Neue Ansätze sind gefragt, um die Produktivität weiter zu steigern. Ein Blick in andere Industrien zeigt, dass dort seit über zwanzig Jahren mit konsequenter Prozessorientierung und Prozessmanagement dramatische Kosteneinsparungen und Qualitätsverbesserungen möglich waren. Das Managementwerkzeug der Geschäftsprozessoptimierung (Business Process Reengineering) ist folglich nicht neu (vgl. Hammer und Champy, 1993; Hammer und Stanton, 1995). Die Anwendung im Krankenhaus schon.

Zunächst werden dabei alle Vorgänge im Krankenhaus analysiert, als Prozess wird jede Folge von Tätigkeiten verstanden, die Wertschöpfung erbringt. Ein Prozess wird durch ein oder mehrere Ereignisse ausgelöst, besteht aus einer Folge von Aktivitäten und führt zu einem Ergebnis.

Eine typische Prozesslandkarte eines Krankenhauses ist in Abbildung 2. dargestellt. Der bekannte Prozess der Patientenversorgung mit den Teilschritten Vorbereitung, Aufnahme des Patienten, Diagnostik usw. bis zur Entlassung steht im Mittelpunkt und zerfällt in viele Unterprozesse. Daneben gibt es eine Vielfalt von unterstützenden Prozessen, typischerweise in Abteilungen der Verwaltung angesiedelt, etwa Einkaufsaktivitäten, Prozesse in der Logistik, IT, usw.. Und schließlich erfordert ein optimierter Betrieb eine Vielfalt von Managementprozessen, die wiederum unter Beteiligung von Mitarbeitern in Abteilungen wie Finanzen, Controlling, Marketing usw. ablaufen.

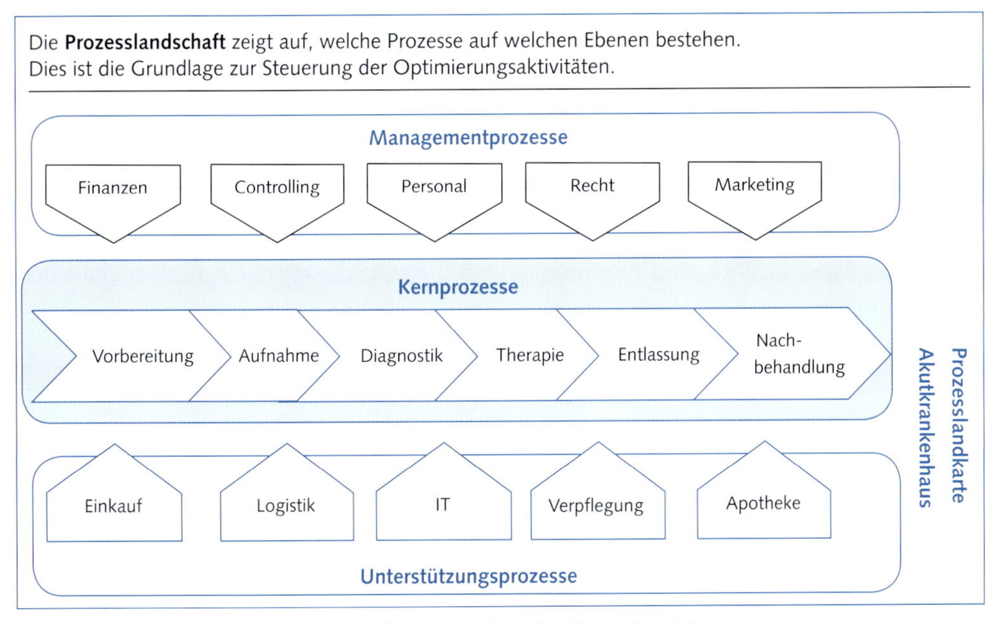

Abbildung 2: Prozesslandkarte eines Krankenhauses (Quelle: Eigene Darstellung)

Das Prozessmanagement beschäftigt sich nun mit der Identifikation, Gestaltung, Dokumentation, Implementierung, Steuerung und Verbesserung von unternehmensspezifischen Prozessen. Die zentrale Frage ist dabei: „Wer macht was, wann, wie und womit?". Unter Prozessoptimierung bezeichnet man das Bemühen, die Prozesse hinsichtlich der Effizienz kontinuierlich zu verbessern. Zur Steuerung der Prozessoptimierung werden dabei relevante Kennzahlen gebildet und mit Zielwerten hinterlegt. Denn: Was man nicht messen kann, kann man nicht optimieren.

Diese Art der Prozessorientierung bedeutet dabei weit mehr, als tägliche Abläufe zu organisieren. Es geht um die nachhaltige Sicherstellung stabiler, qualitätsfähiger, kennzahlgestützter Prozesse. Und im medizinischen Bereich sind diese Prozesse vor allem Behandlungsprozesse, d. h. Patientenpfade (vgl. Mentges, 2006).

Daneben geht es aus Unternehmenssicht neben der Optimierung der Effizienz um Markenbildung, um Qualitätsgarantien und um Sicherheit als künftig bedeutsame Alleinstellungsmerkmale im Qualitätswettbewerb.

Das Werkzeug der Geschäftsprozessoptimierung funktioniert also immer in derselben Weise, unabhängig vom vorliegenden Prozess: Die Beschreibung und Festlegung des Prozesses, die Prozessstandardisierung ist die Grundlage, die fortwährende Prozessoptimierung führt dauerhaft zu besserer Qualität und gleichzeitig niedrigeren Kosten, d.h. mehr Effizienz.

Der Mayo-Klinik Effekt

Ein weiterer Nebeneffekt der Prozessoptimierung sei erwähnt: Die Qualität ankert nicht mehr an Personen, sie wird zur Eigenschaft der Organisation und damit personenunabhängig. Das schafft Stabilität im Unternehmen und steigert die Qualität weiter, weil sie nicht mehr von (zufällig) verfügbaren Ressourcen abhängig macht: Am auffälligsten ist dies in der Medizin. Während heute weitgehend nach wie vor der Ruf einer medizinischen Abteilung von dem des Chefarztes abhängt, ist etwa in der Mayo-Klinik in den USA das Qualitätsversprechen des Unternehmens inzwischen unabhängig vom gerade verfügbaren Arzt. Die Qualität hängt an der standardisierten Therapie und den optimierten Prozessen des Krankenhauses.

Die neuen Aufgaben des Einkaufs: Prozessbasiertes Beschaffungsmanagement (PBM)

Die Prozessorientierung macht vor dem Einkauf nicht halt. Wurde früher die Qualität der Abteilung Einkauf im Krankenhaus danach bemessen, ob die Lager voll und die Preise gut verhandelt waren (Abbildung 3), so steht heute bereits das „optimale" Produkt für die Therapie und die Lebenszykluskosten (TCO) im Fokus. Zunehmend übernimmt dabei der Einkauf die Aufgabe, bei der Prozessoptimierung der Beschaffung Prozessunterstützung anzubieten, den qualitäts- und kostenmäßig besten Prozess im Kontext des Bedarfes herauszuarbeiten, neben der fortbestehenden Aufgabe, Produkt Know-how und Prozess- und Methodenkenntnis beizusteuern. Letztlich wird der Einkäufer zum Projektmanager, der den Einkaufsprozess interdisziplinär steuert und moderiert. Beschaffungsstrategie wird damit zum Teil der Unternehmensstrategie, Beschaffung wird als Kernaufgabe des Managements von Gesundheitsunternehmen begriffen und die Aufgabe des Leiters des Einkaufs verändert sich von der eines Abteilungsleiters zum Prozessverantwortlichen.

Was ist ein „guter" Einkauf? Messgrößen im Einkauf		
Früher	**Heute**	**Morgen**
• Versorgungssicherheit • Gute Artikelpreise verhandeln	• Das „beste" Produkt für eine optimale Therapie • Die besten Lebenszykluskosten	• Den qualitäts- und kostenmäßig besten Prozess im Kontext des Bedarfs • Prozessunterstützung & -optimierung • Produkt Know-how • Prozess- und Methodenkenntnis

Abbildung 3: Die sich verändernden Aufgaben des Einkaufs im Krankenhaus (Quelle: Eigene Darstellung)

Die Folge dieser Entwicklung ist übrigens, dass die Abteilung Einkauf mit ihrer neu gewonnenen Prozesskompetenz schnell über die klassische Zuständigkeit für Investitionsgüter und medizinischen Fachbedarf hinaus die Verantwortung für weitere Beschaffungsprozesse übernimmt: Sie wird prozessverantwortlich für Beschaffung und Logistik im Bereich Dienstleistungen, Laborbedarf, EDV, selbst die Übernahme der Beschaffungsprozesse für Apotheke, Lebensmittel und Energie- und Haustechnik steht an.

Medizin 3.0 als Managementphilosopie

Die Prozessorientierung ist das mächtigste Werkzeug, das dem Krankenhausmanagement bleibt, um die zukünftigen Herausforderungen zu meistern. Und es ist die größte organisatorische Veränderung seit Jahrzehnten zugleich. Im Einkauf ist der Wandel vom produktbezogenen preisorientierten Einkauf zum prozessbasierten Beschaffungsmanagement weit fortgeschritten. In der Medizin hängt die Prozessorientierung vielerorts noch etwas nach. Letztlich bedeutet die neue Aufgabenteilung aber, dass die klassische Rollenteilung verschwindet: Der Arzt ist nicht mehr für Medizin, der Kaufmann für Verwaltung und gute Preise zuständig. Alle „machen Medizin", jeder bringt in den interdisziplinären Teams und Arbeitsgruppen seine spezifische Kompetenz ein. Der Patientenprozess ist Ausgangspunkt und steht in der Mitte. Jeder erzeugt „Patient Outcome" und „macht damit Medizin" und medizinische Qualität (Abbildung 4 und 5). In diesem Sinne kann der Begriff „Medizin 3.0" als ein Organisationszustand, in dem die Prozessorientierung zur Kernphilosophie des Krankenhauses geworden ist, verstanden werden (vgl. Lohnmann und Sontheimer, 2015).

Einkauf als Prozess mit interdisziplinärer Beteiligung:
Beschaffungsstrategie als Teil der Unternehmensstrategie

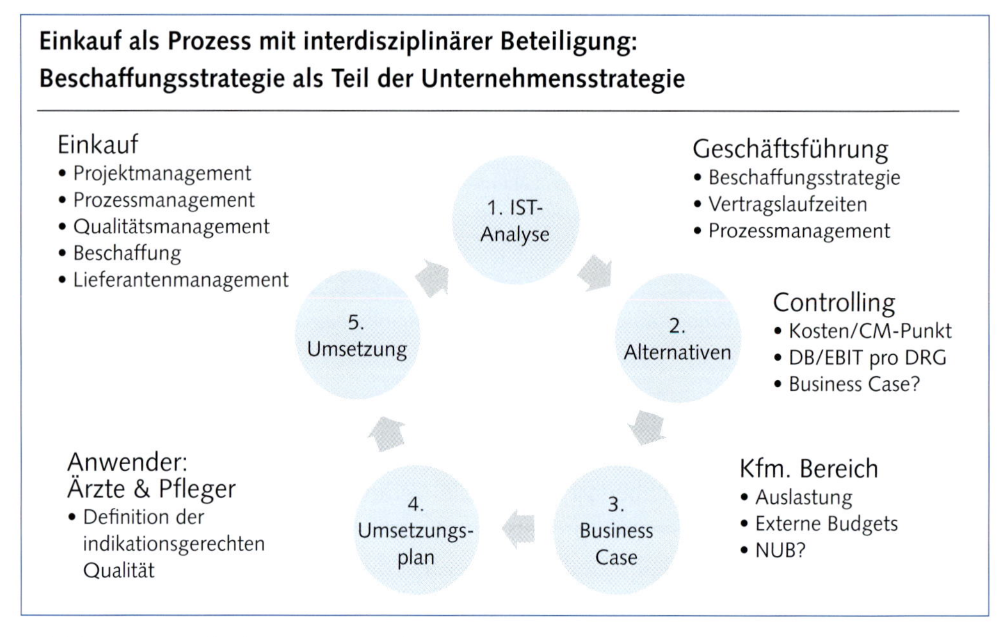

Abbildung 4: Der Einkauf als Prozess (Quelle: Eigene Darstellung)

Vom produktbezogenen preisorientierten Einkauf
zum Prozessorientierten Beschaffungsmanagement (PBM)

PBM
- ... ist unmittelbar aus der Krankenhausstrategie abgeleitet (Marktposition, Versorgungsziele)
- ... berücksichtig alle relevanten Einflussfaktoren einer Beschaffungsentscheidung
- ... erzeugt „patient outcome" und medizinische Qualität
- ... dient der Risikovermeidung im Patientenversorgungsprozess
- ... führt zur Reduktion von Funktions-, Prozess und Lebenszykluskosten
- ... zielt auf die Realisierung innovativer Dienstleistungskonzepte ebenso wie die Verhandlung von SLAs, Pay-Per-Use-Geschäftsmodelle und die Entwicklung innovativer Finanzierungsformen und Betreibermodelle

Abbildung 5: Prozessorientiertes Beschaffungsmanagement (Quelle: Eigene Darstellung)

Was bedeutet dies nun für die Beschaffung von Medizintechnik?

Lernen von der Automobilindustrie

Porsche baut keine Autos mehr

Die großen Automobilfirmen haben einmal Autos gebaut. Was machen BMW, Porsche und Volkswagen heute? Sie verkaufen Emotionen: „Vorsprung durch Technik", „The ultimate driving engine", „Objekt der Begierde". Sie sind Marken, Marketingagenturen, Franchisegeber und vielleicht noch Systemintegratoren. Aber sie bauen in dem Sinne keine Autos mehr.

Früher baute Porsche in der Montage in seine Autos Teile ein, die die Firma von Zulieferern bezog, auf eigene Rechnung, eigenes Risiko, nach eigener Spezifikation, etwa Tachos und Öldruckmessgeräte von VDO oder Getriebe von ZF. Dann machte Porsche Lieferanten zu Partnern, zu Systemintegratoren. Heute baut der Porsche Partner VDO Armaturenbretter (dash boards) in Absprache mit Porsche, entwickelt, fertigt und liefert sie ans Band im Porsche Werk in Leipzig und baut sie in der Montage in das Fahrzeug ein, mit eigenen Mitarbeitern. Porsche verzichtet dabei gar auf eine Eingangskontrolle, vertraut der Qualität des Lieferanten vollständig. Porsche hat gesamte Prozessketten herausgegeben. Das ist weit mehr als Outsourcing, der Lieferant wird zuerst vom Produkt- zum Systemlieferanten, dann Teil der Wertschöpfungskette und übernimmt letztendlich das Risiko.

Prozessoptimierung mit Medizintechnik

Wenn man dieses Prinzip der Zusammenarbeit mit strategischen Partnern auf das Krankenhaus anwendet und sich fragt, was denn die Kernkompetenz eines Krankenhauses ist, so kommt man schnell zum Schluss, dass ein Krankenhaus vor allem Medizin und Pflege und alles, was damit zusammenhängt, als Kernkompetenzen betrachten muss, dass aber viele Prozesse, die die Infrastruktur betreffen, kaum zur Kernkompetenz gehören können. Der Bau von Krankenhausimmobilien? Können Dritte besser. Blumen züchten und Betten reparieren? Was hat das mit Gesundheit zu tun? Und auch wenn Medizintechnik einen maßgeblichen Einfluss auf Qualität, Verfügbarkeit und Wirtschaftlichkeit von Medizin hat, so ist die Beschaffung, Instandhaltung, Reparatur und Wartung von Medizintechnik sicher kein Prozess, der zur Kernkompetenz eines Krankenhauses zählen muss.

Üblicherweise betragen die Materialkosten eines Krankenhauses etwa 20 bis 30 Prozent des Gesamtumsatzes. Traditionell ist die Beschaffung transaktionsgetrieben, besteht also aus vielen Einzelaktionen und ist mit hohem personellem Aufwand verbunden. Die Beschaffung von medizinischen Großgeräten bindet dabei übrigens bis zu 30 Prozent der Kapazitäten des Einkaufs.

Überträgt man den Ansatz der **Systempartnerschaften** auf den Einkauf von Medizintechnik, so ergeben sich folgende Ziele für eine Zusammenarbeit mit möglichen Systempartnern:

1. Bessere Preise
Dass in einer Systempartnerschaft bessere Konditionen gesucht werden, liegt in der Natur des Projektes. Dies bedeutet im Hinblick auf die Prozesskosten (TCO) jedoch, entweder niedrigere Preise für dieselbe Leistung oder mehr Leistung bei gleichem Aufwand zu erhalten, d.h. letztlich eine Optimierung des Preis-Leistungs-Verhältnisses durchzuführen.
Wünschenswert wäre ferner eine Planbarkeit der Aufwendungen, d.h. ein konstanter Investitionsmittelabfluss statt der traditionellen Spitzen bei Geräteausfällen im Krankenhaus und die Planbarkeit von Instandhaltungsaufwendungen bei gesicherter Werterhaltung.

2. Optimierung des Ressourceneinsatzes
Welche Geräte in welcher Zahl wo zum Einsatz kommen, darf nicht länger davon abhängen, „welcher Chefarzt am lautesten schreit". Fundierte Auslastungsanalysen müssen die Basis einer optimierten Gerätebedarfsplanung sein. Eine deutliche Reduktion des Geräteparks scheint möglich, wenn mit einem „Blank-sheet"-Ansatz die gesamte Medizintechnik neu beplant werden kann. Die Werterhaltung sollte durch vorbeugende Instandhaltung (Preventative Maintenance) sichergestellt werden. Denn Großgeräte wir MRTs oder CTs sind schon heute in der Lage, Probleme vor einem Ausfall dem Hersteller telematisch mitzuteilen, ähnlich wie das Triebwerk einer Flugzeugturbine den drohenden Ausfall einer Turbinenschaufel der Wartungsabteilung des Betreibers noch vor der Landung telematisch mitteilen kann. Durch diesen Ansatz sollte die Systemverfügbarkeit deutlich erhöht werden können, was im Hinblick auf die immer kürzeren Patientenverweildauern unabdingbar ist.

3. Prozessvereinfachung für den Beschaffungsprozess
Prozessverbesserungen durch eine Partnerschaft mit einem Systempartner erreicht man aber nicht nur im Betrieb der Technik, auch der Beschaffungsprozess selbst erfährt eine grundlegende Wandlung. Durch Bündelung der Investitionen und der Instandhaltung bei einem Industriepartner reduziert sich der Beschaffungsaufwand des Krankenhauses. Der Fokus verlagert sich auf die Zusammenarbeit mit dem und die Steuerung des Systempartners, die ggf. standortübergreifende Planung und Beschaffung von Technik, die Planung des Geräteaustausches und den Zugang zu neusten Technologien durch regelmäßige Updates und Upgrades.

Eine solche Systempartnerschaft setzt ein entsprechendes Beschaffungsvolumen und fachliche Kompetenz auf Kundenseite voraus. Sie ist damit prinzipiell geeignet für Krankenhausketten, Konzernstrukturen und größere Einzelkrankenhäuser und Universitätskliniken. Sie setzt voraus, dass der Auftraggeber und der Auftragnehmer bereit sind, sich auf längere Zeit aneinander zu binden. Dies setzt voraus, gemeinsam Probleme lösen zu wollen, die vorab nicht alle im Detail bekannt sein können und die vertraglich im Zweifel nicht geregelt sind. Der Autor hält Vertragslaufzeiten von zehn Jahren für solche Systempartnerschaften als Mindestdauer für erforderlich. Und dies setzt wiederum voraus, dass solche Projekte, die sicherlich maßgeblich in ihrer Entstehung von Einzelpersonen auf beiden Seiten einer Partnerschaft getragen werden, so konzipiert sind, dass sie personenunabhängig weiter bestehen können. Sie sind ein neues Betriebsmodell, so wie im Automobilbau, sie erfordern beim Auftraggeber wie beim Auftragnehmer neue Prozesse und neue Organisationsformen (vgl. Soskuty, 2009). Eine Systempartnerschaft birgt unbekannte Risiken. Aber sie bieten die Chance zu einer auf anderem Wege nicht erreichbaren Qualität und Effizienz. Wie bei Porsche.

All-Inclusive-Verträge

Das Zustandekommen von Systempartnerschaften soll in der Folge an drei Beispielen illustriert werden. Alle drei Fallstudien stammen aus der beruflichen Erfahrung des Autors während der Zeit als Vorstand der Gesundheit Nordhessen Holding AG (GNH), waren zu ihrer Zeit neu in der Gesundheitsbrache und deutlich umfangreicher als andere Projekte. Sie sind nicht die einzigen denkbaren Partnerschaftsmodelle, illustrieren aber die Prinzipen von Industriepartnerschaften ganz gut.

Divide et impera!

Die Philosophie von Gaius Julius Caesar für seine Führungsaufgabe, übertragen auf die Problematik des Investitionsstaus in der Medizintechnik und die Komplexität dieser Aufgabe, würde wie folgt lauten: Die Lösung eines komplexen Problems besteht darin, dass man es in mehrere leichter lösbare Einzelprobleme zerlegt.

Das Problem der GNH im Jahr 2005 bestand darin, dass in der gesamten Medizintechnik ein Investitionsstau von rund 50 Millionen Euro diagnostiziert wurde, davon rund 15 Millionen Euro für Bildgebende Systeme, also medizinische Großgeräte, und dass die im Rahmen von Neubauten geplanten Prozessveränderungen flankiert werden sollten durch die Verfügbarkeit modernster Technik. Allerdings waren dafür erforderliche Investitionen weder mit Fördermitteln noch aus Eigenkapital zu finanzieren, zumindest nicht kurzfristig.

Die erste Entscheidung bestand darin, die komplexe Aufgabe in drei Einzelprojekte zu unterteilen, die nacheinander abgearbeitet werden sollten. Im ersten Schritt sollten die Bildgebenden Systeme erneuert werden („Projekt Radiologie"), im zweiten die Elektromedizin („Projekt ELT") und im dritten Schritt die Informations- und Telekommunikationstechnik („Projekt ITK"). Unter Elektromedizin wurde dabei alles an Technik verstanden, was nicht unter die Bezeichnungen Bildgebende Systeme oder ITK fällt.

Das Projekt Radiologie: Strukturierung des Beschaffungsprojektes

Aufgrund von Größe und Umfang der Beschaffungsmaßnahme für Bildgebende Systeme („Projekt Radiologie") war es erforderlich, eine Projektstruktur aufzusetzen, wie sie für größere langlaufende Projekte üblich ist und die das Management, die Nutzer und die beteiligten Abteilungen umfasste (Abbildung 6). Das Projekt wurde durch ein externes Ingenieurbüro begleitet, zum einen, weil dies ein höheres Maß an Unabhängigkeit des Auswahlverfahrens im Kontext eines öffentlichen Unternehmens sichert, zum anderen, weil der Erfahrungshorizont der Beteiligten damit deutlich erweitert werden konnte, wenn auch diese Art eines Projektes für die externen Berater neu war.

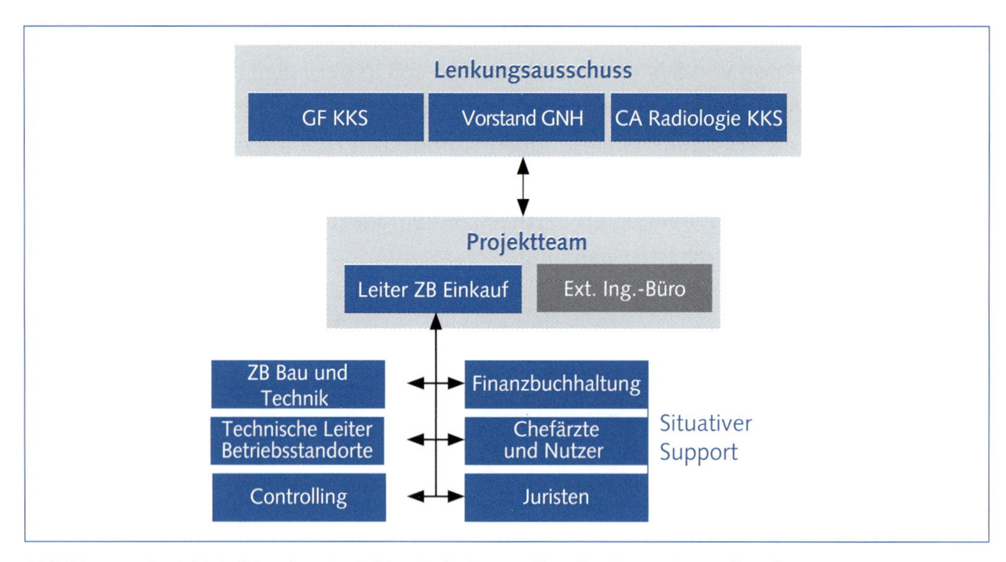

Abbildung 6: Projektstruktur des „Projektes Radiologie" (Quelle: Eigene Darstellung)

Die Meilensteine wurden wie folgt festgelegt:
1. Ist-Aufnahme
2. Zieldefinition
3. Anbieterauswahl Teilnahmewettbewerb
4. Auswertung der ersten Angebote des Verhandlungsverfahrens
5. (Mehrere) Verhandlungsgespräche
6. Abschluss der juristischen Vertragsverhandlungen
7. Zuschlagserteilung

Für die Durchführung einer solchen Gesamtbeschaffung gibt es für öffentliche Häuser drei mögliche Vergabeverfahren: Das offene Verfahren, den Wettbewerblichen Dialog und das Verhandlungsverfahren mit vorgeschaltetem Teilnahmewettbewerb. Ein offenes Verfahren scheidet hier allerdings aus, da die Leistung dafür eindeutig, unmissverständlich und vollständig beschreibbar sein muss. Damit lässt sich Büromaterial beschaffen, aber keine Technologiepartnerschaft begründen. Im Grunde wäre von der Philosophie her der wettbewerbliche Dialog das geeignete Verfahren gewesen, da hier nach der Vorauswahl von geeigneten Anbietern das Know-how der Bieter im Verfahren selbst genutzt werden kann, um im Dialog ein oder mehrere Lösungen zu erarbeiten. Es gibt für dieses neue Vergabeverfahren aber noch immer wenig Rechtsprechung zu Auslegungsfragen und wenig praktische Erfahrungen damit, sodass wir uns im Jahr 2007 für das Verhandlungsverfahren mit vorgeschaltetem Teilnahmewettbewerb entschieden haben. Dieses Verfahren erlaubt eine Vorauswahl und Einschränkung der Anzahl geeigneter Anbieter über den Teilnahmewettbewerb, eine Anpassung der Leistungen während des Verfahrens, die Reduzierung der Anzahl der Anbieter im Verfahren und ist geeignet für Leistungen, deren vertragliche Spezifikation im Voraus nicht hinreichend genau festgelegt werden kann. Es hat den Nachteil eines doch recht hohen Verfahrensaufwands durch wiederholte Angebotsabgaben und -bewertungen und einer zeitlichen Mindestlänge durch die vorgeschriebenen Fristen.

Durch die zu durchlaufenden Meilensteine und das Vergabeverfahren ist mit einer zeitlichen Gesamtdauer von 18 bis 20 Monaten zu rechnen. Sehr viel Zeit ist dabei erforderlich für die Aufnahme des Ist-Zustandes der Technik, die Erarbeitung eines Soll-Konzeptes und die konkrete Formulierung der Ziele.

Bestandteil der Industriepartnerschaft sollte es auch sein, die erforderlichen Investitionen nicht selbst zu tätigen, sondern dafür Fremdkapital heranzuziehen. Für die vertragliche Gestaltung des Vertrages zur Investitionsfinanzierung bedeutet dies die Wahl unter den Optionen Mietvertrag, Mietkaufvertrag, Leasingvertrag und Nutzungsvertrag. Auf die

Besonderheiten soll hier nicht weiter eingegangen werden, es sei erwähnt, dass wir uns aus steuerrechtlichen wir fördermittelrechtlichen Gründen für die Option des Nutzungsvertrages entschieden haben.

Die Ist-Aufnahme

Man könnte jetzt der Annahme sein, insbesondere bei Großgeräten müssten sich die in Betrieb befindlichen Geräte leicht in der Anlagenbuchhaltung wieder finden. Unsere Erfahrung war, dass dies nicht der Fall ist. Nutzungsänderungen oder Standortverlagerungen, auch Außerbetriebnahmen werden nicht konsequent in der Anlagenbuchhaltung nachgepflegt. Entsprechend ist eine aufwendige Aufnahme der folgenden Daten erforderlich:

- Geräteeigenschaften (Art des Gerätes, Standort, Hersteller, Anschaffungsjahr, Anschaffungspreis, Wartungsvertrag? Leasingvertrag?)
- Leistungszahlen der stationären und mobilen Geräte
- Auslastungsanalyse für die stationären und mobilen Geräte
- Instandhaltungskosten
- Einbindung in die Bildverarbeitung (digital, Speicherfolien, Filmentwicklung)

In unserem Fall haben wir gefunden: 60 Geräte, davon 28 stationäre und 32 mobile Geräte an 6 Krankenhausstandorten, 8 Herstellerfirmen, lediglich 6 Geräte mit Wartungsvertrag und einen Gesamt-Anschaffungswert des IST-Gerätebestandes von 14,9 Millionen Euro.

Kennzeichnend für das Vergabeverfahren war, dass die Prozess- und Kostenoptimierung und die zukünftige Entwicklung, auf Basis des medizinischen Konzeptes, nun nicht vom Kunden erstellt wurden, sondern dass dies Bestandteil des Bieterprozesses und damit Aufgabe der Bieter war. Dies stellt eine klassische Beschaffungsmaßnahme natürlich auf den Kopf. Ferner war es unmöglich, für die Bieter vorherzusehen, welche konkreten Gerätetypen über die zehnjährige Vertragsdauer etwa in fünf oder acht Jahren zu liefern wären. Denn diese Gerätetypen gibt es zum Zeitpunkt der Verhandlung noch gar nicht und folglich keinen Listenpreis sowie keine kalkulierbare Gewinnmarge.

Die Zieldefinition

Üblicherweise ist ein Verkauf transaktionsgetrieben: Der Bieter kennt den Listenpreis, den internen Transferpreis von der Fabrik und kann seine Marge kalkulieren und das

Gebot optimieren. Die Marge ist dabei die Messgröße, mit der das Management des Herstellers den Vertrieb steuert. Im vorliegenden Fall konnte der Bieter keinerlei Margen berechnen, er war noch nicht einmal in der Position, präzise zu ermitteln, welche Geräte er in den Folgejahren zu liefern hatte.

Dazu waren ein neues Geschäftsmodell zu erarbeiten und neue Prozesse sowie Messgrößen festzulegen, die Bestandteil des Gebotes waren:

- Eine optimierte Gerätebedarfsplanung auf Basis der vorgelegten Auslastungsanalysen und Baupläne
- Die konkrete Planung des Geräteersatzes und Austausches für die nächsten 24 Monate nach Vertragsschluss
- Die Verpflichtung zur jährlichen Klassifizierung aller am Markt befindlichen Geräte in Technologiebänder. Vertragsgemäß sollte das Preisrisiko bei Geräteersatz bei gleichem Technologieband (z. B. „obere Mittelklasse") beim Bieter liegen. Nur für den Wechsel des Technologiebandes sollte das Preisrisiko beim Auftraggeber liegen
- Jährliche Planung der konkreten Beschaffungsmaßnahmen in Abstimmung der Vertragspartner in einem paritätisch besetzten Investmentkomitee mit definierten Eskalationsstufen bei Meinungsverschiedenheiten
- Die Verpflichtung zur Durchführung von Wartung und Service, wobei 50 Prozent der Tätigkeiten außerhalb der Betriebszeiten des Krankenhauses zu erfolgen haben
- Die Gewährleistung der Modernität der Technologie durch die Verpflichtung, Updates und Upgrades zur Verfügung zu stellen
- Die Garantie einer Geräteverfügbarkeit, die je nach Gerät bei 95 Prozent oder 98 Prozent lag
- Die Verpflichtung zu Pönalen für den Fall der Nichteinhaltung von Verfügbarkeiten oder der Verfehlung von Installationsterminen
- Gleichmäßige monatliche Zahlungen der Vergütungspauschale für Investitionen und Service unabhängig von tatsächlichen Geräteinvestitionen („Flatrate")

Diese Kernbestandteile der Leistungsbeschreibung waren einerseits Zieldefinition für das „Modell Industriepartnerschaft" auf Auftraggeber-Seite, gleichzeitig aber auch Grundlage der Ausschreibung des Radiologieprojektes für die Bieter. Dass es letztlich mehrere Bieter von Seiten der Industrie gab und dass die Ziele vollumfänglich durchgesetzt werden konnten, zeigt das hohe Interesse der Industrie, enger mit den Kunden zusammenzuarbeiten und die Bereitschaft, sich dafür auch selbst weiterzuentwickeln.

Im Jahr 2008 wurde nach rund 19 Monaten Projektlaufzeit für den Bereich Medizinische Bildgebung eine zehnjährige Industriepartnerschaft mit der Firma General Electric Medical Systems (GEMS) vereinbart. Der Gerätebestand samt den oben aufgeführten Verpflichtungen zur Instandhaltung, Wartung und für den Ersatzbedarf ging an den Industriepartner über. Zu diesem Zeitpunkt war der Gerätebestand noch sehr heterogen. Erst die Optimierung in den Folgejahren anlässlich der Möglichkeit der Neuinstallation hat dies grundlegend verändert. Dennoch bestand zu keiner Zeit die Verpflichtung, alle Geräte von einem Hersteller, also von GEMS selbst, zu beziehen. Allein die aufgeführten Vorteile in der Standardisierung, aber auch Skaleneffekte, legten eine solche Wahl oftmals nahe.

Das Projekt Elektromedizin (ELT)

Nach der Vereinbarung der Industriepartnerschaft für den Bereich Medizinische Bildgebung im Jahr 2008 wurde im nächsten Schritt die Elektromedizin angegangen. Es galt, einen Investitionsstau von rund 37,2 Millionen Euro aufzulösen. Es lagen eine Vielzahl unterschiedlicher inkompatibler Gerätehersteller und Gerätetypen vor, der hohe Geräteausfall führte zur Vorhaltung redundanter Geräte, zu hohen Vorhalte- und Wartungskosten von über 1,7 Millionen Euro pro Jahr. Insgesamt waren über 10000 Einzelgeräte betroffen.

Die Bestandsaufnahme hat vier Personen über vier Monate gebunden, die in jedem Raum der Häuser versuchten, das Inventar und die Nutzungsdaten aufzunehmen. Erwähnt sei, dass während der anschließenden Umsetzungsphase noch immer Geräte gefunden wurden, die während der Bestandsaufnahme nirgends gesichtet wurden. Die Unsicherheiten bezüglich des Bestandes und der Nutzung waren bei den Kleingeräten noch deutlich größer als bei den Großgeräten.

Die Zieldefinition und Ausschreibungsgrundlage war sehr ähnlich dem zuvor durchgeführten Radiologieprojekt:

- Auf Basis des Sollkonzeptes (Neubauplanung, Betriebskonzept) und des elektromedizinischen Raumbuchs (EMR) erfolgten Investitionen von 35,3 Millionen Euro über zehn Jahre.
- Die Reduktion des anfänglich für notwendig erachteten Investitionsvolumens von 40 Millionen auf 35,3 Millionen Euro erfolgte durch:
  - Reduktion der Gerätekosten („Rabatte“),
  - Optimierung des Gerätebedarfs auf Basis des Sollkonzeptes,
  - Reduktion der redundanten Gerätesysteme durch garantierte Verfügbarkeit,
  - Konsequente Standardisierung der Gerätegruppen.

- Festlegung der Geräteklassen und -bandbreiten zur Sicherung der Innovation über die Vertragslaufzeit.
- Verfügbarkeitsgarantie von 95 Prozent bzw. 98 Prozent mit Pönaleregelung.

Neu waren:

- eine Elektronikversicherung, die gegen Schäden durch Fehlbedienung und Fahrlässigkeit sichern soll („der über die Bedienkonsole verschüttete Kaffee, der zu einem Schaden von 150000 Euro führt"),
- eine verbesserte Schulung und Unterstützung der Mitarbeiter,
- die Absicherung des Ausfallrisikos (Insolvenzrisiko) des Bieters durch vertragliche Regelungen,
- und Ziel war wiederum ein Festpreis für das vereinbarte Investitionsvolumen über die Vertragslaufzeit inkl. Updates, Upgrades, Wartung, Service und gerätenahe Verbrauchsmaterialien („Flatrate").

Ein Projekt dieser Größenordnung kann kein einzelner Anbieter von Medizintechnik mit eigenen Produkten abdecken. Deshalb musste jeder Bieter ein Konsortium mit einem runden Dutzend anderer Firmen eingehen, letztlich aber dem Kunden gegenüber das finanzielle Risiko und Haftungsrisko als Konsortialführer tragen.

Der Vertrag für das ELT-Projekt wurde im Jahr 2010 nach europaweiter Ausschreibung mit der Firma Dräger als Vertragspartner geschlossen. Nach Firmenangaben war es der größte Einzelauftrag in der Firmengeschichte von Dräger mit einem Volumen von insgesamt über 60 Millionen Euro.

Im Rahmen des Projektes wurden die aufgeführten erweiterten Ziele vertraglich vereinbart. Für Investition und Desinvestition wurden feste Kriterien vereinbart, hierzu gehörten u.a. die Standardisierungen.

Um auf das oben erwähnte Beispiel mit den Intensivmonitoren zurückzukommen: Nach dem Projekt verblieben von 504 Monitoren mit 73 Gerätetypen und acht Herstellern noch 482 Monitore mit 13 Gerätetypen, davon 90 Prozent von einem Hersteller. Auch die nicht in Geld messbaren Auswirkungen im Hinblick auf Schulung und Handhabung sowie Wartung und Betrieb lassen sich leicht ausmalen.

Bewertung der Flatrate-Modelle

Nach über vier Jahren Erfahrung mit der ELT-Partnerschaft und über sechs Jahren Erfahrung mit der Partnerschaft für medizinische Bildgebung lassen sich einige Schlussfolgerungen ziehen:

- Die schrittweise Umsetzung von Technologiepartnerschaften mit zunehmendem Komplexitätsgrad war der einzig vernünftige Weg, da Mitarbeiter und Organisation in den einfacheren Projekten lernen mussten, um diese Erfahrungen in den komplexeren Projekten anwenden zu können.
- Langfristige Partnerschaften erfordern auch bei den Lieferanten andere und neue Kompetenzen.
- Das Vertragsmodell von Industriepartnerschaften fordert ein echtes „Risk-Sharing" von erheblicher Tragweite und die verantwortliche Übernahme eines Teils der Wertschöpfungskette.
- Eine gute Planung und damit Zieldefinition ist der Schlüssel zur Vermeidung von Mehrkosten nach Vertragsschluss. Die Erfahrung zeigt, dass sich diese Mehrkosten deutlich unterhalb von 10 Prozent bewegen können und bei weiterer Optimierung des Planungsprozesses sogar auf unter 5 Prozent reduzieren lassen.
- Die Industrie ist in der Lage, die vertraglich vereinbarten Gesamtverfügbarkeiten einzuhalten. So lagen im ELT-Projekt die gemessenen Verfügbarkeiten mit wenigen Ausnahmen bei über 99 Prozent.
- Die Standardisierung der Technik erleichterte die Zusammenarbeit unterschiedlicher Standorte, z. B. bei der Verlegung von Patienten.
- Einheitliche Bedienoberflächen, ständige Betreuung der Nutzer und termingerechte Übergaben durch den Industriepartner reduzieren den Betreuungsaufwand durch eigene Mitarbeiter und stärken die Akzeptanz bei den Nutzern.
- Standardisierte Technik, Reduktion der Gerätevielfalt und gleiches Zubehör vereinfachen die Abläufe an den Arbeitsplätzen und steigern die Patientensicherheit und die Mitarbeiterzufriedenheit.

Partnerschaft auf Augenhöhe

Die beiden beschriebenen Modelle für Industriepartnerschaften haben eines gemein: Die Entscheidung des Krankenhauses, Teilprozesse an einen Industriepartner zu delegieren und dessen Entscheidung, dabei auch finanzielle Risiken einzugehen. Bei beiden Modellen bleibt aber letztlich die klare Zuordnung der Verantwortung erhalten.

Einen Schritt weiter geht das dritte Modell einer Industriepartnerschaft im Bereich der Sterilisation, das ebenfalls aus der beruflichen Erfahrung des Autors als Vorstand der GNH entstammt und das im Folgenden geschildert wird. Dabei wird letztlich durch das Krankenhaus mit einem Industriepartner ein PPP-Modell umgesetzt, also ein gemeinsames Dienstleistungsunternehmen gegründet, das am Markt auftritt und für das beide Unternehmen eine gemeinsame unternehmerische Verantwortung tragen.

Sterilgutversorgung als Managementaufgabe

Welches Risiko für ein Krankenhausunternehmen Hygieneprobleme in der Sterilgutversorgung haben können, wurde nach den „Hygieneskandalen" zum Beispiel in Fulda und Mannheim deutlich. Die steigenden Anforderungen an die Aufbereitung von Mehrwegmaterialien durch die zunehmend komplexer werdenden Instrumente der minimalinvasiven Chirurgie erfordern mehr Spezial- und Expertenwissen, kompliziertere Aufbereitungsprozesse und eine höhere Qualifikation der Mitarbeiter. Die wirtschaftliche und qualitätsgesicherte Betreibung einer ZSVA erfordert Management- und Branchen Know-how, das viele Krankenhäuser nicht besitzen und auch nicht wirtschaftlich vorhalten können. Ferner muss die bauliche und gerätetechnische Infrastruktur hohen Auflagen entsprechen. Notwendige Baumaßnahmen sind aufgrund der nicht ausreichend verfügbaren Investitionsmittel oftmals nicht möglich. Erforderliche Kostenreduzierungen sind zwar durch effizientes Instrumentenmanagement prinzipiell möglich, erfordern aber wiederum Expertenwissen für die nötige Siebstandardisierung und -optimierung und die Prozessoptimierung der Aufbereitung.

Servicegesellschaft als PPP-Modell

Bei der vorliegenden Fallstudie ging es darum, Probleme im Management, Personal, der Infrastruktur und den Kosten gleichzeitig zu lösen.

Das Konzept sollte damit auf fünf wesentliche Eckpunkte ausgerichtet werden:

1. Qualifiziertes Management & Personal zu gewinnen oder zu binden
2. Die Beschäftigten der eigenen ZSVA mit einzubringen
3. Den Investitionsstau aufzulösen
4. Ein Instrumentenmanagement einzuführen
5. Kontroll- und Einflussmöglichkeiten zu erhalten

Dafür wurde das Modell einer Industriepartnerschaft gewählt, bei der für den Bereich der Sterilgutaufbereitung eine gemeinsame Service-Gesellschaft durch Krankenhaus und

Industriefirma gegründet wurde. Der Systempartner führt dabei die Service-Gesellschaft operativ (Abbildung 7), allerdings besitzt das Krankenhaus 51 Prozent der Gesellschaftsanteile. Damit wird die umsatzsteuerliche Organschaft gewahrt und die Umsatzsteuerpflicht der Dienstleistungen der Beteiligungsgesellschaft vermieden. Ferner bleibt gleichzeitig ein hohes Maß an Kontrolle und Einfluss des Krankenhauses erhalten.

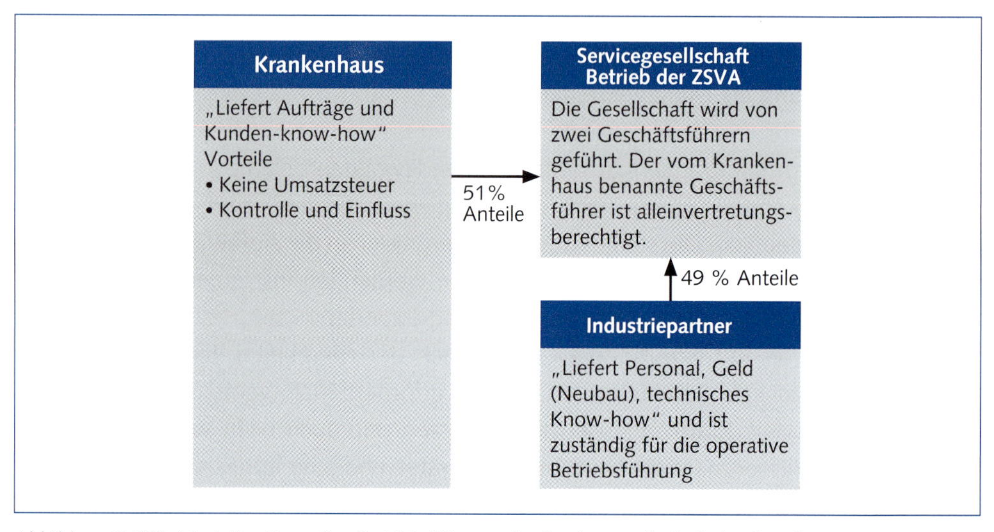

Abbildung 7: PPP-Modell – Operative Betriebsführung der Servicegesellschaft durch Industriepartner (Quelle: Eigene Darstellung)

Die einheitliche Führung ist Voraussetzung für die Optimierung der Prozesse und die hohe Qualität der Dienstleistungen. Dazu liegt die disziplinarische und fachliche Führung in einer Hand. Die ehemaligen ZSVA-Mitarbeiter wurden durch einen Teilbetriebsübergang in die Service-Gesellschaft übernommen.

Eine optimale Infrastruktur ist mit entscheidend für die Qualität des Aufbereitungsprozesses. Dazu müssen Gebäude und Geräte den neuesten Standards entsprechen. Geplant wurde daher die Errichtung einer komplett autarken neuen ZSVA durch den Industriepartner mit eigener Gerätetechnik und autarker Medienversorgung, integriertem Rolllager-System zur Zwischenlagerung einer kompletten Tagesproduktion und einem Blockheizkraftwerk zur effizienten Energieversorgung.

Kern der Industriepartnerschaft war aber, dass die Tochtergesellschaft nicht nur die Aufbereitung von Sterilgut übernimmt, sondern sozusagen als „erweiterte Dienstleistung" auch die Logistik und das Instrumentenmanagement (Abbildung 8). Dadurch übernimmt die Dienstleistungsgesellschaft die komplette Prozessverantwortung von der Entsorgung von Sterilgut nach Verwendung im OP über die Aufbereitung bis zur erneuten Anlieferung im OP. Da Nachlegeware und Reparaturen zur Verantwortung der Dienstleistungsgesellschaft gehören, kann diese sicherstellen, dass die angelieferten Siebe vollständig und steril sind (vgl. Bracklo, 2013). Ferner kann durch die zusätzliche Übernahme der Verantwortung für die Sieboptimierung in Zusammenarbeit mit den Nutzern die Wirtschaftlichkeit des Gesamtprozesses gesteigert werden.

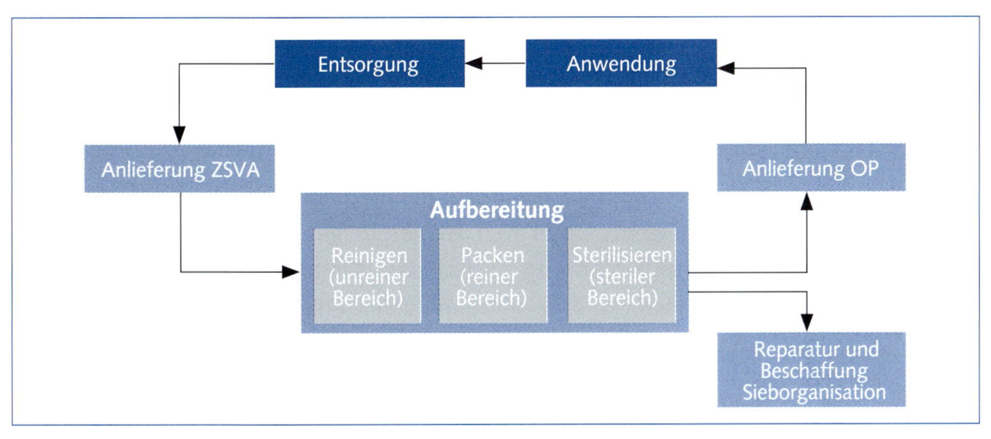

Abbildung 8: Der Sterilisationsprozess (Quelle: Eigene Darstellung)

Die Qualität der Dienstleistung wird fortlaufend gemessen. Reklamationsquoten und Vollständigkeitsquoten sind dabei wichtige Kenngrößen, Reklamationsquoten von unter 0,5 Prozent und Vollständigkeitsquoten von über 99 Prozent sind Zielgrößen. Bei Nichterreichung dieser Zielgrößen oder durch die ZSVA verursachte Verzögerungen oder OP-Ausfälle sind Pönalen vereinbart.

Anders als bei konventionellen Fremdvergaben erfolgt die Vergütung der Leistung nicht nach der Basisgröße Sterilguteinheit (STE), sondern fußt auf einer Jahrespauschale (Flatrate-Modell). Diese wiederum wird unter Bezugnahme auf die Anzahl der stationären Operationen angepasst. Damit besteht auf der einen Seite eine langfristige Kostensicherheit für das Krankenhaus, auf der anderen Seite der Anreiz für die Servicegesellschaft, auf Qualität zu setzen und nicht auf Quantität. Bei der „Flatrate" erzeugt eine Reklamation nämlich zusätzlichen Aufwand und zusätzliche Kosten, bei der Vergütung nach STE hingegen erzeugt jede Reklamation zusätzliche Menge, die hier eben nicht vergütet wird.

Die Systempartnerschaft hat mit dem beschriebenen Konzept unter Vollkostengesichtspunkten lediglich geringe Preisvorteile, aber wesentliche Vorteile bezüglich der Qualität und Betriebssicherheit. Und letztlich erlaubt das Modell Investitionen durch den Industriepartner über mehrere Millionen Euro, die das Krankenhaus nicht selbst tätigen muss.

Schließlich ist das Modell so konzipiert, dass zukünftig auch Verträge mit weiteren Krankenhäusern zur externen Aufbereitung von deren Sterilgut vereinbart werden können. Die Kostendegressionseffekte kämen dann allen zugute. Die Systempartnerschaft für die Sterilgutversorgung wurde im Jahr 2014 mit der Firma Vamed auf 10 Jahre und mit einer Verlängerungsoption um weitere fünf Jahre geschlossen.

Fazit: Die Rolle von Medizintechnik in der Prozessoptimierung

Der Gesetzgeber hat mit dem Krankenhausentgeltgesetz (KHEntgG) und der Einführung des Fallpauschalensystems grundlegende Instrumente zur Einführung eines Vertrags-, Leistungs- und Preiswettbewerbs unter den Anbietern geschaffen. Das DRG-System zeigt zehn Jahre nach seiner Einführung nachhaltige Wirkung. Als Folge der Verweildauerverkürzungen und Erlösrückgänge bemühen sich Krankenhäuser vermehrt um Zusatzerlöse und schaffen dafür die Strukturvoraussetzungen.

Krankenhäuser müssen sich dabei auf grundlegend andere Betriebsabläufe einstellen. Neben den Anforderungen an die medizinischen Prozesse („Clinical Pathways") sind zunehmend wirtschaftliche („prozessübergreifende Kosten- und Ressourcensteuerung") organisatorische („virtuelle Organisation") und bauliche („Investitionsfähigkeit als Überlebensfrage") Anforderungen zu berücksichtigen. Eine rationale Krankenhausstrategie erfordert die Definition von Kernkompetenzen und klare „Make or Buy-Entscheidungen" für alle „Nicht-Kernkompetenzen" (vgl. Brümmer, 2006).

Die zunehmende Standardisierung der Behandlungsprozesse aus sowohl wirtschaftlichen wie Qualitätsgründen kann dabei als eine Art „Industrialisierung der Medizin" beschrieben werden (vgl. Almeling, 2009), auch wenn der Begriff jedem Arzt einen Schauer über den Rücken laufen lässt. Letztlich dient aber diese Art der Prozessoptimierung im medizinischen Bereich dem Patienten und dem Arzt gleichermaßen.

Um gute Medizin praktizieren zu können, ist modernste Technik unabdingbar. Hier könnten zukünftig Partner aus der Industrie mit eingebunden werden, um eine qualitätsgesicherte hochwertige Medizin und die Wettbewerbsfähigkeit der Krankenhäuser zu sichern.

In Form der hier vorgestellten Industriepartnerschaften, in deren Vertragsmodellen ein echtes „Risk-Sharing" von erheblicher Tragweite implementiert wird, übernimmt die Industrie Teile der Wertschöpfungskette von Krankenhäusern. Damit lassen sich für Krankenhäuser bessere Preise, weniger Transaktionsaufwand, ein höherer Standardisierungsgrad und damit mehr Qualität erzielen. Was in der Automobilbranche seit zwei Jahrzehnten Standard ist, hat den Einzug ins Gesundheitswesen bislang allerdings erst in wenigen Fällen gefunden. Der sich verschärfende Kostendruck und der sich intensivierende Fokus auf Ergebnisqualität werden ein Umdenken erforderlich machen und Industrie- bzw. Technolgiepartnerschaften zukünftig beflügeln.

Literaturverzeichnis

Almeling M (2009). *Keine Angst vor der Industrialisierung in der Medizin. In: Geschäftsmodell Systempartnerschaften: Die Digitale Industrialisierung der Medizin. Lohmann H, Preusker U (Hrsg.). 2009. Economica, Verlagsgruppe Hüthig Jehle Rehm GmbH*

Bracklo M H (2013). *Managementtrends bei der Aufbereitung von chirurgischen Instrumenten. In: Krankenhausmanagement: Strategien, Konzepte, Methoden. Debatin J F, Ekkernkamp A, Schulte B (Hrsg.). 2013 (2. Auflage). Medizinisch Wissenschaftliche Verlagsgesellschaft.*

Brümmer J C (2006). *Sekundärdienstleister: Von der Kostenstelle zum Profitcenter. In: Zukunft Krankenhaus. Überleben durch Innovation. Debatin J F, Goyen M, Schmitz C (Hrsg.). 2006. ABW Wissenschaftsverlag.*

Hammer M, *Stanton S A* ***(1995).*** *The Reengineering Revolution. A Handbook. 1995 (1. Auflage). HarperCollins Publishers.*

Hammer M, *Champy J* ***(1993).*** *Reengineering the Corporation. A Manifesto for business revolution. HarperCollins Publishers.*

Lohmann, H., *Sontheimer, G.M.* ***(2015).*** *Industriepartnerschaften: Geben Sie Verantwortung ab! kma 3/2015: 38–41.*

Mentges G (2006). *Vom Prinzip Zufall zum geordneten Patientenpfad. In: Zukunft Krankenhaus. Überleben durch Innovation. Debatin J F, Goyen M, Schmitz C (Hrsg.). 2006. ABW Wissenschaftsverlag.*

Schmitz A (2012). *Management Principles v. 1.1. http://2012books.lardbucket.org/pdfs/management-principles-v1.1.pdf (letzte Einsicht 9.7.2015).*

Soskuty G (2009). *Systempartnerschaften gehört die Zukunft. In: Geschäftsmodell Systempartnerschaften : Die Digitale Industrialisierung der Medizin. Lohmann H, Preusker U (Hrsg.). 2009. Economica, Verlagsgruppe Hüthig Jehle Rehm GmbH*

Strategische Finanzierung im Krankenhaus

Technologiepartnerschaft stärkt die Wettbewerbsfähigkeit

Peter Krause

Das ideale Beschaffungsszenario für moderne Medizintechnik hört sich wie die unlösbare Quadratur des Kreises an: Das Krankenhaus ist ständig auf dem neuesten Stand der Technologie – und behält gleichzeitig seine finanziellen Spielräume. Doch die Lösung ist möglich, sie heißt „Technologiepartnerschaft". Hier arbeiten ein Medizintechnikhersteller, ein Finanzierungspartner sowie die Mediziner und Kaufleute einer Klinik Hand in Hand. Dadurch können die Rahmenbedingungen so gestaltet werden, dass das Krankenhaus sowohl technologisch als auch kaufmännisch die Lösung bekommt, die es braucht und die es sich durch langfristige und sicher kalkulierbare Finanzierung leisten kann.

Damit ist die Technologiepartnerschaft die logische Antwort auf die drängenden Fragen und Problemstellungen im Kliniksektor. Nämlich: Wie schaffe ich es als Klinikbetrieb, trotz eingeschränkter finanzieller Möglichkeiten ein medizintechnisches Angebot aufrechtzuerhalten, das mich wettbewerbsfähig macht und die Zukunft sichert?

Umsatzwachstum durch Anwendung aktueller Technologien

Die Investitionen in neueste medizinische Ausrüstung werden immer mehr zum entscheidenden Faktor, um die Leistungsfähigkeit eines Klinikbetriebs dauerhaft zu erhalten. Das ergab auch die 2014 erstmals erhobene Krankenhausstudie „Hospital Sentiment Report – Perspektiven im Gesundheitsmanagement" von GE Capital International. Positives Ergebnis der Studie: Die meisten Krankenhäuser in den Industrieländern erwarten in den nächsten drei Jahren ein Umsatzwachstum – nicht zuletzt durch ihre Angebote an medizinischen Geräten, die auf dem neuesten Stand der Technik sind. Die Umfrage basiert auf Interviews mit über 380 Klinikmanagern in Deutschland, Frankreich, Großbritannien, Italien, der Schweiz, Spanien, Australien und Japan im dritten Quartal 2014. Die Befragten sind insbesondere für den kaufmännischen Bereich, also auch für Investitionen und Ausgaben, zuständig.

Diesen in der Studie geäußerten Erwartungen und Planungen steht jedoch meist die aktuelle finanzielle Situation als Risiko entgegen, die durch Kostensenkungen und Kostendruck im Gesundheitswesen geprägt ist. In diesem schwierigen Umfeld müssen Krankenhäuser vor allem ihre uneingeschränkte Finanzkraft zurückgewinnen. Nur dann können sie in neue Ausstattungen und Technologien investieren – und gleichzeitig alle weiteren nötigen Ausgaben realisieren. Die Studie verdeutlicht nämlich, dass derzeit hauptsächlich in die Erhaltung und bestenfalls in die Nach- oder Aufrüstung der bestehenden Einrichtung investiert wird. Somit werden nur nötigste Investitionen getätigt. Für die dauerhafte Sicherung eines Standards, den Ärzte, Patienten und Kostenträger erwarten, fehlen oft die Mittel.

Technologiepartnerschaft auch für bessere Abläufe

Diese wirtschaftliche Unsicherheit und der gleichzeitig steigende Wettbewerbsdruck zwingen die Krankenhäuser, neue und kosteneffiziente Finanzierungsstrategien zu finden. Diese müssen einerseits nachhaltig, also langfristig, und kalkulierbar sein. Andererseits müssen sie auch ein Maximum an Technologie- und Betriebs-Planungssicherheit bieten. Konkret: Bekomme ich für meinen finanziellen Einsatz auch regelmäßig die Medizintechnik, die der Markt verlangt? Und ist diese auch auf meine Einsätze und Abläufe ausgerichtet? Außerdem sollte eine solche Lösung auch genügend Flexibilität bieten, damit die Klinik auf veränderte Anforderungen und Rahmenbedingungen reagieren kann, ohne die Finanzierungsstrategie wieder völlig neu aufzusetzen.

Ideal ist dann auch eine Lösung, die zugleich die Prozesse und Abläufe des Betriebs analysiert – um eine für die entsprechenden Anforderungen maßgeschneiderte zukunftsgerechte Lösung sowohl beim Gerät als auch bei der Finanzierung zu finden. Bei der Technologiepartnerschaft von GE Capital, GE Healthcare und den einzelnen Klinikbetrieben funktioniert das beispielsweise so: Gemeinsam werden die Abläufe und auch Patientenströme im Haus analysiert und dadurch die Entscheidungen getroffen, wie diese verbessert und wo in welchem Umfang etwa die Platzierungen von Geräten optimiert werden können. Immer vor dem Hintergrund, diese am effektivsten einzusetzen. Und natürlich immer unter der Maßgabe der Qualitätsoptimierung, die letztlich ein entscheidender Faktor im Wettbewerb ist.

Konzentration auf Kernkompetenzen

Seit 2008 gewinnen Technologiepartnerschaften im Krankenhausbereich immer mehr an Bedeutung. Sie verbinden die problemlose Einführung technischer Neuerungen mit finanzieller Nachhaltigkeit. Somit können die Kliniken jederzeit bei Bedarf Medizintechnik beschaffen, auf dem neuesten Stand halten und betreiben. Und gleichzeitig werden Abläufe optimiert und Kosten gesenkt.

Die Philosophie: Alle Partner – das Krankenhaus, der Medizintechnikhersteller und der Finanzierer – fokussieren sich jeweils auf ihre Kernkompetenzen. Der Industriepartner übernimmt die gesamte Verantwortung für den medizintechnischen Gerätepark – von der Beschaffung über den Service bis zur Verwertung, einschließlich der damit verbundenen finanziellen und technologischen Risiken. Und dies zu einer planbaren monatlichen Pauschale über die gesamte Vertragslaufzeit. Der Vorteil für das Krankenhaus: Das medizinische Personal kann sich vollständig auf die Patientenversorgung konzentrieren und dabei auf eine leistungsstarke und zuverlässige Medizintechnik vertrauen.

Die Komplettlösung „Technologiepartnerschaft" ist somit ein strategisches Finanzierungsmodell, das Kliniken ein Maximum an Technologie-, Betriebs- und finanzieller Planungssicherheit bietet. Und zudem ein großes Maß an Flexibilität. Denn: Ändert sich zum Beispiel die Strategie des Hauses oder gibt es einen neuen klinischen Schwerpunkt mit der Zusammenlegung von Abteilungen, kann die Technologiepartnerschaft flexibel angepasst werden. Zudem sind im Leistungspaket einer solchen Partnerschaft alle Bewirtschaftungskosten, Updates und Upgrades, bildverarbeitende IT sowie umfangreiche Schulungen und Applikationsunterstützungen enthalten.

Beispiele aus der Praxis

Krankenhäuser aus den verschiedensten Bereichen – ob öffentliche, konfessionelle oder universitäre Träger – haben bereits diesen neuen Weg bei der strategischen Finanzierung beschritten. Nachfolgend werden Beispiele aus der Praxis aufgezeigt. Die jeweils optimale Lösung muss natürlich immer den individuellen Ausgangspunkt des Hauses und auch die spezifischen Ziele, die erreicht werden sollen, berücksichtigen.

Umsetzung bei der Gesundheit Nordhessen Holding (GNH)

Zu den Vorreitern in Sachen Technologiepartnerschaft zählt im deutschen Gesundheitswesen die Gesundheit Nordhessen Holding (GNH) in Kassel. Diese hat bereits im Jahr 2008 GE Healthcare mit der Bereitstellung und der regelmäßigen Erneuerung der medizintechnischen Geräte beauftragt. Dazu gehört auch die Durchführung von Prüfungs- und Instandsetzungsarbeiten einschließlich der Bewirtschaftung und Finanzierung aller radiologischen Systeme. Und das an allen sechs Standorten des Unternehmens.

Für die umfassende Zusammenarbeit hatte sich die GNH im Zuge des Neubaus eines Diagnostikzentrums am Klinikum Kassel entschieden. Dabei sollte die Ausstattung modernisiert und das Gerätemanagement optimiert werden. Gemeinsames Ziel aller Beteiligten war es, die Grundlage für einen qualitativ hochwertigen radiologischen Betrieb zu schaffen. Zudem sollte eine hohe Verfügbarkeit der Medizintechnik gewährleistet sein. Dabei musste eine für die Gesundheit Nordhessen Holding über die gesamte Vertragslaufzeit wirtschaftlich optimierte Kostenstruktur sichergestellt sein.

Weiteres Ziel der Partnerschaft war es, auch ein hohes Maß an Flexibilität und Entscheidungsspielraum zu ermöglichen. GE Healthcare stellt dazu der Gesundheit Nordhessen Holding bis heute ein innovatives Gerätekonzept zum bedarfsorientierten Geräteaustausch und zur Nutzung neuer Technologien zur Verfügung. Die GNH profitiert durch dieses Gerätekonzept auch von einem verbesserten Preis-Leistungs-Verhältnis beim Einsatz der Technik und besitzt eine hohe Planungssicherheit durch konstante monatliche Raten.

Durch die Entwicklung von sogenannten Technologiebändern wird auch zukünftig sicher gestellt, dass die GNH jederzeit über einen modernen Gerätebestand verfügt und problemlos neue klinische Schwerpunkte setzen kann. Entsprechende Investitionsentscheidungen über die Neuanschaffung medizintechnischer Geräte wurden in den ersten sieben Jahren partnerschaftlich und auf Basis eines Investitionsprozesses getroffen.

Die Gesundheit Nordhessen Holding ist mit der eingegangenen Technologiepartnerschaft so zufrieden, dass die Zusammenarbeit nach den ersten guten Erfahrungen weiter ausgebaut wurde und seit Sommer 2010 auch Ultraschallgeräte umfasst.

Umsetzung bei der Medizinischen Hochschule Hannover (MHH)

Anfang Juli 2013 hat die Medizinische Hochschule Hannover (MHH) mit dem Start der Technologiepartnerschaft „Nuklearmedizinische Diagnostik" die Kooperation mit dem Medizintechnikhersteller GE Healthcare zusätzlich ausgeweitet. Ziel ist es, durch eine enge Zusammenarbeit neue Impulse für die molekulare Bildgebung zu erhalten.

Die auf acht Jahre angelegte Technologiepartnerschaft stattet nicht nur die Klinik für Nuklearmedizin an der MHH mit Gammakamera-Technologie auf höchsten technischem Niveau aus. Sie ermöglicht auch auf lange Sicht den maßgeschneiderten Einsatz von neuesten technischen Entwicklungen in der molekularen Bildgebung. Mit dem Gerät Discovery NM 530c ging dort ein neuartiges, auf Herzaufnahmen spezialisiertes Halbleiterkamerasystem in Betrieb. Im Rahmen der Partnerschaft ist unter Berücksichtigung der zukünftigen Fallzahlenentwicklung die Installation weiterer High-End-Systeme geplant. Denn modernste Technologien sind für die MHH zur optimalen medizinische Versorgung der Patienten unverzichtbar: Die Uniklinik verspricht sich von der Technologiepartnerschaft wichtige Impulse für die Weiterentwicklung der molekularen Bildgebung, die das Potenzial hat, biologische Prozesse bereits auf molekularer bzw. zellulärer Ebene nachzuweisen. Damit bietet sie die Chance, Erkrankungen noch frühzeitiger zu erkennen, genauer zu diagnostizieren und gezielter zu behandeln.

Umsetzung bei der Maria Hilf RLP gGmbH

Die Maria Hilf RLP gGmbH ging aufgrund der auf der Hand liegenden Vorteile eine zehnjährige Technologiepartnerschaft ihrer beiden Häuser Herz-Jesu-Krankenhaus Dernbach und Klinikum Mittelmosel Zell mit GE Healthcare ein. Durch den konsequenten Einsatz von innovativen Technologien erweitern die beiden Häuser (die wiederum zur Dernbacher Gruppe Katharina Kasper gehören) nicht nur ihr medizinisches Angebot, sondern sie gewährleisten zukunftsträchtig die umfassende und wohnortnahe Gesundheitsversorgung in den ländlichen Regionen.

Im Rahmen der Technologiepartnerschaft sollen neue Ultraschallgeräte, Magnetresonanz- und Computertomografen sowie nuklearmedizinische und angiografische Systeme in die Systemlandschaft der Dernbacher Gruppe integriert werden. Der Schwerpunkt liegt dabei auf dem Ausbau der medizintechnischen Ausstattung im Herz-Jesu-Krankenhaus in Dernbach. Weitere Ultraschallsysteme sowie Herzkatheterplätze sind für das Klinikum Mittelmosel in Zell vorgesehen. Damit stellt die Klinikgruppe nicht nur eine hochqualitative medizinische Versorgung ihrer Patienten sicher, sondern schafft auch neue diagnostische und therapeutische Möglichkeiten auf der Basis von kalkulierbaren Kosten und Risiken. Das Besondere an der Technologiepartnerschaft ist in diesem Fall ein umfassender Lösungsansatz: Im Mittelpunkt steht die Integration von hochmodernen Technologien in eine bestehende Infrastruktur aus Medizintechnik und IT. Darüber hinaus wird der Klinikpartner bei der Anpassung des klinischen Workflows an die neuen diagnostischen Möglichkeiten beraten und es werden passende IT-Lösungen bereitgestellt.

Kompetente Finanzierung als unverzichtbarer Bestandteil

Neben den nachweisbaren klinischen und technologischen Vorteilen beinhalten Technologiepartnerschaften auch ein innovatives Finanzierungsmodell. Dieses umfasst nicht nur alle Investitionen zu Vertragsbeginn, sondern auch Ersatz- und Erweiterungsinvestitionen sowie alle Servicekosten. Durch die Verknüpfung von Investitionen und Kosten kann eine monatliche Pauschale über die gesamte Vertragslaufzeit angeboten werden. Die in dem Vertragszeitraum neu angeschafften Geräte bleiben dabei im Eigentum von GE Capital. Den Kunden steht während der Vertragslaufzeit aber ein uneingeschränktes Nutzungsrecht an den Geräten zu. Am Ende der Vertragslaufzeit können die Geräte (bei Vollamortisation) entweder zu einem – unter Berücksichtigung steuerlicher Aspekte – nominal geringen Marktwert erworben werden. Oder sie gehen an GE Healthcare zurück. Das Modell bietet damit finanzielle Stabilität und sichere Planbarkeit über die gesamte Vertragslaufzeit. Dies kann übrigens auch ein wichtiger Bonitätsaspekt bei der zusätzlichen Kreditaufnahme über Banken sein und auch externe Ratingbeurteilungen positiv beeinflussen.

Insgesamt also bieten Technologiepartnerschaften eine Vielzahl an Vorteilen. Der eigene Besitz von Geräten, die nach einiger Zeit veraltet sein können, ist damit nicht mehr nötig. Die Klinik kann sich auf ihre Kernaufgaben in der Medizin und im Gesundheitsmanagement konzentrieren. Weil ein erfahrener Technologiepartner auf Industrie- und Finanzseite die Bedürfnisse der Krankenhäuser versteht, erhalten diese natürlich auch die Flexibilität, Geräte anderer Hersteller in die Partnerschaft einzubeziehen. Dafür werden im Zuge der Partnerschaft bestimmte Volumina ausgehandelt. Die Klinik ist also nicht auf einen Hersteller von Medizingeräten festgelegt und besitzt somit in ihren Entscheidungen den nötigen Spielraum, den sowohl Chefärzte als auch kaufmännische Leiter benötigen.

Leasing, Mietkauf und Darlehen als weitere Alternativen

Auch für zusätzlichen oder alternativen Kapitalbedarf bieten Finanzpartner wie GE Capital, die eine hohe Expertise im Gesundheitsbereich aufweisen, die passenden Lösungen. Sei es bei der Finanzierung sämtlicher Investitionsgüter über die Medizintechnik hinaus – also alle mobilen Einrichtungen bis zum Krankenbett. Oder für medizintechnische Ausrüstungen verschiedenster Hersteller ohne Technologiepartnerschaft. Hier greifen die Kliniken verstärkt auf die Finanzierungsformen Leasing und Mietkauf zurück. Oder sie benötigen klassische Darlehen. In jedem Fall werden das Eigenkapital und der Cashflow nicht durch einen Kauf belastet, der die finanzielle Unabhängigkeit beeinträchtigt. Die Eigenmittel werden im Krankenhausbereich aktuell besonders dazu benötigt, den laufenden Liquiditätsbedarf zu decken oder geringumfängliche Investitionen in die bauliche Infrastruktur oder die technische Ausstattung zu tätigen. Dagegen können Investitionen in kostenintensive Anlagegüter nur von wenigen Kliniken aus den erzielten operativen Betriebsergebnissen gedeckt werden.

Laut Studie „Hospital Sentiment Report – Perspektiven im Gesundheitsmanagement" ist unter den verschiedenen Lösungen die Variante „Leasing" das Finanzierungsmittel Nummer eins: 47 Prozent der befragten deutschen Gesundheitsverantwortlichen realisieren so wichtige Investitionen. Der Trend zu Finanzierungslösungen als Alternative zum Kauf wird in der Befragung auch durch folgende Tatsache bestätigt: In Deutschland stehen 22 Prozent der Krankenhäuser vor der Herausforderung, wegen ihrer angespannten Finanzlage nicht genügend investieren zu können.

Jährlich 5,4 Milliarden Euro Investitionsbedarf

Andere Untersuchungen weisen drastischere Zahlen auf und bestätigen damit den Bedarf an alternativen Finanzierungslösungen. Gemäß den Analyseergebnissen des Krankenhaus Rating Reports (2014) des Rheinisch-Westfälischen Instituts für Wirtschaftsforschung e.V. hat sich die wirtschaftliche Situation der deutschen Krankenhäuser im Jahr 2012 deutlich verschlechtert. So sei wegen der geringen Ertragskraft fast die Hälfte aller deutschen Kliniken nicht ausreichend investitionsfähig, um ihren Substanzerhalt sicherzustellen. Jährlich sollten die Krankenhäuser laut Report 5,4 Milliarden Euro aufbringen, um den aktuellen Investitionsbedarf zu decken. Entsprechend sollen 16 Prozent der Häuser eine erhöhte Insolvenzgefahr aufgewiesen haben, zwei Jahre zuvor waren es nur halb so viele. 35 Prozent der Krankenhäuser schrieben 2012 auf Konzernebene einen Jahresverlust, zwei Jahre zuvor waren es nur 16 Prozent. Die Autoren nennen hier vier Stellschrauben, um die Lage auf dem deutschen Krankenhausmarkt zu verbessern:

Neben höheren Preisen für Krankenhausleistungen, einer höheren Produktivität sowie Marktaustritten von weniger produktiven Einrichtungen wird auch mehr Kapital für Investitionszwecke gefordert.

Zu einem ähnlichen Ergebnis kommt der Verband der Universitätsklinika (VUD): Das Gesamtdefizit der angeschlossenen Häuser für die Jahre 2012 und 2013 liegt bei über 250 Millionen Euro. Für das Jahr 2014 erwarteten 61 Prozent der Uniklinika (19 Häuser) ein Defizit. Nur noch fünf Häuser rechneten mit einem positiven Jahresergebnis.

Die drei Hauptursachen der Finanzierungskrise lauten laut VUD:
1. Steigende Kosten für Personal, Medikamente und Energie
2. Rückläufige Investitionszuschüsse der meisten Länder
3. Unzureichende Kompensation für die Mehrleistung der Uniklinika

Der Aspekt „Personal" ist für die Situation der Krankenhäuser in Deutschland von ganz herausragender Bedeutung und sollte hier auch im Zusammenhang mit der Thematik Finanzierung und Technologiepartnerschaft beleuchtet werden. Denn insbesondere die kaufmännische Befähigung des Personals ist laut Untersuchungen deutlich ausbaufähig.

Ärztliche Führungskräfte sollten kaufmännisch geschult werden

Trotz der Anforderungen an die Wirtschaftlichkeit und Investitionsfähigkeit von Krankenhäusern spielt die kaufmännische Kompetenz von Führungskräften in der Personalentwicklung nur eine untergeordnete Rolle. So gehört laut Krankenhaus Barometer die allgemeine ökonomische Kompetenz von Führungskräften – etwa im Bereich des Kostenmanagements, des strategischen Managements oder des Marketings – nur partiell zum Standard der Führungskräfteentwicklung. So qualifiziert nur gut ein Viertel der Krankenhäuser ärztliche und pflegerische Führungskräfte standardmäßig in Fragen des Controllings, des Ressourcen- und des Kostenmanagements. Noch seltener sind Qualifizierungen im Bereich von Marketing und PR, was in Zeiten steigenden Wettbewerbsdrucks nicht unerheblich ist.

Veränderungsdruck nimmt zu

Diese bestehende Führungskräfteentwicklung ohne Blick über den Tellerrand unterstützt somit ein funktionelles Silodenken, bei dem sich Ärzte auf ihre medizinische Kernkompetenz konzentrieren und kaufmännische Entscheidungen an Zentralstellen mit entsprechendem Expertenwissen ausgelagert werden. Das Ergebnis dieser Trennung ist jedoch eine für beide Seiten unbefriedigende Situation: weil oft aus kaufmännischer Perspektive die medizinische Notwendigkeit bestimmter Technologien nicht allumfänglich nachvollziehbar ist und auf der anderen Seite dem medizinischen Fachpersonal die Kompetenz fehlt, dringende Investitionsanfragen mit einer detaillierten Wirtschaftlichkeitsanalyse zu untermauern. Nimmt man zu diesem internen Spannungsfeld noch das sich schnell verändernde Marktumfeld, welches durch intensiven Wettbewerb um immer besser informierte Patienten geprägt ist, so führt dies zu einem hohen Veränderungsdruck. Dieser Druck macht neue Formen der Zusammenarbeit – im Krankenhaus, aber auch mit Partnern – notwendig.

Alle Beteiligten an einen Tisch

Um diesen Wandel mit starken finanziellem Aspekt erfolgreich mitgestalten zu können, müssen die verschiedenen Akteure zukünftig auf neue Art und Weise kooperieren:

- Die Führungskräfteentwicklung im Krankenhaus muss allgemeine ökonomische Kompetenzen von leitenden ärztlichen Führungskräften wie Chefärzten nachhaltig fördern.
- Traditionelle „Buying Center" müssen sich zu gleichberechtigten, interdisziplinären Teams entwickeln, die in der Lage sind, komplexe Sachverhalte holistisch zu durchleuchten. Informationen müssen so aufbereitet werden, dass das Krankenhausmanagement ganzheitliche Entscheidungen treffen kann. Professionelle Projektmanager müssen dazu die unterschiedlichen Interessen zwischen Medizin und Verwaltung/Controlling zusammenführen, ohne dabei durch zu viele Kompromisse den eigenen Wettbewerbsvorteil zu verwässern.
- Andererseits müssen auf Herstellerseite Geschäfts- und Vertriebsmodelle im Medizintechnikvertrieb so aufgebaut sein, dass sie den verschiedenen Anforderungen und Informationsbedürfnissen der involvierten Fachbereiche im Krankenhaus gewachsen sind. Die Gerätehersteller müssen deshalb alle Aspekte des medizintechnischen Betriebs und der kaufmännischen Rahmenbedingungen kennen und berücksichtigen – Stichwort „Technologiepartnerschaft". Zukünftig verliert die „taktische Einzelgerätbeschaffung" immer mehr an Bedeutung, wohingegen gemeinsam erarbeitete strategische Konzepte inklusive der Finanzierung immer wichtiger werden. Lösungsansätze, welche die „Total Cost of Ownership" und damit alle Aspekte der späteren Nutzung (Energiekosten, Reparatur und Wartung) der Komponenten in den Mittelpunkt stellen, sind dabei nur die Spitze des Eisbergs.

- Aufgrund dieser komplexen Anforderungen reicht es bei den Medizintechnikunternehmen nicht mehr aus, eigene Kosten-Nutzen-Modelle zu entwickeln. Sie müssen vielmehr auf Kundendaten zurückgreifen, um breit angelegte, verlässliche und glaubwürdige Vorteilsrechnungen durchführen zu können. Auf deren Basis können dann die am besten geeigneten Technologien ausgewählt werden. Normalerweise führt dies zu einer Optimierung des Geräteparks, was unter Kostengesichtspunkten auch eine Reduzierung der eingesetzten Investitionsgüter nach sich ziehen kann.

Zur langfristigen Partnerschaft gehört selbstverständlich auch die Übernahme von finanziellen und technologischen Risiken durch den Anbieter. Aber auch dies – wie die vorherigen Punkte – sollte durch die Verantwortlichen von Medizin bis Verwaltung in den Krankenhäusern erkannt werden. Daher ist die Zukunftsfähigkeit der Kliniken in großem Maße auch von der Ausbildung der Führungskräfte in Sachen Finanzierung, Prozessoptimierung, Wirtschaftlichkeit und Marketing abhängig.

15 Milliarden Euro Investitionen suchen Finanzierungslösungen

Schließlich noch ein Blick auf den Investitionsstau in deutschen Krankenhäusern. Gemäß dem aktuellen Krankenhaus Barometer des Deutschen Krankenhausinstituts erwarten 39 Prozent der Krankenhäuser eine Verschlechterung ihrer wirtschaftlichen Situation. Besonders um die Investitionsfähigkeit sei es schlecht bestellt: Mittlerweile hat sich gemäß den Studienergebnissen des Rheinisch-Westfälischen Instituts für Wirtschaftsforschung (RWI) bei den Kliniken ein Investitionsstau von rund 15 Milliarden Euro angehäuft. In den nächsten Jahren müssen die Häuser also kräftig investieren und nach neuen innovativen Finanzierungslösungen suchen, um diese Ausgaben realisieren zu können. Insofern werden Technologiepartnerschaften auf Dauer das Mittel der Wahl werden, um die Wettbewerbsfähigkeit der Krankenhäuser zu sichern.

IT-Strategie für Krankenhäuser

IT im Spannungsfeld von Qualität und Wirtschaftlichkeit

Stefan Herm und Manuel Möller

Die Steuerung der komplexen Organisation eines Krankenhauses stellt dessen Management vor außerordentliche Herausforderungen: Das Spektrum medizinischer Behandlungsleistungen muss unter stetig steigendem wirtschaftlichen Druck so effizient wie möglich erbracht werden. Im Gegensatz zum Management von Industrieunternehmen kann das Krankenhausmanagement jedoch keinerlei Qualitätsabstriche zu Gunsten der Wirtschaftlichkeit zulassen, denn mit der Behandlung von Patienten geht der selbstverständliche Anspruch höchst möglicher Qualität und Sorgfalt einher. Egal wie einfach oder komplex die medizinische Leistung ist – sie wirkt sich unmittelbar auf den jeweiligen Patienten aus. Um sowohl den qualitativen als auch den wirtschaftlichen Zielen gerecht zu werden, bedarf es also optimaler Rahmenbedingungen.

Die IT kann wesentlich dazu beitragen, diese Rahmenbedingungen zu schaffen. Mit ihrer Hilfe können die Informationen bereitgestellt werden, die für die Steuerung der medizinischen und administrativen Prozesse des Krankenhauses relevant sind. Darüber hinaus eröffnet ihr Einsatz die Möglichkeit, diese Prozesse optimal zu unterstützen.

Status Quo

Betrachtet man den Grad der Integration von Systemen (etwa die Möglichkeit des Datenaustauschs) und die Benutzerfreundlichkeit der IT-Systeme, die derzeit in modernen Industrieländern in Krankenhäusern installiert sind, so ist festzustellen, dass diese in der Regel mindestens zehn Jahre hinter der Entwicklung in anderen Branchen zurückliegen. Warum ist das so? Dafür gibt es vor allem drei Gründe.

Fehlende Investitionen und fragmentierte Zuständigkeiten

Mehrere Jahrzehnte lang bestand der Krankenhausmarkt in Deutschland und den Nachbarländern aus zahlreichen kleinen Spielern mit sehr knapper finanzieller Ausstattung. Investitionen in neue IT-Plattformen – Grundlage für ein einheitliches IT-System im gesamten Krankenhaus – waren vielfach nicht möglich (vgl. Klauber et al., 2015). Zudem war und ist teilweise noch immer die Zuständigkeit für die IT im Krankenhaus nicht zentral organisiert, sondern sie lag bzw. liegt in der Verantwortung einzelner Fachbereiche. Noch im Jahr 2012 gab ein Drittel der befragten Krankenhäuser in Deutschland an, über kein separates IT-Budget zu verfügen (vgl. Hübner et al., 2012). Investitionen wurden dezentral und in kleinen Tranchen getätigt. So konnten z. B. die Radiologie oder das Labor eigene Systeme zur Speicherung von Daten bzw. Laborergebnissen anschaffen. Unter anderem aus diesem Grund haben sich elektronische Patientenakten (EPAs) in Krankenhäusern bislang nicht durchgesetzt.

Aufwendige Zulassungsverfahren

Der aufwendig regulierte Markt für IT-Produkte im Krankenhausbereich mit seinen langwierigen Zulassungsverfahren sorgt dafür, dass Innovationszyklen sehr lang sind. Da der Markt zudem fragmentiert und die Komplexität der zu unterstützenden Prozesse hoch ist, war der Anreiz für die großen Softwarehersteller, in die Entwicklung von umfassenden Softwarenlösungen zu investieren, über lange Zeit geringer als in anderen Branchen.

Eingeschränkter Blick auf IT lediglich als Kostentreiber

Angesichts knapper Kassen und enger Investitionsbudgets wird die IT auch heute im Krankenhaus vielfach ausschließlich als Kostentreiber gesehen, wobei die Betriebskosten natürlich auf ein Minimum zu reduzieren sind. Nur langsam setzt sich die Erkenntnis aus anderen Branchen wie dem Einzel- und dem Internet-Versandhandel durch, dass die IT einen Wertbeitrag leisten kann. Walmart hat beispielsweise bereits vor mehr als 20 Jahren massiv in die IT investiert und kann in Echtzeit Informationen über alle Verkäufe in seinen Supermärkten auswerten und so Produktwerbung und -platzierung in den Märkten optimieren. Online-Händler wie Amazon haben ihr gesamtes Geschäftsmodell um eine IT-Plattform herum aufgebaut, die Informationen besser strukturiert als die Konkurrenten und den Kunden in Echtzeit zur Verfügung stellt.

Zusammengenommen haben diese Ausgangsbedingungen zu einer hohen Komplexität in der Systemlandschaft geführt. Diese treibt den Aufwand für die Pflege und Erweiterung eines solchen Systems in die Höhe und bindet langfristig Ressourcen, die sonst in den Ausbau der Funktionalität investiert werden könnten. Gleichzeitig ist die Zufriedenheit des medizinischen Personals mit den IT-Lösungen in der Regel gering.

Aktuelle Trends und Möglichkeiten in der Krankenhaus-IT

Durch die Konsolidierung im Krankenhauswesen haben sich die Ausgangsbedingungen in Deutschland seit der Jahrtausendwende maßgeblich verändert. Ein ähnlicher Trend ist in den europäischen Nachbarländern festzustellen. Große kommerzielle Spieler sind in den Markt eingetreten, die einerseits über größere IT-Investitionsbudgets verfügen und andererseits die Skaleneffekte einer zentralen IT besser nutzen können. Im Zuge dieses Trends haben die großen Hersteller Softwareplattformen entwickelt, die das Management eines kompletten Krankenhauses aus einer großen Applikation heraus erlauben. Die folgenden Abschnitte geben einen Überblick über den funktionalen Umfang einer solchen Applikation, bevor wir am Ende auf den Mehrwert von innovativen IT-Lösungen in Krankenhäusern eingehen.

Informationsbereitstellung

Genaue Informationen sind bei der Behandlung von Patienten von entscheidender Bedeutung. Ob es sich um zu berücksichtigende Allergien handelt oder die exakte Kennzeichnung von Gliedmaßen im OP – je vollständiger das Bild ist, das sich ein Mediziner von einem Patienten machen kann, desto größer ist der Behandlungserfolg zu beurteilen. In den hochgradig arbeitsteiligen Prozessen im modernen Krankenhaus ist die Kontinuität der Informationen durch den jeweils Handelnden nicht mehr gewährleistet. Aufnahme, Diagnostik, Therapie, Operation, Pflege und Rehabilitation sind Abschnitte eines Behandlungsverlaufs, die von gänzlich unterschiedlichen Spezialisten erbracht und dokumentiert werden. Sie alle benötigen und liefern Informationen, aus denen sich das Gesamtbild der Behandlung ergibt. Deshalb ist die zeitnahe Zusammenführung und vollständige Bereitstellung der relevanten Informationen am Ort des jeweiligen Behandlungsgeschehens ein zentrales Ziel der Krankenhaus-IT.

Die elektronische Patientenakte

In der elektronischen Patientenakte (EPA) werden zentral alle für die Behandlung des Patienten relevanten Informationen abgelegt. Idealerweise enthält sie auch die vorhergehenden Episoden des Patienten im Krankenhaus sowie externe Informationen, z. B. Befunde, diagnostische Bilder und Arztbriefe.

In den meisten Ländern gibt es keine zentrale Patientenakte, die die Speicherung aller patientenbezogenen Daten unabhängig vom Leistungserbringer erlaubt. Eine EPA kann also zunächst nur innerhalb eines Krankenhauses vollständig geführt werden. Hier wiederum gibt es noch technische Einschränkungen: Je heterogener die IT im Krankenhaus ist, desto schwieriger ist es, alle Patienteninformationen zu bündeln. Krankenhausketten machen sich deshalb schon heute die Vorteile einer standortübergreifenden Zusammenführung von Patientendaten zu Nutze und stellen ihren Ärzten und Patienten Informationen auf diese Weise zur Verfügung.

Damit die EPA effektiv zur Gewährleistung und Verbesserung der Behandlungsqualität beitragen kann, müssen die Systeme aller Fachabteilungen eines Krankenhauses mit ihr verbunden sein. Die Breite des Einführungsumfangs und die Vielzahl beteiligter Fachabteilungen stellen in der Praxis enorme Anforderungen an die Verantwortlichen der Realisierungsprojekte und erklären die teils beträchtlichen Laufzeiten von Projekten.

Eine zentrale EPA ist Bestandteil aller führenden klinischen Informationssoftwaresysteme. Die Informationen werden entweder über eigene Systemkomponenten oder aber über Schnittstellen zu anderen Systemen zusammengeführt werden. 2013 gab bereits ein Drittel von ca. 200 befragten Krankenhäusern an, in allen Abteilungen über ein voll funktionsfähiges EPA-System zu verfügen (vgl. Hübner et al., 2014).

Strukturierte Informationen und Qualitätsmanagement

Die in einer EPA gesammelten und strukturierten Informationen können in unterschiedlichen Kontexten weiterverarbeitet werden. Daher gewinnt das Qualitätsmanagement zunehmend an Bedeutung. Seit 2005 sind Krankenhäuser gesetzlich dazu verpflichtet, regelmäßig strukturierte Qualitätsberichte zu erstellen und ihre Inhalte für eine Veröffentlichung zur Verfügung zu stellen. Die Berichte sollen der Information von Patienten und Versicherten dienen. Zudem sollen sie den einweisenden und im Anschluss an die Krankenhausbehandlung weiter betreuenden Ärzten sowie den Krankenkassen eine Orientierungshilfe bieten. Für Krankenhäuser eröffnen sie die Möglichkeit, Leistungen und Qualität darzustellen. Somit dient der Qualitätsbericht der Information und Transparenz auf dem Gebiet der Krankenhausbehandlung und kann für Krankenhäuser zugleich ein Wettbewerbsinstrument sein.

Auch im Zuge der vernetzten Versorgung im Verbund mit Reha-Einrichtungen sowie Haus- und Fachärzten ist die zeitnahe zentrale Verfügbarkeit der Behandlungsinformationen von Bedeutung.

Relevanz der Information

Aus der Zusammenführung aller relevanten Informationen über den in spezialisierte Abschnitte gegliederten Behandlungsprozess hinweg ergibt sich die Notwendigkeit der Datenselektion. Das Durchsuchen von großen Mengen unstrukturierter Daten verteilt über verschiedene Systeme ist weder zumutbar noch medizinisch oder ökonomisch sinnvoll. Moderne Krankenhausinformationssysteme ermitteln deshalb aus der Identität des Leistungserbringers, dem Behandlungsstatus des Patienten, dem Ort des Behandlungsgeschehens oder der Anfrage die in diesem Kontext relevanten Informationen und stellen diese bereit. Der Zugriff auf weitere Informationen oder unterstützende Systeme wird, falls erforderlich, über eine tiefer liegende Ebene oder integrierte Funktionen ermöglicht.

Technische Voraussetzungen

Die integrierte Systementwicklung führender internationaler Anbieter (z. B. AGFA, Cerner und SAP/Siemens) und die Verfügbarkeit moderner Kommunikationsserver mit fast vollständiger Standardisierung von Schnittstellen (z. B. Health Level 7, (Schadow, 2000), ein internationaler Standard zum Datenaustausch in Krankenhäusern durch die entsprechenden globalen Fachgruppen) haben einen wesentlichen Anteil daran, dass die Kommunikation zwischen verschiedenen Systemen unterschiedlicher Hersteller heute weitestgehend reibungslos funktioniert und auf die verteilte Speicherung relevanter Daten in zahlreichen Subsystemen verzichtet werden kann. Die Versorgung der EPA mit allen wesentlichen Daten stellt in diesem Sinne keine technische Herausforderung mehr dar.

Um die Daten am Ort des Behandlungsgeschehens bereitstellen zu können, bedarf es weiterer technischer Rahmenbedingungen. Der sterile Systemzugang im OP, in dem sowohl die Patienteninformationen verfügbar sein müssen als auch die OP selbst dokumentiert wird, ist heute dank entsprechender Hardware kein Problem mehr.

Mobilität

Hingegen liegt das Augenmerk derzeit auf der Mobilität. Medizinisches Personal ist knapp und zunehmend mobil. Feste IT-Arbeitsplätze für die Information und Dokumentation sind immer weniger zeitgemäß. Stattdessen werden mehr und mehr mobile Geräte genutzt, um Daten abzufragen und einzugeben. Nahezu alle führenden Hersteller bieten inzwischen die Systembedienung zumindest in Ausschnitten über Tablets an und ermöglichen so eine unmittelbare Prozessunterstützung am Ort des Behandlungsgeschehens bei gleichzeitiger Flexibilisierung des Systemzugangs auch von außerhalb des Krankenhauses und der Gewährleistung vollständiger Datensicherheit.

Prozessunterstützung

Krankenhäuser sind bis auf wenige Ausnahmen stark vertikal strukturiert. Stationen, Fachabteilungen, OP, Radiologie, Labor usw. sind eigenständige Organisationseinheiten, die im Behandlungsprozess zusammenarbeiten müssen, um ein optimales Resultat zu erzielen. Nicht selten kommt es zu Unterbrechungen oder Störungen in der Prozesskette, die sich sowohl wirtschaftlich als auch qualitativ auswirken. Im Folgenden wird dies am Beispiel der Transkatheter-Aortenklappen-Implantation (TAVI) illustriert (Abbildung 1).

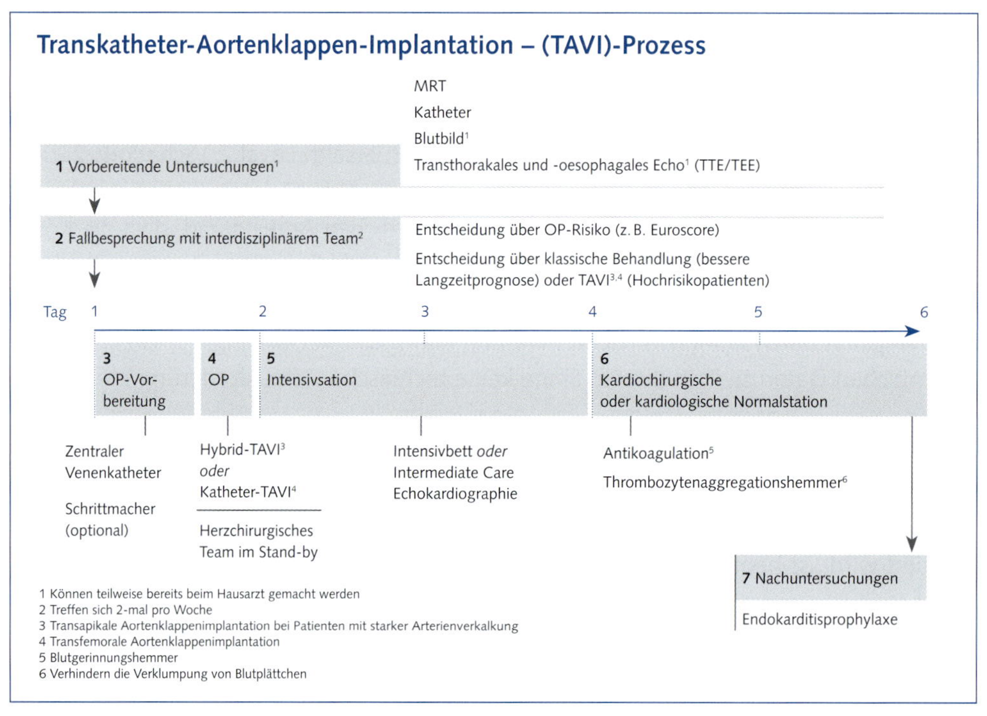

Abbildung 1: TAVI-Prozess (Quelle: Eigene Darstellung)

Durch fehlende Ende-zu-Ende-Prozessunterstützung entstehen bspw. folgende Probleme:

- Immer wieder muss die Behandlung von für die OP bereits ins Krankenhaus einbestellten Patienten verschoben werden, weil die erforderlichen Klappen nicht vorrätig oder spezialisierte Kardiologen nicht verfügbar sind.
- Keine dynamische Neu-Planung im Falle von Veränderungen bei notwendigen Ressourcen, z. B. bei Belegung des OPs durch einen Notfall.
- Eine automatische Überprüfung notwendiger Voraussetzungen wie z. B. notwendiger Voruntersuchungen findet nicht statt.
- Die Behandlungsplanung ist für die Patienten nicht transparent.

Um derartige Probleme zu vermeiden, ist das Ziel der Krankenhaus-IT, den gesamten Behandlungsprozess im Krankenhaus von der Aufnahme bis zur Entlassung einschließlich der Abrechnung optimal zu unterstützen ebenso wie die im Rahmen der Versorgungsstruktur erforderlichen Prozesse von der Anbindung niedergelassener Ärzte über den Informationsaustausch mit den Versicherungsträgern bis hin zu den Informationen im Rahmen stetig wachsender Berichts- und Veröffentlichungspflichten.

Dokumentation

Die Anforderungen an die Dokumentation einer Behandlung werden stetig größer. Neben ihrer Bedeutung für den Behandlungsprozess selbst entscheidet mit den leistungsbasierten Abrechnungssystemen die Richtigkeit und Vollständigkeit der Dokumentation aller erbrachten Leistungen über die fallbezogene Vergütung und damit die wirtschaftliche Situation des Krankenhauses als Leistungserbringer.

Moderne Krankenhausinformationssysteme unterstützen die Dokumentation auf vielfältige Weise. ICD-basierte Diagnose-Erfassungssysteme sind heute Standard und bilden den Auftakt der fallbezogenen Episode in der EPA, die im Zuge der Behandlung durch die automatisierte Übernahme von Laborwerten aus den Laborinformationssystemen ebenso angereichert wird wie durch Radiologiebefunde und -bilder, Herzkatheteraufnahmen, etwaige Beatmungszeiten der Intensivmedizin und verabreichte Medikamente. Je vollständiger die Verknüpfung mit den Systemen der Fachabteilungen ist, desto mehr kann die Dokumentation automatisiert werden. Eine umfassende Verlaufsdokumentation ermöglicht zusätzliche Unterstützung durch Plausibilitätsprüfungen und entscheidungsunterstützende Systeme sowie die Etablierung von Qualitätszielen und ihre Überwachung als aktives Instrument der Qualitätssteuerung. Darüber hinaus können alle Berichtspflichten erfüllt werden, ohne dass die Daten speziell aufbereitet werden müssen.

Ziel eines modernen Krankenhausinformationssystems muss die umfassende intelligente Unterstützung des Dokumentationsprozesses als Basis für einen optimalen, auf zeitnaher und vollständiger Information beruhenden Behandlungsprozess sein. Im Idealfall werden sämtliche Dokumentationstätigkeiten von Ärzten und Pflegekräften systemseitig unterstützt und somit auf ein Minimum reduziert. Dafür können beispielsweise ergänzende Werkzeuge eingesetzt werden, wie etwa Barcode Scanner in der Patientenversorgung oder Spracherkennungssoftware für die Erfassung von Befunden und das Schreiben von Arztbriefen.

Krankenhausinformationssysteme helfen nicht nur bei der Dokumentation, sondern auch bei der wirtschaftlichen Steuerung der medizinischen Behandlung. Vor dem Hintergrund der DRG-basierten Leistungsabrechnung spielen Fallkosten eine wichtige Rolle. Basis jeder Fallkostenrechnung ist die vollständige und möglichst detaillierte Erfassung aller während der Behandlung anfallenden fallspezifischen Kosten. Nur so können die Kosten zuverlässig kontrolliert werden. In vielen Ländern werden deshalb schon heute fallbezogene Budgets im Behandlungsverlauf überwacht und aktiv gesteuert.

Planung

Zeit spielt bei der Behandlung von Patienten eine entscheidende Rolle – sowohl bei akuten Fällen, die ein Zusammenwirken vieler Bereiche des Krankenhauses erfordern, als auch bei weniger zeitkritischen Fällen, bei denen die optimale Abfolge von Behandlungsschritten für Qualität und Wirtschaftlichkeit ausschlaggebend ist.

Es ist liegt deshalb nahe, dass die Verweildauer eines Patienten die Behandlungskosten stark beeinflusst – in allen Entgeltsystemen ist sie eine wichtige Steuerungsgröße. Sie aktiv zu managen, ist eines der zentralen Anliegen des Krankenhausmanagements, das von der Krankenhaus-IT unterstützt werden muss. Werden alle für den Behandlungsverlauf relevanten Daten zeitnah und vollständig im Krankenhausinformationssystem erfasst, ist der Status des Patienten hinsichtlich der vorgesehenen Verweildauer jederzeit verfügbar. In modernen Systemen sind Warnhinweise bei bevorstehender Überschreitung der Verweildauer sowie das Monitoring von Aktivitäten, die einer zeitgerechten Entlassung entgegenstehen, bereits Standard.

Die Planung und terminliche Abstimmung aller an der Behandlung mitwirkenden Fachabteilungen stellt angesichts der immer weiter abnehmenden Verweildauer allerdings die größere Herausforderung dar. Nur wenn das Zusammenspiel aller Ressourcen von Beginn an geplant wird, gelingt es, die Behandlung auf das zeitliche Minimum zu reduzieren und gleichzeitig die maximale Qualität zu gewährleisten. Voraussetzung ist die Verfügbarkeit von krankenhausübergreifend zugänglichen Planungsfunktionen in den Fachabteilungen. Deutliche Vorteile bieten integrierte Systeme, da sie in der Regel auf eine zentrale Planungskomponente zurückgreifen (siehe Fallbeispiel TAVI).

Je größer der Anspruch an die Prozessoptimierung ist, desto dynamischer muss die Planungsfunktionalität bezogen auf alle Fachabteilungen sein. Der Grad der Optimierung hängt von der möglichen und gewollten Flexibilität der Ressourcen ab. In der Praxis sind überwiegend manuell überwachte Planungsfunktionen im Einsatz, die sich der IT-seitigen Optimierungsmöglichkeiten gezielt bedienen.

Behandlungspfade

Klinische Behandlungspfade sind ein weiterer Schritt in Richtung Prozessoptimierung. Dabei werden Patienten definierten Behandlungsplänen zugeordnet. Indem alle zu einer Behandlung gehörenden Aktivitäten vorher festgelegt werden, lassen sich unerwünschte Abweichungen vom Prozess vermeiden. Auch hier ist es essenziell, dass alle am Prozess beteiligten Fachabteilungen IT-seitig eingebunden sind. Bisherige Erfahrungen mit der Einführung von derartigen Systemen zeigen, dass die gewünschten qualitativen Verbesserungen erreicht werden können, der mit der Einführung verbundene Aufwand jedoch sehr hoch ist.

Ausblick

Der kontinuierliche Ausbau von IT-Systemen hat sicherlich die Fähigkeit der Krankenhäuser verbessert, auf die zunehmenden Veränderungen ihres Handlungsrahmens zu reagieren. Leistungsbezogene Abrechnung, Fallkosten- und Qualitätsmanagement aber auch die Integration von Expertensystemen in den medizinischen Behandlungsverlauf haben einen erheblichen Beitrag zur Verbesserung der Behandlungsergebnisse bei gleichzeitiger Zunahme der Wirtschaftlichkeit geleistet.

Der Übergang in die nächste Generation von Systemen, die es gemäß der Gartner-Klassifizierung (vgl. Handler, 2013) ermöglichen, evidenzbasierte Medizin an den jeweiligen Ort des Behandlungsgeschehens zu bringen, ist in vielen Bereichen vollzogen und wird durch die aktuellen Entwicklungen auf Basis mobiler Endgeräte weiter ausgebaut.

Dennoch ist der Einsatz der IT in Krankenhäusern weiterhin mit Herausforderungen verbunden, die jedoch zunehmend weniger technischer Natur sind. Die mit der Einführung von IT-Systemen einhergehenden organisatorischen und prozessualen Veränderungen stoßen oftmals ebenso auf Widerstand wie die mit ihrem Einsatz entstehende Transparenz hinsichtlich der Wirtschaftlichkeit und Qualität von erbrachten Leistungen und erfordern zusätzlich den Einsatz von Change-Management-Projekten, um ihr Potenzial nutzbar zu machen.

Dennoch können die Herausforderungen einer immer stärker wachsenden Nachfrage nach medizinischen Leistungen bei immer komplexeren Behandlungsprozessen auf Dauer nur dann erfolgreich gemeistert werden, wenn sie durch eine optimierte Prozesssteuerung und Überwachung unterstützt werden. Das ist ohne eine leistungsstarke IT nicht denkbar.

Fallbeispiel TAVI

Am Beispiel der bereits kurz erläuterten Transkatheter-Aortenklappen-Implantation soll beschrieben werden, wie IT die Prozesse im Krankenhaus unterstützen kann:

- Eine zuverlässige Planung wird ermöglicht durch den gesamthaften Blick auf alle für eine TAVI-Behandlung notwendigen Ressourcen:
  - OP-Räume, Intensiv-Betten, normale Krankenhausbetten
  - Medizinisches Material (z. B. spezielle Klappen)
  - Verfügbarkeit kardiologischer Spezialisten
- Das patientenzentrierte Datenmodell erlaubt die Zusammenfassung aller relevanten Daten für den Patienten.

Das folgende Schaubild illustriert die Unterstützung durch IT entlang des TAVI-Prozesses von Voruntersuchungen über Bettenbelegungsplanung, OP-Terminierung bis hin zu einer Patientenzentrierten Datenbereitstellung für Ärzte, Pflegepersonal und Patienten (Abbildung 2).

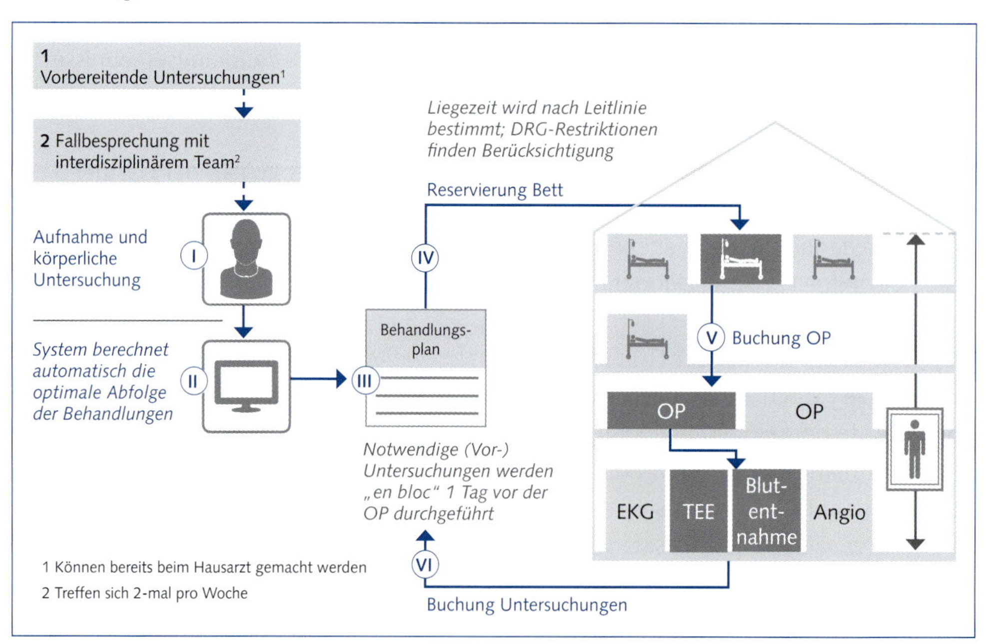

Abbildung 2: Vision digitales Herzzentrum – Stationsbelegung, Prozeduren, etc. eines Patienten werden automatisch und dynamisch optimiert (Quelle: Eigene Darstellung)

Um die technischen und organisatorischen Voraussetzungen dafür zu schaffen, ist eine weitreichende Digitalisierung im Krankenhaus notwendig (Abbildung 3).

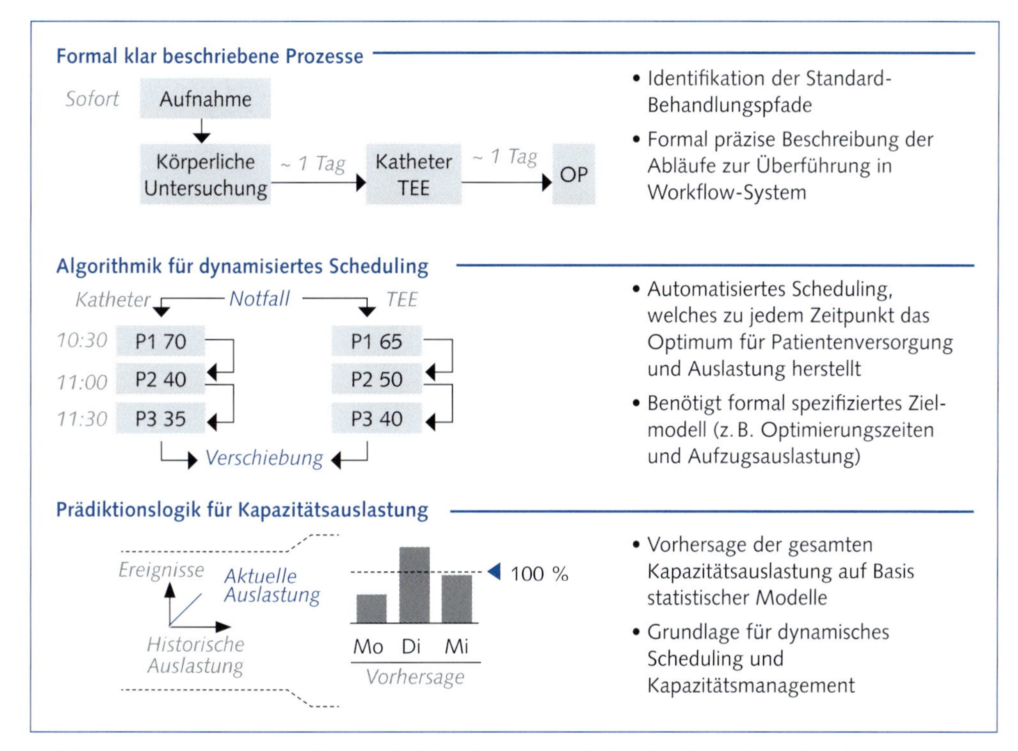

Abbildung 3: Voraussetzungen für ein „digitales Herzzentrum" (Quelle: Eigene Darstellung)

Fazit

Auf Grund der fortschreitenden Technisierung der Medizin und der zunehmenden Komplexität der Verwaltung eines modernen Krankenhauses, ist IT inzwischen auch dort ein integrales Thema im strategischen Management. In den vergangenen zehn Jahren hat sich die Wahrnehmung von Krankenhaus weg von einem „notwendigen Übel" hin zu einem Werttreiber gewandelt. In unserem Beitrag haben wir die wesentlichen Trends in diesem Bereich aufgezeigt und die Chancen, die sich daraus für den modernen Krankenhausbetrieb ergeben.

Literaturverzeichnis

Klauber, J*, Geraedts, M, Friedrich, J, Wasem, J: Krankenhausreport,* ***2015***

Hübner, U. *Liebe, J-D, Egbert, N, Frey, A: IT Report Gesundheitswesen, Schwerpunkt IT im Krankenhaus, Befragung der bundesdeutschen Krankenhäuser, Schriftenreihe des Niedersächsischen Ministeriums für Wirtschaft, Arbeit und Verkehr,* ***2012***

Hübner, U*, Liebe, J-D, Straede, M-C, Thye, J: IT Report Gesundheitswesen, Schwerpunkt IT-Unterstützung klinischer Prozesse, Befragung der bundesdeutschen Krankenhäuser, Schriftenreihe des Niedersächsischen Ministeriums für Wirtschaft, Arbeit und Verkehr,* ***2014***

Schadow, G*: Krankenhauskommunikation mit HL7 - Analyse, Implementation und Anwendung eines Protokollstandards für medizinische Datenkommunikation, Shaker,* ***2000***

Handler, T J*, Magic Quadrant for Global Enterprise EHR Systems, Gartner,* ***2013***

Strategische Planung rechtlich absichern

Bernd Halbe

Angesichts der vielfältigen Möglichkeiten, die für die strategische Planung eines Krankenhausträgers zur Verfügung stehen, ergeben sich sehr unterschiedliche rechtliche Fragen. Wenn Kooperationen mit anderen Krankenhausträgern oder auch Fusionen beabsichtigt sind, sind andere Vorschriften zu beachten als im Falle von Kooperationen mit niedergelassenen Ärzten oder bei der Gründung eines Medizinischen Versorgungszentrums. Zusätzlich unübersichtlich wird die Situation dadurch, dass Regelungen aus völlig verschiedenen Rechtsbereichen zu beachten sind. Die optimale rechtliche Gestaltung setzt außerdem voraus, dass die jeweils im Einzelfall verfolgten Ziele sowie die Interessen der beteiligten Partner festgestellt werden, sodass die rechtliche Gestaltung diesen Vorgaben möglichst weitgehend Rechnung tragen kann.

Zulässigkeit eines Projekts

Zu Beginn jeglicher Planung ist zu prüfen, ob, inwieweit und in welchem Rahmen das gesteckte Ziel erreicht werden kann. Schon an dieser Stelle sind – je nach Projekt – Regelungen aus völlig verschiedenen Rechtsgebieten zu berücksichtigen.

Verwaltungsrecht

Abgesehen von den Hochschulkliniken sind solche Krankenhäuser zur Versorgung gesetzlich versicherter Patienten zugelassen, die in den Krankenhausplan eines Landes aufgenommen wurden (Plankrankenhäuser) oder einen Versorgungsvertrag mit den Landesverbänden der Krankenkassen und den Verbänden der Ersatzkassen abgeschlossen haben (Vertragskrankenhäuser), § 108 Sozialgesetzbuch 5. Buch (SGB V). Der Tätigkeitsbereich dieser Krankenhäuser wird definiert und begrenzt durch den jeweiligen Versorgungsauftrag. Der Versorgungsauftrag der Plankrankenhäuser wird durch den Feststellungsbescheid bestimmt. Grundlage für die Tätigkeit der Vertragskrankenhäuser ist der jeweilige Versorgungsvertrag.

Umfang und Grenzen des jeweiligen Versorgungsauftrags sind auch bei jeder Kooperation zu beachten. Dies gilt etwa bei der Teilnahme eines Krankenhauses an der ambulanten spezialfachärztlichen Versorgung gemäß § 116 b SGB V oder für die Durchführung ambulanter Operationen im Krankenhaus (vgl. Quaas, 2013 und Nösser et al., 2012).

Bei der Bestimmung der Reichweite eines Versorgungsauftrags müssen die Regelungen des Landesrechts berücksichtigt werden, die zum Teil wesentliche Unterschiede aufweisen. Dies findet seinen Niederschlag in der Rechtsprechung. So wurde beispielsweise die Frage, ob invasiv-kardiologische Leistungen von einem Krankenhaus der Regelversorgung erbracht werden dürfen, vom Verwaltungsgericht (VG) Dresden einerseits und vom Oberverwaltungsgericht (OVG) des Saarlandes andererseits verschieden beantwortet. Im Fall des VG Dresden (Urteil vom 27.8.2008, Az: 7 K 1314/06) ging es um ein Krankenhaus der Regelversorgung, das in seiner Abteilung für Innere Medizin auch invasiv-kardiologische Leistungen erbringen wollte. Der sächsische Krankenhausplan bezieht sich – wie üblich – auf die Weiterbildungsordnung der sächsischen Landesärztekammer. Nach dieser umfasst das Fachgebiet der Inneren Medizin auch die Prophylaxe, Erkennung, konservative, internistisch-interventionelle und intensivmedizinische Behandlung von Herz- und Kreislauferkrankungen. Da der Versorgungsauftrag jeweils für ein Fachgebiet erteilt wird, hielt das VG Dresden auch die Durchführung invasiv-kardiologischer Leistungen in dem betroffenen Krankenhaus für zulässig.

Im Krankenhausplan des Saarlandes hingegen werden die Schwerpunkte des Fachgebietes Innere Medizin, wie sie in der Weiterbildungsordnung für die Ärztinnen und Ärzte des Saarlandes aufgeführt sind, mit Ausnahme des Schwerpunktes Angiologie als eigenständige Hauptfachabteilungen der Inneren Medizin ausgewiesen. Dementsprechend entschied das OVG des Saarlandes in einem Beschluss vom 8.5.2012 (Az: 3 A 100/10), dass in einem Plankrankenhaus, dem eine „Fachabteilung Innere Medizin und Allgemeinmedizin – Allgemein" zugewiesen war, kardiologische Notfallleistungen mithilfe eines Linksherzkathetermessplatzes nicht erbringen durfte.

Es zeigt sich also, dass die Handlungsmöglichkeiten eines Krankenhausträgers wesentlich vom Standort der Klinik abhängen können.

Kartellrecht

Wenn geplant ist, Krankenhausträger zu fusionieren, sind auch die Vorschriften des Gesetzes gegen Wettbewerbsbeschränkungen (GWB) zu beachten.

Lange Zeit spielten kartellrechtliche Überlegungen im Krankenhausbereich keine Rolle. Dies ändert sich jedoch zunehmend etwa seit dem Jahr 2004. In den Jahren 2005 und 2006 gab es die ersten Untersagungen für den Zusammenschluss von Krankenhausträgern (vgl. Grave, 2010). Auch bei einem Blick in die vom Bundeskartellamt veröffentlichten laufenden Fälle sind Verfahren zu entdecken, an denen Krankenhausträger beteiligt sind.

Bei Krankenhäusern handelt es sich um Unternehmen im Sinne des Kartellrechts, unabhängig von der Rechtsform des Trägers. Es kommt demnach nicht darauf an, ob die Trägergesellschaft eine juristische Person des Privatrechts oder eine Personengesellschaft ist. Auch öffentlich-rechtliche Unternehmen, einschließlich der Regie- und Eigenbetriebe von Gebietskörperschaften, unterfallen dem Unternehmensbegriff des GWB.

Die Fusionskontrolle setzt allerdings erst dann ein, wenn die Umsatzschwellen des § 35 GWB überschritten sind. Bei der Berechnung der Umsätze gilt das „Gruppen-" oder „Konzernprinzip", § 36 Abs. 2 GWB. Infolgedessen fallen nicht nur die großen privaten Konzerne wie Asklepios, Rhön-Klinikum, Helios oder Sana in den Anwendungsbereich des GWB, sondern beispielsweise auch der Evangelische Johanniterorden. In jedem Einzelfall ist also nicht nur relevant, welche Umsätze im eigenen Unternehmen erzielt werden, vielmehr ist zu prüfen, ob die Umsätze verbundener Unternehmen ebenfalls zu berücksichtigen sind.

Sind die Umsatzschwellen des § 35 Abs. 1 GWB überschritten, ist das Zusammenschlussvorhaben beim Bundeskartellamt anzumelden, es sei denn, es liegt ein Ausnahmetatbestand des § 35 Abs. 2 GWB vor.

Wird ein Zusammenschluss entgegen den Vorschriften des Kartellgesetzes nicht angezeigt und dennoch vollzogen, wird er durch das Bundeskartellamt aufgelöst, wenn er nicht genehmigungsfähig ist. Darüber hinaus kann das Bundeskartellamt Bußgelder verhängen.

Sozialrecht

Sozialrechtliche Bestimmungen finden sich insbesondere im SGB V, aber auch in untergesetzlichen Regelungen wie beispielsweise Beschlüssen des Gemeinsamen Bundesausschusses. Wer unangenehme Überraschungen vermeiden will, sollte auch die Rechtsprechung der Sozialgerichte im Blick haben.

Gesetzliche Regelungen von Interesse finden sich etwa in den §§ 115a und 116b SGB V. Hier sind die vor- und nachstationäre Behandlung sowie die ambulante spezialfachärztliche Versorgung geregelt. Auch die Regelungen zum Entlassmanagement gewinnen immer mehr an Bedeutung.

Die Möglichkeit, zeitlich begrenzte vor- und nachstationäre Behandlungsmaßnahmen ohne Unterbringung im Krankenhaus durchzuführen, § 115a SGB V, wurde eingeführt, um den Bettenbedarf zu reduzieren (vgl. Bundestagsdrucksache 12/3608, S. 102). Die

Durchführung dieser prä- und poststationären Behandlung ist allerdings an mehrere Voraussetzungen geknüpft. Die Krankenhausbehandlung muss verordnet sein, d.h. alle Maßnahmen, die ambulant durchgeführt werden können, sind von der vor- und nachstationären Behandlung ausgeschlossen. Außerdem muss ein enger zeitlicher Zusammenhang mit der stationären Behandlung bestehen. Die vorstationäre Behandlung kann nur an höchstens drei Behandlungstagen innerhalb von fünf Tagen vor Beginn der stationären Behandlung stattfinden, § 115a Abs. 2 Satz 1 SGB V. Für die nachstationäre Behandlung sind bis zu sieben Behandlungstage innerhalb von 14 Tagen nach Beendigung der stationären Krankenhausbehandlung vorgesehen, § 115a Abs. 2 Satz 2 SGB V. Im Fall einer Organübertragung gelten an dieser Stelle längere Fristen.

Wenn ambulante Maßnahmen nicht mehr ausreichen, kann mit Hilfe einer vorstationären Behandlung auch die Erforderlichkeit einer vollstationären Krankenhausbehandlung abgeklärt werden, § 115a Abs. 1 Nr. 1 SGB V.

Da die Krankenhäuser auch nach der Rechtsprechung des Bundessozialgerichts in jedem einzelnen Behandlungsfall verpflichtet sind, unter mehreren zur Verfügung stehenden Möglichkeiten stets die kostengünstigste zu wählen, ist davon auszugehen, dass sie auch verpflichtet sind, in geeigneten Fällen tatsächlich vor- und nachstationäre Leistungen zu erbringen, um Unterbringung und Verpflegung einzusparen (vgl. Köhler und Hohmann, 2012).

Seit dem 1.1.2012 ist die Kooperation zwischen Krankenhäusern und Vertragsärzten im Bereich der vor- und nachstationären Behandlung ausdrücklich gesetzlich zugelassen. Die Kooperationsmöglichkeiten sollten damit verstärkt und flexibilisiert werden (vgl. Bundestagdrucksache 17/8005, S.114). Solche Kooperationen müssen vertraglich vereinbart werden, wobei alle rechtlichen Vorgaben eingehalten werden müssen, insbesondere auch das Verbot der Zuweisung gegen Entgelt zu beachten ist.

Unterschiedliche Auffassungen gibt es dazu, welche Vertragsärzte in derartige Kooperationsverträge eingebunden werden können. So wird teilweise vertreten, dass nur überdurchschnittlich qualifizierte Praxen beauftragt werden dürften, die mindestens das Niveau der Krankenhausbehandlung erreichen oder aber eine Behandlung anbieten können, die im Krankenhaus nicht verfügbar ist (vgl. Ratzel und Szabados, 2012). Richtig dürfte aber sein, dass grundsätzlich jeder Vertragsarzt in Betracht kommt, da der Facharztstandard stets gewährleistet ist.

Eine weitere wichtige sozialrechtliche Vorschrift, die bei strategischen Planungen zu berücksichtigen ist, findet sich in § 116b SGB V. Darin ist die ambulante spezialfachärztliche

Versorgung geregelt, an der auch zugelassene Krankenhäuser teilnehmen können. Die Vorschrift enthält umfangreiche Regelungen der Voraussetzungen für die Teilnahme. Gegenstand der ambulanten spezialfachärztlichen Versorgung sind bestimmte, im Gesetz aufgeführte Erkrankungen, die wegen ihrer Verlaufsformen oder ihrer Seltenheit spezielle Qualifikationen, eine interdisziplinäre Zusammenarbeit oder besondere Ausstattungen erfordern. Hinzu kommen hoch spezialisierte Leistungen. Insgesamt sind 23 Erkrankungen aufgeführt, wie beispielsweise onkologische und rheumatologische Erkrankungen, die Versorgung von Frühgeborenen mit Folgeschäden, Tuberkulose, Hämophilie und die Versorgung von Patienten vor oder nach einer Organtransplantation und von lebenden Spendern. Zu jeder der genannten Erkrankungen hat der Gemeinsame Bundesausschuss Richtlinien zu erlassen, in denen die Krankheiten nach der internationalen Klassifikation der Krankheiten in der jeweiligen vom Deutschen Institut für medizinische Dokumentation und Information herausgegebenen deutschen Fassung oder nach weiteren von ihm festzulegenden Merkmalen zu konkretisieren sind. Außerdem müssen detaillierte Vorschriften über die zu beteiligenden Facharztgruppen und den Behandlungsumfang enthalten sein (§ 116b Abs. 4 Satz 1 SGB V). Der Gemeinsame Bundesausschuss kommt diesem gesetzlichen Auftrag in Etappen nach.

Will ein Krankenhausträger sich an der ambulanten spezialfachärztlichen Versorgung beteiligen, ist zu prüfen, ob und inwieweit die beabsichtigte Betätigung vom Versorgungsauftrag gedeckt ist. Die von der jeweiligen Richtlinie des Gemeinsamen Bundesausschusses aufgestellten Anforderungen an die Qualifikation der behandelnden Ärzte müssen erfüllt sein. Es müssen Kooperationspartner gesucht und gefunden werden. Die Teilnahme an der ambulanten spezialfachärztlichen Versorgung ist also an zahlreiche, je nach Erkrankung unterschiedliche Voraussetzungen geknüpft, die im jeweiligen Einzelfall geprüft und erfüllt werden müssen.

Die Regelungen betreffend das Entlassmanagement wurden durch das GKV-Versorgungsstärkungsgesetz erweitert und konkretisiert. Danach ist es Krankenhausträgern nunmehr explizit gestattet, mit der Durchführung des Entlassmanagements einen externen Leistungserbringer zu beauftragen, § 39 Abs. 1a SGB V. Außerdem gibt es detaillierte Vorschriften darüber, welche Leistungen die Krankenhausärzte verordnen dürfen, wie z. B. Arzneimittel in der jeweils kleinsten Packungsgröße, § 39 Abs. 1a S. 7 SGB V. Auch Arbeitsunfähigkeitsbescheinigungen können im Rahmen des Entlassmanagements ausgestellt werden.

Die Beschlüsse des Gemeinsamen Bundesausschusses gehören in vielen Bereichen zu den untergesetzlichen Regelungen, die gegebenenfalls bei strategischen Planungen zu beachten sind. Sie können auch Auswirkungen auf die Zulässigkeit eines geplanten Leistungsangebotes haben. So ist die Implantation von Knie-Totalendoprothesen nur dann zulässig und abrechenbar, wenn die betreffende Fachabteilung im Kalenderjahr voraussichtlich mindestens 50 Operationen vornehmen wird. Diese Mindestmenge hat der Gemeinsame Bundesausschuss durch Beschluss zur Mindestmengenvereinbarung zwischen den Spitzenverbänden der Krankenkassen, dem PKV sowie der Deutschen Krankenhausgesellschaft im Einvernehmen mit der Bundesärztekammer und dem Deutschen Pflegerat festgelegt. Diese Mindestmengenbestimmungen hat das Bundessozialgericht als wirksame untergesetzliche Rechtsnormen, die auf einem gesetzlichen Auftrag beruhen, anerkannt (Urteil vom 27.11.2014, Az: B 3 KR 1/13 R). Sie sind daher bindend.

Neben den gesetzlichen und untergesetzlichen Regelungen des Sozialrechts sind auch einschlägige Gerichtsentscheidungen, insbesondere des Bundessozialgerichts, bei der strategischen Planung zu berücksichtigen. Wenn beispielsweise eine Krankenhausabteilung ausgegliedert werden soll, könnte die Zulässigkeit dieses Vorhabens durch eine Entscheidung des Bundessozialgerichts vom 19.9.2013 (B 3 KR 8/12 R) infrage gestellt sein. In dem entschiedenen Fall hatte ein Krankenhausträger, der eine umfangreiche chirurgisch-orthopädische Fachabteilung unterhielt, seine Abteilung für physiotherapeutische, balneologische, ergotherapeutische und logopädische Leistungen ausgegliedert. Das Bundessozialgericht verwehrte der Trägerin der ausgegliederten Bereiche die Zulassung zur Erbringung von Heilmitteln nach § 124 Abs. 2 SGB V. Es äußerte in diesem Zusammenhang erhebliche Zweifel an der Rechtmäßigkeit der Ausgliederung, weil der ausgegliederte Bereich für die Erfüllung des Versorgungsauftrags dieses Krankenhauses mit seiner chirurgisch-orthopädischen Abteilung von herausragender Bedeutung war. Soll eine Abteilung eines Krankenhauses ausgegliedert werden, ist also zu fragen, ob dieses Outsourcing nach den Kriterien der eben genannten Entscheidung zulässig ist.

Zulassungsrecht

Eine Möglichkeit für die Teilnahme von Krankenhausträgern an der vertragsärztlichen Versorgung besteht insbesondere in der Gründung eines Medizinischen Versorgungszentrums (MVZ). MVZ können u. a. von zugelassenen Krankenhäusern gegründet werden. Vorgeschriebene Rechtsformen sind alternativ die Personengesellschaft, die eingetragene Genossenschaft oder die Gesellschaft mit beschränkter Haftung, § 95 Abs. 1a S. 1 SGB V. Ist die Trägergesellschaft eine GmbH, müssen die Gesellschafter selbstschuldnerische Bürgschaftserklärungen abgeben. Wenn die einzige Gesellschafterin ebenfalls eine Gesellschaft mit beschränkter Haftung ist, genügt es, wenn diese die Bürgschaftserklärung abgibt; es ist in einem solchen Fall nicht erforderlich, dass die Bürgschaftserklärung von einer natürlichen Person zur Verfügung gestellt wird (BSG, Urteil vom 22.10.2014, B 6 KA 36/13 R). Durch diese Bürgschaftserklärungen sollen mögliche zukünftige Forderungen von Kassenärztlichen Vereinigungen und Krankenkassen gegen das MVZ aus dessen vertragsärztlicher Tätigkeit abgesichert werden.

Mit Inkrafttreten des GKV-Versorgungsstärkungsgesetzes ergeben sich rechtliche Änderungen für medizinische Versorgungszentren. Vor allem braucht ein MVZ nicht mehr fachübergreifend organisiert zu werden, es können nun auch ausschließlich fachgleiche Ärzte in einem MVZ tätig sein.

Nach der neuen Rechtslage können auch Kommunen MVZ gründen und zwar auch in allen öffentlich-rechtlichen Rechtsformen. Anstelle einer Bürgschaft können die Gesellschafter auch auf andere Weise Sicherheit leisten, beispielsweise durch Hinterlegung von Geld oder Wertpapieren oder durch die Bestellung von Hypotheken an inländischen Grundstücken (§ 232 BGB).

Weitere Erfordernisse, die bei der Gründung eines MVZ zu beachten sind, ergeben sich daraus, dass in weiten Teilen der vertragsärztlichen Versorgung eine Überversorgung besteht, sodass die Vergabe von Zulassungen zur Teilnahme an der vertragsärztlichen Versorgung durch die regionale Bedarfsplanung beschränkt ist. In zahlreichen Fachbereichen und Regionen ist es daher erforderlich, die benötigten Zulassungen im Wege von Praxiskäufen zu beschaffen. Im Regelfall sind für die Nachbesetzung eines Vertragsarztsitzes, dessen Inhaber seine Zulassung ganz oder zum Teil aufgibt, eine Ausschreibung des abgebenden und eine Bewerbung des nachfolgenden Arztes erforderlich (§ 103 Abs. 3a bis 6 SGB V). Es liegt in der Natur der Sache, dass bei einem solchen Verfahren auch ein Konkurrent den Zuschlag erhalten kann. Darüber hinaus besteht die Möglichkeit, dass ein Mitbewerber gegen die Zulassung Widerspruch einlegt, was in jedem Fall eine zeitliche Verzögerung und eventuell auch ein Gerichtsverfahren mit sich bringt. Um die Unwägbarkeiten dieses Verfahrens auszuschalten oder wenigstens zu minimieren, gibt es im Wesentlichen zwei Möglichkeiten. Der abgebende Arzt kann zu Gunsten seiner Anstellung in dem MVZ auf seine Zulassung verzichten (§ 103 Abs. 4a SGB V). Eine weitere Möglichkeit besteht darin, einen Kandidaten oder eine Kandidatin für eine Übergangszeit zu suchen, der oder die nach den Auswahlkriterien des § 103 Abs. 4 SGB V eine möglichst günstige Ausgangsposition erreicht. Hier spielen insbesondere das Approbationsalter und die Dauer der ärztlichen Tätigkeit eine Rolle. Nach der Rechtsprechung des Bundessozialgerichts wirkt sich aber eine ärztliche Tätigkeit von mehr als fünf Jahren nicht mehr auf die Auswahlentscheidung aus.

Eine Möglichkeit, die notwendige Besetzung eines MVZ mit mindestens zwei Ärzten zu erreichen, besteht schließlich darin, eine erworbene Vollzulassung in zwei halbe Zulassungen bzw. Arztstellen aufzuteilen. Um die oben geschilderten Risiken des Nachbesetzungsverfahrens möglichst in Grenzen zu halten, kann zunächst nur eine halbe Zulassung ausgeschrieben und mit einem angestellten Arzt besetzt werden. Denn erfahrungsgemäß ist der Erwerb nur einer halben Zulassung für mögliche Bewerber nicht so interessant wie der einer vollen Zulassung. Im Anschluss kann dann der Vertragsarzt, der über eine halbe Zulassung und eine halbe Arztstelle verfügt, zugunsten eines zu gründenden MVZ auf seine Zulassung verzichten, um sich anstellen zu lassen. Bei diesem Verfahren sind Mitbewerber nicht denkbar, eine zeitnahe Projektumsetzung ist deshalb garantiert. Im Ergebnis können zwei jeweils halbtags tätige Ärzte eingestellt werden. Insgesamt können bis zu vier Ärzte auf einer vollen Arztstelle angestellt werden. Der ärztliche Leiter eines MVZ muss allerdings mindestens auf einer halben Stelle beschäftigt werden.

Schließlich sind in Gebieten mit Überversorgung weitere Vorgaben des Vertragsarztrechts einzuhalten. So muss sich die vereinbarte Wochenarbeitszeit im Rahmen dessen halten, was die Bedarfsplanungs-Richtlinie vorgibt. Dort werden in § 51 die Anrechnungsfaktoren bestimmt. Bei einer vertraglich vereinbarten Arbeitszeit von bis zu zehn Stunden pro Woche gilt ein Anrechnungsfaktor von 0,25, bei über zehn bis 20 Stunden pro Woche beträgt der Anrechnungsfaktor 0,5, zwischen 21 und 30 Stunden pro Woche ist ein Anrechnungsfaktor von 0,75 anzusetzen und bei mehr als 30 Stunden pro Woche gilt ein Anrechnungsfaktor von 1,0.

Ärzte, die mindestens 20 Wochenstunden arbeiten, sind im Regelfall Mitglieder der zuständigen Kassenärztlichen Vereinigung und müssen alle Verpflichtungen erfüllen, die mit dieser Mitgliedschaft verbunden sind.

Zu beachten ist auch der vom Bundessozialgericht aufgestellte Grundsatz, wonach eine freiwerdende Arztstelle grundsätzlich binnen sechs Monaten nachbesetzt werden muss (Urteil vom 19.10.2011, B 6 KA 23/11 R). Diese Regel gilt auch dann, wenn nur eine halbe Arztstelle frei wird, nicht allerdings im Fall einer Viertelstelle, da die Zulassungsverordnung nur volle und ganze Zulassungen kennt. Das Recht auf Nachbesetzung kann dementsprechend nur bezüglich voller und halber Zulassungen erlöschen.

Weitere Gestaltungsmöglichkeiten ergeben sich daraus, dass Anstellungsverhältnisse in einem MVZ mit anderen Tätigkeiten kombiniert werden können. So kann ein Arzt jeweils in Teilzeit im Krankenhaus und im MVZ tätig sein. Das MVZ kann auch einen Vertragsarzt in Teilzeit anstellen, nachdem gemäß § 20 Abs. 2 S. 2 Zulassungsverordnung für Vertragsärzte die Tätigkeit in einem zugelassenen Krankenhaus ausdrücklich für vereinbar mit der Tätigkeit eines Vertragsarztes erklärt wurde.

Arbeits- und Sozialversicherungsrecht

Wenn Krankenhausträger mit externen Ärzten kooperieren wollen, stehen sie vor der Frage, wie diese Kooperation rechtlich ausgestaltet werden kann. Die Antwort auf diese Frage ergibt sich aus den Regeln des Arbeits- und Sozialversicherungsrechts, wobei der Rechtsprechung in beiden Bereichen eine herausragende Bedeutung zukommt. Im Arbeitsrecht ergibt sich dies daraus, dass gesetzliche Regelungen über die Abgrenzung einer freiberuflichen von einer angestellten Tätigkeit fehlen und dass die Gerichte diese Lücke ausfüllen müssen. Im Sozialversicherungsrecht bestimmt § 7 Abs. 2 Sozialgesetzbuch 4. Buch (SGB IV), dass eine „Beschäftigung" die nichtselbständige Arbeit ist, insbesondere in einem Arbeitsverhältnis. Kriterien sollen die Weisungsgebundenheit des Beschäftigten und seine Eingliederung in die Arbeitsorganisation des Weisungsberechtigten sein. Diese Generalklausel ist in jedem einzelnen Streitfall von den Sozialgerichten auszufüllen.

In der Praxis ist festzustellen, dass einerseits seit etwa zehn bis 15 Jahren vermehrt Honorarärzte in Krankenhäusern tätig sind, die nicht dort angestellt sind, sondern als Freiberufler gegen Rechnungsstellung arbeiten. Es kann sich hier um niedergelassene Vertragsärzte oder auch um Ärzte handeln, die sich nicht niedergelassen haben. Der Gesetzgeber hat im Laufe der Zeit durch entsprechende Ergänzungen, insbesondere im Gesetz über die Entgelte für voll- und teilstationäre Krankenhausleistungen (KHEntgG) diese Entwicklung anerkannt. So kann ein Krankenhaus gem. § 2 Abs. 1 S. 1 KHEntgG seine Leistungen auch durch nicht festangestellte Ärztinnen und Ärzte erbringen. Festzustellen ist aber auch, dass es mittlerweile etliche sozialgerichtliche Entscheidungen gibt, die Tätigkeiten von Ärzten in Krankenhäusern als sozialversicherungspflichtige Beschäftigungsverhältnisse qualifizieren. Dabei spielt insbesondere die Überlegung eine Rolle, dass die Ärzte in die Organisation und den Betrieb des Krankenhauses eingegliedert werden (z. B. SG Kassel, Urteil vom 20.2.2013, Az: S 12 KA 69/12; SG Dortmund, Urteil vom 20.2.2015, Az: S 34 R 2153/13). Andere Gerichte beurteilen den jeweils vorliegenden Fall differenzierter und ordnen je nach Sachverhalt die Tätigkeit von Honorarärzten als freiberufliche Tätigkeit ein (z. B. SG Duisburg, Urteil vom 22.3.2013, Az: S 21 R 1532/12; LSG Berlin-Brandenburg, Urteil vom 20.3.2015, Az: L 1 KR 105/13).

Zu berücksichtigen sind auch die Risiken einer unzutreffenden Einschätzung der Rechtslage. Dem Arbeitgeber/Auftraggeber drohen nämlich nicht nur die Forderungen der Sozialversicherungsträger, es kommt auch ein strafrechtliches Ermittlungsverfahren wegen Sozialversicherungsbetrugs (Vorenthalten und Veruntreuen von Arbeitsentgelt, § 266a StGB) in Betracht.

Angesichts dieser Gemengelage ist jeweils im konkreten Einzelfall unter Berücksichtigung aller Umstände zu entscheiden, ob die Kooperation eines Krankenhauses mit einem externen Arzt als Anstellungsverhältnis oder als Honorararztvertrag ausgestaltet werden soll. Zur eigenen Absicherung kann ein Statusfeststellungsverfahren bei der Deutschen Rentenversicherung Bund eingeleitet werden, das allerdings erfahrungsgemäß in der Regel mit der Feststellung eines sozialversicherungspflichtigen Beschäftigungsverhältnisses endet.

Vergütungsfragen

Schließlich spielen auch Vergütungsfragen im Rahmen strategischer Entscheidungen eine Rolle. Dies betrifft zum einen die Vergütung des Kooperationspartners durch das Krankenhaus, zum anderen die Frage, welche Entgelte der Krankenhausträger seinen Patienten, insbesondere den Privatpatienten und Selbstzahlern in Rechnung stellen kann.

Unabhängig davon, ob es sich bei dem Kooperationspartner, z. B. um eine externe radiologische Praxis oder um einen Vertragsarzt handelt, der im Krankenhaus tätig wird, stellen sich in Bezug auf deren/dessen Vergütung dieselben Fragen.

Nach den Regelungen in den Berufsordnungen für Ärzte ist es diesen nicht gestattet, für die Zuweisung von Patienten oder Untersuchungsmaterial ein Entgelt oder andere Vorteile zu fordern, sich oder Dritten versprechen oder gewähren zu lassen oder selbst zu versprechen oder zu gewähren (vgl. § 31 Abs. 1 Musterberufsordnung). Eine gleichlautende Bestimmung findet sich mittlerweile in § 73 Abs. 7 S. 1 SGB V. Eine korrespondierende Vorschrift verbietet es Krankenhäusern und ihren Trägern in Nordrhein-Westfalen, für die Zuweisung von Patienten ein Entgelt oder andere Vorteile zu gewähren oder sich gewähren zu lassen, § 31a Krankenhausgestaltungsgesetz des Landes Nordrhein-Westfalen.

Zusätzlich soll dieses bisher nur in berufs-, sozial- und vereinzelt öffentlich-rechtlichen Vorschriften enthaltene Verbot durch die neuen §§ 299a und 299b StGB betreffend Bestechlichkeit und Bestechung im Gesundheitswesen pönalisiert werden.

Es ist derzeit kaum abzusehen, welche tatsächlichen Folgen die Verabschiedung dieser Paragraphen haben wird, zumal bisher lediglich Entwürfe vorliegen. Es ist jedoch unabdingbar, der bereits bestehenden Rechtslage und auch der zukünftigen Rechtslage in diesem Bereich Rechnung zu tragen, wenn man Vereinbarungen über eine Kooperation trifft. Auch eine Überprüfung aller bestehenden Verträge ist vor diesem Hintergrund unbedingt empfehlenswert.

Nach gegenwärtigem Erkenntnisstand sind drei Prinzipien einzuhalten, um nicht disziplinar- oder strafrechtlich verfolgt zu werden: So ist zunächst und vor allem darauf zu achten, dass Leistung und Gegenleistung in einem angemessenen Verhältnis zueinander stehen (Äquivalenzprinzip). Die Gestaltung der Kooperation und auch die Bestimmung der Vergütung müssen einwandfrei nachvollziehbar sein (Transparenzprinzip). Schließlich müssen alle Formen der Zusammenarbeit lückenlos dokumentiert werden (Dokumentationsprinzip). Zu erwägen ist auch eine Vorlage der Vertragsentwürfe beispielsweise bei der Ärztekammer, um zusätzliche Sicherheit zu erlangen.

Auch die Antwort auf die Frage, welche Leistungen das Krankenhaus gegenüber seinen Privatpatienten/Selbstzahlern als Wahlleistungen abrechnen kann, hat beträchtliche Auswirkungen auf die Gestaltung einer Kooperation.

In einer spektakulären Entscheidung von Oktober 2014 hat der Bundesgerichtshof (BGH) entschieden, dass Wahlleistungen grundsätzlich nur von Ärzten erbracht werden können, die als liquidationsberechtigte Ärzte im Krankenhaus angestellt oder verbeamtet tätig sind. Eine Wahlleistungsvereinbarung, die unmittelbar zwischen dem einweisenden und operierenden Arzt und dem Patienten geschlossen wurde, hat der BGH für nichtig angesehen (Urteil vom 16.10.2014, Az: III ZR 85/14). Entgegen dem eindeutig erscheinenden Wortlaut dieser Entscheidung hat das Bundesverfassungsgericht aufgrund einer Verfassungsbeschwerde gegen dieses Urteil entschieden, dass die Ausführungen des BGH nicht dahin verstanden werden dürften, dass die Erbringung von Wahlleistungen durch Honorarärzte grundsätzlich ausgeschlossen sei (Nichtannahmebeschluss vom 3.3.2015, Az: 1 BvR 3226/14). Mithin ist die Frage, in welcher Weise externe Ärzte im Krankenhaus Wahlleistungen erbringen können, weiterhin höchstrichterlich nicht geklärt. Die weitere Entwicklung ist abzuwarten. In jedem Fall muss auch diesem Umstand bei der Planung von Kooperationen zwischen Krankenhausträger und externen Ärzten Rechnung getragen werden.

Steuerrecht und Gemeinnützigkeitsrecht

Im Rahmen der Planung sind auch steuerliche Fragen zu klären. Hier geht es insbesondere um die möglichen umsatzsteuerlichen und/oder gewerbesteuerlichen Konsequenzen eines Projekts. Gemeinnützige Träger müssen außerdem etwaige Folgen für ihre Gemeinnützigkeit prüfen.

Durchführung eines Projekts

Wenn die Entscheidung getroffen und die Zulässigkeit eines Projekts bejaht ist, ist seine Durchführung so zu gestalten, dass unangenehme Überraschungen soweit wie möglich ausgeschlossen sind. Dies betrifft insbesondere die abzuschließenden Verträge, die Herbeiführung eines ausreichenden Haftpflichtversicherungsschutzes, die Etablierung ausreichender Compliance-Regelungen und die Gewährleistung des Datenschutzes.

Vertragsschluss

Der weite Rahmen der Vertragsfreiheit ermöglicht die individuelle und bedarfsgerechte Gestaltung der rechtlichen Beziehungen innerhalb der gesetzlich/rechtlich vorgegebenen Grenzen. Je komplexer das geplante Projekt, desto vielfältiger werden auch die abzuschließenden Verträge sein. Oftmals ist eine Kombination verschiedener Verträge erforderlich, wie z. B. Kooperationsverträge, Miet-/Leasingverträge, komplexe Dienstleistungsverträge, ggf. auch Arbeitnehmerüberlassungsverträge. Die Erarbeitung solcher Verträge setzt zunächst voraus, dass die Interessen der Vertragspartner möglichst exakt festgestellt und miteinander zum Ausgleich gebracht werden. Außerdem müssen bei Abschluss mehrerer Verträge diese aufeinander abgestimmt werden.

Haftungsfragen

Bei Kooperationen im medizinischen Bereich geht es stets auch um Haftungsfragen. Diese müssen eindeutig und im Einklang mit der bestehenden Rechtslage geregelt werden. Sodann muss im Gespräch mit der eigenen Haftpflichtversicherung sichergestellt werden, dass das übernommene Risiko im erforderlichen Umfang versichert ist.

Compliance

Wie weiter oben bereits ausgeführt wurde, ist bei Kooperationen jeder Art, insbesondere bei einer Kooperation zwischen einem Krankenhausträger und niedergelassenen Ärzten zu beachten, dass Zuweisungen gegen Entgelt strikt verboten sind und demnächst auch strafbar sein werden. Kooperationsverträge müssen daher in einer Weise gestaltet und umgesetzt werden, dass den drei genannten Prinzipien (Äquivalenz-, Transparenz- und Dokumentationsprinzip) Rechnung getragen wird. Es kann auch erforderlich sein, Regelungen dahingehend vorzusehen, dass das Recht der Patienten auf freie Arztwahl gewahrt bleibt. Dasselbe gilt für die Freiheit des Patienten, seine Apotheke und seinen Hilfsmittellieferanten selbst auszuwählen und Heilmittel von dem gewünschten Leistungserbringer zu beziehen.

Datenschutz

Angesichts der großen Bedeutung, die dem Patientendatenschutz beizumessen ist, muss auch dem Datenschutz Rechnung getragen werden.

Die Zuständigkeiten müssen exakt abgegrenzt und die Zugriffsmöglichkeiten genau definiert werden. Gegebenenfalls muss dafür gesorgt werden, dass Patienten mit der Weitergabe ihrer Daten an einen bestimmten Empfänger einverstanden sind und dieser ausdrücklich schriftlich zustimmen.

Bei der Auftragsdatenverarbeitung durch Dritte sind überdies die einschlägigen Landesgesetze zu beachten. So enthält z. B. § 7 Gesundheitsdatenschutzgesetz NW Bestimmungen, unter welchen Voraussetzungen Patientendaten durch Dritte verarbeitet werden dürfen.

Erlauben zwei rechtlich selbständige Kooperationspartner einander unter Beachtung der ärztlichen Schweigepflicht den Zugriff auf ihre Datenbestände, handelt es sich um ein automatisiertes Abrufverfahren, das den Anforderungen des § 10 Bundesdatenschutzgesetz (BDSG) genügen muss. In diesem Fall muss schriftlich festgelegt werden, aus welchem Anlass und zu welchem Zweck das Abrufverfahren eingerichtet wird und an welchen Dritten die Daten übermittelt werden. Auch die Art der zu übermittelnden Daten muss schriftlich bestimmt werden. Schließlich müssen die technischen und organisatorischen Maßnahmen schriftlich vereinbart werden, die erforderlich sind, um den Datenschutz zu gewährleisten (§ 10 Abs. 2 BDSG).

Aufrechterhaltung der Zulässigkeitsvoraussetzungen

Während der gesamten Durchführung des Projekts muss schließlich insgesamt dafür Sorge getragen werden, dass die einmal erfüllten Bedingungen für die Zulässigkeit eines Vorhabens aufrecht erhalten bleiben. So müssen etwa alle Verpflichtungen, die sich aus dem Vertragsarztrecht ergeben, durchgängig eingehalten werden.

Im Falle von Gesetzesänderungen oder auch bei einer Änderung der höchstrichterlichen Rechtsprechung muss ggf. reagiert werden. Es zeigt sich also, dass auch nach der ordnungsgemäßen Einrichtung eines neuen Projektes immer wieder Handlungsbedarf entstehen kann.

Literaturverzeichnis

Grave, C. (2010). *Fusionen im Krankenhausbereich – Kartellrechtliche Rahmenbedingungen.*

Köhler und Hohmann (2012). *In: jurisPK SGB V, 2012, § 115a.*

Nösser, K., *Schwarz* ***(2015).*** *Ambulantes Operieren im Krankenhaus. In: Halbe und Schirmer: Handbuch Kooperationen im Gesundheitswesen (C 1400).*

Quaas, M. (2013). *Die Einbeziehung der Krankenhäuser in die ambulante spezialfachärztliche Versorgung nach dem neuen § 116b SGB V, GesR 2013, 327.*

Ratzel, R., *Szabados T* ***(2012).*** *Schnittmengen zwischen niedergelassenen Leistungserbringern (Vertragsärzten) und Krankenhäusern nach GKV-VStG, GesR 2012, 210*

Strategien praktisch umsetzen

Sören Eichhorst und Karl Miserok

Eine Strategie ist zunächst nur ein Plan. Wer eine Strategie erfolgreich umsetzen möchte, benötigt ein Grundverständnis von strategischen Initiativen als Plan mit klarer Operationalisierungsabsicht. Was will man als Krankenhaus erreichen und wie entsteht eine Initiative? Welche Mittel müssen zur Verfügung stehen bzw. wie lassen sich diese optimal einsetzen? Wer entscheidet und wer kann dafür sorgen, dass sich eine Initiative innerhalb eines vorgesehenen Zeitraums in wirtschaftlicher Hinsicht positiv auf die Organisation auswirkt? Aus diesen Fragen ergibt sich als Aufgabe des strategischen Managements, die notwendigen Verhaltensmuster aus den strategischen Zielen der Organisation abzuleiten und möglichst flächendeckend in allen Unternehmensbereichen zu verankern. Für Krankenhäuser bedeutet dies, die Entscheidungen des Managements bei jedem einzelnen Mitarbeiter in das entsprechende Selbstverständnis seiner Arbeitsaufgabe zu überführen. Daraus ergeben sich wichtige Arbeitsfelder im Rahmen der Strategieimplementierung, die im vorliegenden Beitrag genauer erläutert werden.

Messbare Wirksamkeit erreichen

Für deutsche Krankenhäuser stellt häufig eher die Umsetzung als die Strategiedefinition eine Herausforderung dar. Dies hat mehrere Gründe:

- Die regulatorischen Leitplanken sind relativ eng gesteckt (Kosten-Erlös-Schere, verschiedene Budgetausgleichsmechanismen etc.) und die potenziellen Handlungsoptionen entsprechend limitiert.
- Die Kapazität ist begrenzt: Der operative Betrieb hat Vorrang, Projektaufgaben treten leicht in die zweite Reihe.
- Das funktionale Know-how ist nicht ausreichend vorhanden, um die Funktionsweise der neuen Lösungen zu etablieren.
- Das Change Management Know-how reicht nicht aus, um die neuen Lösungen zu implementieren und die Unternehmenskultur anzupassen.
- Die Mitarbeiter werden nicht ausreichend eingebunden bzw. nicht umfassend und intensiv genug über den Veränderungsprozess informiert.

Prozess-, Organisations- und Strukturoptimierung sind daher nie Selbstläufer. Sie erfordern vielmehr Mitarbeiter, die Zeit bekommen, sich dieser Sonderaufgabe zu widmen, die das notwendige Fachwissen besitzen und die in eine professionell organisierte und überwachte Projektmanagementstruktur eingebunden sind. Ein wichtiger Erfolgsfaktor besteht in der Erkenntnis, dass die Unternehmenskultur von großer Bedeutung für den Veränderungsprozess ist.

Dies illustriert auch eine Untersuchung von McKinsey. Sie ergab, dass Transformationen noch immer eine große Herausforderung darstellen (Abbildung 1). Nur 26 Prozent der Führungspersonen konstatieren für die ihnen unmittelbar anvertrauten Transformationsprozesse, diese vollständig erfolgreich bewältigt zu haben. Vollständiger Erfolg bedeutet dabei: Neben der eigentlichen Leistungssteigerung ist es gelungen, das Unternehmen so aufzustellen, dass die erreichten Fortschritte auch nachhaltig kultiviert werden. In großen Organisationen mit über 5 000 Mitarbeitern sinkt die durchschnittliche Erfolgsrate diesbezüglich auf 17 Prozent.

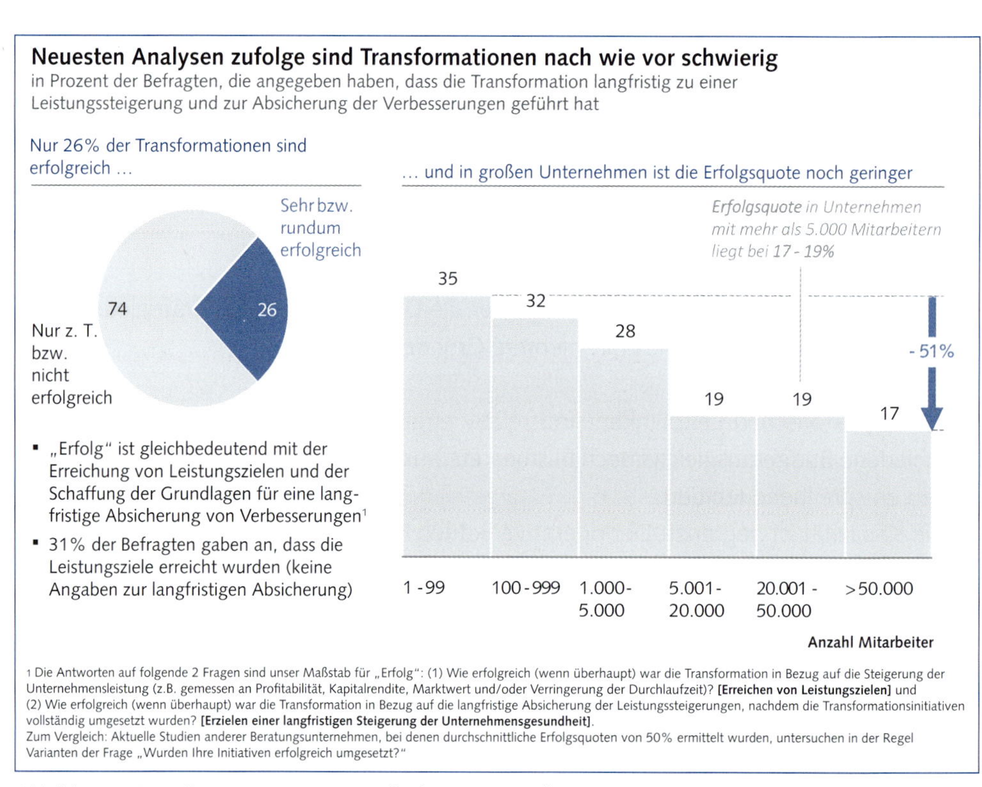

Abbildung 1: Transformationsprozesse sind schwierig. (Quelle: McKinsey)

Trotz der eher geringen Wahrscheinlichkeit erreichen einige Krankenhausunternehmen ihre Ziele durchaus. Wir haben 24 spezifische Maßnahmen getestet, die den Transformationsprozess unterstützen (Abbildung 2).

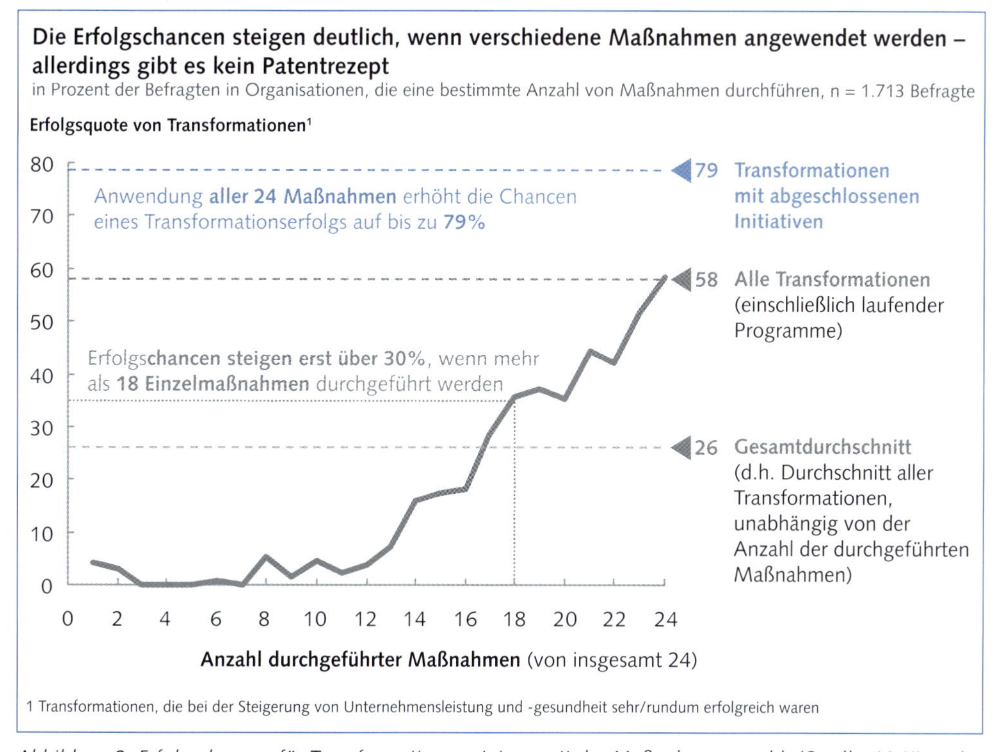

Abbildung 2: Erfolgschancen für Transformationen steigen mit der Maßnahmenanzahl. (Quelle: McKinsey)

In Organisationen, die alle 24 Maßnahmen anwendeten und ihre Initiativen zur Transformation vollständig implementierten, konnten die Erfolgsraten auf 79 Prozent gesteigert werden.

Dabei gibt es kein Patentrezept – keine Maßnahme ist allein imstande, die Erfolgsaussichten auf mehr als 30 Prozent zu erhöhen. Vielmehr hängen die Summe der eingesetzten Maßnahmen und die Aussicht auf Erfolg unmittelbar zusammen.

Einige Maßnahmen korrelieren allerdings viel enger mit Erfolg als andere. Diese lassen sich in folgende vier Dimensionen zusammenfassen:

Effektive Kommunikation: Wirksame Kommunikation macht den Unterschied – am Anfang mit einer Change Story und im weiteren Verlauf durch beständiges Informieren über Fortschritt und Erfolg. Bei allen 24 getesteten Maßnahmen war Kommunikation der kritische Erfolgsfaktor. Mithin kann es in einem Transformationsprozess keine Überkommunikation geben. Je offener die Unternehmensführung der gesamten Organisation berichtet, desto größer sind die Erfolgsaussichten (Abbildung 3).

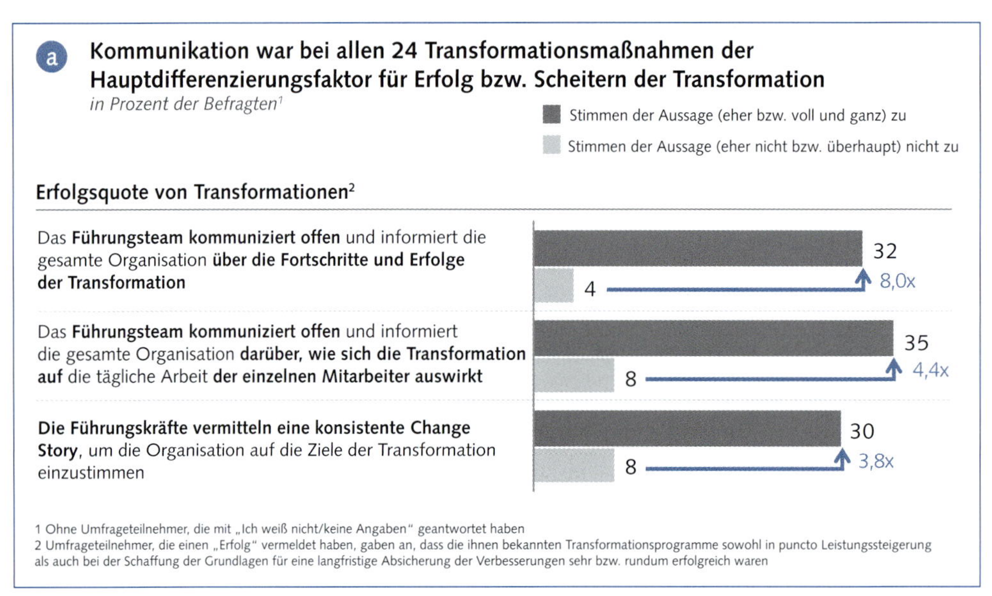

Abbildung 3: Kommunikation ist ein Kernerfolgsfaktor bei Transformationen. (Quelle: McKinsey)

Aktive Führung: Transformationsprozesse zu steuern bedeutet mehr als reines Management; erforderlich sind die Gestaltung von Rollen, echte Teamführung und persönliches Engagement. Erfolg wird denjenigen Transformationsprozessen zugesprochen, in denen Führungskräfte aktiv voranschreiten. Dabei spielt die aufgewendete Arbeitszeit weniger eine Rolle als der von der Unternehmensleitung sichtbar vorgelebte Verhaltenswandel (Abbildung 4).

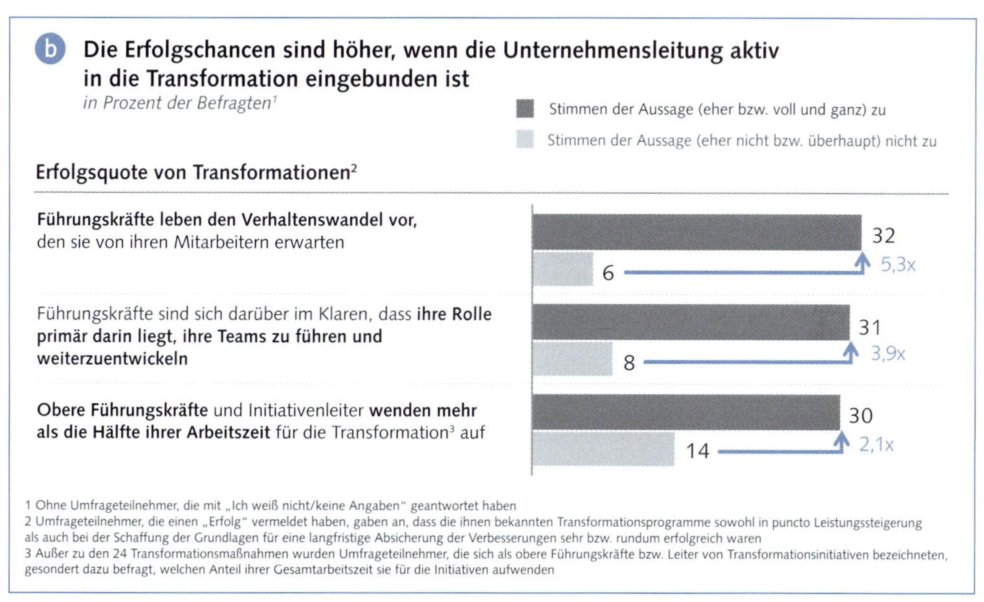

Abbildung 4: Aktiv eingebundene Unternehmensleitungen unterstützen die Transformation. (Quelle: McKinsey)

Verantwortlichkeit und Empowerment: Leistungsträger müssen mit der Leitung der Transformation beauftragt und Schlüsselpositionen mit Unterstützern dieser Transformationsmanager besetzt werden. Entscheidend für den Transformationserfolg sind klare Rollen und Verantwortlichkeiten innerhalb der Organisation und das Empowerment der Mitarbeiter. Um die Leiter der einzelnen Transformationsinitiativen in die Pflicht nehmen zu können, müssen die Rollen klar definiert und den Mitarbeitern eindeutig zugeordnet werden (Abbildung 5).

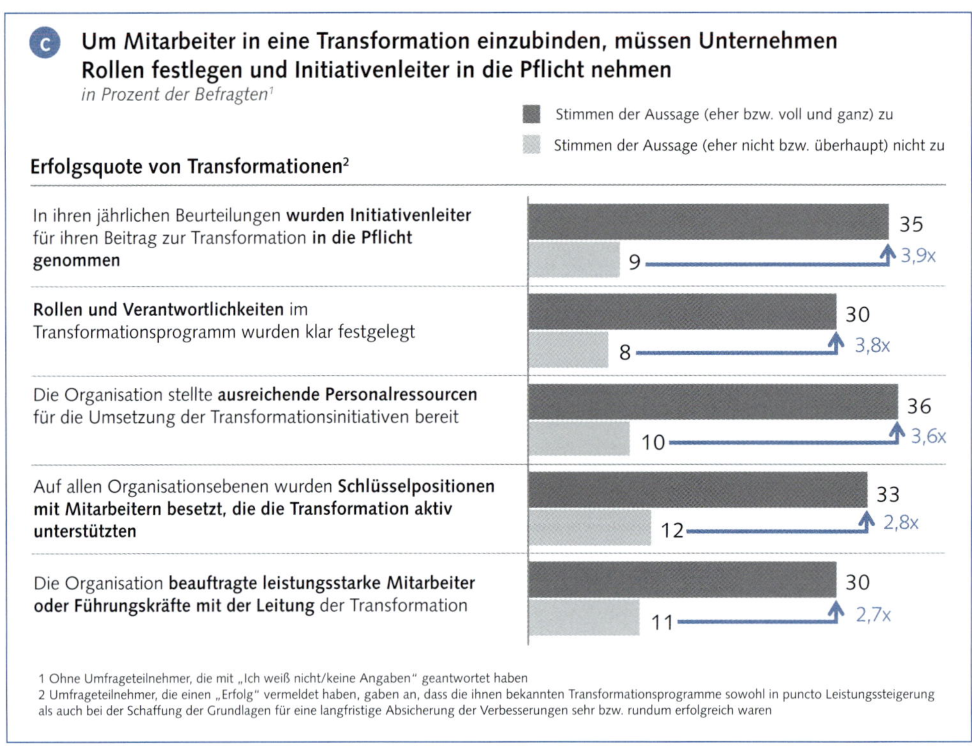

Abbildung 5: Mitarbeiter müssen durch festgelegte Rollen eingebunden werden. (Quelle: McKinsey)

Ständige Verbesserung: Schon zu Beginn der Transformation muss auf Nachhaltigkeit geachtet und ein Verfahren zur ständigen Verbesserung vorgesehen werden. Ziel ist es, ein klares Verständnis bei den Mitarbeitern dafür zu erzeugen, in welchem Bezug ihre Tätigkeit zum Erfolg der Transformation steht. Verstehen und tragen die Mitarbeiter die Vision des Unternehmens, steigt ihre Bereitschaft, höhere Ansprüche an die eigene Leistung zu stellen und sich so am kontinuierlichen Verbesserungsprozess zu beteiligen. Die systematische Ermittlung von Best Practices hilft dabei, erprobte Transformationsprozesse zu optimieren und weiterzugeben (Abbildung 6).

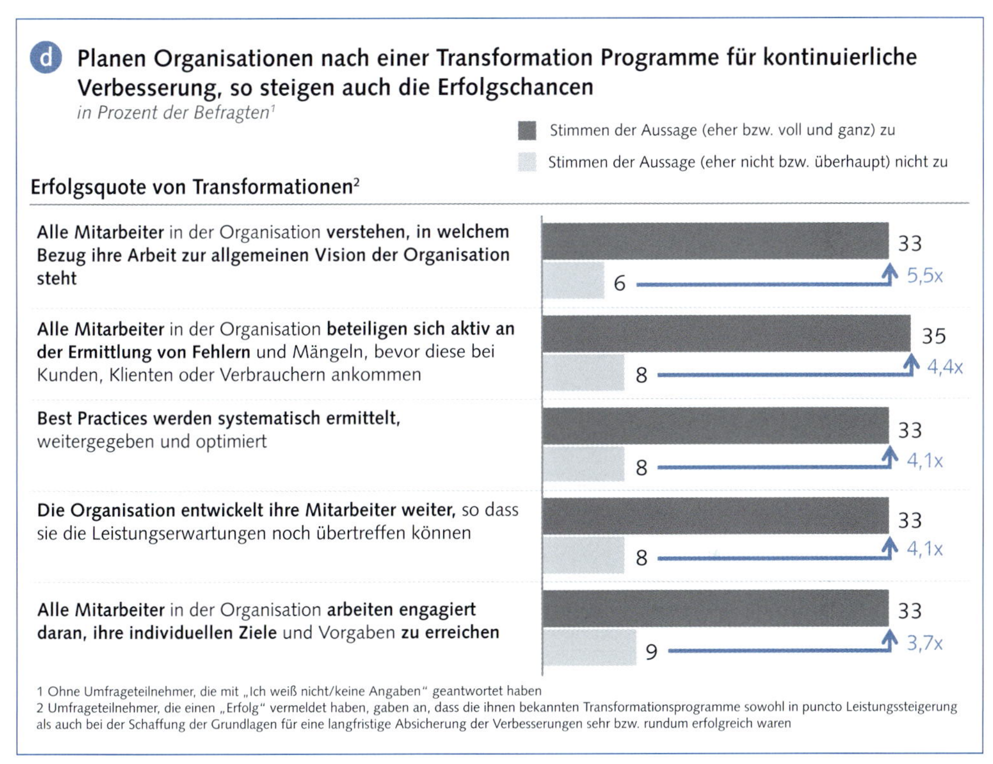

Abbildung 6: Kontinuierliche Verbesserungsprogramme steigern die Erfolgschancen. (Quelle: McKinsey)

Führungskräfte der oberen Ebenen neigen dazu, die Transparenz ihres Vorgehens zu überschätzen (Abbildung 7). Mit durchschnittlich 40 Prozent Unterschied bewerten Führungskräfte die Kommunikation ihres Handelns einerseits und direkte Beobachter den Grad der bei ihnen angekommenen Information andererseits. Besonders stark divergieren die Einschätzungen bezüglich des vorgelebten Verhaltenswandels und der direkten Auswirkungen des Transformationsprozesses auf die Tätigkeit der einzelnen Mitarbeiter.

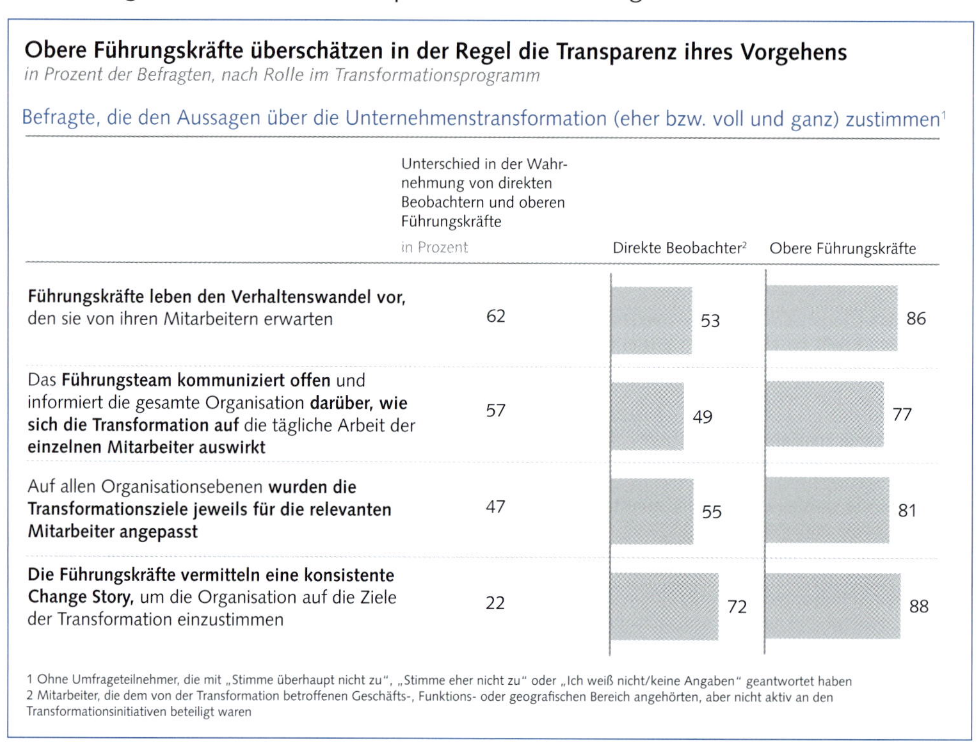

Abbildung 7: Transparenz der Führungsprozesse ist wichtig. (Quelle: McKinsey)

Auch wenn Senior-Führungskräfte die Transparenz ihres Vorgehens häufig überbewerten, erkennen sie eigene Fehler insbesondere in der Kommunikation bzw. im Personalwesen (Abbildung 8). Insbesondere nehmen sie sich eine schnellere Interaktion mit solchen Mitarbeitern vor, deren Widerstand gegen den Wandel es in Zustimmung umzumünzen gilt. Der Aufbau einer überzeugenden Change Story mit der Ableitung klarer Ziele ist essenziell, um das Führungsteam frühzeitig darauf einzuschwören. Zudem müssen von Anfang an genügend Ressourcen für den Veränderungsprozess bereitgestellt werden.

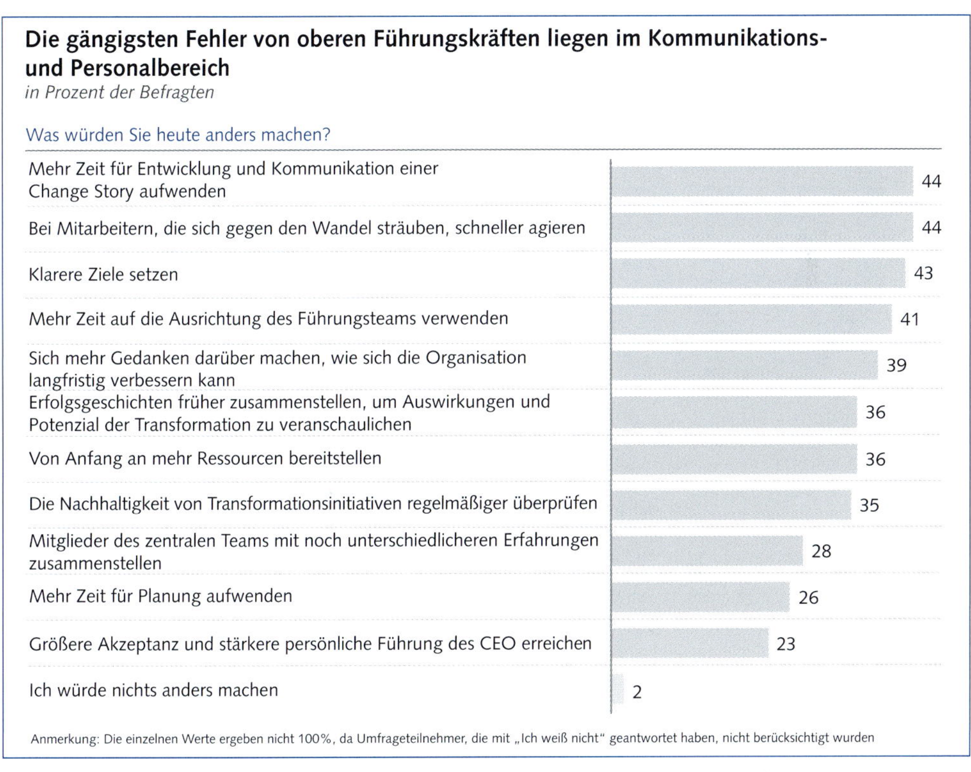

Abbildung 8: Kommunikation und Personalführung sind häufige Fehlerquellen. (Quelle: McKinsey)

Grundsätzlich können Unternehmen eine Führungsposition längerfristig nur beibehalten, wenn sie auf zwei Feldern besonders stark sind: Die eigentliche – kurzfristige – Unternehmensleistung (Performance) und die – langfristige – Organisationsgesundheit (Health) sind zu etwa gleichen Teilen maßgeblich für den Erfolg (Abbildung 9 und 10).

Abbildung 9: Unternehmensleistung und Organisationsgesundheit sind für den Erfolg gleichrangig. (Quelle: McKinsey)

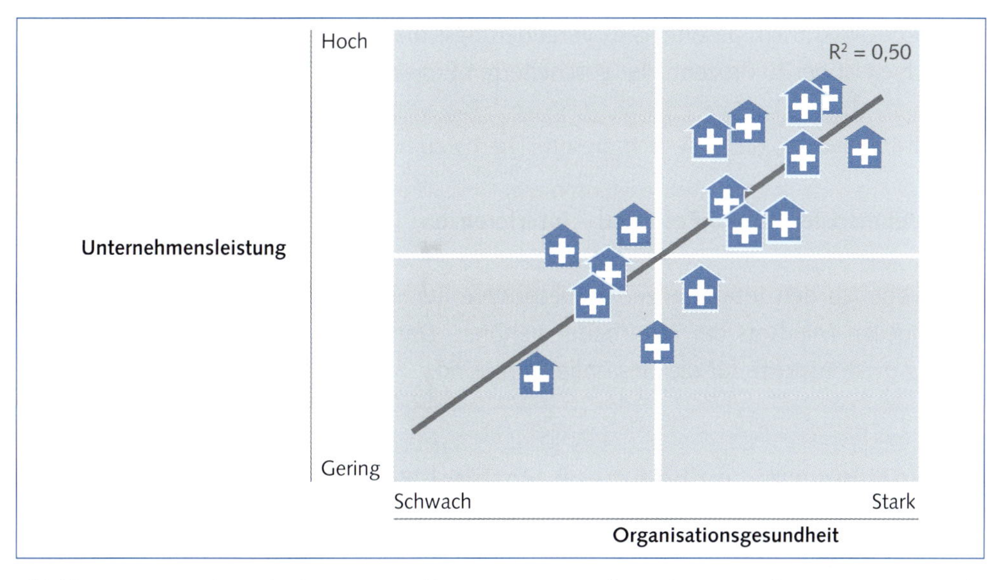

Abbildung 10: Beispiel Krankenhäuser in Großbritannien: Unternehmensleistung und Organisationsgesundheit sind wichtig. (Quelle: McKinsey)

Dies lässt sich in der Formel

Unternehmensexzellenz = Unternehmensleistung + Unternehmensgesundheit

ausdrücken.

Nur gesunde Organisationen sind in der Lage, sich in ausreichendem Maße an das sich dynamisch ändernde Unternehmensumfeld anzupassen, Umsetzungsschritte bestmöglich zu initiieren und zum Erfolg zu führen sowie sich in einem kontinuierlichen Optimierungsprozess zu erneuern. Dabei korreliert die heutige Unternehmensgesundheit stark mit der Unternehmensleistung von morgen: Über 50 Prozent der zukünftigen Unternehmensleistung beruht auf der gegenwärtigen Unternehmensgesundheit. Es lohnt sich also auch unter streng ökonomischen Gesichtspunkten, ein Auge auf Unternehmensgesundheit und -kultur zu haben. Unternehmen mit hoher Organisationsgesundheit erzielen mit einer 2,2-mal höheren Wahrscheinlichkeit eine überdurchschnittliche EBITDA-Marge als Unternehmen mit mangelnder Gesundheit. Dennoch wird die Organisationsgesundheit besonders in Umbruchzeiten vernachlässigt, und daraus resultierende negative Effekte belasten ein Unternehmen dann weit über diese Phase hinaus. Scheinbar gute Unternehmen erleiden häufig einen plötzlichen Leistungseinbruch. Anzeichen für Schwächen in der Organisation sind jedoch meist schon fünf bis sieben Jahre vorher wahrnehmbar. Organisationsgesundheit ist erfolgskritisch, besonders in Veränderungssituationen: Mangelnde Organisationsgesundheit ist bei 70 Prozent aller gescheiterten Projekte die Ursache.

Eine alternative Möglichkeit, sich diesem Thema zu nähern, drückt sich in der Formel

Unternehmensleistung = Potenzial – Interferenzen

aus, wobei zu den Interferenzen insbesondere auch die Unternehmenskultur und die individuellen Mindsets der Mitarbeiter gehören. Damit wird dann direkt deutlich, wie wichtig diese Aspekte für die Gesamtleistung sind.

Unternehmensgesundheit durch Hospital Health Index messen

Während das Thema Unternehmensleistung bereits einen festen Platz auf der Agenda von Krankenhäusern hat, mangelt es der Organisationsgesundheit häufig noch an Aufmerksamkeit. Nichtsdestotrotz ist sie ein entscheidender Faktor.

Um auch der Organisationsgesundheit die gebührende Beachtung zu verschaffen, ist die Quantifizierung der Ist-Situation ein unabdingbarer erster Schritt: Nur Parameter, die gemessen werden können, lassen sich optimieren. Zu beachten ist dabei, dass viele Faktoren, welche die Organisationsgesundheit beeinträchtigen können, nicht offensichtlich sind und nur durch entsprechende Werkzeuge zutage gefördert werden können (Abbildung 11).

Abbildung 11: Wesentliche Faktoren der Organisationsgesundheit sind unsichtbar. (Quelle: McKinsey)

Für das Thema Organisationsgesundheit hat McKinsey den Umfrage-basierten „Organizational Health Index" entwickelt, mit dem sich die Unternehmensgesundheit gesamthaft und in neun Unterbereichen schnell und zuverlässig quantitativ messen lässt (Abbildung 12). In 37 Dimensionen leiten sich dann direkt zu bearbeitende Handlungsfelder ab.

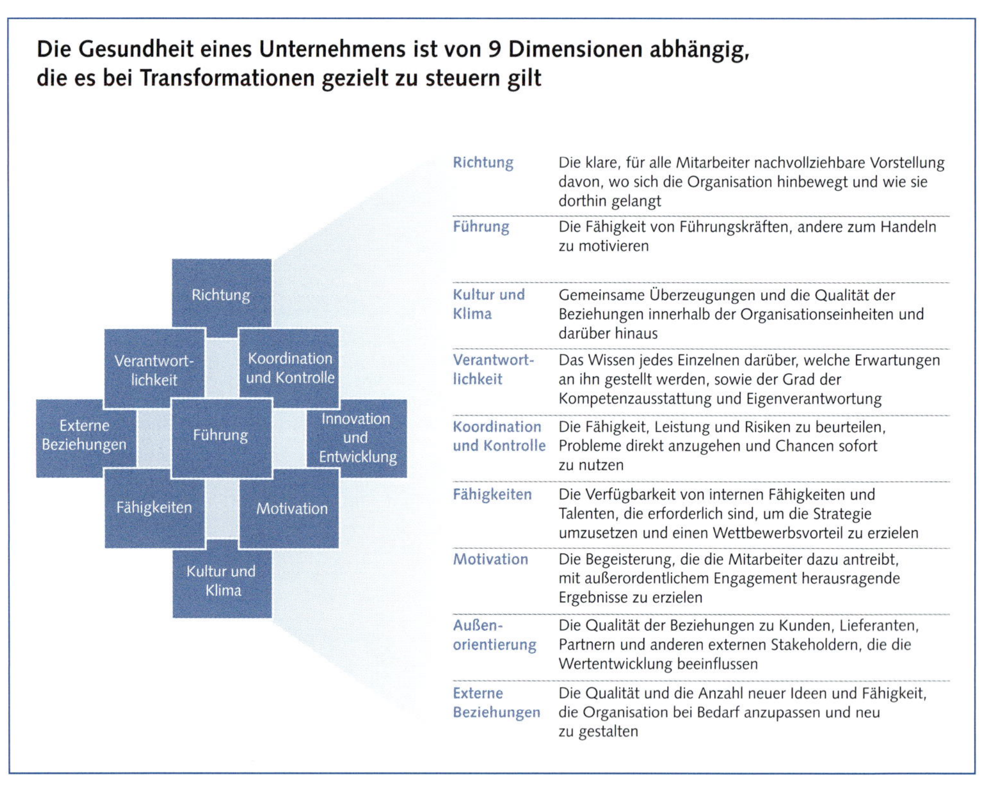

Abbildung 12: Organisationsgesundheit hängt von neun Dimensionen ab. (Quelle: McKinsey)

Auf Grund sehr guter Erfahrungen in den verschiedensten Branchen (zusammengefasst in einer Datenbank mit über einer Million Einträgen) und der hoch spezialisierten Situation deutscher Krankenhäuser haben wir dieses Instrument vor einigen Jahren als „Hospital Health Index" (HHI) speziell an Krankenhäuser angepasst. Der HHI schafft durch die Quantifizierung der Organisationsgesundheit nicht nur die Voraussetzung für Verbesserungen, sondern bietet auch eine sehr gute Alternative zu herkömmlichen Zufriedenheitsbefragungen von Patienten, Mitarbeitern und Zuweisern. Vor allem aber lassen sich mit Hilfe dieses Instruments quantifizierte Verlaufsbeobachtungen durchführen. Dadurch lässt sich klar darstellen, was Maßnahmen zur Verbesserung der Unternehmensgesundheit bereits erreicht haben.

Innerhalb der neun Dimensionen wird benchmarkfähig erhoben, wie gut unterschiedlichste Anspruchsgruppen (interne wie externe Stakeholder), Vision und Ziele der Organisation Krankenhaus verstehen (Abbildung 13). Eng verknüpft ist damit die Messung von Vertrauen in die Fähigkeiten der Führungskräfte, Ziele zu erreichen. Bekannte Unternehmensziele und der Zuspruch von Vertrauen in die Führungsfähigkeiten führen zu einer geteilten Unternehmenskultur und haben positiven Einfluss auf das Verantwortungsbewusstsein einzelner Mitarbeiter – auch dies wird durch Einsatz des HHI nachvollziehbar. Eine verbesserte Unternehmensgesundheit wirkt sich weiterhin auf die Aktionsfähigkeit einer Organisation aus, die in unserem Instrument über die Dimensionen Koordination und Kontrolle, Fähigkeiten bzw. Motivation erhoben und im Verlauf beobachtet werden können. Neben der Problemlösungskompetenz des eigenen Unternehmens gibt HHI Aufschluss über interne Talente und das eigene Engagement der Mitarbeiter. Rundum „gesund" sind Unternehmen, denen es gelingt, die externen Partner (Kunden, Lieferanten etc.) nicht nur zu verstehen, sondern die eigene Organisation zusätzlich und im Sinne eines sich verändernden Anforderungsprofils zu verändern. Aus dem Gesamtbild der Analyse werden schließlich präzise Handlungsfelder abgeleitet (Abbildung 14).

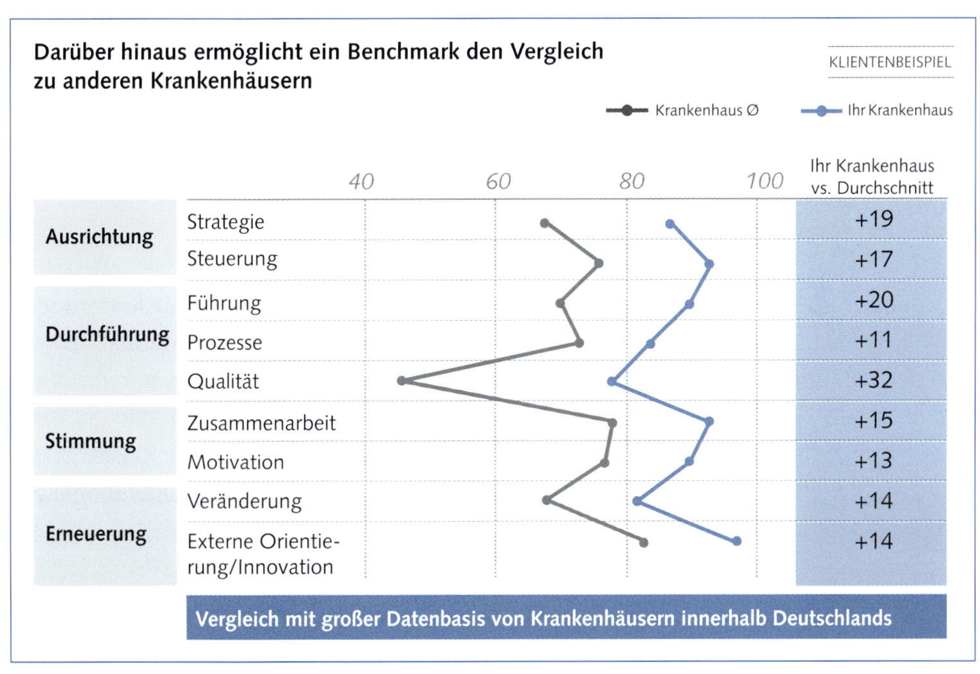

Abbildung 13: Quantifizierung ermöglicht das Benchmarking von Organisationsgesundheit. (Quelle: McKinsey)

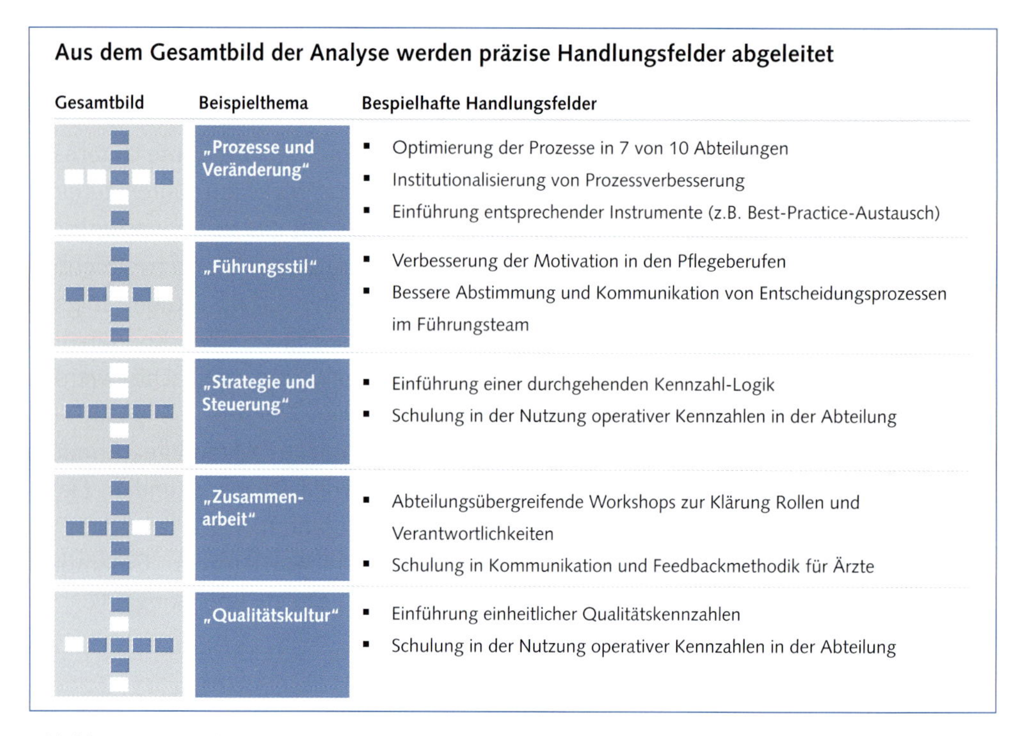

Aus dem Gesamtbild der Analyse werden präzise Handlungsfelder abgeleitet

Gesamtbild	Beispielthema	Bespielhafte Handlungsfelder
	„Prozesse und Veränderung"	▪ Optimierung der Prozesse in 7 von 10 Abteilungen ▪ Institutionalisierung von Prozessverbesserung ▪ Einführung entsprechender Instrumente (z.B. Best-Practice-Austausch)
	„Führungsstil"	▪ Verbesserung der Motivation in den Pflegeberufen ▪ Bessere Abstimmung und Kommunikation von Entscheidungsprozessen im Führungsteam
	„Strategie und Steuerung"	▪ Einführung einer durchgehenden Kennzahl-Logik ▪ Schulung in der Nutzung operativer Kennzahlen in der Abteilung
	„Zusammen-arbeit"	▪ Abteilungsübergreifende Workshops zur Klärung Rollen und Verantwortlichkeiten ▪ Schulung in Kommunikation und Feedbackmethodik für Ärzte
	„Qualitätskultur"	▪ Einführung einheitlicher Qualitätskennzahlen ▪ Schulung in der Nutzung operativer Kennzahlen in der Abteilung

Abbildung 14: Aus der Analyse werden konkrete Handlungsfelder und Maßnahmen abgeleitet. (Quelle: McKinsey)

Strategische Initiativen in fünf Schritten umsetzen

Im Zuge der Implementierung einzelner strategischer Initiativen sind Herausforderungen inhaltlicher wie prozessualer Natur zu bewältigen. Das Ziel einer Operationalisierung, also der Wirkung strategischer Initiativen, lässt sich auch im Krankenhaus nur verfolgen und erreichen, sofern all diese Aspekte berücksichtigt und kontinuierlich in die Strategie- bzw. Umsetzungsarbeit einbezogen werden. Laut einer Umfrage von McKinsey gehen bis zu 40 Prozent der gescheiterten Strategieumsetzungen auf fehlende Operationalisierungskompetenz zurück.

Die Operationalisierung kann anhand von fünf Schritten erfolgen (Abbildung 15 und 16):

- **Ziele festlegen – Aspire:** Mit dem Ziel der dauerhaften Unternehmensexzellenz müssen klare Zustände für die angestrebte Unternehmensleistung und die Unternehmensgesundheit definiert werden. Mit Aspire versetzen wir Klienten in die Lage, diese Zielzustände konkret zu bestimmen und anhand geeigneter Instrumente faktenbasiert der Organisation zu vermitteln. So wird zugleich die Messbarkeit innerhalb des Transformationsprozesses sichergestellt, was die erforderliche transparente Kommunikation des Fortschritts und der zu Grunde liegenden Erfolge ermöglicht.

- **Zustand bewerten – Assess:** Sobald die Organisation die angestrebten Zielzustände von Unternehmensleistung und Unternehmensgesundheit verstanden und verinnerlicht hat, knüpft Assess an; nun werden die Fähigkeit zum Wandel und die Bereitschaft zur Veränderung innerhalb der Organisation festgestellt und bewertet. Kritische Lücken in Unternehmensleistung und -gesundheit werden mit Hilfe erprobter Tools so bearbeitet, dass die hierfür definierten Ziele auch erreichbar sind.
- **Umsetzung planen – Architect:** Zur Transformation der definierten Handlungsfelder ist die Zusammenstellung eines Portfolios von Initiativen elementar. Innerhalb der Initiativen werden im Rahmen von Architect konkrete Maßnahmen festgelegt, die Denkweisen und Verhalten im Sinne der formulierten Ziele für Unternehmensleistung und -gesundheit substanziell verbessern.
- **Handeln – Act:** Ein übergeordnetes Handlungskonzept muss nicht nur das Ausrollen aller Initiativen über die gesamte Organisation strukturieren. Kontinuierlich gemessen, lassen sich die Wirkung der bzw. die Verantwortlichkeit für alle vorgesehenen und unternommenen Maßnahmen auch im Sinne eines ständigen Verbesserungsprozesses dauerhaft nutzen. Mit Act halten wir für alle Initiativen bewährte Instrumente bereit, um Strukturen, Mechanismen und notwendige Konzepte innerhalb des Unternehmens zu organisieren.
- **Verbesserung vorantreiben – Advance:** Transformationsprozesse benötigen ein Räderwerk zum Antrieb beständiger Verbesserungen. Mit den in Advance eingesetzten Instrumenten sichern wir kontrollierbar den internen Wissenstransfer, etablieren Best Practices für die Organisation und bauen Führungskräfte auf, die den erforderlichen Wandel vorantreiben.

EINFÜHRUNG – EIN BEWÄHRTER, PRAXISERPROBTER ANSATZ IST VORHANDEN

Für eine erfolgreiche Transformation werden Unternehmensleistung und Organisationsgesundheit in 5 Phasen adressiert

	Leistung	Gesundheit
1 **Ziele festlegen** Wo wollen wir hin?	**Strategische Ziele** Übergeordnete Leistungsziele festlegen	**Gesundheitsziele** Mit derselben Konsequenz explizite Organisationsziele definieren
2 **Bewerten** Wie gut sind wir dafür gerüstet?	**Fähigkeitenaufbau** Lücken und Defizite in technischen, Führungs- und Verhaltenssystemen ermitteln	**Tiefendiagnose** Sich ein Bild vom erforderlichen Einstellungswandel in der Organisation machen
3 **Planen** Was brauchen wir, um dorthin zu gelangen?	**Initiativenportfolio** Maßnahmen zur Leistungssteigerung entwickeln	**Überzeugungsmodell** Die Umsetzung so gestalten, dass die Mitarbeiter bereit und motiviert sind, ihr Verhalten zu ändern
4 **Handeln** Wie bewerkstelligen wir die Transformation?	**Umsetzungsfahrplan** Ansatz entwickeln, um die Maßnahmen unternehmensweit umzusetzen	**Veränderungsmotor** Allgemeines Zuständigkeitsgefühl wecken, strukturiert vorgehen und Ergebnisse messen
5 **Vorantreiben** Wie kommen wir voran?	**Kontinuierliche Verbesserung** Mechanismen einführen, um kontinuierliche Verbesserung voranzutreiben	**Centered Leadership** Führungskräfte weiterentwickeln, damit sie die Transformation vorantreiben können

Abbildung 15: Unternehmensleistung und Organisationsgesundheit werden in 5 Phasen optimiert. (Quelle: Scott Keller und Colin Price, Beyond Performance: How Great Organizations Build Ultimate Competitive Advantage. 2011)

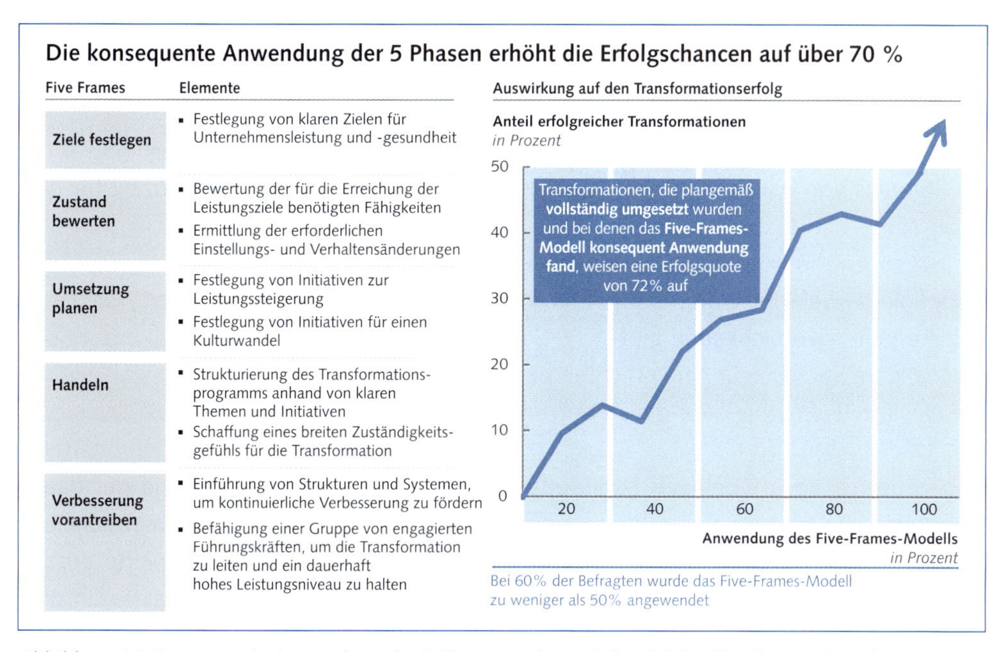

Abbildung 16: Konsequente Anwendung der 5 Phasen verbessert den Erfolg. (Quelle: McKinsey)

Ziele festlegen (Aspire)

Wo möchte eine Organisation zukünftig stehen? Die richtige Balance zwischen Faktenbasis und Intuition beeinflusst die Definition strategischer Ziele. Neben Industrietrends spielen dabei z. B. auch Erwartungen von Anteilseignern und die eigene Unternehmensleistung eine Rolle. Als praktikabel erwiesen hat es sich, Ziele im Sinne der Gesamtunternehmensvision mittelfristig, also innerhalb von drei bis fünf Jahren, anzustreben. Zielzustände sind dabei generell anspruchsvoll zu definieren, müssen aber erreichbar sein und dazu von Anfang an fortlaufend messbar sein.

Auch für die eigene Unternehmensgesundheit können Zielpunkte definiert und erreicht werden, wenn der aktuelle Status bekannt und dessen Weiterentwicklung nachvollziehbar bzw. messbar ist. Mit unserem „Hospital Health Index" stellen wir Krankenhäusern ein Instrument zur ganzheitlichen Messung und zum Benchmarking der eigenen Unternehmensgesundheit zur Verfügung. Anhand der unterschiedlichen Dimensionen können Organisationen nicht als „krank" im wörtlichen Sinne bezeichnet werden. Vielmehr gilt es, die Prioritäten passend zur eigenen Strategie zu setzen. Das oberste Quartil einer ganzheitlichen Unternehmensgesundheit ist mit 80-prozentiger Wahrscheinlichkeit schon erreichbar, wenn man sechs oder mehr Bereiche (von 37) entsprechend den Zielvorgaben entwickelt und somit den Antrieb zur Spitzenleistung gestaltet. Maximieren lässt sich der Effekt durch die Auswahl komplementärer Bereiche: Steigert man durch die Entwicklung eines bestimmten Bereichs beispielsweise die Rendite, lässt sich hieraus ein weiterer (komplementärer) Bereich entwickeln und so weiter.

Als Ergebnis von Aspire entstehen mindestens drei Endprodukte, die essenziell für den Erfolg sind:

1. Definierte Ziele für Unternehmensleistung und Unternehmensgesundheit, für die es klare Verantwortlichkeiten gibt
2. Eine klare Sprache zur vereinfachten bzw. strukturierten Zieldiskussion
3. Relevante Faktenbasis für die Zielsetzung

Neben der ca. sechswöchigen Ermittlung des „Hospital Health Index" und der damit verbundenen Ableitung von faktenbasierten Zielpunkten für die Unternehmensleistung bzw. die Unternehmensgesundheit kommt es auch darauf an, einige Aspekte auszuwählen, in denen man als Organisation richtungsweisend (bzw. Best in Class) sein will. Unabdingbar ist zudem, dass sich die Führung voll und ganz mit der bevorstehenden Transformation identifiziert und die entsprechende Verantwortung für die erfolgreiche Umsetzung übernimmt.

Mit Aspire werden also zwei Kernfragen beantwortet:

- Verfügt das Unternehmen über eine beschlossene, weitgehend verstandene und gemeinsam geteilte Vision des Wandels mit den daraus resultierenden Leistungszielen?
- Existieren eine robuste Ausgangssituation (Baseline) und gemeinsame Erwartungen an die Unternehmensgesundheit?

Zustand bewerten (Assess)

Wie bereit ist das Unternehmen schon, die angestrebte Position zu erreichen? Assess setzt auf der in Aspire ermittelten Faktenbasis für die Unternehmensleistung bzw. auf der festgestellten Ausgangsposition (Baseline) der Unternehmensgesundheit auf. Nun geht es darum, Stärken der Organisation für den Transformationsprozess zu identifizieren, die folgende relevante Eigenschaften besitzen:

- innerhalb des Wettbewerbs selten zu finden,
- überlegen gegenüber Substituten,
- schwierig reproduzierbar.

Mit unseren Diagnosen liefern wir den Status Quo für die strategischen Stärken in den drei Bereichen

- Managementsystem,
- Technisches System,
- Kulturelles System

und bewerten die jeweiligen Unternehmensstärken mithilfe unterschiedlicher Methoden, z. B. durch Ermittlung von Kennzahlen, Kompetenz-Assessments oder Beobachtung durch Experten.

Um die grundlegenden Ursachen (Root Causes) des Gesundheitsstatus Quo vollständig zu verstehen, graben wir tief und decken Denkweisen (Mindsets) auf, deren Einfluss als limitierend oder förderlich für die Unternehmensgesundheit einzustufen ist. Ohne dieses Verständnis läuft die Organisation Gefahr, lediglich bei Symptomen von Denkweisen anzusetzen. Ziel ist es aber, die vitalen Veränderungen der ursächlichen Denkweisen zu priorisieren und mit gezielten Aktivitäten ganzheitlich zu verändern. Dazu werden zunächst diejenigen drei bis fünf Denkweisen identifiziert, deren Modulation die Unternehmensgesundheit am stärksten verbessert.

Auch Assess vereint wenigstens vier erfolgskritische Elemente:

1. Definition des unternehmensspezifischen Leistungsvermögens und Identifikation solcher Denkweisen (Mindsets), die eine Organisation befähigen, ihre Leistungsziele ebenso zu erreichen wie den angestrebten Status der Unternehmensgesundheit
2. Ermittlung von Kapazitätsdefiziten im technischen System sowie im Führungs- und Verhaltenssystem
3. Verständnis der kritischen Denkweisen und der zur Zielerreichung notwendigen Modulationen
4. Bewertung möglicher Schwierigkeiten bei der Realisierung spezifischer Veränderungen bzw. Denkweisen

Basierend auf den festgestellten Kapazitätsdefiziten werden die benötigten Kapazitäten ermittelt. Die weitergehende Kapazitätsanalyse ergibt den Abstand zwischen Ist- und angestrebtem Zustand in den Bereichen Management, Technik und Kultur. In Assess führen die in Aspire generierten Ergebnisse des „Hospital Health Index", unterstützt durch umfassende Interviews und eine Erhebung der Bereitschaft zum Wandel, zu einem Verständnis dessen, was es für einen erfolgreichen Veränderungsprozess zu verbessern gilt.

Assess liefert somit Antworten auf zwei Fragen:

- Liegt eine solide Bewertung der benötigten Unternehmenskapazitäten vor, mit denen sich die Vision vom Wandel verwirklichen lässt?
- Herrscht ein Verständnis der ursächlichen Denkweisen (Root-cause Mindsets), welche die Unternehmensgesundheit hemmen oder verbessern?

Umsetzung planen (Architect)

Was ist konkret erforderlich, um die angestrebten Ziele zu erreichen? Für die in Assess ermittelten notwendigen Kapazitäten und Denkweisen für eine erfolgreiche Transformation wird in Architect das geeignete Portfolio von Handlungsinitiativen zusammengestellt. Mit Blick auf die Leistungsziele und funktionalen Kapazitäten geht es dabei vor allem darum, das Wertschöpfungspotenzial jeder Initiative zu bestimmen. Das Portfolio wird dann ausgeglichen in Bezug auf die kurz-, mittel- und langfristigen Auswirkungen zusammengestellt; Tendenzen zu

- zu großem Risiko (Big Bets),
- zu stark ausgeprägtem Inkrementalismus

werden vermieden.

Mit dem Einfluss-Modell ermöglichen wir Mitarbeitern, ihre Sichtweise mit Blick auf die gemeinsam anzustrebenden Ziele zu verändern. Dazu errichten wir vier Grundpfeiler als Voraussetzung zur individuellen Wandlungsbereitschaft:

- Mitreißende Change Story mit klarer Sprache und Ritualen
- Verstärkende Mechanismen, z. B. in Form von Belohnungen und Konsequenzen
- Benötigte technische und relationale Fähigkeiten für den Wandel
- Rollenmodellierung und Vorbildfunktionen

Was die Führungskraft motiviert, motiviert die meisten Mitarbeiter ggf. überhaupt nicht. Menschen handeln in vielerlei Hinsicht zwar irrational, aber vorhersehbar. Methoden zur Einflussnahme setzen wir daher insbesondere ein, um von Beginn an zu vermeiden, dass im Transformationsprozess verzerrte Erwartungen entstehen.

Leistungsinitiativen tragen dazu bei, Verhalten und Denkweisen im Sinne des Transformationserfolgs zu verändern. Anstrengungen hierzu befassen sich im ersten Schritt damit, das bestehende Geschäft anzupassen und die Unternehmensgesundheit mit operativen Initiativen voranzutreiben bzw. zu stärken.

Mindestens sechs Elemente sind in Architect gravierend für den Erfolg:

1. Ausgeglichenes Portfolio von Handlungsinitiativen mit kurz-, mittel- und langfristigen Startzeitpunkten
2. Überzeugende Story, die das Verständnis für die Notwendigkeit des Wandels erzeugt und alle Mitglieder der Organisation zu Teilhabern am Wandel macht
3. Aktionsplan zur Gestaltung eines Rollenkonzepts
4. Programm zum Kapazitätsaufbau
5. Kennzahlen als verstärkender Mechanismus
6. Initiativen entsprechend der vier Grundpfeiler des Einfluss-Modells

Im Rahmen einer ausgewogenen Portfolio-Matrix lässt sich die Change Story vor allem mit Workshops der gesamten Organisation gut vermitteln. Ferner werden wichtige Meinungsmacher identifiziert (z. B. durch eine Social Network Analyse) und zum Bestandteil des Wandels gemacht.

Das Ziel von Architect ist die Beantwortung zweier Schlüsselfragen:

- Gibt es ein konkretes, ausgewogenes Programm mit Initiativen zur Leistungsverbesserung, mit dem sich die Vision des Wandels definitiv erreichen lässt?
- Existiert ein klarer Plan, wie die Arbeitsumgebung zu gestalten ist, um gesunde Denkweisen zu fördern?

Handeln (Act)

Wie lässt sich der Wandel steuern? Damit die beschlossenen Initiativen Erfolg haben, müssen sie auf dem richtigen Weg umgesetzt werden. Drei Schritte zur Implementierung von Initiativen und Maßnahmen haben sich bewährt:

- Testen der vorgesehenen Maßnahmen
- Lernen aus den Beobachtungen
- Verbreiten der weiterentwickelten Maßnahmen

Auf diese Weise lassen sich Risiken steuern und Methoden vor der Verbreitung verfeinern. Zugleich erzeugen frühe Ergebnisse die erforderliche Motivation. Nun wird das geeignete Implementierungsmodell ausgewählt:

- Linear (durch sequenzielle Interventionen),
- Geometrisch (durch aufeinanderfolgende Wellen von Interventionen) oder
- „Big Bang" (mit gleichzeitigen Interventionen und entsprechend intensivem, kurzfristigem Ressourcenbedarf).

Der Erfolg einer Transformation steht und fällt damit, dass Unternehmen den Prozess durchhalten, ohne Energie zu verlieren. Dafür sorgen wir mit der Entwicklung einer kohärenten Transformationsstruktur, dem Aufbau von Verantwortlichkeit für den Wandel und durch fortlaufende Maßnahmenevaluation.

Auch am Ende von Act stehen Antworten auf zwei Kernfragen:

- Existiert ein wohldefiniertes Modell zur Verbreitung (Scale-up-Model) jeder Initiative aus dem Portfolio?
- Verfügt die Organisation über zuverlässige Methoden, um die benötigte Energie für den Wandel kontinuierlich einfließen zu lassen und während des eigentlichen Transformationsprozesses freizusetzen?

Veränderung vorantreiben (Advance)

Wie erreicht man dauerhaften Fortschritt? Eine kontinuierliche Weiterentwicklung wird erzielt durch:

- Einsatz von Knowledge-Management (Wissenstransfers, Best Practices)
- Etablierte Verbesserungsprozesse
- Kontinuierliche Lernmethoden
- Dedizierte Expertise

Gesamthaft hängen die Implementierungsschritte vom Archetyp der jeweiligen Organisation ab. Dementsprechend werden der Einsatz von Knowledge-Management-Systemen, die Definition von Prozessen zur Identifikation von Verbesserungschancen, eine Auswahl geeigneter Lernmethoden und die benötigte Expertise auf den Archetypen abgestimmt.

Mit Advance beantworten wir die Fragen:

- Existieren Strukturen, Prozesse, Systeme und Personen, die eine kontinuierliche Verbesserung der Unternehmensleistung bzw. -gesundheit vorantreiben?
- Verfügt das Unternehmen über eine Gruppe engagierter Führungspersönlichkeiten, die den Transformationsprozess leiten und durch ausgeprägte Selbstdisziplin ein hohes Leistungsniveau halten können?

Fazit

Der Erfolg von Veränderungsprojekten hängt von zahlreichen Faktoren ab (Abbildung 17): Ein klares Ziel und eine realistische Umsetzungsplanung, wirkungsvolle Steuerungsinstrumente, ein professionell gesteuerter Implementierungsprozess, Akzeptanz bei Mitarbeitern und externen „Stakeholdern" sowie nachhaltige Ergebnissicherung durch Kompetenzausbau sind für Veränderungsprojekte unabdingbar. Dies sind zugleich die Erfolgsfaktoren von Umsetzungsprojekten. Langjährige Praxiserfahrung in der Krankenhauswirtschaft und individuell zugeschnittene, flexible Projektstrukturen ermöglichen die Umsetzung der definierten Strategie.

Mitarbeiter stehen ebenso im Fokus wie das jeweilige Projekt. Transformationen befassen sich maßgeblich mit den Verhaltensweisen von Organisationsmitgliedern bzw. stehen erheblich unter ihrem Einfluss. Um Transformationen langfristig tragfähig zu gestalten, brauchen Unternehmen enthusiastische Mitarbeiter mit hohem Leistungspotenzial. Darüber hinaus müssen diese mit den entsprechenden Fertigkeiten ausgestattet werden und Anreize erhalten. Wirkliches Personalmanagement ist einer der Schlüssel zum Umsetzungserfolg.

Fortlaufende Kommunikation ist eine nicht zu unterschätzende Komponente des nachhaltigen Transformationserfolgs. Kontinuierliche Informationen über den Fortschritt einer einnehmenden Change Story müssen Transformationsprojekte daher unbedingt flankieren.

Nachhaltigkeit: Transformationsprozesse stellen eine große Herausforderung dar und sind immer mit harter Arbeit verbunden. Erzielte Veränderungen müssen erhalten und weiterentwickelt werden. Da einige Faktoren einen größeren Einfluss hierauf haben als andere, liegt die eigentliche Kraft in deren Orchestrierung, um die Erfolgschancen einer Organisation zu erhöhen.

10 Tests für eine erfolgreiche Transformation

			1	2	3	4	5
Strategische Ziele	*Gesundheitsziele* 	1. *Sind unsere Vision des Wandels und die Leistungsziele überzeugend und plausibel, und werden sie von allen getragen?* 2. *Haben wir eine solide Ausgangsbasis und gemeinsame Ziele für die Gesundheit unserer Organisation?*					
Fähigkeitenaufbau	*Tiefendiagnose* 	3. *Haben wir hieb- und stichfest beurteilt, ob unsere Organisation in der Lage ist, unsere Vision des Wandels Wirklichkeit werden zu lassen?* 4. *Kennen wir die Einstellungen, die der Gesundheit unserer Organisation zu Grunde liegen und die ihr zu- oder abträglich sind?*					
Initiativenportfolio	*Überzeugungsmodell* 	5. *Verfügen wir über ein konkretes, ausgewogenes Maßnahmenpaket, um unsere Vision des Wandels Wirklichkeit werden zu lassen?* 6. *Besitzen wir ein klares Konzept, wie wir unsere Arbeitsumgebung ändern wollen, um die Veränderungsbereitschaft zu fördern?*					
Umsetzungsfahrplan	*Veränderungsmotor* 	7. *Verfügen wir für alle Maßnahmen aus dem Paket über ein klar definiertes, ausbaufähiges Umsetzungsmodell?* 8. *Verfügen wir über eine zuverlässige Methode, um die Dynamik während des Wandels dauerhaft aufrechtzuerhalten?*					
Kontinuierliche Verbesserung	*Centered Leadership* 	9. *Haben wir die Strukturen, Prozesse, Systeme und Mitarbeiter, um Gesundheit und Leistung kontinuierlich zu verbessern?* 10. *Verfügen wir über engagierte Führungskräfte mit den nötigen persönlichen Qualitäten, um den Veränderungsprozess erfolgreich zu leiten?*					

Abbildung 17: 10 wichtige Tests für einen erfolgreichen Transformationsprozess (Quelle: Scott Keller und Colin Price, Beyond Performance: How Great Organizations Build Ultimate Competitive Advantage. 2011)

Autorenverzeichnis

PD Dr. med. Sören T. Eichhorst
Partner McKinsey & Company; Leiter McKinsey Hospital Institut;
Co-Leiter der europäischen Healthcare Practice von McKinsey;
Geschäftsführer Orphoz GmbH & Co. KG.

McKinsey & Company, Köln

Facharzt und Habilitation für Innere Medizin an den Universitäten Heidelberg und LMU München, Leiter Consulting Healthcare und Mitglied des globalen Healthcare-Expertenteams bei der KPMG, Geschäftsführer und Ärztlicher Direktor der Eifelklinik St. Brigida GmbH & Co. KG im Artemed Klinikverbund

Dipl-Gesök. Arne Greiner
Kaufm. Direktor

Malteser Rhein-Ruhr gGmbH, Duisburg

Arne Greiner hat sich seit über 10 Jahren auf das Management von Krankenhäusern spezialisiert. Stationen waren dabei das Universitätsklinikum Hamburg Eppendorf und das Städtische Klinikum Lüneburg. Restrukturierung, Sanierung und Reorganisation standen dabei besonders im Mittelpunkt.

Prof. Dr. jur. Bernd Halbe
Rechtsanwalt, Fachanwalt für Medizinrecht

DR. HALBE – RECHTSANWÄLTE, Köln • Hamburg • Berlin

Seit 1989 als Rechtsanwalt zugelassen und ausschließlich im Bereich des Medizinrechts/ Wirtschaftsrechts im Gesundheitswesen tätig. Im Jahre 1999 Gründung der Kanzlei DR. HALBE – RECHTSANWÄLTE, Köln • Hamburg • Berlin. Justitiar verschiedener Verbände. Honorarprofessor der Universität zu Köln, Lehrbeauftragter der Universität zu Köln für Medizinrecht. Vorsitzender des Vorprüfungsausschusses für die Verleihung der Fachanwaltsbezeichnung Medizinrecht bei der Rechtsanwaltskammer Köln. Diverse Fachveröffentlichungen und Vortragstätigkeiten zu medizinrechtlich relevanten Themen

Stefan Herm
Executive Consultant für Informationstechnologie im Gesundheitswesen, Berlin

Stefan Herm hat Germanistik und Betriebswirtschaftslehre in Berlin studiert. Als Geschäftsführer der GSD war er von 1997 bis 2006 maßgeblich an der Entwicklung klinischer Anwendungslösungen auf Basis von SAP Technologie und deren Einführung im Rahmen internationaler Projekte in führenden Krankenhäusern und Krankenhausorganisationen beteiligt. Für Siemens und McKesson verantwortete Stefan Herm jeweils die Bereiche Healthcare IT mit dem Schwerpunkt Europa und ist aktuell als Berater für internationale Projekte in diesem Bereich tätig.

Peter Krause
Commercial Leader – Healthcare Financial Services Europe
GE Capital Leasing GmbH, München

Seine berufliche Karriere startete Peter Krause 1991 bei Siemens Nixdorf. Anschließend arbeitete er sowohl in den USA als auch in Europa in verschiedenen leitenden Positionen bei führenden Medizintechnikherstellern und in der Leasingbranche. Seit mehr als zehn Jahren liegen sein Fokus und seine Expertise auf Finanzierungen im europäischen Gesundheitswesen.

Dr. Karsten Lafrenz
Partner, McKinsey & Company, Inc.
McKinsey & Company, Inc., Düsseldorf

Studium der Betriebswirtschaft (Dipl.-Kfm.) an der Universität Münster, Master of Science in Finance in Glagow und Promotion (Dr. rer. pol.) an der Universität in Frankfurt/Oder, seit 2000 Berater in Restrukturierungs- und Turnaround-Situationen, seit 2012 bei McKinsey & Company in Düsseldorf.

Karl Miserok
Jurist, Managing Director
Orphoz GmbH & Co. KG I McKinsey & Company, Inc., Berlin

Karl Miserok ist Managing Director der Orphoz GmbH & Co. KG, einem 100%igen Tochterunternehmen von McKinsey & Company. Er war vorher über viele Jahre Berater in der Pharma-Healthcare Practice von McKinsey & Company und an der Gründung des McKinsey Hospital Instituts beteiligt. In dieser Zeit hat er insbesondere kommunale, private und freigemeinnützige Krankenhausträger, Kostenträger aus der privaten und gesetzlichen Krankenversicherung und Pharmaunternehmen in strategischen, operativen und Umsetzungsprojekten beraten. Darüber hinaus verfügt er über langjährige Vorstandserfahrung in führenden deutschen Klinikketten und war über mehrere Jahre Leiter des Finanzwesens einer großen Krankenversicherung.

Dr. Manuel Möller
Senior-Projektleiter, Mitglied des Business Technology Office
McKinsey & Company Inc., Frankfurt am Main

Dr. Möller hat Philosophie und Informatik mit Schwerpunkt Machine Learning in Chemnitz studiert. In seiner Promotion am Deutschen Forschungszentrum für Künstliche Intelligenz in Kaiserslautern beschäftigte er sich in einer Kooperation mit Siemens Corporate Technology mit Verfahren zur Verbesserung der Suche in großen Bild- und Patientendatenarchiven. Bei McKinsey hat sich Dr. Möller auf IT-Themen im Gesundheitswesen spezialisiert mit Projekten in Krankenkassen, Pharmaunternehmen und Krankenhäusern.

Dr. med. Stefan Moder
Berater bei McKinsey & Company

McKinsey & Company, Inc., München

Bis 2012 Studium der Humanmedizin an der LMU München mit Aufenthalten an der Harvard Medical School, Boston, der Universität Zürich und der Queen Mary University of London. 2013 Promotion in der Tumorimmunologie an der Medizinischen Klinik und Poliklinik IV der LMU München (Prof. Reincke, Prof. Endres). Seit 2013 Berater bei McKinsey & Company mit Fokus auf Strategie und Prozessoptimierung im Gesundheitswesen

Dr. med. Axel Paeger, MBA/MBI (EUR)
CEO und Vorsitzender des Vorstandes AMEOS Gruppe, Zürich

AMEOS Gruppe, Zürich

Ab 1994 Board Member der Pacific Health Corporation in Kalifornien, ab 1999 Hauptgeschäftsführer der Asklepios Kliniken GmbH in Deutschland, seit 2003 CEO und Vorsitzender des Vorstandes der von ihm 2002 gegründeten AMEOS Gruppe

Christoph Sandler
Senior Projektleiter

McKinsey & Company, Inc., München

Studium der BWL, Gesundheitsökonomie und Ostasienwissenschaft. Danach mehrere Stationen in China, Japan, Osteuropa und den USA. Seit einigen Jahren Berater des Gesundheitswesens in Europa und Asien. Spezialisiert auf Gesundheitsversorgung, Reorganisation und Entwicklung zukünftiger (Markt-) Strategien.

Prof. Dr. med. Christian Schmidt MPH
Ärztlicher Vorstand und Vorstandsvorsitzender der Universitätsmedizin Rostock

Universitätsmedizin Rostock

Ärztlicher Vorstand und Vorstandsvorsitzender der Universitätsmedizin Rostock. Geschäftsführer der Kliniken der Stadt Köln und Mitglied im Fakultätsvorstand der Universität Witten Herdecke. Davor Vorstand Medizin an die Mühlenkreiskliniken in Minden und Leiter der Stabsstelle für Unternehmensentwicklung am Universitätsklinikum Schleswig-Holstein (UKSH). Am Campus Kiel des UKSH Facharztausbildung zum Chirurgen. Studium der Medizin in Münster und Durban, Südafrika, Studium der Gesundheitswissenschaften in Bielefeld und Boston.

Diplom Gesundheitsökonom Benedikt Simon
Project Manager

Orphoz GmbH & Co. KG | McKinsey & Company, Inc., Berlin

Seit Oktober 2015 leitet Benedikt Simon als Project Manager bei Orphoz/McKinsey Projekte im Krankenhaus-, MVZ- und Pharmabereich. Zuvor verantwortete er als kaufmännischer Leiter fünf MVZ und fungierte parallel als stellvertretender Krankenhausdirektor eines Schwerpunktversorgers.

Dr. med. Dipl.-Phys. Gerhard M. Sontheimer
sontheimer.com – Medizin 4.0, Hamburg

Unternehmensberater und Interim-Manager für stationäre und ambulante Medizinanbieter; 15 Jahre lang in verschiedenen Managementpositionen sowie als Managementberater in der pharmazeutischen Industrie und in der Medizintechnik tätig, danach 12 Jahre als Vorstand und Geschäftsführer in der Leitung von privaten und öffentlichen Krankenhäusern und Reha-Kliniken, zuletzt Vorstandsvorsitzender einer regionalen Klinik-Holding.

Dipl.-Ing. (FH) Bau Hermine Szegedi
Associate Partner, Director Healthcare Division
Drees & Sommer AG Healthcare Division, München

1992–1997: Studium Bauingenieurwesen, FH München und Berufsstart als Projektmanagerin bei Drees & Sommer München GmbH. 2010: Senior Projektpartnerin / Director Healthcare Division Drees & Sommer GmbH München. 2014: Associate Partnerin / Director Healthcare Division Drees & Sommer AG

Dr. Elke Uhrmann-Klingen
Senior Expert Healthcare Analytics McKinsey und
Leiterin Datenanalytik McKinsey Hospital Institut
McKinsey & Company, Inc., Berlin

Promotion in angewandter Mathematik und anschließend Forschung in einem SFB der Deutschen Forschungsgemeinschaft. Nach Eintritt bei McKinsey 1998 Spezialisierung auf die Gesundheitswirtschaft. Seit 2009 verantwortlich für die Analytikwerkzeuge und -konzepte des McKinsey Hospital Instituts, u.a. Benchmarking von Krankenhäusern, Einweisermanagement, Personalplanung, OP-Management und regionale Bedarfsplanung"

Dr. Christian Utler, eMBA
Geschäftsführer
Malteser Rhein-Ruhr gGmbH, Duisburg

Der Fokus von Dr. Ch. Utler Fokus liegt in der Führung von großen medizinischen Institutionen mit erfolgreicher Reorganisation und turn around management, aktuell bei den Maltesern, zuvor bis 2010 zehn Jahre am Universitätsklinikum Hamburg Eppendorf. Er ist Facharzt für Frauenheilkunde und Psychotherapeut. Zudem hält er einen eMBA der WU Wien und der Universität von Minnesota – Twin Cities.

Stichwortverzeichnis

Glossar

Ambulantisierung
Der Begriff „Ambulantisierung" steht für den Prozess der Auslagerung sozialer und gesundheitlicher Versorgungsleistungen aus dem stationären in den ambulanten Sektor und generell für die Akzentverschiebung in Richtung auf eine prioritär ambulante Versorgung.

Change Management
Change Management bezeichnet das planvolle Management von Veränderungsprozessen von einem Ausgangszustand hin zu einem Zielzustand. Dabei ist die Hauptaufgabe von Change Management, gezielt und aktiv, strategisch klug und wirkungsvoll in die Anpassungsprozesse einzugreifen.
Da bis zu 70% der Projekte nicht oder nur teilweise umgesetzt werden, ist wesentlicher Bestandteil von Veränderungsprozessen, Akzeptanz bei Management und Mitarbeitern zu schaffen und organisationsbezogene Widerstände zu überwinden.

Elektronische Patientenakte (EPA)
EDV-System zur elektronischen Verwaltung aller Daten eines Patienten oder für einen konkreten Behandlungsfall (Elektronische Fallakte). Sie erlaubt eine eine sektor- und berufsgruppenübergreifende Information und Zusammenarbeit. Aktuell kommen elektronische Patientenakten vorwiegend in regionalen oder Pilotprojekten zum Einsatz. Datenschutz- und Schnittstellenfragen schränken die flächendeckende Nutzung bisher noch ein.

Erlös-Kosten-Schere
Die Erlös-Kosten-Schere beschreibt eine Situation, in der die Kosten, etwa durch steigenden Personalaufwand, medizinischen Fortschritt oder steigende Materialkosten, einen kontinuierlichen Anstieg im Sachaufwand verursachen, das Erlöswachstum jedoch dahinter zurückbleibt.

Granularität
In Hinblick auf (Pflege-)Klassifikationssysteme versteht man unter Granularität ein Maß für die Feinkörnigkeit eines Systems, d. h. den Grad an Differenzierung der Elemente bzw. Ebenen einer hierarchischen Ordnung.

Green Hospital
Green Hospital steht für ein modernes Krankenhauskonzept, das Ökologie und Ökonomie mit sozialer Verantwortung im Klinikmanagement verbindet. Das umweltbewusste Krankenhaus der Zukunft soll sowohl die Bedürfnisse von Patienten und Mitarbeitern als auch Natur- und Umweltbelange sowie ökonomische Erfordernisse berücksichtigen.

Hospital Health Index
Der Hospital Health Index baut auf dem weltweit von McKinsey verwendeten Organizational Health Index auf und ist an die spezifische Situation von Krankenhäusern angepasst. Er wird im Rahmen einer standardisierten Mitarbeiterbefragung erfasst und betrachtet innerhalb von neun Dimensionen, wie die Fachabteilungen und Berufsgruppen zueinander stehen und was die Kerntreiber für beispielsweise Unzufriedenheit mit der interdisziplinären Zusammenarbeit sind. Die Analyse der Organisationsgesundheit liefert einen wichtigen Beitrag um etwaige Widerstände in Veränderungsprozessen zu identifizieren.

Incentive Management
Bezeichnet das Planen und Bereitstellen von einem oder mehreren Anreiz-Angeboten, meist im Rahmen der Mitarbeiterentwicklung. Ein Anreiz ist dabei ein positives Ergebnis oder eine Belohnung, die ein Mitarbeiter bei Erreichen eines vorher definierten Zieles erhält.

Integrierte Systementwicklung
Integrierte Systementwicklung ist ein gesteuerter organisatorischer Entwicklungsprozess, unter besonderer Berücksichtigung der betriebswirtschaftlichen und verhaltensorientierten Themenstellungen und einer ziel- und prozessorientierten Vorgehensweise. Die Zielsetzung hierbei ist einerseits die Gestaltung eines funktionsfähigen Systems, andererseits die Optimierung der Funktionsweise, d. h. konkret umgesetzte Resultate bezüglich optimierter Strategie, Struktur/Prozess und Verhalten.

Integrierte Versorgung
Bei der Integrierten Versorgung werden Patientinnen und Patienten qualitätsgesichert und in sektor- beziehungsweise fachübergreifend vernetzten Strukturen versorgt. Ärzte, Fachärzte, Krankenhäuser, Vorsorge- und Reha-Kliniken und andere zur Versorgung der Versicherten berechtigte Leistungserbringer können kooperieren und sorgen für den notwendigen Wissensaustausch. Hierzu können Krankenkassen mit Leistungserbringern entsprechende Verträge schließen.

Kernraumermittlung
Ermittlung des Raumbedarfs im Krankenhaus. Dabei werden verschiedene Faktoren in Betracht gezogen, z. B. die erwartete Anzahl von Patienten oder die durchschnittliche Tagesauslastung.

Klinische Informationssoftwaresysteme
Ein klinisches Informations- bzw. Krankenhausinformationssystem bezeichnet eine umfassende Softwarelösung für Krankenhäuser. Anstelle einzelner unverbundener Softwarelösungen, die den Informationstransfer zwischen Abteilungen und Systemen erschweren, wird eine einzelne umfassende Lösung eingesetzt, die alle Bereiche des Krankenhauses abdecken kann.

Klinischer Behandlungspfad
Ein klinischer Behandlungspfad stellt eine lokal konsentierte Festlegung der Patientenbehandlung einer definierten Fall- oder Behandlungsgruppe dar. Unter Wahrung festgelegter Behandlungsqualität und verfügbarer Ressourcen werden bereits in der Entwicklung alle an der Patientenbehandlung beteiligten Berufsgruppen einbezogen. Neben einer optimalen Patientenbehandlung und effizienten Ablauforganisation fördern sie Teamwork und Kommunikation, schaffen Prozesskostentransparenz und definieren und evaluieren Behandlungsziele. Der gesamte Behandlungsprozess wird über ein behandlungsbegleitendes Dokumentations- und Monitoringsystem unterstützt.
Klinische Behandlungspfade können innerhalb eines Krankenhauses, aber auch sektorübergreifend unter Einbeziehung vor- und nachgelagerter Leistungserbringer definiert werden.

Medizinstrategie
Die Medizinstrategie beantwortet die Frage, wie ein Krankenhaus oder ein Verbund durch eine veränderte Ausrichtung seines Leistungsangebotes effizienter, wirtschaftlicher und gleichzeitig in hervorragender medizinischer Qualität arbeiten kann. Die Medizinstrategie umfasst dabei Standort- und Verbundstrategien, die Optimierung des Leistungsportfolios, die Bildung von Zentren, interne und externe Kooperationen mit gleich-, vor- und nachgelagerten Leistungserbringern sowie ein strukturiertes und systematisches Einweisermanagement.
Ausgangspunkt für die Ableitung einer Medizinstrategie sind das Markt- und Wettbewerbsumfeld sowie die interne Ausgangsposition eines Krankenhauses bzw. dessen Verbundes.

Pay for Performance
Pay for Performance Initiativen verknüpfen die Leistung von Dienstleistern im Gesundheitssektor mit finanziellen Anreizen. Ziel solcher Programme ist es, die Qualität von Pflege und Gesundheitsdienstleistungen zu verbessern. Pay for performance Modelle vergüten Leistungserbringer in Abhängigkeit von der Qualität ihrer Versorgung.

Pay-Per-Use-Modell
Pay-Per-Use heißt, dass die Kosten für die Nutzung von Software pro tatsächlicher Anwendung bezahlt werden. In Bezug auf Krankenhäuser beziehen sich pay-per-use-Modelle meist auf die Nutzung (medizin-)technische Anlagen und Geräte, z. B. im Rahmen der Radiologie.

Personalentwicklung
Unter Personalentwicklung werden alle gezielten Maßnahmen verstanden, die darauf ausgerichtet sind, die Qualifikationen von Mitarbeitern und Führungskräften auf ihre gegenwärtigen und zukünftigen Aufgaben systematisch sicherzustellen.

Personalmanagement
Personalmanagement ist die Summe der mitarbeiterbezogenen Gestaltungsmaßnahmen zur Verwirklichung der strategischen Unternehmensziele. Neben Personalverwaltung gehören die Bereiche Personalentwicklung und -organisation zum betrieblichen Personalmanagement.

Poisson-Verteilung
Der Poisson-Verteilung liegt ein Experiment zugrunde, bei dem ein Ereignis wiederholt, jedoch zufällig und unabhängig voneinander in einem Kontinuum (z. B. Zeit, Raum, Fläche, Strecke) vorgegebenen Umfangs auftreten kann. Die Poisson-Verteilung kann als Wahrscheinlichkeit, dass ein Ereignis in einem betrachteten Zeitraum genau x-mal auftritt, aufgefasst werden.

Project Management Office
Ein Project Management Office (PMO) bezeichnet eine Organisationseinheit, die für das Projektmanagement innerhalb einer Organisation verantwortlich ist. In den Zuständigkeitsbereich des PMO fallen verschiedene Aktivitäten, die insbesondere die Koordination verschiedener Teilbereiche umfassen. Zusätzlich gehört zum PMO die Koordination von Ressourcen, Zeitmanagement, Budgetverwaltung und -beschaffung oder Risikoeinschätzung.

Prozessbasiertes Beschaffungsmanagement (PBM)
Beschaffungsmanagement umfasst die Organisation und Bereitstellung von Ressourcen wie Arzneimittel und medizinischen Sachbedarf, Zulieferleistungen, aber auch Dienstleistungen und Personal. Ein prozessbasiertes Beschaffungsmanagement verfolgt die zeitlich optimierte Bereitstellung von Sachmitteln und Dienstleistungen und wird durch entsprechende IT-Systeme unterstützt. PBM hilft, die Kosten in der Rechnungsprüfung und Logistik zu reduzieren, Lagerfläche optimal zu nutzen, lange Lieferzeiten und Falschlieferungen zu verringern und die Kommunikation mit den Anfordernden und den Lieferanten zu verbessern.

Prozessmanagement
Das Prozessmanagement erfasst alle klinischen Prozesse, die zur Patientendurchlaufsteuerung beitragen. Im Krankenhaus bezieht sich das Prozessmanagement meist auf die gezielte Steuerung von Aufnahme-, Belegungs- und Entlassmanagement und beinhaltet die kritischen Schnittstellenbereiche wie Intensiv- und Intermediate Care Stationen, Funktionsdiagnostik und OP.

Qualitätsmanagement
Unter "Qualitätsmanagement" versteht man aufeinander abgestimmte Tätigkeiten zum Leiten und Lenken einer Organisation bezüglich Qualität. Ziele des Qualitätsmanagements in Einrichtungen des Gesundheitswesen sind nach Vorstellungen des Gemeinsamen Bundesausschusses: Qualitäts-Sicherung und -verbesserung, Systematische Patientenorientierung, Erhöhung der Arbeitszufriedenheit von Leitung und Mitarbeitern einer Gesundheitseinrichtung, Identifikation und Darlegung relevanter Abläufe, Erkennen von Risiken, Vermeidung von Problemen, Objektivierung, Messung von Versorgungsergebnissen, Einbeziehen von Beteiligten.
Qualitätsmanagement wird vor dem Hintergrund des Krankenhaus-Strukturgesetzes, das Qualität krankenhausplanerisch und finanzierungstechnisch relevant macht, an Bedeutung gewinnen.

Regionale Bedarfsplanung
Die Bedarfsplanung regelt, wie viele Ärzte und Psychotherapeuten es in einem Planungsbereich geben soll, um eine ausreichende ambulante Versorgung zu sichern. Regional kann von den Vorgaben des Gemeinsamen Bundesausschusses abgewichen werden, wenn dies aufgrund regionaler Besonderheiten zur Sicherstellung der bedarfsgerechten Versorgung erforderlich ist.

Restrukturierung
Organisatorische und finanztechnische Maßnahmen zur Wiederherstellung der Leistungsfähigkeit von Unternehmen, z. B. zur Abwendung einer Zahlungsunfähigkeit oder einer Überschuldung

Ständige Verbesserung
Ständige oder kontinuierliche Verbesserung (engl. „Continuous Improvement") bezeichnet die stetige Verbesserung von Produkt-, Prozess- und Servicequalität. Dabei arbeiten Mitarbeiter eigenständig in ihren Abteilungen und Teams an laufenden Verbesserungen in ihrem Verantwortungsbereich und Umfeld. Die kleinen Verbesserungen jeglicher Art stehen im Vordergrund.

Strategisches Management
Das strategische Management befasst sich mit der Sicherstellung langfristiger Wettbewerbsvorteile durch den systematischen Aufbau strategischer Erfolgspotentiale. Durch eine intensive Analyse und Überwachung der Umwelt- und Branchenentwicklung sollen relevante Veränderungen möglichst frühzeitig erkannt werden, um darauf flexibel und wirksam reagieren zu können.

Systemlandschaft
Beschreibt die benötigten Systeme und Mandanten und deren Bedeutung sowie die Transportwege für den Einführungs- und Wartungsprozess. Die Systemlandschaft könnte z. B. aus einem Entwicklungssystem, einem Testsystem und einem Produktivsystem bestehen.

Systempartnerschaft
Der Begriff Systempartnerschaft stammt ursprünglich aus der Industrie und beschreibt die Übertragung eines Teils der Produktverantwortung für Konzeption, Entwicklung und Produktion an ein Unternehmen der Zuliefererindustrie. Übertragen auf den Kontext im Krankenhaus bezeichnet der Begriff die Vergabe von Leistungen wie Einkauf, Facility Management oder IT an externe Partner.

Technologiepartnerschaft
Technologiepartnerschaft bezeichnet die Form eines Betreibermodells, bei dem sich Krankenhaus und Medizintechnik-Hersteller jeweils auf ihre Kernkompetenzen fokussieren. Technikausstattungen von einzelnen Abteilungen werden nicht einzeln vergeben, sondern das Krankenhaus beauftragt Medizintechnik-Lieferanten, zu einer monatlich konstanten Finanzierungsrate für eine optimierte und qualitativ hochwertige Medizintechnikausstattung mit Verfügbarkeitsgarantie zu sorgen.

Total Cost of Ownership (TCO)
Total Cost of Ownership beschreibt die Summe aller für die Anschaffung eines Vermögensgegenstandes (z. B. eines Computersystems), seine Nutzung und ggf. für die Entsorgung anfallenden Kosten.

Transformationsprozess
Bezeichnet Veränderungen, die von einem Unternehmen oder einer Organisation durchgeführt werden, um die Entwicklung des Unternehmens zu verbessern. Meist läuft der Transformationsprozess in drei Phasen ab: (1) Entwurf des Zielgeschäftskonzepts, (2) Umsetzen des Zielgeschäftskonzepts und (3) Hochfahren der Transformation.

Wertschöpfung
Die Wertschöpfung kann als Summe der in einem Unternehmen während einer Periode durch Tätigkeit geschaffenen wirtschaftlichen Werte bezeichnet werden. Die Höhe der Wertschöpfung ergibt sich als Wert der Nettoproduktion aus dem Bruttoproduktionswert abzüglich sämtlicher Vorleistungen, Abschreibungen und indirekter Steuern, zuzüglich der staatlichen Subventionen.